Anette Scharla-Dey / Franz Peter Tschauner

Entdeckertouren mit dem Wohnmobil

Tal der Loire und Paris

Die Anleitung für einen Erlebnisurlaub

womo®
Der Wohnmobil-Verlag

Die Deutsche Bibliothek – CIP-Einheitsaufnahme

Bibliografische Information der Deutschen Bibliothek

Die Deutsche Bibliothek verzeichnet diese Publikation in der Deutschen Nationalbibliografie.
Detaillierte bibliografische Daten sind im Internet über <http://dnb.ddb.de> abrufbar.

Titelbild: Château de Brissac (Tour 12)
Bild in vorderer Klappe: Château de Chambord (Tour 8)

Karten: A. Scharla-Dey/F.P. Tschauner
Fotos: Bildnachweise Seite 374

4. vollständig neu und erstmals von
Anette Scharla-Dey und Franz Peter Tschauner verfasste Auflage - 2023

Herzlichen Dank an Maren Keller von kontext-kassel.de für das Lektorat und die fundierten als auch erfrischenden Anmerkungen.

Reihen- und Umschlaggestaltung:
www.martinveicht.de

Druck:
Beltz Grafische Betriebe GmbH, 99941 Bad Langensalza

Vertrieb:
GeoCenter GmbH, 70794 Filderstadt

Herausgeber:
WOMO-Verlag, 36452 Kaltennordheim, OT Mittelsdorf, An der Liethe 4
GPS: N 50°36'38.2" E 10°07'55.6"
0049 (0) 36946-20691
verlag@womo.de
www.womo.de

MIX
Papier | Fördert gute Waldnutzung
FSC® C089473

Autoren-E-Mail: afp@womo.de

ISBN 978-3-86903-644-1

EINLADUNG

Begleiten Sie uns auf einer wahrlich majestätischen Reise in das Tal der Loire sowie ihrer Nebenflüsse.

Doch bevor wir dem Verlauf des längsten Flusses Frankreichs folgen, werden wir in Paris, der Stadt der Lichter und der Liebe, vorbeischauen. Im Zentrum der Grande Nation erwarten uns weltberühmte Museen, grüne Parks und quirlige Quartiere, wir flanieren über schicke Boulevards, sitzen in angesagten Cafés, stöbern in Antiquariaten und begrüßen den Eiffelturm, die Kirche Sacré-Cœur wie auch den Triumphbogen mit einem fröhlichen *Bonjour*. Wir bewundern die über Jahrhunderte gewachsene Architektur und entdecken die Seine-Metropole vom Schiff aus.

Danach halten wir es wie die Könige und Adeligen, die vorwiegend im 15. und 16. Jahrhundert die französische Hauptstadt verließen, um im Tal des heute letzten wilden Flusses Europas die französische Lebenskunst, die Natur und die Kultur zu erkunden. Wir werden unzähligen Schlössern unsere Aufwartung machen, in gastfreundlichen Dörfern pausieren, die zum UNESCO-Welterbe gehörende Kathedrale in Bourges sowie die lebendigen Universitätsstädte Orléans, Tours und Angers besuchen und auf dem Weg zum Meer mit Nantes eine aktive Hafenstadt und attraktive Metropole erreichen. Gepflegte Altstädte, im Sommer wundervoll angestrahlte Renaissancepaläste oder andere historische Bauten zeugen von der großen Vergangenheit des Landstrichs und laden an lauen Abenden mit schönen Flussaussichten zum Bummel ein.

Abseits der Loire durchstreifen wir die im Frühsommer von gelben und weißen Seerosen bedeckte Teichlandschaft der Sologne und entdecken den landschaftlichen Reiz der Provinz Berry mit versteckten Gärten, edlen Gemäuern und einer beschaulichen Landschaft aus Wäldern, Heideland sowie Wiesen im Naturpark von Brenne.

Wir verbinden Rad- und Kanutouren, lange Spaziergänge und Besichtigungen mit der Entdeckung feiner Loire-Weine und kulinarischer Köstlichkeiten – genießen Sie mit uns das Savoir-vivre im Garten Frankreichs!

Wir wünschen Ihnen viele schöne Reiseerlebnisse und eine angenehme Urlaubszeit.

Ihre Anette Scharla-Dey und Franz Peter Tschauner

Paris

Ein Spaziergang durch das Marais, ohne die königliche Place de Vosges gesehen zu haben, ist wie ein Bummel über die Champs Élysées, ohne den Arc de Triomphe zu besuchen!
Tour 1, Seite 35

Apremont-sur-Allier

Wasser plätschert ans Ufer und der zarte Duft von Glyzinien und Rosen umschmeichelt Buchsbaumhecken und alte Steinhäuser – Bilderbuchidylle wie aus einer anderen Zeit!
Tour 2, Seite 81

Wein

Herrliche Weine und Crémants von Ufern schöner Flüsse mit Burgen, grünen Wiesen, weißen Felsen und mildem Klima – eine Harmonie, die für große Genussmomente sorgt!
Tipps und Infos, Seite 373

Château de Chambord

Mit der üppigen und fantasievollen Bauweise fasziniert uns das Schloss immer wieder mit einem Gewirr von Türmchen und Kaminen sowie seiner brillanten Großartigkeit!
Tour 8, Seite 171

Flussidyll

Sonnenstrahlen bahnen sich durch den Morgendunst ihren Weg in die ruhige, weitläufige, ursprünglich sehr französische Flusslandschaft – einfach wunderschön und entschleunigend in allen Touren!

Guinguettes

Flair à la Renoir oder van Gogh: Gartenlokale am Wasser mit Traditionsküche, regionalem Wein, Musik und Tanz unter freiem Himmel. Ein herrliches Sommergefühl erfüllt uns!
Touren 1 – 18

Stellplatz Domaine du Relais

Ruhig im Grünen, freundliche Betreiber, gute Weine und ein kleines Veranstaltungsprogramm – für Ruhesuchende wie uns ein Ort der Entspannung und Erholung!
Tour 12, Seite 266

Abbaye Royale de Fontevraud

Die königliche Abtei gilt als größte Klosterstadt Europas und ist ein außergewöhnliches, architektonisches Gesamtkunstwerk, das uns in seinen Bann zieht!
Tour 12, Seite 258

Nantes

Verwinkelte Gassen, hübsche Cafés, hippes Großstadtleben, Industriekultur und Kunst, quicklebendiges Erbe – der kreative Charme von Nantes zieht uns magisch an!
Tour 15, Seite 317

Parks und Gärten

Ob französischer oder englischer Stil, ob wildwüchsig oder geometrisch, ob mit duftenden Rosensträuchern oder köstlichen Gemüsegärten – die Parks und Gärten begeistern uns stets aufs Neue!

Inhaltsverzeichnis

Gebrauchsanleitung

Karten, Symbole und Kilometerangaben

In der hinteren Umschlagklappe finden Sie eine **Übersichtskarte**, die Ihnen einen ersten Überblick darüber verschafft, in welchem Gebiet Sie sich innerhalb Frankreichs befinden. Zudem können Sie die geografische Lage der französischen Hauptstadt Paris, der Loire sowie ihrer Nebenflüsse und unseren Reiseverlauf erkennen. Hier suchen Sie die passende Tour für Ihren Reiseabschnitt und wechseln zur entsprechenden **Tourenkarte**, die jeder einzelnen Tour vorangestellt ist und deren **Symbole** auf der hinteren Umschlagklappe erläutert sind.

Diese zeigt Ihnen alle Stellplätze und die wichtigsten Sehenswürdigkeiten. Suchen Sie Informationen über einen bestimmten Ort, hilft Ihnen auch das **Stichwortverzeichnis**. Wichtige Orte und Sehenswürdigkeiten sind im Text zudem fett gedruckt und somit gut zu finden.

Die **Kilometerangaben** neben den Tourenüberschriften erlauben nur eine erste Orientierung über die Länge der jeweiligen Tour und betreffen die Entfernung ab dem letzten Stell- oder Campingplatz der vorhergehenden Tour bis zum letzten Stell- oder Campingplatz der aktuellen Tour.

Stellplätze, Farben und Stellplatzkästen

In den WOMO-Büchern ab 2018 sehen Sie für **offizielle WOMO-Stellplätze** auf den Karten ein Symbol in der Form eines Wohnmobils. In den neueren Büchern ab dem Jahr 2023 bezeichnen wir einen Platz als **WOMO-Parkplatz**, den man als Ausgangspunkt für einen Stadtbummel sowie eine andere Aktivität nutzen kann, der jedoch nicht unter die offizielle Kategorie fällt, aber dennoch als übernachtungsgeeignet erscheint. Sie erkennen ihn auf den Karten an seiner ovalen Form. Diese freien Stellplätze sind eine sensible Sache und wir bitten Sie, sich auf diesen Plätzen besonders rücksichtsvoll anderen Menschen und der Natur gegenüber zu verhalten. Übernachtungsplätze beider Kategorien mit Bademöglichkeit sind mit **blauer Farbe** unterlegt. Wanderparkplätze sind **grün** gekennzeichnet. Stellplätze bei Winzern, an Bauernhöfen *(à la Ferme)* sowie Gaststätten sind **gelb-grün**. Auf Stell- und Parkplätze, denen die gerade genannten Merkmale fehlen weist die Farbe **Gelb** hin. Empfehlenswerte **Campingplätze** werden durch ein **olivgrünes** Zeltsymbol hervorgehoben.

Nur Plätze, die eine Nummer tragen, werden von uns zur Übernachtung empfohlen. Bitte haben Sie trotzdem immer selbst einen Blick auf Verbotsschilder und, je nach Witterungsverhältnissen, auf den Zustand der Zufahrt und des Bodens.

Alle erwähnten Übernachtungs- und Campingplätze sind sowohl in den Touren als auch in den Tourenkarten fortlaufend durchnummeriert.

Besonders sehenswerte Orte und Städte sowie Sehenswürdigkeiten oder erwähnenswerte Ereignisse sind zum schnelleren Auffinden im Text **hellgelb** unterlegt. Wanderungen oder Radtouren, die wir Ihnen besonders ans Herz legen möchten, haben wir **hellgrün** markiert.

Kommen wir nun zu den farbig unterlegten **Stellplatzkästen**, deren Farben Sie bereits kennen. In jedem Kasten finden Sie eine **Kurzbeschreibung** der Gegebenheiten vor Ort und Informationen über die Ausstattung des Platzes insbesondere mit V/E (Ver- und Entsorgung), Strom, Dusche, WC, Müllentsorgung und weiteren Besonderheiten.

Ganz oben im Stellplatzkasten finden Sie für jeden Stell- und Parkplatz die **GPS-Koordinaten** und soweit bekannt die Adresse, sodass Sie Ihr Navigationsgerät entsprechend einstellen können. Schauen Sie trotzdem von Zeit zu Zeit in unsere meist kurzgehaltenen Zufahrtsbeschreibungen, da die vom Navi vorgeschlagene Strecke nicht immer die beste sein muss.

Zur Angabe der GPS-Daten gibt es verschiedene Formate. Wir verwenden Grad, Minuten und Sekunden (N 50°36'37.3" E 10°07'56.3"). Dieses Format sollten Sie vor dem Start an Ihrem Navi einstellen. Sie können die Koordinaten unterwegs manuell eingeben oder im **Shop des WOMO-Verlags** die GPS-Daten aller Plätze herunterladen.

Die Kapazität von Stellplätzen wird in den Stellplatzkästen unter **Max. WOMOs** erwähnt. Auf WOMO-Parkplätzen ist dies die Anzahl, die unserer Meinung nach den ortsansässigen Bewohnern, anderen Touristen oder der Natur zugemutet werden kann. Während die Angabe bei offiziellen Stellplätzen der tatsächlichen Anzahl der vorhandenen Stellflächen entspricht.

Bei den Campingplätzen und offiziellen Stellplätzen nennen wir immer die uns bekannten **Öffnungszeiten** und bei kostenpflichtigen Plätze den uns bekannten Preis. Da die **Preise** oft einem Wandel unterworfen sind, verzichten wir in der Regel auf die genaue Angabe und weisen lediglich darauf hin, wenn sie anfallen, und geben als Anhaltspunkt die Höhe in Form von Euro-Zeichen an. geben als Anhaltspunkt die Höhe in Form von Euro-Zeichen an:

Stellplätze	€ bis 5 Euro	€€ bis 12 Euro	€€€ ab 12 Euro
Campingplätze	€ bis 15 Euro	€€ bis 25 Euro	€€€ ab 25 Euro

Die Angaben gelten jeweils für zwei Personen und ein Wohnmobil, meist werden Strom und/oder Ver- und Entsorgung sowie eine Tourismusabgabe extra berechnet.

Fehlen Preisangaben, sind die Plätze (nicht unbedingt Wasser und Strom) kostenfrei.

Auf die genannten **WOMO-Parkplätze**, die wir aufgespürt haben und die im allgemeinen Sprachgebrauch als freie Stellplätze bezeichnet werden, passen oft nur wenige Fahrzeuge oder wir geben nur wenige an. Diese Plätze können aber auch aus ganz anderen Gründen, zum Beispiel durch eine Bebauung, ganz schnell verschwinden. Auf freien Stellplätzen parken wir grundsätzlich platzsparend, Tisch und Stühle werden nur herausgestellt, wenn genug Raum vorhanden ist und sich niemand gestört fühlt. Selbstverständlich bleiben Markise, Grill, Wäschespinne und Ähnliches eingepackt. Wenn diese Kriterien nicht beachtet werden, ist es unserer Erfahrung nach nur eine Frage der Zeit, wann wir Wohnmobilisten uns unbeliebt gemacht haben und ein Verbotsschild uns zur Weiterfahrt zwingt!

Keiner der in diesem Buch genannten Stellplätze ist dafür geeignet, um sich dort tagelang wie auf einem Campingplatz aufzuhalten und auszubreiten!

Top Ten, Tipps und Infos

Unter den auf Seite vier und fünf dieses Buches genannten **Top Ten** finden Sie unsere ganz persönlichen Lieblingsorte oder Lieblingslandschaften, unsere erfreulichsten Begegnungen sowie beeindruckende Momente und leckere kulinarische Erfahrungen. Die Aufzählung erfolgt nach Touren und ist nicht als Ranking zu verstehen.

Lesen Sie bitte vor Ihrem Einstieg in die einzelnen Reiseetappen zusätzlichen unsere allgemeinen **Tipps und Infos** für einen gelungenen Aufenthalt in Paris und an der Loire.

Zum Abschluss

Mit sehr viel Freude und Spaß, aber auch mit Arbeit und Mühe haben wir für Sie die vorliegenden Tourenvorschläge recherchiert. Wir testeten Sehenswürdigkeiten und Aktivitäten vor Ort und teilen unsere Erlebnisse gerne mit Ihnen.

Trotz aller Sorgfalt ist es möglich, dass sich die Gegebenheiten bereits bei Erscheinen dieses Buches verändert haben. Wenn Ihnen Derartiges auffällt, Sie etwas Neues entdecken oder Ihnen etwas besonders gut gefallen hat, würden wir uns über eine entsprechende Nachricht von Ihnen sehr freuen!

Auch wenn Ihnen etwas missfallen hat, lassen Sie es uns bitte ebenfalls wissen. Nur so können wir Ihren WOMO-Reiseführer bei der nächsten Auflage verbessern. Ihre Tipps sowie Anregungen sind uns immer willkommen! Hierzu können Sie eine entsprechende Notiz im verlagseigenen Forum hinterlassen oder uns direkt per E-Mail unter **afp@womo.de** kontaktieren. Letztere Möglichkeit ist uns die angenehmste, da wir Ihre Informationen dann am besten weiterverarbeiten können. Wir beantworten grundsätzlich alle an uns direkt gerichteten individuellen Schreiben. Sehen Sie es uns bitte nach, wenn dies vielleicht erst nach einigen Wochen oder Monaten geschieht oder wir die Antwort auf eine gut gemeinte Zuschrift im Ausnahmefall auch einmal vergessen!

Informieren Sie sich vor Ihrer Reise unbedingt über Stellplatzsperrungen und ähnliche Veränderungen im **Forum des WOMO-Verlags** unter **www.womo.de** und vermitteln Sie nach Ihrer Reise dort mit eigenen Beiträgen anderen Lesern aktuelle Informationen.

Wir danken Ihnen bereits heute im Voraus für Ihre Mithilfe!

Reisegebiet

Bevor Sie uns auf unsere von ganz persönlichen Vorlieben und Wahrnehmungen geprägte Reise begleiten, möchten wir Ihnen ein wenig über unser gemeinsames Ziel mitteilen.

Um es vorwegzunehmen: Wer das Loiretal nur aufgrund der Fülle von über 400 Burgen, Abteien und Schlössern zwischen Sully und Chalonnes als kulturelles UNESCO-Welterbe sieht, liegt goldrichtig und sollte auf jeden Fall seine Reise dorthin planen und sich viel Zeit nehmen.

Vielleicht führt es den einen oder anderen aber auch nur auf der schnellen Durchreise in die Bretagne, an die Atlantikküste oder auf dem Heimweg von dort an die Loire. All jenen sei gesagt, dass sich die französischen **Regionen Centre-Val de Loire** und **Pays de la Loire** unbedingt für einen eigenständigen längeren, abwechslungsreichen Urlaubsaufenthalt eignen, der sehr viel mehr als nur „Schlössergucken" zu bieten hat.

Die **Loire** entspringt südlich der Stadt Le Puy-en-Velay im französischen Zentralmassiv und ist mit 1.012 Kilometern der längste Fluss Frankreichs. Wir begleiten die Loire im Nordwesten Frankreichs in einem Gebiet zwischen den Regionen Bretagne, Normandie, Centre-Val de Loire, an das sich die Île-de-France mit Paris anschließt, sowie der Region Nouvelle-Aquitaine.

Zunächst durchbricht die Loire nordwärts enge Gebirgstäler und karstiges Gestein, um sich bei Nevers mit dem Allier zu vereinen und ins Pariser Becken zu strömen. Etwa ab hier werden wir ihrem Lauf sowie dem ihrer Nebenflüsse Cher, Indre, Vienne, Sauldre, Loir und etlichen anderen folgen.

Gilt besonders der Oberlauf der Loire bei starken Regenfällen beziehungsweise bei einsetzender Schneeschmelze als eher unberechenbar und teilweise sogar gefährlich, wendet sie sich vor Orléans langsam gen Westen und nimmt nun ihre typische, meist weit ausufernde, von Sandbänken und Auenwäldern begleitete milde Gestalt an.

Der Mittellauf des Flusses ist nur so von Schlössern gespickt, die meist ebenso wie Städte und Kirchen aus dem hier abgebauten, hellen Sandstein errichtet sind. Das weiche, poröse Gestein sorgt für den besonderen Charakter des Tals und steht bei Sonnenschein in schönem Kontrast zum facettenreichen Grün der Umgebung. Mal zwängt sich der Fluss zwischen Kalkwänden hindurch, dann wieder zieht er träge, durch das mit bewaldeten Ufern oder mit Gemüse- und Kornfeldern bewachsene Tal, in weiten Schleifen an der alten Königsstadt Blois oder der lebendigen Universitätsstadt Tours vorbei. Bei Saumur sind es die Höhlenwohnungen im weichen Tuffstein, die unsere Reise begleiten, und immer wieder gedeihen an den Hängen Reben, aus denen ausgezeichnete Loire-Weine entstehen.

Der Unterlauf des Stroms mäandert gefüllt von vielen Nebenflüssen unaufhaltsam dem Atlantik entgegen und in der Ebene um Nantes begleiten Marschland und Schilf seinen Lauf, bis er sich bei Saint-Nazaire in einem knapp fünfzig Kilometer breiten Mündungstrichter ins Meer ergießt.

Obwohl die Loire seit jeher für ihre schwierigen Strömungsverhältnisse und vielen Untiefen bekannt ist, war sie für Jahrhunderte eine der wichtigsten Wasserstraßen Frankreichs. Segel- und später Dampfschiffe transportierten Menschen sowie Waren und die Hafenstädte erlebten einen wirtschaftlichen Aufschwung. Doch der Fluss versandete zunehmend und als auch noch der Ausbau des Eisenbahnnetzes begann, waren die Tage der Loire-Schifffahrt gezählt. Heute ziehen nur noch kleine Fischerboote sowie Paddelboote ihre Bahnen und größere Schiffe sehen wir lediglich zwischen Nantes und Saint-Nazaire.

Um das launische Gewässer mit seinen häufigen Hochwassern unter Kontrolle zu bringen, wurde in den 1980er Jahren ein Staudammprojekt am Oberlauf der Loire geplant und zudem sollten Begradigungen, Wehre und Deiche für die geregelte Wasserversorgung sorgen. Bereits in den 1950er Jahren entstand das erste von vier Atomkraftwerken, deren Kühlwasser bis heute von der Loire geliefert wird.

Bürgerinitiativen und Umweltschützern ist es zu verdanken, dass ein Umdenken bei Städten und Gemeinden stattfand und eine Regulierung des Flusses ausblieb. Da der Wasserstand zudem niedrig ist, gibt es auch keine Fahrrinne für große Transport- und Fahrgastschiffe und die Loire blieb als letzter Wildwasserfluss Europas erhalten.

Hunderte naturbelassene kleine Inselchen und Sandbänke bieten ideale Lebensräume für Flora und Fauna, sodass sich am Oberlauf erneut Biber und Otter ansiedeln konnten und im gesamten Flussbereich die Vogelwelt vom Eisvogel über Strandläufer bis zum Kormoran wieder in Ordnung ist. Flussfische fühlen sich wohl und es finden sich viele seltene Pflanzen wie Schachbrettblume oder Silbergras.

Ganz im Gegensatz zur behäbigen Idylle einer der bekanntesten Fluss- und Naturlandschaften Frankreichs stehen einige erlebnisreiche Tage in der im Mittelpunkt der **Region Île-de-France** gelegenen französischen Hauptstadt **Paris**. Diese stellen wir gern an den Beginn oder an das Ende unserer Reisen an die Loire, in die Normandie oder in die Bretagne.

Paris ist das politische, wirtschaftliche, finanzielle und kulturelle Zentrum des Landes, das durch seine Lage an den weiten Schleifen der Seine geprägt ist. Deshalb verwundert es nicht, dass die Pariser Seine-Ufer seit dem Jahr 1991 in die Liste der UNESCO-Welterbe aufgenommen wurden.

Die Loire bei La Bohalle

Anreise

In diesem Buch bieten wir Ihnen keine klassische Rundreise. Wir starten am östlichen Rand unseres Hauptzielgebietes nahe der A77 etwa 50 Kilometer nördlich von Nevers im bekannten Weinort Sancerre und folgen, nach einer Erkundung der Provinz Berry, mehr oder weniger dem Verlauf der Loire bis zu ihrem Mündungstrichter am Atlantik.

Je nachdem, aus welchem europäischen Land beziehungsweise aus welcher deutschen Region Sie starten, liegen bis zu unserem ersten Ziel im französischen Sancerre jeweils ungefähr 750 Kilometer von Frankfurt am Main, 1.250 Kilometer von Hamburg, 950 Kilometer von München und um die 1.300 Kilometer von Wien aus vor Ihnen. Aus Bern haben Sie mit knapp 500 Kilometer die kürzeste Anreise vor sich.

Paris ist als Hauptstadt Frankreichs der politische sowie wirtschaftliche Mittelpunkt unseres südwestlichen Nachbarlandes und somit aus allen Himmelsrichtungen bestens ausgeschildert und zu erreichen. Auch von den später beschriebenen Anreisevarianten an die Loire werden Sie problemlos den Weg nach Paris finden, sodass wir auf die Angabe einer separaten Anreise verzichten.

Die genauen Anfahrtsrouten an die Loire werden so verschieden wie Ihre Ausgangspunkte, Ihre Vorlieben und Ihr Urlaubsverhalten sowie Ihr Zeitbudget sein. Die einen mögen die gemütliche Fahrt auf Landstraßen, die anderen bevorzugen die schnelle Reise auf der Autobahn.

Wer in Deutschlands Westen beziehungsweise Süden oder in der Schweiz wohnt, wird die Anreise an die Loire durchaus in einem Tag bewältigen können. Wer hingegen aus dem Nordosten oder der Mitte Deutschlands und Österreich kommt, die geruhsame Fahrt schätzt oder aus Kostengründen die Landstraße benutzen möchte, der könnte eine Übernachtung einplanen.

Bekanntlich führen viele Wege ans Ziel und in Zeiten von Navigationsgeräten, Routenplanern im Internet und Straßenatlanten dürfte Ihrem eigenen Anfahrtsentwurf nichts entgegenstehen – schließlich beginnt der Urlaub schon zu Hause mit der Planung.

Wir möchten Ihnen an dieser Stelle drei der vielen Möglichkeiten aufzeigen, die Sie schnell an Ihr Urlaubsziel bringen, und nennen einige unserer verkehrsgünstig gelegenen Lieblingsübernachtungsplätze nahe der entsprechenden Routen.

Auf der Autobahn kommen Sie sicher am schnellsten voran, doch sind diese in Frankreich größtenteils kostenpflichtig.

Die Gebühren sind an den mit *Péage* angekündigten Mautstellen entweder bar (Kleingeld bereithalten!) oder per Kreditkarte (keine American Express, oft keine EC-/Maestro-Karte) zu entrichten und berechnen sich nach gefahrenen Kilometern sowie nach der Kategorie, unter die das Fahrzeug fällt. Wohnmobile fallen unter die Klasse 2 (bis 3,5 Tonnen und 3 Meter Höhe) oder Klasse 3 (über 3,5 Tonnen und/oder mehr als 3 Meter Höhe). Rund um die größeren Städte wird in der Regel keine Gebühr erhoben. Das gerade aktuelle Ticket bewahren Sie bitte gut auf – auch wenn es eher selten vorkommt, sollte man es auf Nachfrage vorweisen können, da sonst der höchstmögliche, wenn auch fiktive Preis in Anrechnung gebracht wird *(www.autoroutes.fr)*.

Wer genügend Zeit zur Verfügung hat oder Kosten einsparen möchte, benutzt Nationalstraßen (*Route National)*. Zu erwähnen ist hierbei allerdings, dass die zahlreichen Ortsdurchfahrten den Fahrspaß oft erheblich schwächen.

Anreise-Variante 1 – aus Nord- oder Mitteldeutschland

In Deutschland von der A44 bei Aachen → Autobahn A3/E40 → Autobahn A15, A7/E42, E19 → Autobahn A2/E19) → Richtung Paris Autobahn A1/E19 → Autobahn A3/15 → Autobahn A6/E15 → Autobahn A77 → Landstraße D4, später D2 bis Sancerre (von der deutsch-französischen Grenze etwa 610 Kilometer).

(A01) Offizieller WOMO-Stellplatz:
D-Aachen – Stellplatz Bad Aachen
GPS/Kontakt: N 50°45'40.8" E 06°06'10.9", Branderhofer Weg 11, Telefon 0241/99000991, www.aachen-camping.de.
47 WOMOs, V/E, Strom, Sanitärgebäude, Preis €€€.
Der gepflegte Stellplatz liegt in der **Umweltzone** und ist nur mit grüner Plakette anzufahren!

(A02) Offizieller WOMO-Stellplatz:
B-Namur – Parking Place André Ryckmans
GPS/Kontakt: N 50°28'04.2" E 4°51'00.9", Rue des Souchetes/ Place André Ryckmans, Telefon 03281 246449, www.namurtourisme.be. 8 WOMOs, V/E, Preis €.

(A03) WOMO-Campingplatz:
F-Feuillères – Camping du Château et de l'Oseraie***
GPS/Kontakt: N 49°56'53.5" E 02°50'37.0", 10 Rue du Château, Telefon 0322831759, www.camping-chateau-oseraie.fr.
Mitte März – Oktober, Preise €€ – €€€.

Anreise-Variante 2 – aus Mittel- oder Süddeutschland

In Deutschland von der A6 bei Saarbrücken Autobahn A320, später A4/E50/E25 → Autobahn A4/E50 → Autobahn A26/E17 → Autobahn A5, später A19/E511 später E60 → Autobahn A77 → Landstraße D4, später D2 bis Sancerre (von der deutsch-französischen Grenze etwa 550 Kilometer).

(A04) Offizieller WOMO-Stellplatz: F-Hombourg-Haut Aire de Camping-Cars
GPS/Kontakt: N 49°07'26.0" E 06°46'43.0"; Rue de Stade.
6 WOMOs, V/E, Strom.

(A05) Offizieller WOMO-Stellplatz:
F-La Cheppe – Aire de Camping-Car
GPS/Kontakt: N49°02'55.5" E 04°29'33.0", Rue du Camp d'Attila. 5 WOMOs, V/E, Strom.

(A06) Offizieller WOMO-Stellplatz: F-Aix-en-Othe Aire du Moulin à Tan
GPS/Kontakt: N 48°11'44.8" E 03°43'24.0", Rue du Moulin á Tan,
30 WOMOs, V/E, Strom, Sanitärgebäude, April – Mitte Oktober, Preis €€.

Anreise-Variante 3 – aus Süddeutschland, Österreich oder der Schweiz

Von Deutschland, Österreich oder der Schweiz ins französische Mulhouse fahren → Autobahn A36, später A31/E60 → Autobahn A6/E60 → Landstraße D646/D50 → Landstraße D606 → Landstraße D957 → Landstraße D951 → Landstraße D977 → Landstraße → Autobahn A77 → Landstraße D4, später D2 bis Sancerre (von der deutsch-französischen Grenze etwa 550 Kilometer).

(A07) Offizieller WOMO-Stellplatz:
F-Belfort – Parking de l´Épide
GPS/Kontakt: N 47°38'31.2" E 06°51'57.4", Avenue de la Miotte.
8 WOMOs, V/E, Strom.

(A08) Offizieller WOMO-Stellplatz:
F-Baume-les-Dames – Parking du Canal
GPS/Kontakt: N 47°20'24.1" E 06°21'30.6"; Quai du Canal.
38 WOMOs, V/E, Strom, WC, Dusche, Preis €€€.

(A09) Offizieller WOMO-Stellplatz:
F-Beaune – Parking Charles de Gaule
GPS/Kontakt: N 47°01'03.2" E 04°50'12.4", Avenue Charles de Gaulle.
70 WOMOs, V/E, Strom, durch Schranke gesichert, Preis €€.

Sollten die vorstehenden WOMO-Stell- und Campingplätze nicht ausreichend sein oder eine andere Route eingeschlagen werden, dann verweisen wir gern auf die in unserer Anreisekarte gekennzeichneten **WOMO-Reiseführer unserer Autorenkolleginnen und -kollegen**. Dort finden Sie weitere Übernachtungstipps und Anregungen für Ihre Reise, die mal näher, mal etwas abseits unserer genannten Anreisewege liegen. Doch nun genug der Vorrede, denn jetzt soll es endlich losgehen. Wir hoffen, Ihnen einige nützliche und anregende Vorschläge für Ihre Anreise gemacht zu haben, und wünschen Ihnen viel Freude in Paris und an der Loire!

Paris
A1
A104
A15
Seine
N2
N3
A3
A140
A4
A14
001
A13
A86
003
N12
A86
002
007 WC
A86
N118
N104
N4
A4
Seine
A10
N104
N104
A5
Seine
Forêt de
Fontainbleau
Milly-
la-Fôret
A6
006
Fontainbleau
WC 005
004
A10
50 km
A19
Orleans
A10
Loire
(Tour 8)
D952
A77
Loire
Gien
(Tour 7)
N
A10
A77
Loire
Cosne-Cour
sur-Loire
D940
Tour 2
A77
TOUR 1

Tour 1 270 km

Paris – Versailles – Fontainebleau – Disneyland®

Stellplätze: Milly-la-Forêt, Coupvray Disneyland® Paris.

Campingplätze: Paris Camping de Paris, Champigny-sur-Marne Camping Paris Est, Versailles Camping Huttopia Versailles, Milly-la-Forêt Camping La Musardiere, Samoreau Camping Municipal Samoreau.

Besichtigen: Paris Eiffelturm, Aquarium de Paris, Invalidendom, Musée de l'Armée, Musée Rodin, Musée d'Orsay, Église Saint-Germain-des-Prés, Musée Delacroix, Jardin du Luxembourg, Conciergerie, Saint-Chapelle, Cathédrale Notre-Dame, Musée National du Moyen Âge et de Thermes de Cluny, Panthéon, Jardin des Plantes mit Ménagerie und Grande Galerie de l'Évolution, Mémorial de la Shoah, Maison Européenne de la Photographie, Musée de la Magie, Hôtel de Sully, Église Saint-Eustache, Musée du Louvre, Musée des Arts Décoratifs – Musée de la Mode et du Textile, Jardin des Tuileries, Église de la Madeleine, Hôtel de la Marine, Wissenschaftsmuseum, Museum der schönen Künste, Basilique du Sacré-Cœur, Espace Dalí, Musée de Montmartre, Cimetière de Montmartre, Cimetière du Père Lachaise, Versailles Château de Versailles, Fontainebleau Château de Fontainebleau, Coupvray Disneyland®Paris.

Märkte: Paris Marché des Enfants Rouges.

Essen: Paris Restaurant-Bistro L'Épi Dupin, Patisserie Ladurée, Café de Flore, Café Les Deux Magots, Imbissladen L'As du Fallafel, Patisserie Korcarz, Restaurant Le Moulin de la Galette, Restaurant Le Coq Rico, Café des Deux Moulins.

Geht es Ihnen genauso? Bevor wir zur nächsten Wohnmobilreise starten, versüßen wir uns die Wartezeit zu Hause mit der Planung des bevorstehenden Urlaubs.

Manchmal haben wir zuvor einen Fernsehbericht gesehen, einen Reiseblog gelesen oder uns eine Anregung in einem anderen WOMO-Reiseführer geholt und schauen, ob wir unsere Sehnsuchtsziele in eine Reise einbauen können. Oft ist dieser Wunsch nicht erfüllbar, weil wir die Neuauflage eines Buches planen und uns die erforderlichen Recherchetouren in ganz andere Gebiete führen.

Mit einem dieser Herzensorte verhält es sich anders und wir schaffen es bei der An- oder Abreise an die Loire sowie in die Normandie, die Bretagne oder in eine andere der französischen Urlaubsregionen, meist einen Umweg einzubauen.

Die Rede ist von Paris, der viel gerühmten und oft beschriebenen oder besungenen Hauptstadt Frankreichs, die sich bei unseren Besuchen immer wieder von einer anderen, gleichwohl faszinierenden wie auch abwechslungsreichen Seite zeigt.

Viel ist über die Schöne an der Seine erzählt und geschrieben worden, einiges werden wir in unserer folgenden Erzählung aufgreifen, vieles werden wir jedoch gar nicht berücksichtigen können. Mangels Platz in diesem Büchlein und anderer hervorragend recherchierter wie auch aufbereiteter Reiseführer werden wir in diesem Fall weder eine klassische Besichtigungstour vorschlagen noch alle Sehenswürdigkeiten aufzählen oder durchgängig auf Öffnungszeiten, Preise und Ähnliches eingehen.

Wir werden Ihnen trotzdem aufzeigen, wie Sie in Paris einen abwechslungsreichen Aufenthalt verbringen können und wie wir vielleicht feststellen, dass dieses abgespeckte Sightseeing-Programm dennoch einem überquellenden Füllhorn gleicht.

Da wir mit dem Wohnmobil unterwegs sind, benötigen wir zunächst einen sicheren Abstellplatz für unser Fahrzeug sowie ein mehr oder weniger ruhiges Fleckchen Erde zum Entspannen und Übernachten für uns. Der Großstadtverkehr einschließlich diverser Staus ist heftig und meist wissen wir im Voraus nicht, wo es uns bei unserer City-Tour hinführt oder welche Begehrlichkeiten unser vollgepacktes Reisemobil auf irgendeinem der durchaus vorhandenen Parkplätze im Zentrum bei Spitzbuben wecken könnte.

Kurzgesagt: Wir stellen unser Wohnmobil niemals unbeaufsichtigt in einer der größten Städte der Welt ab und nutzen zur Fortbewegung immer öffentliche Verkehrsmittel oder ein Mietfahrrad!

Somit bleibt nahe dem Stadtzentrum keine allzu große Auswahl an Übernachtungsmöglichkeiten und wir nennen zum einen den Campingplatz am Bois de Boulogne westlich des Stadtzentrums, zum anderen den im Osten der Stadt und in der Nähe von Disneyland® gelegenen. Der größte der europäischen Freizeitparks bietet zusätzlich einen offiziellen WOMO-Stellplatz. Ein weiterer Campingplatz befindet sich im Umfeld von Schloss Versailles südwestlich von Paris.

Abendstimmung an der Seine

(001) WOMO-Campingplatz: Paris – Camping de Paris****

GPS/Kontakt: N 48°52'05.5" E 02°14'05.8", 2 Allée du Bord de l'Eau, Telefon 0145243000, www.campingparis.fr.
Öffnungszeit: Ganzjährig.
Ausstattung: Restaurant, Imbisswagen im Sommer, Frühstücks-Baguette- und Croissant-Service, kleiner Supermarkt, Waschmaschine und Wäschetrockner, WiFi, Fahrradverleih in der Hauptsaison, Tischtennisplatten, Spielplatz, Gemeinschaftsbereich mit Billardtisch und Gesellschaftsspielen.
Beschreibung: Die geschotterten, mit Hecken abgeteilten, großzügigen Parzellen des innerstädtischen Campingplatzes liegen unter Bäumen und zum Teil direkt an der Seine. Die Sanitäranlagen erscheinen neu und waren bei unserem Aufenthalt sauber. Auf dem westlich des Stadtzentrums gelegenen Platz lassen sich Stadt- und Straßengeräusche natürlich nicht ausschließen. Von hier kann man mit dem Fahrrad z. B. auch prima den Bois de Boulogne erkunden. Überzeugend ist der mehrsprachige Empfang mit freundlichem Info-Service über Sehenswürdigkeiten sowie der halbstündige Shuttleservice zur Métro-Station Porte Maillot und zurück (von hier z. B. Métro-Linie 1 bis Station Charles de Gaulle-Étoile, umsteigen in Linie 6 bis zur Métro-Station Bir-Hakeim am Eiffelturm).
Vom Campingplatz kann auch der ÖPNV, Dauer ca. 1 Stunde bis zum Schloss Versailles, genutzt werden (z. B. Buslinie RER241/Haltestelle Etang de l'Abbaye ca. 250 m vom Campingplatz entfernt bis Gare du Mont Valerien-Hôpital Foch, dort zur Bahnlinie Transilien L VASA1K Versailles-Rive-Droite auf der Brücke gehen und mit der Bahn bis Gare de Versailles Château Rive Gauche fahren. Von dort sind es noch gut 1 km Fußweg bis zum Schloss).
Preise: €€€ zzgl. einem Aufpreis für WOMOs > 3,5 t, der zwischen 6 € und 10 € liegt.
Zufahrt: Von der A1 aus Richtung Norden kommend auf die A86 Richtung Aubervilliers/Nanterre/Saint Denis/Stade de France wechseln und die Autobahn an der Abfahrt 7 Asnières/La Défense verlassen und auf der D7 nach Asnières weiterfahren. Der Straße immer parallel zur Seine Richtung La Défense bis nach Puteaux folgen. Auf der Pont de Puteaux wird die Seine Richtung Bois de Boulogne überquert und hinter der Brücke den Hinweisen zur Pont de Suresnes und zum Campingplatz folgen.
Alternativstrecke:
Westlich des Pariser Zentrums von der A86 auf die A14 wechseln. Die A14 wird zur N13, die Richtung Neuilly - Centre/Bois de Boulogne verlassen wird. Hier ein bisschen aufpassen, denn hinter dem Tunnel wird die Seine überquert und unmittelbar dahinter halten wir uns rechts zunächst auf der Rue du Général Lanrezac dann auf der D1 Richtung Pont de Puteaux. Nach gut 2 km ist der Campingplatz erreicht.
Hinweis: Während der Hauptsaison soll es sehr voll und teils laut sein, die Sanitäranlagen sollen dann manchmal verschmutzt sein.

(002) WOMO-Campingplatz: Champigny-sur-Marne – Camping Paris Est****

GPS/Kontakt: N 48°49'45.5" E 02°28'35.8", 110 Boulevard de Alliés, Telefon 0145243000, www.campingchampigny.paris.
Öffnungszeit: Ganzjährig.
Ausstattung: Snackbar und kleiner Supermarkt (jeweils Mai – September), Waschmaschine und Wäschetrockner, WiFi, Fitnessraum, Fahrradverleih, Spielplatz, Ticketkauf für den ÖPNV.
Beschreibung: Direkt am Ufer der Marne liegt der eher einfache, innerstädtische Campingplatz mit geschotterten, abgetrennten Parzellen teils unter Bäumen nahe der Autobahn, die auch zu hören ist. Nahe dem östlich von Paris gelegenen Platz kann man den Radweg am Flussufer nutzen oder von der direkt am Campingplatz gelegenen Haltestelle den öffentli-

chen Bus nach Paris besteigen. Eintrittskarten für das etwa 30 km entfernte Disneyland® können an der Rezeption erworben werden.
Preise: €€€.
Zufahrt: Die A4/E50 an der Ausfahrt Nogent-s-Marne/Champigny-s-Marne/La Fourchette Richtung Champigny-s-Marne verlassen und den Hinweisen zum Campingplatz folgen.
Hinweis: Auf dem Campingplatz soll die Mitnahme nur eines Hundes gestattet sein.

Ein Aufenthalt in Paris kann beispielsweise mit einem Besuch der Île de la Cité, der Wiege des alten Paris, beginnen. Hier thront seit mehr als 850 Jahren die Kathedrale Notre-Dame, die während eines verheerenden Brandes im Jahr 2019 sehr in Mitleidenschaft gezogen wurde und bis auf Weiteres für Besucher geschlossen ist. Trotz dieses desaströsen Umstandes gilt sie nach wie vor als Juwel gotischer Baukunst. Aber auch die Bummel durch das Quartier Latin oder über die langen Boulevards gehören wie ein Besuch des Louvre fast schon zum Pflichtprogramm. Wir lieben es aber auch, einfach ziellos durch die Straßen zu flanieren und zwischendurch in einem der wunderbaren Bistros an einer Tasse Kaffee oder einem Glas Wein zu nippen.

Obwohl Paris mit rund 2,3 Millionen Einwohnern zu den größten Städten Europas zählt, erstreckt sich die Stadtfläche über vergleichsweise geringe 105 Quadratkilometern – Berlins Stadtfläche ist über acht Mal so groß. Das meist mit mehrgeschossigen Häusern bebaute, dicht besiedelte Stadtgebiet wird durch die 35 Kilometer lange Ringautobahn, die Péripherique, umschlossen und kann gut zu Fuß erkundet werden. Es gibt sogar ausgeschilderte **Wanderwege** durch die Stadt oder den anlässlich der 2024 in Paris stattfindenden Olympischen Spiele angelegten Fernwanderweg GR Paris 2024, der mit weiß-roter

Blickachse vom Jardin des Tuileries zum Arc de Triomphe

Markierung einmal die Stadt umrundet. Die Wege führen unter anderem durch Teile der 3.000 Hektar großen Pariser Grünanlagen, zu deren bekanntesten Vertretern der Bois de Boulogne, der Jardin des Tuileries oder der Jardin du Luxembourg gehören. Zu erwähnen ist in diesem Zusammenhang aber auch der wohl berühmteste französische Friedhof Père Lachaise, auf dem man die Gräber bekannter Schriftsteller und Künstler besuchen kann.

Verwaltungstechnisch ist das Pariser Stadtgebiet, das *Département* Ville de Paris, in 20 Stadtbezirke, die *Arrondissements* aufgeteilt, die wiederum in vier *Quartiers* (Viertel) zusammengefasst sind. Was auf den ersten Blick sehr kompliziert erscheint, ist es nicht, wenn man bedenkt, dass die *Arrondissements* in einer Spirale durchnummeriert sind und sich beginnend am Louvre im Uhrzeigersinn zweimal um das historische Zentrum winden. Je nach Ordnungszahl wissen die Pariser sofort, ob es sich um einen trendigen, einen eher sozial schwachen oder um einen luxuriösen Bezirk handelt.

Durch die Stadt schlängelt sich in weitem Bogen die Seine, die Paris in zwei zusätzliche Hälften teilt. Das linke Ufer (*rive gauche*) ist mit der Sorbonne und dem Collège de France eher intellektuell angehaucht, während das rechte Ufer (*rive droite*) unter anderem mit dem Quartier des Halles wirtschaftlich geprägt ist.

Dazwischen ist die Stadt von Museen unterschiedlichster Ausrichtungen, von bekannten Monumenten und Kirchen, von breiten wie auch schmalen Straßen oder verschwiegenen Plätzen, von Aussichtsplätzen, hippen Vierteln, kleinen und großen Bars, Restaurants sowie Cafés, Konsumtempeln und noblen Boutiquen, gläsernen Ladenpassagen oder Märkten nur so gespickt.

Praktische Informationen

Zwischen all dem ist das wichtigste, billigste und schnellste **Fortbewegungsmittel** die Untergrundbahn **Métro** (Linie 1 bis 16), aber auch die Vorortbahn **RER** (Linie A bis E) oder die Straßenbahn **Tramway** sowie 50 **Buslinien** sind nicht zu vernachlässigen. Die Standseilbahn **Funiculaire de Montmartre** überwindet die Höhenmeter auf den Montmartre-Hügel mit der Basilika Sacré-Cœur. Alle Linien heißen nach ihrer Endstation und sind farblich zu unterscheiden.

Eine Netzübersicht und Fahrpläne finden sich unter *www.ratp.fr*, aber auch auf den Campingplätzen oder in den Touristinformationen ist ein Streckenplan erhältlich. Zur besseren Orientierung haben wir bei den folgenden Sehenswürdigkeiten eine der nächstgelegenen Métro-Station angegeben, da diese meist nicht weiter als 500 Meter entfernt sind. Die Métro verkehrt von etwa 5.30 – 1.15 Uhr, Fr/Sa und vor Feiertagen bis 2.15 Uhr.

Fahrkarten für die Métro sind in den Stationen meist an Automaten, manchmal, wie etwa an den großen Bahnhöfen Gare du Nord und Gare

de l'Est am Schalter erhältlich und müssen vor Fahrtantritt an den Durchgangssperren entwertet werden. Alle Métro-Stationen von Paris liegen in den Tarifzonen 1 bis 2 und somit befinden sich alle weltbekannten Sehenswürdigkeiten in dieser Zentrumszone. Für die Fahrt von Paris zum Schloss von Versailles wird ein Ticket für die Tarifzone 4 benötigt und wer mit der RER A aus der Stadt ins Disneyland® fahren möchte, der muss sich mit einem Ticket für die Zone 5 eindecken.

Selbstverständlich gibt es Einzelfahrscheine, die auf jeden Fall für die Drahtseilbahn Montmartre benötigt werden, aber ansonsten erscheint uns wenigstens eine **Tageskarte** (*Mobilis*) sinnvoller. Sie ist immer von 0 bis 24 Uhr (aber nicht für 24 Stunden gültig, wenn man sie zum Beispiel um 13 Uhr erwirbt) in den Zonen 1 bis 2 (Paris und direkte Umgebung für 9,50 €, Stand 2022) gültig und natürlich auch für weitere Zonen erhältlich. Das Ticket muss unbedingt mit dem Gültigkeitsdatum sowie dem eigenen Namen und Vornamen versehen sein, da es ansonsten ungültig ist und bei Kontrolle eine Strafe droht! Nach dem gleichen Prinzip können Wochen- wie auch Monatstickets erworben werden.

Der **Wochenpass** *Navigo Découverte* ist eine preislich sehr interessante Version, die sich ab einem Aufenthalt von drei oder vier Tagen innerhalb einer vollen Woche rentiert (zum Beispiel Mo – Sa, Di – Fr, Do – So, nicht aber für Aufenthalte, die durch ein Wochenende getrennt sind wie zum Beispiel Fr – Di). Er gilt immer von Mo – So von 0 – 24 Uhr, kostet 22,80 € zzgl. einmalig 5 € für die Ausstellung und gilt für alle Zonen. Für die Ausstellung benötigt man ein Passfoto (30 mal 25 mm), das man in einigen Métro-Stationen am Passbildautomat erstellen und erwerben kann oder gleich von zu Hause mitbringt. Der Pass ist an allen Schaltern und Automaten der RATP-Stationen bis einschließlich Donnerstag der laufenden Woche oder ab Freitag für die kommende Woche erhältlich.

Alternativ nennen wir das **Touristenticket Paris Visite**, das für ein, zwei, drei oder fünf aufeinanderfolgende Tage für die Zonen 1 bis 3 oder 1 bis 5 erhältlich ist und immer von 0 – 24 Uhr beziehungsweise 5.30 Uhr am Folgetag gültig ist. Es kann für beliebig viele Fahrten mit der Métro, der RER, dem Funiculaire de Montmartre und den Bussen genutzt werden. Zusätzlich beinhaltet das Ticket 10 bis 25 Prozent Ermäßigung bei einigen Sehenswürdigkeiten. Es ist an allen Métro- und RER-Stationen in Paris am Schalter oder Automaten erhältlich. Erwachsene zahlen 23 €/2 Tage, 31 €/3 Tage, 44 €/5 Tage für Zone 1 bis 3 und 45 €/2 Tage, 61 €/3 Tage, 69 €/5 Tage für Zone 1 bis 5 inklusive Versailles, Disneyland®; Kinder zwischen 4 bis einschließlich 11 Jahren zahlen die Hälfte des regulären Preises (Stand 2022).

Wer sich noch nicht mit den aktuellen Informationen an den Rezeptionen der Campingplätze oder im Disneyland® eingedeckt hat oder weitere Auskünfte über Stadtführungen, Veranstaltungen und vieles mehr wünscht, dem empfehlen wir den Besuch in einem der Info-Center der offiziellen **Pariser Touristinformationen** oder einer der Partnerstellen (https://de.parisinfo.com): **Hôtel de Ville**, 29 Rue de Rivoli, Paris 4. Arr. (*Arrondissement)* – RER: Châtelet – Les Halles Linie A und B, Metro:

Hôtel de Ville Linie 1 oder Châtelet Linie 4 (*Mo – So 10 – 18 Uhr, 4. Juli – 31. August täglich 9.30 – 18.30 Uhr, teils veränderte Öffnungszeiten).* **Gare du Nord**, 18, Rue de Dunkerque Paris 10 Arr. – RER: Gare du Nord Linie B, D und E, Metro: Gare du Nord Linie 4 und 5. *(Mo – Sa 9 – 17 Uhr. 25.12./1.1./1.5. geschlossen, Januar/Februar teils veränderte Öffnungszeiten).* Partnerstellen befinden sich derzeit an der Rezeption des Carrousel du Louvre oder im Shop von TravelWiFi nahe der Oper.

Wir favorisieren außerdem die ausgesprochen informative und gut gemachte **Webseite Touristen in Paris** von Denise Urbach. Durch einen Fernsehbericht wurden wir auf Denise aufmerksam und stöbern seitdem immer wieder gern auf ihrer Internetpräsenz mit ungeheuer vielen interessanten Reisetipps für Paris. Wer des Französischen nicht mächtig ist, findet hier Angebote für deutschsprachige Stadtführungen oder kann vorab Tickets für die bekanntesten Sehenswürdigkeiten und Museen sowie Fahrkarten für die Metro bestellen. Eine ungemein hilfreiche Unterstützung für einen gelungenen Paris-Aufenthalt *(www.help-tourists-in-Paris.com).*

Wer ein begeisterter Museumsbesucher ist und viele kulturelle Angebote in Paris und Umgebung nutzen möchte, kann jede Menge Eintrittsgelder loswerden. Hier könnte sich der **Paris Museum Pass** als hilfreich erweisen. Er ist für zwei Tage/52 €, 4 Tage/66 € oder 6 Tage/78 € (Stand 2022) erhältlich und ermöglicht den freien Eintritt zu den Museen sowie Sehenswürdigkeiten fast ohne Warteschlangen. Nicht inbegriffen sind Wechselausstellungen oder Vortragsführungen.

Wer wie wir viel in der Stadt unterwegs ist, für den könnte sich auch der **Paris Passlib'** lohnen. Er ist ein weiterer offizieller Citypass der Stadt Paris, mit dem mehrere Museen und Sehenswürdigkeiten kostenfrei besucht werden können und man oftmals sogar einen bevorzugten Einlass erhält. Es gibt vier verschiedene Angebote, die unter anderem auch Bootsfahrten oder das Entleihen von E-Bikes beinhalten, und sich im Preis durch die Auswahl von drei bis sechs der angebotenen Top-Attraktionen oder Aktivitäten unterscheiden. Der Pass ist ein Jahr gültig und kostet zwischen 35 und 189 Euro (Stand 2022).

Beide Pässe können bereits vor Reiseantritt bequem online unter *https://de.parisinfo.com* bestellt werden oder sind bei den Touristinformationen und Partnerstellen erhältlich.

Paris kann auf die unterschiedlichste Art und Weise besichtigt werden. Für einen ersten Überblick bieten sich **Stadtrundfahrten** verschiedener Anbieter an, die erste Eindrücke von den Sehenswürdigkeiten und deren geografische Lage geben.

Da gibt es **Hop-on-Hop-off-Bustouren**, bei denen man an zahlreichen Haltestellen beliebig ein- und aussteigen kann und die tagsüber oder abends mit einer Bootsfahrt auf der Seine kombiniert werden können. Wir haben mit den Bussen von *TO-OT-Bus* gute Erfahrungen gemacht. Sie bieten drei Linien durch verschiedene Arrondissement an, die zudem auch noch in einem bis drei Tagen abgefahren werden können *(Métro-Linie 9 Station Trocadéro, Linie 6 Station Bir-Hakeim, www.tootbus.com, Gebühr).* Die Sehenswürdigkeiten werden bei allen Anbietern durch Audiokommentare in mehreren Sprachen erklärt.

Wer **öffentliche Busse** bevorzugt, keine weiteren Erklärungen zu den Sehenswürdigkeiten benötigt und zudem günstig unterwegs sein möchte, der kann beispielsweise mit den Buslinien 29 (Havre–Haussmann – J. Lemaître–M. Ravel), 68 (Blanche – M. Arnoux), 72 (La Colline – Van Gogh) und 95 (Montmartre – Montparnasse) zu seiner ganz individuellen Tour aufbrechen und viele Sehenswürdigkeiten aus dem Bus betrachten.

Im Jahr 1991 wurde das Pariser Seine-Ufer in die Liste der UNESCO-Welterbe aufgenommen. Die Begründung zur Eintragung in die Liste war folgende:

„Vom Louvre bis zum Eiffelturm, von der Place de la Concorde bis zum Grand und Petit Palais kann man die Entwicklung von Paris und seiner Geschichte von der Seine aus verfolgen. Die Kathedrale Notre Dame und die Sainte Chapelle sind architektonische Meisterwerke, während Haussmanns breite Plätze und Boulevards die Stadtplanung des späten 19. und 20. Jahrhunderts weltweit beeinflusst haben.“

Das bedeutet im Klartext, dass man sich der Seine-Metropole vom Fluss her nähern kann, um sie in ihrer Schönheit, ihrer Entwicklung und ihrer architektonischen Bedeutung gut erfassen zu können.

Wenn dann auch noch die Sonne vom Himmel lacht, macht diese Art von Sightseeing besonders viel Freude. Doch auch an bedeckteren Tagen sieht man aus dem verglasten Bootsinneren die Sehenswürdigkeiten majestätisch an sich vorüberziehen.

Selbstverständlich kommen für **Bootstouren auf der Seine** diverse Anbieter infrage. Es gibt klassische Rundfahrten, die in der Regel etwa eine Stunde dauern, und es werden längere Ausflugsfahrten mit Verköstigung an Bord angeboten. Gefallen hat uns in diesem Fall die Seine-Fahrt auf einem der *Vedettes de Paris-Boote*, die am Eiffelturm ablegen und auf denen leckere Crêpes, belegte Baguettes oder ein Glas Champagner im Voraus buchbar sind *(Métro-Linie 9 Station Trocadéro, Linie 6 Station Bir-Hakeim, Hauptsaison 10.30 – 23 Uhr, Nebensaison zirka 11.15 – 18/21 Uhr, www.vedettesdeparis.fr, Gebühr).*

Wer mit seinem **Hund** oder mit mehreren Hunden in Paris unterwegs sein möchte, sollte beachten, dass kleine Hunde mit einem Gewicht bis sechs Kilogramm kostenlos in Métro, RER, Tram, Bus oder Funiculaire Montmartre fahren dürfen. Die Hunde müssen jedoch in einer Tasche transportiert werden, die nicht größer als 45 Zentimeter sein darf. Größere Hunde müssen angeleint sein und einen Maulkorb tragen und benötigen einen eigenen Fahrschein zum reduzierten Preis. Assistenzhunde fahren kostenfrei. Selbstverständlich dürfen die Tiere andere Fahrgäste nicht stören und auf den Straßen, an der Seine oder in den Pariser Gärten und Parks müssen die Vierbeiner immer an der Leine geführt werden. In vielen Parks sind Hunde jedoch an der Leine verboten und vor Betreten eines Parks informiert ein im Eingangsbereich vorhandenes Schild über die jeweiligen Gegebenheiten. Hunde sind zum Beispiel hier erlaubt: Champs de Mars, Trocadéro, Bois de Boulogne. Trinkwasserbrunnen finden sich im Stadtgebiet genügend und zur Not gibt es außerhalb der zahlreichen öffentlichen Toilettenhäuschen einen

Bootstour auf der Seine – Eiffelturm und Pont Alexandre III.

Wasserhahn. Inwiefern Hunde in Restaurants und Geschäfte mitgenommen werden dürfen, entscheiden die jeweiligen Eigentümer. Die Mitnahme von Hunden in Museen, Sehenswürdigkeiten und auf den Eiffelturm ist verboten, sodass wir unsere Hunde nur in die Stadt mitgenommen haben, wenn wir uns ausschließlich im Freien bewegt haben.

Ein wenig Geschichte

Seit jeher war Paris Schauplatz wichtiger Ereignisse und die Stadtgeschichte beeinflusste die Entwicklung ganz Frankreichs.

Nebulösen Daten zufolge gab es vor rund 7.000 Jahren erste Spuren steinzeitlicher Jäger am Ufer der Seine, doch erst mit dem gallischen Stamm der Parisii begann etwa im Jahr 300 vor Christus die erste Besiedlung der Stadtinsel Île de la Cité. Damals hieß Paris noch Lutetia und natürlich waren es wie so oft in der Geschichte die recht umtriebigen Römer, die der Stadt ihren ersten Stempel aufgedrückt haben. Noch heute können wir mit der Champs-Élysées eine ihrer Hauptverkehrsachsen erkennen. Im Mittelalter kamen die Franken unter König Chlodwig und machten Paris zur Hauptstadt des Fränkischen Reiches und über die nächsten Jahrhunderte folgten zahlreiche Eroberungen, Zerstörungen sowie schlechte, aber auch glorreiche Zeiten.

Im 12. Jahrhundert wurde die Kathedrale Notre-Dame gebaut, es folgten diverse Markthallen und eine erste Stadtmauer wurde errichtet. Den Ruf als geistiges Zentrum des Abendlandes erhielt die Stadt schließlich durch die Gründung der Universität Sorbonne am linken Seine-Ufer.

Ende des 15. und Anfang des 16. Jahrhunderts besaß Paris bereits 300.000 Einwohner und galt neben London als eine der größten Städte der Welt.

Wenn wir an die Glanzzeit des historischen Frankreichs denken, dann kommen wir an der feudalen Macht und der damit verbundenen Pracht nicht vorbei. Dieses Bild wurde besonders unter der Herrschaft Ludwig XIV. geprägt, unter dem sich Paris zum politischen, wirtschaftlichen und kulturellen Mittelpunkt Frankreichs entwickelte. Der Sonnenkönig musste sein absolutistisches Machtstreben durch besondere Bauten hervorheben und so inszenierte er zum Beispiel das monumentale Schloss- und Gartenensemble in Versailles, das schon bald zum Vorbild für alle europäischen Fürsten- und Königshäuser avancierte. Diese verschwenderische Fülle, aber auch eine expansive Kriegspolitik führten schließlich zum finanziellen Ruin und in der Folge zum Untergang des Ancien Régime, wie die Epoche vor der Französischen Revolution genannt wird.

In Paris überschlugen sich damals die Ereignisse und nach einer relativ kurzen Zeitspanne stürmte das von Hunger und revolutionärer Energie getriebene Volk am 14. Juli 1789 die Bastille. Die Monarchie wurde abgeschafft und nach der Schreckensherrschaft unter Robespierre brachten die Republikaner unter dem Einfluss der Aufklärung die Ideale von Freiheit, Gleichheit und Brüderlichkeit in das französischen Staatssystem. Die großen politischen und gesellschaftlichen Umwälzungen mündeten in die Einführung der Bürgerrechte oder die Umstrukturierung des Bildungswesen.

Mit Napoléon Bonaparte betrat ein Mann die Weltbühne, der Paris zur schönsten Metropole der Welt verwandeln wollte. Er ließ unter anderem das Panthéon vollenden und den monumentalen Arc de Triomphe errichten. Er agierte im Geiste des Absolutismus, liebte Macht und Pracht und krönte sich mit einer großen Inszenierung am 2. Dezember 1804 zum Kaiser der Franzosen. Napoléons eindrucksvolles Gastspiel auf Europas politischer Bühne endete jedoch mit seiner Verbannung auf

Rue des Rosiers im Quartier Marais

Sankt Helena und nur aufgrund geschickter Verhandlungen auf dem Wiener Kongress behielt Frankreich seine Großmachtstellung auf dem europäischen Kontinent.

Baron Georges-Eugène Haussmann gefielen indes Napoleóns architektonische Vorgaben und so veränderte er Mitte des 19. Jahrhunderts das Stadtbild von Paris fundamental. Über 20.000 Häuser, ja, ganze Viertel, mussten breiten, eleganten Boulevards weichen. Haussmann sorgte aber auch für neue Wasserleitungen, ein dringend notwendiges Kanalisationssystem und, nachdem er die Industrie in die Vororte verbannte, für ein funktionierendes Verkehrsnetz. Damit ebnete er Paris den Weg zur modernen Großstadt und öffnete sie für den internationalen Tourismus.

Fast zeitgleich kam es aufgrund gravierender sozialer Missstände zu einer erneuten Revolution, der Bürgerkönig dankte ab und der danach eingesetzte Präsident ernannte sich später selbst zum Kaiser und bestieg als Napoléon III. den französischen Thron. Auch ihm wurde das Kaisersein zum Verhängnis, er marschierte nach der Niederlage von Sedan in deutsche Gefangenschaft und danach gipfelten die Auseinandersetzungen zwischen Monarchisten und der Pariser Kommune in einen blutigen Bürgerkrieg.

Gegen Ende des 19. Jahrhunderts erlebte Paris eine neue Blüte und drei große Weltausstellungen sorgten für internationale Furore. 1889 war es der Eiffelturm und 1900 die Métropolitain, kurz Métro, mit der sich Paris profilieren konnte. Die Stadt war kulturell auf ihrer vollen Höhe, die Einwohnerzahl knackte die Zwei-Millionen-Grenze und die *Belle Époque* (schöne Epoche) drückte der Geschichte ihren Stempel auf.

Dann brach der Erste Weltkrieg aus und vorerst war Schluss mit der Herrlichkeit. Zwischen den beiden Weltkriegen entwickelte sich Paris zum Mekka der Künstler und Literaten, aber auch die Stadtarchitektur blieb im Blickpunkt, denn Le Corbusier und andere sorgten für eine moderne Architektur aus Stahlbeton und Glas.

Nach der Machtergreifung durch die Nationalsozialisten in Deutschland wurde Paris zum Sammelbecken der ins dortige Exil geflüchteten Intellektuellen und politisch Verfolgten. Im Jahr 1940 beendete der Einmarsch der Deutschen in Paris die seit 1870 existierende Dritte

Republik und der gesamte Norden des Landes befand sich in deutscher Hand. Tausende Menschen flohen in südliche Landesteile, die unter der Vichy-Regierung von Marschall Pétain eine Zeit lang halbwegs unabhängig blieben. Allmählich wuchs der Widerstand gegen die Regierung sowie die deutschen Besatzer und nachdem die Landung der Alliierten im Juni 1944 in der Normandie geglückt war, wurde deutlich, dass Paris durch die Deutschen nicht mehr zu halten war. Obwohl ein Befehl Hitlers das genaue Gegenteil vorsah, zog die Deutsche Wehrmacht nach der Kapitulation ohne die Zerstörung der französischen Hauptstadt ab und General Charles de Gaulle konnte an der Spitze der Befreiungstruppen am 26. August 1944 über die Champs-Élysées marschieren.

Die nach dem Krieg ausgerufene Vierte Republik war nicht von langer Dauer und wurde bereits 1958 durch die von de Gaulle proklamierte Fünfte Republik abgelöst. Der General wurde zum ersten langjährigen Staatspräsidenten gewählt und in seiner Regierungszeit verändert sich das Pariser Stadtbild erheblich. Erste Hochhäuser und das neue Büro- und Geschäftsviertel Le Défense im Westen der Stadt entstehen. Auch die ab den 1970er- und 1980er-Jahren folgenden Staatspräsidenten prägten städtebauliche Großprojekte, doch insbesondere François Mitterrand (1981 – 1995) übertraf sie alle. So entstand zum Beispiel für die Zweihundertjahrfeiern zur Französischen Revolution die Bastille-Oper, die spektakuläre Glaspyramide im Louvre zieht noch heute die Blicke auf sich und die vier gläsernen Türme der Bibliothèque national de France sollen an aufgeschlagene Bücher erinnern.

Zuletzt erregte der Brand im Dachstuhl der Kathedrale Notre-Dame als nationale Katastrophe im Jahr 2019 die Aufmerksamkeit der Welt. Doch auch diese fürchterliche Wunde im Herzen der Stadt vermag es nicht, die Rolle von Paris als Zentrum Frankreichs zu schmälern.

Cathédrale Notre-Dame

Um die Einwohner, die Geräusche und die Gerüche einer Stadt intensiv wahrnehmen und aufnehmen zu können, empfiehlt sich meist die **Stadterkundung zu Fuß**. Dabei sieht

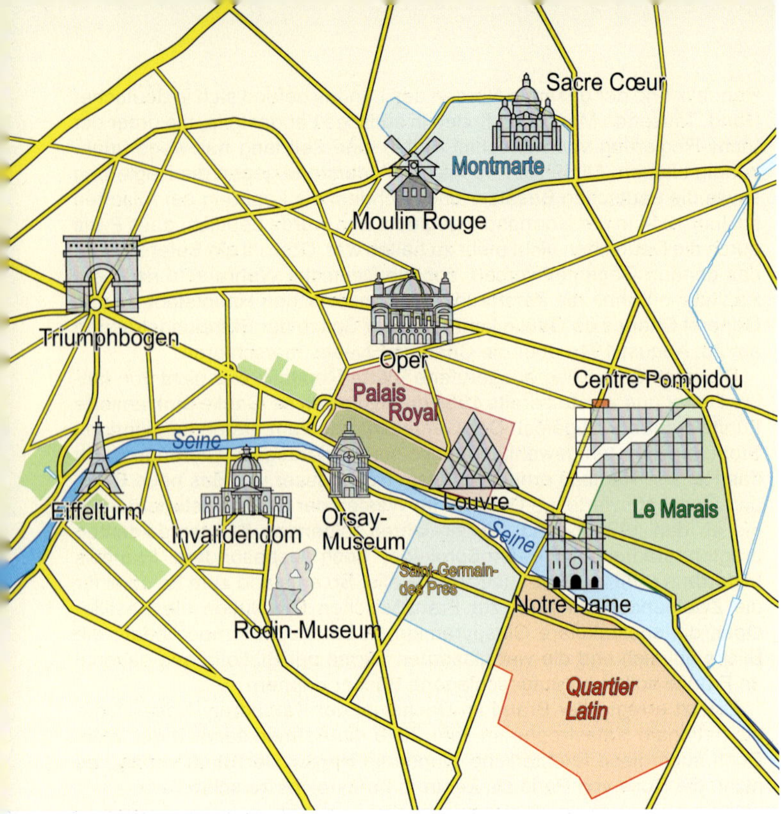

Sehenswürdigkeiten im Überblick

man Dinge, die in keinem Reiseführer (auch nicht in diesem) erwähnt sind, und man kann einen ganz eigenen, fast intimen Zugang zu einer Stadt finden.

Gerade in Paris lassen wir uns immer wieder gerne ziellos durch die verschiedenen Quartiere wie das mit Kneipen gefüllte Bastille-Viertel, in dem das Pariser Nachtleben nur so brummt, oder das Künstlerviertel Montmartre treiben.

Bei unserem letzten Aufenthalt in Paris nutzen wir vermehrt den ***Batobus,*** eine Art Wassertaxi, das wir wie bei den Hop-on-Hop-off-Bussen verlassen können, um zu einem späteren Zeitpunkt wieder zuzusteigen. Der Fahrkarten-Pass ist für 24 oder 48 Stunden erhältlich und es gibt neun Haltestellen, von denen man in die Stadtviertel und zu den berühmten Monumenten gehen kann *(nur das Abfahren aller Haltestellen der Reihe nach dauert etwa zwei Stunden, 1-Tages-Pass 17 €/Person, Stand 2022, Métro-Linie 9 Station Trocadéro, Linie 6 Station Bir-Hakeim, Hauptsaison 10 – 19/21.30 Uhr, Nebensaison 10 – 17 Uhr, www.batobus.com, Gebühr).*

Bei der folgenden Beschreibung müssen wir unbedingt noch einmal erwähnen, dass wir die genannten und längst nicht vollständig aufgeführten Sehenswürdigkeiten und Stadtviertel nicht komplett an einem Tag angeschaut haben.

Das ist selbst bei guter Kondition nicht zu schaffen – allein für die Besichtigung des Louvre könnte man spielend mehrere Tage aufwenden! Wir haben in diesem Bericht vielmehr unsere Erfahrungen von mehreren Stadtbesuchen gesammelt und für Sie, liebe Leserin, lieber Leser, zusammengestellt.

Nutzen Sie unsere Vorschläge, nehmen Sie sich pro Tag die Besichtigungstour von zwei oder drei *Batobus*-Haltestellen vor und genießen Sie Ihre wertvolle Urlaubszeit in dieser wundervollen Stadt.

Jetzt ziehen wir aber endlich die bequemen Schuhe an und schon geht es los: Wir lassen uns mit dem Shuttleservice vom Campingplatz am Bois de Boulogne zur Métro-Station Porte Maillot bringen und besteigen erst die Métro-Linie 1 bis zur Station Charles de Gaulle-Etoile, um dort in die Linie 6 umzusteigen und bis zur Métro-Station Bir-Hakeim zu fahren. Etwa eine halbe Stunde später sind wir am Ziel und nach dem Aussteigen geht es zu Fuß noch ein paar Meter Richtung Seine und schon haben wir das Pariser Wahrzeichen schlechthin vor uns.

Mit dem Batobus und zu Fuß durch Paris

Kühn streckt sich der in dunklem Goldbraun gehaltene *Tour Eiffel*, der **Eiffelturm**, dem Himmel entgegen. Am Tag seiner Einweihung im Jahr 1889 und zur Eröffnung der Weltausstellung galt die filigrane Stahlkonstruktion mit 300 Metern als höchstes Gebäude der Welt. Im Laufe des 20. Jahrhunderts wurden Antennen für den Fernseh- und Radioempfang auf der Spitze angebracht, sodass er heute 324 Meter in der Höhe misst. Nicht immer war der von Gustave Eiffel aufgestellte Turm, der anfangs als hässlich und monströs galt, so beliebt wie heute und es war vorgesehen, ihn 20 Jahre nach der Weltausstellung wieder zu demontieren. Doch der Besucherandrang veränderte alles: Eiffel hatte innerhalb kürzester Zeit die Baukosten von unerhörten 7,5 Millionen Franc durch Eintrittsgelder wieder hereingeholt und Künstler sowie Pariser schlossen die ungewöhnliche Konstruktion in ihr Herz.

Blick vom Trocadéro zum Eiffelturm

Das große Marsfeld, das **Champ de Mars**, zu Füßen des Turms wurde bis ins

20. Jahrhundert für Aufmärsche und Paraden sowie als Exerzierfeld genutzt.

Der Eiffelturm besteht aus drei Etagen, die alle besichtigt werden können. Auf der ersten Etage in rund 58 Meter Höhe befinden sich Restaurant und Souvenirläden und durch einen Glasboden schaut man auf den Platz unterhalb des Turms. Die zweite Etage bietet weiteren Souvenirshops, einem Gourmetrestaurant (unbedingt vorher reservieren) sowie Toiletten Platz und die dritte Etage ist einer Aussichtsplattform sowie einer Champagnerbar vorbehalten. Bis zur zweiten Etage können Besucher die Treppen benutzen, danach bringt sie ein Fahrstuhl auf die nächste Empore.

Der Besuch des Eiffelturms ist meist mit einer Wartezeit von mindestens einer Stunde verbunden und wer die dritte Etage erreichen möchte, der muss durchaus eine weitere halbe bis ganze Stunde einkalkulieren. Ganz nach oben zu fahren, lohnt sich ohnehin nur bei sehr klarem Wetter! Um die Wartezeit zu verkürzen, können Tickets mit festem Zeitfenster vorab online gekauft werden, selbstverständlich können Tickets aber auch an den Kassen direkt am Fuß des Eiffelturms (mit Wartezeit) erworben werden *(Champ de Mars, Métro-Linie 6 Station Bir-Hakeim, 9 – 23.45 Uhr, die Kassen schließen um Mitternacht, das Monument um 00.45 Uhr, Anfang Mai – Mitte Juni 9.30 – 22.45 Uhr, die Kassen schließen um 23 Uhr, das Monument um 23.45 Uhr, Eintritt je nach Etage zwischen 17,10 –20,40 €. Es finden Taschenkontrollen statt, große Gepäckstücke und Tiere nicht gestattet. Rollstühle werden nur mit dem Lift bis zur zweiten Etage transportiert. www.toureiffel.paris).*

Aus Sicherheitsgründen ist um den Eiffelturm eine Glaswand errichtet, doch nach einer Sicherheitskontrolle mit Warteschlange können Besucher nach wie vor kostenfrei auf den Platz unter dem Turm gelangen.

Steht man etwas abseits, wirkt die glanzvolle Beleuchtung am Abend besonders schön und man kann sie zudem ganz ohne Eintritt bewundern. Nach Einbruch der Dunkelheit blinken etwa 20.000 Lampen zu jeder vollen Stunde fünf Minuten lang von den Streben des Turms und es wird in diesem Moment nur allzu deutlich, warum Paris auch die **Stadt der Lichter** genannt wird.

Einen tollen Blick auf den Eiffelturm haben wir aber auch vom auf der anderen Seine-Seite liegenden **Trocadéro-Hügel** vor dem **Palais de Chaillot**. In dem von gepflegten Gärten und Terrassen umgebenen Palais sind das **Marinemuseum**, das **Musée de l'Homme** sowie das **größte Architekturzentrum Europas** beheimatet. Ganz in der Nähe befindet sich das **Aquarium de Paris** mit einer faszinierenden Unterwasserwelt und einem großen Haifischbecken *(5 Avenue Albert de Mun, Métro-Linie 9 Station Trocadéro, Mo – So 10 – 18 Uhr, Eintritt, www.cineaqua.com).*

Zurück an der Seine finden wir uns an der *Haltestelle Tour Eiffel* am Port de La Bourdonnais von *Batobus* ein und „kapern" das Wassertaxi. Wenig später verlassen wir das Boot an der *Batobus-Haltestelle Invalides* schon wieder und haben sofort eine der 37 **Seine-Brücken** im Blick.

Nicht zuletzt durch sie gewinnt der Fluss an Reiz und man sollte sich vorstellen, dass die Brücken mit vierstöckigen Häusern bebaut waren, die allerdings wegen ihrer Baufälligkeit gegen Ende des 18. Jahrhunderts weichen mussten. Wir haben jetzt die am üppigsten verzierte Brücke der Hauptstadt, den **Pont Alexandre III.**, die anlässlich der Weltausstellung 1900 konstruiert wurde, hinter uns gelassen und bewegen uns in ihrer Verlängerung am linken Seine-Ufer auf den **Invalidendom** mit seiner vergoldeten Kuppel zu.

Vom Jardin des Tuileries zum Louvre

Ludwig XIV. hatte den Bau des Doms befohlen und orientierte sich dabei am Petersdom in Rom. Der Bau entspricht einem riesigen Mausoleum, in dessen Inneren sich die Gräber Napoléons, dessen Gebeine 1840 von der Insel Sainte Helena hierher überführt wurden, die seiner Brüder Jérome und Joseph Bonaparte sowie die des genialen Festungsbaumeisters Vauban wie auch jenes von Ferdinand Foch und anderer Marschalle befinden. Das sich direkt daran anschließende **Hôtel des Invalides** im klassizistischen Stil diente als Heim für Kriegsveteranen und beherbergt das **Musée de l'Armée** *(129 Rue de Grenelle, Métro-Linie 13 Station Varenne oder Linie 8 Station Tour Maubourg, April – Oktober 10 – 18 Uhr, Juli/August bis 19 Uhr, November – März 10 – 17 Uhr, Eintritt, www.musee-armee.fr. Das Grab Napoléons kann nur in Verbindung mit dem Museumsbesuch besichtigt werden).*

Wenn wir schon einmal hier sind, können wir gleich im nahen **Musée Rodin** vorbeischauen, das in einem hübschen Rokoko-Adelspalais untergebracht ist. Hier hatte der Bildhauer Auguste Rodin einige Zeit sein Atelier und die Sammlung präsentiert zahlreiche seiner Werke. Wer sich in einem der **wundervollsten Gärten** von Paris einfach nur ein wenig vom Getümmel der Großstadt erholen möchte und gleichzeitig einen Blick auf Rodin-Skulpturen zwischen exakt geschnittenen Büschen und duftenden Rosen werfen möchte, der kann den Park losgelöst vom Museumsbesuch für ein verhältnismäßig geringes Entgelt betreten. Zusätzlich gibt es ein **Museumscafé** unter schattigen Bäumen, in dem wir uns stärken *(77 Rue de Varennes, Métro-Linie 13, Station Varenne, Di – So 10 – 18.30 Uhr, 77 Rue de Varenne, Eintritt, www.musee-rodin.fr).*

Der Denker von Auguste Rodin

Wir bleiben *rive gauche*, auf der linken Flussseite, und unterwegs im schicken 7. Arrondissement. Unmittelbar an der *Batobus-Haltstelle Musée d'Orsay* befindet sich in einem ehemaligen prachtvollen Bahnhof aus der Belle Époque das gleichnamige Kunstmuseum **Musée d'Orsay**. Die für sich allein wirkende, beeindruckende Ausstellungshalle bietet Raum für eine umfangreiche internationale Kollektion impressionistischer und post-impressionistischer Werke *(1 Rue de Belle-*

chasse, Métro-Linie 12 Station Solférino, Di – So 9.30 – 18 Uhr, Do bis 21.45 Uhr, Eintritt, www.musee-orsay.fr).

Über die Rue de Bellchasse wenden wir uns vom Fluss ab und gehen vorbei an der Métro-Station Solférino immer geradeaus bis zur Rue de Grenelle und dort links bis zur Rue du Bac. Die Straßen sind von zahlreichen Geschäften, Galerien und Lokalen gesäumt und liegen in einem Viertel, in dem sich mehrere Antiquitätenläden angesiedelt haben. Der Rue de Bac geradeaus folgend erreichen wir das traditionsreiche und nach eigenen Angaben älteste Kaufhaus der Welt **La Bon Marché**, das seine Tore 1852 öffnete und als Tempel für Luxusmodemarken gilt *(Métro-Linie 12 Station Sèvres-Babylone).*

In der dem Haupteingang gegenüberliegenden Straße treffen wir auf eines der richtig guten Bistros der Stadt. Im **Restaurant-Bistro L'Épi Dupin** muss sowohl aufgrund der Enge als auch der Beliebtheit unbedingt ein Tisch reserviert werden *(Di – Sa 12 – 15/19 – 22.30 Uhr, 11 Rue Dupin Telefon 0142226456, www.restaurantdupin.com).*

Wieder zurück an der Seine stöbern wir ein wenig bei den Antiquitätenhändlern zwischen altem Spielzeug, Silber und Porzellanvasen am Quai Voltaire, bevor wir wieder das Bötchen besteigen … Stopp! Fast hätten wir die **Bouquinisten von Paris** vergessen!

Auch wenn sie im Zeitalter der Digitalisierung weniger werden, so sind sie noch nicht aus dem Stadtbild wegzudenken. Seit 1859 dürfen die Bouquinisten feste Verkaufsstände an den Uferstraßen der Seine anbringen und Bücher, Comics, Post- und Landkarten sowie Poster und Andenken verkaufen. Auf der *rive gauche*-Seite finden wir *Les Bouquinistes*, wie sie von den Einheimischen genannt werden, zwischen Quai de la Tournelle und dem Quai Voltaire. Auf der rechten Uferseite, *rive droite*, sind sie zwischen der Pont Marie und dem Quai

du Louvre anzutreffen *(In der Regel März – Oktober mehrere Tage in der Woche meist nachmittags, aber manche öffnen auch schon ab 11.30 Uhr. Bei schlechtem Wetter sucht man die Bouquinisten vergeblich).*

Wenn wir uns jetzt noch vom Musée d'Orsay mit dem Wassertaxi befördern lassen wollen, dann steigen wir an der nächsten *Batobus-Haltestelle Saint-Germain-des-Prés* wieder aus.

Hier wird die Seine von der Fußgängerbrücke **Pont des Arts** überspannt, auf der von Zeit zu Zeit Kunstaustellungen stattfinden. Auch diesmal bleiben wir am linken Flussufer und schauen zunächst zum renommierten **Institut de France** empor, in dem fünf Akademien, unter anderem die 1635 von Kardinal Richelieu gegründete *Académie française*. Nur ein Stückchen flussabwärts und schon zweigen wir in die Rue Bonaparte ab. Ursprünglich trafen sich im **Quartier Saint-Germain-des-Prés** Künstler wie Chopin, Delacroix oder die französische Schrift-

Église Saint-Germain-des-Prés

stellerin George Sand. Die Cafés waren voll von Literaten und nach dem Ende des Zweiten Weltkrieges traf sich hier die intellektuelle Avantgarde Europas. Heute mogeln sich mehr und mehr Edelboutiquen und Galerien in die Straßen, doch das schmälert den Charme des Viertels nicht im Geringsten. Schon bald stoßen wir auf die **Patisserie Ladurée**, die für ihre köstlichen Macarons bekannt ist und auch ein Restaurant betreibt *(8.30 – 19.30 Uhr, www.laduree.fr).* Wer hier nicht länger verweilen möchte, der sollte sich wenigstens von den köstlichen bunten Mandelbaiser-Küchlein verführen lassen.

Der Straße weiter folgend erreichen wir die älteste der großen Stadtkirchen. Die **Église Saint-Germain-des-Prés** ist zudem das bedeutendste romanische Bauwerk der Stadt, das im 6. Jahrhundert vor deren Toren inmitten von Feldern und Wiesen von den Franken erbaut wurde *(Place de Saint-Germain, Métro-Linie 4 Station St-Germain-des-Prés).* Bewunderer des Malers Eugéne Delacroix werden den Weg in sein ehemaliges Atelier finden, in dem heute das **Musée Delacroix** am malerischen Place de Furstemberg seinen Platz gefunden hat *(6 Rue de Furstemberg, Métro-Linie 4 Station St-Germain-des-Prés, Mi – Mo 9.30 – 17.30 Uhr, Eintritt, www.musee-delacroix.fr).*

Wir schlendern indes zum **Café de Flore** am belebten Boulevard Saint-Germain. In dem als Philosophen- und Literatencafé bekannten Etablissement mit herrlichem Art-déco-Dekor diskutierten bereits Simone de Beauvoir und Jean-Paul Sartre. Angeblich soll der Besuch genau wie der im benachbarten und sehr stilvollen **Café Les Deux Magots**, in dem immerhin Picasso und Oscar Wilde verkehrten, zum Erkundungspflichtprogramm gehören. Die Frage nach der Einkehr bei gepfefferten Preise beantworten wir, indem wir der Rue Bonaparte weiter folgen.

Im Jardin du Luxembourg

Zu unseren zuvor erstandenen Macarons gesellen sich zwei Café von einer der Imbissbuden im **Jardin du Luxembourg** und schon sitzen wir auf den lindgrünen Metallstühlen an einem der Lieblingsorte der Pariser. Die 25 Hektar große Gartenanlage ist eine Oase der Heiterkeit und der Ruhe inmitten der Großstadt mit Statuen, Brunnen, Fontänen, Karussells, Rutschen und Musikpavillons. Ursprünglich als Witwensitz für Maria de Medici gebaut, wurde das im Park liegende klassizistische Schloss später zum **Palais du Luxembourg** umgebaut. Hier tagt mittlerweile der Senat, der zusammen mit der Nationalversammlung das französische Parlament bildet *(öffentlich zugänglicher Park, Métro-Linie 4 und 10 Station Odéon).*

Nach dieser anregenden Erholungspause gehen wir zur Nordseite des Parks und direkt gegenüber vom Senatsgebäude führt uns die Straße zurück zum Seine-Ufer. Von der nächsten *Batobus-Haltestelle Notre-Dame* gelangen wir mitten hinein ins historische Herz von Paris.

Wie wir bereits wissen, siedelten auf der **Île de la Cité** die Parisii und begründeten damit den Beginn der Grande Nation. Eine in den Boden eingelassene Messingplatte vor dem Westportal von Notre-Dame weist die Stadtinsel aber auch als symbolisches Zentrum Frankreichs aus. Acht Brücken führen auf die Insel und eine weitere hinüber zur kleineren **Île Saint-Louis**.

Bei einem Spaziergang über die Île de la Cité fallen an deren Nordseite die Rundtürme der **Conciergerie** sofort ins Auge. Der alte Königspalast mit einem sehenswerten, gotischen Saalbau wurde später Wohnsitz des königlichen Schlossvogts, wir würden diesen heute vermutlich als Hausmeister oder Pförtner (*Concierge*) bezeichnen, und erhielt so seinen Namen. Nachdem der König im 14. Jahrhundert in den

Conciergerie und Pont au Change

Louvre gezogen war, wurde das ehemalige Schloss zum Justizpalast umgewandelt. Während der Französischen Revolution musste neben vielen anderen auch Königin Marie-Antoinette im Gefängnis im Erdgeschoss auf ihre Hinrichtung warten. Der Nachbau ihrer Zelle kann besichtigt werden *(Métro-Linien 1, 4, 7, 11 und 14 Station Châtelet oder Linie 4 Station Notre-Dame/Cité, 9.30 – 18 Uhr, Eintritt, Kombiticket mit Sainte-Chapelle möglich, www.paris-conciergerie.fr).*

Südlich schließt sich der heutige Justizpalast an, hinter dessen Mauern das kunsthistorische Kleinod der **Saint-Chapelle** fast verborgen erscheint. Die Perle der Gotik entstand 1245 im Auftrag Ludwigs des Heiligen als Schrein für seine kostbarste Passionsreliquien, unter denen auch die Dornenkrone Christi gewesen sein soll. Am faszinierendsten erscheint uns der Lichteinfall durch die fünfzehn 15 Meter hohen Fensterlanzetten sowie die 1.113 Buntglasfenster *(Métro-Linien 1, 4, 7, 11 und 14 Station Châtelet oder Linie 4 Station Notre-Dame/Cité, April – September 9 – 19 Uhr, Jan – März/Oktober – Dezember 9 – 17 Uhr, Eintritt, Kombiticket mit Conciergerie möglich, www.sainte-chapelle.fr).*

Das meistbesuchte Monument von Paris und viel mehr als nur eine Kirche ist die **Cathédrale Notre-Dame**. Die frühgotische Kathedrale hat eine enorme nationale Bedeutung und entsprechend groß war die Betroffenheit in ganz Frankreich nach dem verheerenden Großbrand am 15. April 2019. Vermutlich wurde das Feuer bei Renovierungsarbeiten ausgelöst und zerstörte den Dachstuhl, die gotische Turmspitze sowie einige sakrale Kunstwerke, das Kreuzrippengewölbe und andere Mauerwerke wurden gravierend beschädigt. Ein ehrgeiziger Plan sieht vor, das die Kathedrale durch staatliche Unterstüt-

Invalidendom

zung und Großspenden bis zum Jahr 2024 wiederaufgebaut sein soll. Bis dahin, Experten vermuten noch länger, wird eine Besichtigung nicht möglich sein. Über den aktuellen Stand der Renovierungsarbeiten kann man sich auf der Internetseite *www.notredamedeparis.fr* informieren.

Cathédrale Notre-Dame

Obwohl schwer malträtiert, beherrscht Notre-Dame immer noch stolz die Stadtinsel. Mit dem Bau wurde 1163 begonnen und 1345 wurde das 130 Meter lange sowie 35 Meter hohe Bauwerk fertiggestellt. Könige und Kaiser wurden in der Pariser Bischofskirche gekrönt und die prachtvolle Formensprache hat die Zeiten bis heute überdauert und begeistert nach wie vor in ihrer harmonischen Schönheit.

Über den Pont Saint-Michel verlassen wir die Île de la Cité und können in der Verlängerung über den quirligen Boulevard Saint-Michel und vorbei am Brunnen **La Fontaine Saint-Michel** in das beliebte Stadtviertel **Quartier Latin** eintauchen, das seit jeher das Viertel der Dichter und Denker ist.

Dank guter Beschilderung finden wir linker Hand bald den Weg zum **Musée de Cluny**, in dem Mittelalter und Antike das Sagen haben *(6 Place Paul Painlevé, Métro-Linie 4 und 10 Station Cluny/Odéon, Di – So 9.30 – 18.15 Uhr, Eintritt, www.musee-moyenage.fr)*. Nur einen Katzensprung entfernt befindet sich die älteste und renommierteste Pariser Universität, die durch den Hofkaplan Robert de Sorbon 1257 als Kolleg für mittellose Theologiestudenten gegründet wurde und heute als **Sorbonne** einen ausgezeichneten Ruf unter Sprach- und Literaturwissenschaftlern hat.

Kaum zu übersehen ist das nahe **Panthéon**, das 1791 fertiggestellt wurde und mit seiner markanten, 83 Meter hohen Kuppel als nationale Ruhmeshalle gilt. Im Inneren wird auf monumentalen Gemälden die französische Geschichte erzählt und in der Krypta befinden sich die Gräber von Voltaire, Rousseau, Victor Hugo, Zola und vielen anderen bedeutenden Persönlichkeiten Frankreichs *(Place du Panthéon, Métro-Linie 10 Station Cardinal-Lemoine, Januar – März/Oktober – Dezember 10 – 18 Uhr, April – 30 September 10 – 18.30, Eintritt, www.paris-pantheon.fr).*

Eine schöne Abwechslung zum öden Pflastertreten und der Fülle steinerner Monumente bietet sich bei einem Besuch im **Jardin des Plantes**. Während wir unter schattigen Baumalleen flanieren und bunte Blumen sowie grüne Pflanzen bewundern, können wir die Namen der Gewächse auf beschrifteten Tafeln lernen. Dieser Umstand ist sicher dem ursprünglichen Anspruch des 24 Hektar großen Gartens als botanischer Schule und königlichem Heilpflanzengarten zu verdanken und erklärt auch die großen Gewächshäuser *(Métro-Linie 7 Station Place Monge oder Linie 5 und 10 Gare d'Austerlitz, 7.30 – je nach Saison 17.30/18.30 oder 20 Uhr, www.jardindesplantesdeparis.fr).*

Auf dem gleichen Gelände befindet sich die **Ménagerie**, die besonders Kindern gefallen wird. Im Zooareal, dessen Besuch extra Eintritt kostet, flattern Vögel durch Volieren, Erdmännchen schauen uns neugierig entgegen, bunte Flamingos stehen auf einem Bein und im Affengehege sind urige Laute zu hören. Jede Menge weitere Tiere gibt es zu sehen und ein Streichelzoo fehlt auch nicht *(Métro-Linie 7 Station Place Monge oder Linie 5 und 10 Gare d'Austerlitz, 10 – je nach Saison 17/18.30 Uhr, Eintritt, www.jardindesplantesdeparis.fr).*

In der ebenfalls zum Gelände gehörenden **Grande Galerie de l'Évolution** wird die Entwicklung der Lebewesen anhand riesiger Dinosaurier- und Walmodellen sehr eindrucksvoll erklärt *(Métro-Linie 7 Station Place Monge oder Linie 5 und 10 Gare d'Austerlitz 10 – 18 Uhr, Eintritt, www.jardindesplantesdeparis.fr).* Weiterhin sind der Gartenanlage eine **paläontologische, eine anatomische und eine geologisch-mineralogische Galerie** angeschlossen.

Von der *Batobus-Haltestelle Jardin des Plantes* fährt unser Schiffchen noch ein Stück flussaufwärts, um dann zu wenden und entlang des rechten Seine-Ufers (*rive droite*) zurück bis zum Ausgangpunkt zu fahren. Bald liegt die Île Saint-Louis linker Hand und wir unterbrechen die Fahrt ein weiteres Mal an der *Batobus-Haltestelle Hôtel de Ville*.

Mit dem **Quartier Marais** betreten wir eines der momentan angesagtesten Viertel von Paris. Es ist darum kaum zu glauben, dass vor etlichen Jahrhunderten hier ein ausgedehntes Sumpfgebiet (*Marais*) vor den Toren des alten Paris zu finden war. Der Templerorden soll es trockengelegt haben und im 17. Jahrhundert stieg das Marais zur vornehmen Wohngegend des Adels auf. Es entstanden Villen und Stadtpaläste, die sogenannten *Hôtels*. Als der Sonnenkönig seinen Aufenthaltsort nach Versailles verlegte, kam das Viertel etwas aus der Mode und im Zuge der Französischen Revolution wurde der Adel ganz vertrieben. Das Marais verlor seinen Glanz und Tagelöhner sowie Handwerker bezogen die vornehmen Häuser. In den 1960er-Jahren veränderte sich das Gefüge abermals und seitdem wurden die verfallenen Palais und Plätze unter Denkmalschutz gestellt und aufwendig saniert. Das Marais war aber auch die erste jüdische Siedlung in Paris. Noch heute gibt es viele jüdische Geschäfte, denn ein nicht unerheblicher Teil der jüdischen Gemeinde Frankreichs lebt hier und wir begegnen immer wieder Menschen, die Kippa oder einen runden Filzhut tragen.

Wir starten unseren Rundgang am **Hôtel de Ville**, dem Rathaus von Paris, in östliche Richtung *(Métro-Linie 1 und 11 Station Hôtel de Ville)*. Vorbei an der klassizistischen Fassade der **Église Saint-Gervais-Saint-Protais** gelangen wir alsbald zum **Mémorial de la Shoah**, dem größten europäischen Holocaust-Museum. Das beeindruckende Mahnmal ist den deportierten Juden während der deutschen Besetzung, aber auch denjenigen, die sie vor Verfolgung und Deportation versteckten und retteten gewidmet *(17 Rue Geoffroy l'Asnier, Métro-Linie 7 Station Pont Marie oder Linie 1 Station Saint-Paul, täglich außer Sa und an jüdischen Feiertagen 10 – 18 Uhr, Eintritt frei, www.memorialdelashoah.org)*.

Ein wenig entfernt befindet sich in einem alten Adelspalais mit dem **Maison Européenne de la Photographie** ein Mekka für alle Fotografenseelen mit Hang zu anspruchsvoller Fotokunst *(5/7 Rue de Fourcy, Métro-Linie 1 Station Saint-Paul, Mi – Fr 11 – 20 Uhr, Do 11 – 22, Sa/So 10 – 20 Uhr, Eintritt, www.mep-fr.org)*.

Richtung Fluss und dann leicht schräg versetzt streifen wir das **Hôtel de Sens**, einen der letzten erhaltenen Stadtpaläste des Spätmittelalters, in dem sich heute eine Bibliothek befindet und an das sich ein hübscher Garten anschließt *(Di – So 13 – 19.30 Uhr, Mi/Do ab 10 Uhr, freier Eintritt)*.

Über die Rue de l'Ave-Maria sind wir flott an der Rue Saint-Paul, in der das wirklich bezaubernde **Musée de la Magie** zu finden ist. Auf der magischen Zeitreise werden Tricks und Illusionen enthüllt oder, wie es bei Zauberern üblich ist, eben auch nicht. Ein Erlebnis für Alt und Jung *(11 Rue Saint-Paul, Métro-*

Linie 1 Station Saint-Paul, Mi/Sa/So 14 – 19 Uhr, Eintritt, evtl. erweiterte Öffnungszeiten unter www.museedelamagie.com).

Nicht zu verpassen ist der Blick in das von der Rue de l'Ave-Maria beziehungsweise Rue Charlemagne zu erreichende **Village Saint-Paul**, in dem sich über mehrere Innenhöfe Antiquitätenhändler und Galerien niedergelassen haben.

Wir gehen die Straße nordwärts und stoßen einmal mehr auf die bräunlichen Hinweisschilder, die uns mit weißer Schrift zu unseren nächsten Zielen führen. Zunächst betreten wir durch ein Torhaus das einstige Stadtpalais des Herzogs von Sully, das **Hôtel de Sully**, welches zu den beeindruckendsten Palästen im Marais gehört. Dem Eingangsbereich schließt sich der Ehrenhof an und hinter dem Haupttrakt der dreiflügeligen Wohnanlage befindet sich ein Garten, der von der Orangerie begrenzt wird *(62 Rue Saint-Antoine, Métro-Linie 1 Station Saint-Paul, Hof und Garten täglich 9 – 19 Uhr, Eintritt frei, www.hotel-de-sully.fr).*

Durch den Garten haben wir direkten Zugang zu einem, die Pariser sagen sogar zum schönsten, Platz von ganz Paris. Die **Place des Vosges** ist zumindest in ihrer Bebauung einzigartig, denn um eine quadratische Freifläche mit Baumgruppen, Bänken, Denkmal und Springbrunnen zieht sich eine einheitliche Bebauung von zweistöckigen Stadtvillen mit Ziegelsteinfassaden, deren Fenster mit weißen Umfassungen versehen sind. Von Henri IV. Anfang des 17. Jahrhunderts angelegt, überragen nur die beiden für König und Königin erbauten und sich gegenüberliegenden Gebäude die anderen dunklen Schieferdächer. Nicht nur für symmetrieliebende Augen eine Freude! In den umlaufenden Arkaden finden sich Galerien, Modeateliers, Hotels und im Haus mit der Nummer 6 wohnte einst

Place des Vosges

Victor Hugo, dessen Roman „Der Glöckner von Notre Dame" gar nicht weit von hier spielte. In der **Maison Victor Hugo** wird noch viel mehr über den Schriftsteller verraten und gleichzeitig haben Besucher die Möglichkeit, ein Haus an der Place des Vosges von innen zu sehen *(6 Place des Vosges, Métro-Linie 1, 5 und 8 Station Bastille, Di – So 10 – 18 Uhr, Eintritt frei, www.maisonsvictorhugo.paris.fr)*. Auch uns gefällt die Place des Voges so sehr, dass sie Einzug in unsere **Top Ten** findet.

Nur etwa 500 Meter südöstlich liegt die **Place de la Bastille**, wo einst das Festungsgefängnis Bastille lag, das am 14. Juli 1789 von den Parisern gestürmt wurde. Der Sturm auf die Bastille gilt noch immer als Beginn der Französischen Revolution und wird als französischer Nationalfeiertag alljährlich am 14. Juli mit Feuerwerk in allen Landesteilen Frankreichs gefeiert. Von der Festung zeugen nur noch einige Markierungen im Straßenpflaster des heute stark befahrenen Platzes und auch die mittig stehende **Colonne de Juillet**, eine hoch aufragende Säule, erinnert nicht etwa an die Französische Revolution, sondern vielmehr an den Aufstand von 1830, der den Bürgerkönig Louis-Philippe auf den Thron brachte.

Zurück am Place des Vosges könnten wir das nahe **Musée Cranavalet**, das sehenswerte Stadtmuseum von Paris, besuchen, das seine Schätze in zwei Adelspalästen aus dem 15./16. Jahrhundert präsentiert *(23 Rue de Sévigné, Métro-Linie 1 Station Saint-Paul, Di – So 10 – 18 Uhr, Eintritt frei, www.carnavalet.paris.fr)*.

Wer den Spuren von Pablo Picasso folgen möchte, der geht noch ein Stückchen weiter und kann eine einzigartige Kunstsammlung des Meisters im **Musée National Picasso** entdecken *(5 Rue de Thorigny, Métro-Linie 1 Station Saint-Paul, Di – Fr 10.30 – 18 Uhr, Sa/So/Feiertage 9.30 – 18 Uhr, Eintritt, www.museepicassoparis.fr)*. Von hier erreicht man nach einem Fußweg von etwa 500 Metern am nördlichen Rand des Marais das überdachte Marktgeschehen des ältesten Marktes von Paris. Der Name des **Marché des Enfants Rouges** geht auf ein Waisenhaus aus dem 16. Jahrhundert zurück, dessen Bewohner rote Kleidung trugen. Der „Markt der roten Kinder"

bietet Obst, Käse, Gemüse, Wein und Backwaren sowie jede Menge Imbissstände *(39 Rue de Bretagne, Di – Sa 8.30 – 19.30 Uhr, So nur bis 14 Uhr).* An dieser Stelle sei erwähnt, dass es mehr als **80 Wochenmärkte** zuzüglich vieler **Floh- und Antiquitätenmärkte** gibt. Eine umfangreiche Übersicht findet sich auf den Internetpräsenzen der Touristinformation.

Wir halten uns jedoch nördlichen der Place des Vosges links auf der Rue des Francs-Bourgeois, biegen links in die Rue Pavée ein und haben nach rund 400 Meter die **Rue des Rosiers** erreicht.

Auf der „Hauptstraße" des **jüdischen Viertels** und in ihren Nebengassen werden in Fleischereien, Bäckereien und Restaurants koschere Waren angeboten, neben uns schlendern orthodoxe Juden mit Schläfenlocken und langen Kaftanen zwischen orientalischen Läden und schicken Boutiquen – eine ganz eigene Welt, deren Geschäfte und Restaurants am Freitag aufgrund des Sabbat schon recht früh schließen und samstags erst später öffnen.

Hier soll es die besten Falafeln der Stadt geben und wir reihen uns in die lange Schlange vor dem Imbissladen **L'As du Fallafel** ein, um dort die tatsächlich sehr leckeren, kleinen frittierten Bällchen aus Kichererbsen, Kräutern und Gewürzen zu erstehen *(34 Rue des Rosiers, Métro-Linie 1 Station Saint-Paul, täglich außer Sa 11 – 24 Uhr, Fr bis 15 Uhr).* Zum Dessert einen Café und eine der vielen köstlichen süßen Versuchungen aus der **Patisserie Korcarz**.

Rue des Rosiers

Unbedingt den *Strudel au pavot* mit Mohn oder die *Schneck au chocolat* versuchen! *(29 Rue des Rosiers, Métro-Linie 1 Station Saint-Paul, täglich außer Sa 8 – 20 Uhr, Fr bis 17 Uhr).*

Derart gestärkt wuseln wir uns durch Gassen weiter westwärts, um wenig später vor dem eher einer Industrieanlage gleichenden **Centre Pompidou** zu stehen. Das auch Centre Beaubourg genannte futuristische Kulturzentrum beherbergt das **Musée National d'Art Moderne**, das hochdotierte Arbeiten hochkarätiger Künstler des 20. Jahrhunderts zeigt. Wer die äußeren, verglasten Rolltreppen benutzt, sollte bis ganz nach oben emporfahren. Das ist zwar kostenpflichtig, doch die **Aussicht** über die Dächer des Viertels ist grandios *(Place Georges-Pompidou, Métro-Linie 11 Station Rambuteau, täglich außer Di 11 – 21 Uhr, Eintritt, www.centrepompidou.fr).*

Westlich vom Centre Pompidou liegt das Shoppingcenter **Westfield Forum des Halles** mit Kino, Bibliothek, Ateliers, Schwimmbad und unendlich vielen Einzelhandelsgeschäften und Restaurants auf fünf zum Teil unterirdischen Etagen. Nach seiner Einweihung Ende der 1970er-Jahre wurde es für die 37 Millionen Besucher im Jahr zu klein und seit 2016 ziert den Erweiterungsbau ein futuristisches Dach, das den Besuchern das Gefühl geben soll, unter einem Blätterdach zu spazieren *(Métro-Linie 4 Station Les Halles, www.fr.westfield.com).*

Innenhof des Louvre

Oberirdisch sehen wir die spätgotische **Église Saint-Eustache** mit einer kostbaren Innenausstattung, die nach Notre-Dame als zweitschönste Kirche von Paris gilt.

Ob man nun über die Seine heranschippert und an der *Batobus-Haltestelle Louvre* aussteigt oder über die belebte Rue de Rivoli mit unter Arkaden liegenden Boutiquen und Andenkenshops spaziert, der Weg führt unweigerlich zum **Louvre**.

Das heutige Gebäudeensemble gründet sich auf eine im 13. Jahrhundert erbaute Burg und entwickelte sich unter den folgenden französischen Herrschern zu einem beeindruckenden königlichen Schloss. Jeder baute ein wenig daran herum, erweiterte hier mit einer Zitadelle und dort, wie Katharina von Medici, mit ihrem Witwensitz, den Palais des Tuileries. Dieses Schloss wurde später durch die Grande Galerie entlang der Seine mit dem Louvre verbunden. Der auf Prunk und Protz bedachte Ludwig XIV. ließ das Schloss nochmals erheblich erweitern und den Jardin des Tuileries anlegen. Bei der stattlichen Gesamtanlage mag man gar nicht glauben, dass sie dem Sonnenkönig dann doch zu klein wurde und er in sein gerade fertiggestelltes Repräsentationsobjekt in Versailles umzog. 1793 wurde der Louvre als Museum eröffnet, doch die Erweiterungsbauten gingen weiter. Napoléon Bonaparte sorgte für den Carrousel-Triumphbogen, Napoléon III. ließ wieder etwas abreißen, um dann weitere Flügelbauten errichten zu lassen.

In der näheren Vergangenheit war es François Mitterrand, der für neuen Pepp im Louvre sorgte und unter anderem die **Glaspyramide** zwischen 1985 und 1989 erbauen ließ. In dieser architektonischen Meisterleistung befindet sich der Haupteingang des **Musée du Louvre**, doch auch die weiteren vier kleineren Glaspyramiden haben eine Bedeutung und lassen bestimmte Ausstellungsbereiche im rechten Licht erscheinen.

Radler auf der Rue de Rivoli

Die große Pyramide ist übrigens nach der Mona Lisa, deren Bild wir uns größer vorgestellt haben, und der Venus von Milo das von Kunstinteressierten am meisten geschätzte Werk im Museum. Ansonsten drängen sich jeden Tag 15.000 Besucher plus 1.700 Mitarbeiter auf über 60.000 Quadratmetern Ausstellungsfläche, um 35.000 Kunstwerke zu bewundern, im Museumsshop einzukaufen oder sich in der Cafeteria zu erfrischen. Das erklärt, warum die Warteschlangen teilweise lang sind und die Wartezeit unter ganz unglücklichen Umständen Stunden betragen kann. Wir empfehlen, die **Tickets im Voraus online** zu bestellen beziehungsweise verweisen auf den oben genannten **Paris Museum Pass**. Die beste Zeit für einen Besuch zu bestimmen ist schwer, da eigentlich immer eine Menge los ist. Bereits morgens vor neun Uhr stellen sich viele Einzelbesucher an und zusätzlich kommen die Busreisegruppen hinzu. Wer den Luxus hat und wochentags eine Besichtigung einplanen kann, der hat wohl an den langen Museumstagen ab 18 Uhr die größte Chance, ein Selfie mit der geheimnisvoll lächelnden Mona Lisa zu ergattern.

Wenn man es in die heiligen Hallen des Louvre geschafft hat, dann erwarten einen in drei verschiedenen Flügeln Kunstschätze aus neun Jahrtausenden in sieben Abteilungen in Dauer und Wechselausstellungen. Diese sind im Alleingang im eigenen Tempo mit Audioguide oder im Rahmen angebotener Gruppenführungen zu besichtigen oder können bei einer privaten Führung entdeckt werden *(Cour Napoleon, Métro-Linie 1 und 7 Palais Royal - Musée du Louvre, täglich außer Di 9 – 18 Uhr, Mi/Fr bis 21.45 Uhr, Eintritt, www.louvre.fr. Am 14.7. und jedem 1. Sa im Monat ab 18 Uhr – 21.45 Uhr ist der Eintritt frei! Die Schließung der Säle erfolgt um 17.30 Uhr bzw. 21.30 Uhr).*

Immer noch nicht genug von Museen und weiterhin mit unbegrenztem Tatendrang unterwegs? Dann könnte das **Musée des Arts Décoratifs – Musée de la Mode et du Textile** etwas sein. Das Kunstgewerbe- und Modemuseum befindet sich im nördlichen Flügel des Louvrepalastes *(107 Rue de Rivoli, Métro-Linie 1 und 7 Station Palais Royal - Musée du Louvre und Linie 7 und 14 Station Pyramides, Di – So 11 – 18 Uhr, Do bis 21 Uhr, Eintritt, madparis.fr).*

Nur wenige Schritte nördlich vom Louvre entfernt befindet sich das von Kardinal Richelieu 1633 geschaffene **Palais Royal** mit seinen Gärten. Für eine kleine Erholungsphase bietet sich aber auch der westlich des Louvre angrenzende **Jardin des Tuileries** an. Nachdem das Palais des Tuileries 1871 abgebrannt war, wurde an gleicher Stelle ein pompöser Schlosspark für den König angelegt, der heute für alle frei zugänglich ist. Der Mittelweg des Parks gilt als historische Sichtachse von Paris, die vom Louvre durch den Tuileriengarten über den Place de la Concorde und die Champs-Élysées bis zum Triumphbogen reicht *(Métro-Linie 1 Station Tuileries, täglich 7 – 19.30 Uhr, April/Mai/September bis 21 Uhr, Juni – August bis 23 Uhr)*.

Nördlich des Gartens liegt der achteckige **Place Vendôme**, der durch eine harmonische Geschlossenheit besticht, dem noblen Hotel Ritz eine adäquate Umgebung bietet und in dessen Mitte die 44 Meter hohe **Colonne Vendôme** an Napoléons siegreiche Schlacht von Austerlitz erinnert. Von hier führt die **Rue de la Paix** mit schicken Geschäften und etlichen teuren Juwelierläden zur **Opéra Garnier**. Im Gegensatz zur modernen Opéra Bastille zeigt das nach 14 Jahren Bauzeit im Jahr 1875 eingeweihte Opernhaus eine verschwenderische Pracht. Wer schon von der mit Dekoren besetzten Außenfassade beeindruckt ist, sollte unbedingt einen Gang nach innen wagen. Die großen Treppenaufgänge, die imposanten Goldverzierungen, die kunstvoll-kräftigen Deckenmalereien und die Dimension der Bühne sind eine Besichtigung wert und mit einem Audioguide auch verständlich *(Place de l'Opéra, Métro-Linie 3, 7 und 8 Station Opéra, 10 – 16.30 Uhr, im Sommer 10 – 18.15 Uhr, letzter Einlass jeweils 30 Minuten früher, Eintritt, www.operadeparis.fr)*.

Pont Alexandre III mit Grand Palais

Wer schon einmal an der Oper angekommen ist, sollte unbedingt einen Abstecher auf den hinter der Oper gelegenen **Boulevard Haussmann** machen. Dieser erinnert an den genialen Städteplaner des 19. Jahrhunderts, dessen Musterbeispiele klassischer französischer Architektur uns gerade umgeben. Außerdem befinden sich hier die bekannten Konsumtempel der gehobenen Preisklasse. Allen voran die **Galeries Lafayette**, in der unter einer beeindruckenden Kuppel Designermode mit Luxuslabel wie auch erschwingliche Kleidungsstücke erworben werden können. Wer nichts von Shopping hält, kann sich auch nur auf der Dachterrasse erholen und sich dabei völlig kostenfrei eine **Aussicht** über die Stadt gönnen *(Métro-Linie 7 und 9 Station Chaussée d'Antin, Mo – Sa 9.30 – 20.30 Uhr, So 11 – 19 Uhr)*.

Wir schlendern den Boulevard noch ein wenig nach Westen und dann über die Rue Tronchet bis zur **Église de la Madeleine**, die auf den ersten Blick so gar nicht einer Kirche entsprechen will – mit ihren 52 korinthischen Säulen gleicht sie vielmehr einem römischen Tempel. Dieses Aussehen hat sie Napoléon I. zu verdanken, der sie anstelle einer katholischen Kirche als Ruhmeshalle für seine Soldaten errichten ließ. Nach seiner Verbannung wurde *La Madeleine*, wie die Kirche von den Parisern genannt wird, doch noch als Pfarrkirche geweiht *(Place de la Madeleine, Métro 8, 12 und 14 Station Madeleine, täglich 9.30 – 19 Uhr)*.

Geschäfte mit Luxusmarken begleiten unseren Weg bis zum weitläufigen **Place de la Concorde**. Wie wir schon wissen, gehört er zur historischen Sichtachse vom Louvre bis zum Triumphbogen und war eigentlich als royaler Platz vorgesehen. Während der Französischen Revolution stand hier allerdings

Champs-Élysées

die Guillotine und der damalige König Ludwig XVI. und seine Königin Marie-Antoinette verloren unter ihr mit 1.343 anderen Verurteilten ihre Köpfe. Heute steht auf dem Platz der Eintracht ein Obelisk aus dem Tempel von Luxor, ein Geschenk Ägyptens an den Bürgerkönig Louis-Phillipe *(Métro-Linie 1, 8 und 12 Station Concorde)*.

An dieser zentralen Stelle befand sich seit 1765 der Sitz der *Garde-Meuble de la Couronne*, deren deutsche Bezeichnung schlicht mit „Verwaltung der königlichen Möbel" übersetzt werden kann und den mit Blattgold verzierten wertvollen Möbeln und Kronleuchtern Ludwig XVI. in keiner Weise gerecht wird. Die Garde-Meuble kümmerte sich weiterhin um den Kauf und die Instandhaltung der Sammlungen aus den königlichen Residenzen in den Schlössern von Versailles, Fontainebleau, Montreuil und vielen anderen. Nachdem Ludwig und seine Frau Marie-Antoinette im Schatten ihres kostbaren Möbellagers hingerichtet worden waren, zog das Marineministerium in das prachtvolle Gebäude, das seitdem den Namen **Hôtel de la Marine** trägt. Das Ministerium schloss erst im Jahr 2015 seinen Hauptsitz und nach umfangreichen Restaurierungen darf die breite Öffentlichkeit seit 2021 wieder die beeindruckende und opulente Pracht der einst königlichen Möbel, Tapisserien und funkelnden Sammelobjekte in komplett renovierten Gemächern und Prunksalons bewundern. Das Museum hat so gar nichts Maritimes an sich und die angebotenen sehr schön und auch für Kinder gut aufbereiteten verschiedenen Audiotouren führen nicht nur ins Herz des kolossalen Monuments, sondern zeigen auch einige der schönsten Aussichten auf Paris *(Place de la Concorde, Métro-Linie 1,8,12 Station Pl. de la Concorde oder Linie 14 Madeleine, 10.30 – 19 Uhr, Innenhof 9 – 24 Uhr, Abendbesichtigungen Fr bis 22 Uhr, Café Lapérouse 8 – 23 Uhr, Eintritt, www.hotel-de-la-marine.paris)*.

Wer von der *Batobus-Haltestelle Place de la Concorde* oder einem der Hop-on-Hop-off-Busse hergekommen ist, der findet hier einen idealen Ausgangspunkt zur Entdeckung rund um die **Champs-Élysées**. Die wohl weltweit als eleganteste und prunkvollste bekannte Straße ist mit zwei Kilometern Länge auch eine der längsten von Paris. Einst wurde der 70 Meter breite Boulevard im 17. Jahrhundert von Ludwig XIV. angelegt und über Jahrhunderte flanierte *Le Tout Paris* über die Avenue. Noch immer findet alljährlich am 14. Juli anlässlich des Nationalfeiertags eine Parade statt und nur wenige Tage später radelt der Sieger der Tour de France hier über die Ziellinie.

Bis in die 1960er-Jahre hatten fast ausschließlich die Nobeldesigner wie Chanel und Dior mit ihren edlen Verkaufstempeln das Heft in der Hand, aber mittlerweile finden sich auch andere populäre Marken am Straßenrand und selbst H&M oder Fastfood-Ketten haben sich einen Platz gesichert.

Der Verkehr brandet auf den Fahrbahnen, Hup-Konzerte sind nicht ungewöhnlich, doch an jedem ersten Sonntag im Monat ist die Prachtstraße für Autos gesperrt und Fußgänger, Radfahrer und Inlineskater haben für einige Stunden Vorfahrt.

Die Champs Élysées hat bis in unsere Tage nichts von ihrer Attraktivität verloren, denn an den Wochenenden pilgern eine halbe Million Touristen über die Bürgersteige und auch in der Woche ist viel los. Die Geschäfte haben in der Regel montags bis sonntags von 10 – 19 Uhr geöffnet, manche auch länger. Wer des kilometerlangen Schlenderns müde wird, der kann auf den Zwischentransport mit der Métro-Linie 1 ausweichen, die über die ganze Länge des Boulevards Haltestellen anbietet.

Natürlich gibt es auch rechts und links der Champs Élysées einiges zu sehen. Zum einen haben sich viele Luxusboutiquen in die Seitenstraßen (zum Beispiel Avenue Montaigne) „verzogen", aber auch Architektonisches sowie Museales gibt es zu erkunden. Im Anfangsbereich der Prachtmeile steht der **Grand Palais**, der genau wie der ihm gegenüberstehende **Petit Palais** als Ausstellungsgebäude für die Weltausstellung im Jahr 1900 erbaut wurde und wie die kleinere Ausgabe im schönsten Stil der Belle Époque glänzt. Der große Palast bietet den majestätischen Rahmen für Kunstausstellung, Messen, Modenschauen sowie das **Wissenschaftsmuseum** *(Avenue Franklin D. Roosevelt, Métro 1 Station Champs-Élysées-Clemenceau, Di – Sa 9.30 – 18 Uhr/So 10 – 19 Uhr, Eintritt, www.palais-decouverte.fr).* Im kleinen Palast hat das **Museum der Schönen Künste** mit Werken von Rembrandt, Rubens oder Monet und anderen eine passende Heimat gefunden *(Avenue Winston-Churchill, Métro-Linie 1 Station Champs-Élysées-Clemenceau, Di – So 10 – 18 Uhr, Eintritt, www.petitpalais.paris.fr).*

Grand Palais

Auf der anderen Seite der Avenue liegt der schwer bewachte **Palais de l'Élysée**, der Amtssitz des französischen Staatspräsidenten. Denjenigen, die am Ende der Champs-Élysées das über fast 75 Jahre bekannte Cabaret Lido de Paris vermissen, müssen wir leider mitteilen, dass der Vorhang für die Cancan-Tänzerinnen im Jahr 2022 zum letzten Mal fiel.

Dann ist der **Arc de Triomphe**, der von Napoléon in Auftrag gegebene Triumphbogen, erreicht. Zwischen 1806 und 1836 erbaut und unter Louis Philippe fertiggestellt, ist das Monument eine Hommage an die Siege der französischen Armee und mit dem Grab des unbekannten Soldaten eine Gedenkstätte. Ein kleines Museum informiert über die Baugeschichte und wer die vielen Stufen einer teils engen Wendeltreppe nicht scheut, genießt eine grandiose **Aussicht** über den spektakulären Kreisverkehr mit seinen bis zu zwölf Spuren und der gleichen Anzahl von abgehenden Avenuen bis zum Eiffelturm und Sacré-Cœur. Um den Triumphbogen zu besteigen, muss man sich nicht durch den Verkehr am Kreisverkehr kämpfen, denn es gibt einen unterirdischen Zugang, der sich am Ausgang der Métro-Station befindet *(Métro-Linie 1, 2 und 6, Station Charles-de-Gaulle-Étoile, Oktober – März 10 – 22.30 Uhr, April – September 10 – 23 Uhr, Einlass bis 45 Minuten vor Schließung, Eintritt. Das Grab des unbekannten Soldaten kann kostenfrei besucht werden).*

Unsere abwechslungsreiche Runde mit dem *Batobus* ist nun beendet, aber eines der bekanntesten und beliebtesten Pariser Viertel fehlt noch in unserer Sammlung.

Das rund drei bis vier Kilometer nördlich der bisher genannten Sehenswürdigkeiten, im 18. Arrondissement liegende **Montmartre** ist das am ländlichsten wirkende Quartier, wenn man überhaupt in einer Millionenstadt von „ländlich" reden kann.

Zur Zeit der Französischen Revolution war hier nicht

Basilique Sacré Cœur

viel los und erst im 19. Jahrhunderte mauserte sich die Gegend um den Hügel *Mont Marat* zu einem Ausflugs- und Vergnügungsviertel. Künstler wie Van Gogh, Renoir, Toulouse-Lautrec, Picasso und Utrillo ließen nicht lange auf sich warten und in neuerer Zeit sind es Filme wie *Moulin Rouge* mit Nicole Kidman oder *Die fabelhafte Welt der Amélie,* die die Örtlichkeit unsterblich machen.

Das Künstlerviertel hält einige sehenswerte und interessante Orte und Plätze bereit, von denen die **Basilique du Sacré-Cœur** zu den bekanntesten gehört *(Métro-Linie 2 Station Anvers, 35 Rue du Chevalier de la Barre, 6 – 22.30 Uhr).* Ein mühsamer Treppenaufstieg führt auf einen 130 Meter hohen Hügel mit der zwischen 1870 und 1914 erbauten, strahlend weißen, im byzantinischen Stil gehaltenen Basilika. Wer mag, kann alternativ die kleine **Drahtseilbahn Funiculaire** links der Treppen benutzen, denn danach fällt der absolut lohnende weitere Aufstieg über eine Wendeltreppe bis in die Kuppel des Gotteshauses etwas leichter. Die **Panoramaaussicht** ist beeindruckend, denn von hier oben liegt einem ganz Paris zu Füßen!

Im Sommer findet sich auf den Treppenstufen unterhalb der Kirche ein buntes Publikum ein, das den dort Musizierenden lauscht und das Pariser Flair genießt. Nur drei Minuten westlich liegt der recht idyllische, von diversen Lokalen umgebene **Place du Tertre**, auf dem zahlreiche Porträtisten mehr oder weniger begabt die vor ihnen posierenden Touristen auf Leinwand oder Papier verewigen.

Sehr viel anspruchsvoller geht es im nahen, mit mehr als 300 Werken gespickten Salvador-Dalí-Museum mit dem Namen **Espace Dalí** zu *(Métro-Linie 2 und 12 Station Anvers/ Abbesses, 11 Rue Poulbot, 10 – 18.30 Uhr, Eintritt, www.daliparis.com)* oder im 200 Meter nördlich gelegenen **Musée de Montmartre** zu. In einem der ältesten Häuser des Viertels wird dessen Geschichte und die seiner bekanntesten Künstler beleuchtet. Aus dem im Wintergarten befindlichen Museumscafé bietet sich ein Blick in den hübschen hinter dem Haus liegenden, ruhigen Garten *(Métro-Linie 2 und 12 Station Anvers/Abbesses, 12 Rue Cortot, Oktober – März 10 – 18 Uhr, April – September bis 19 Uhr, Café Oktober – April Mi – So 11.30 – 17 Uhr, Juli/August Mi bis 22 Uhr, Eintritt, Audioguide möglich, www.museedemontmartre.fr).*

Um die nächste Straßenecke und schräg hinter dem Museum befindet sich etwas versteckt der **Weinberg von Montmartre**, dessen Wein anlässlich des alljährlich um das zweite Oktoberwochenende *(meist Do - So)* stattfindenden **Weinfestes** für eine guten Zweck versteigert wird. Dann ist richtig viel los auf der Gass' an zahlreichen Ständen rundum Sacré-Cœur und die Place du Tertre werden an vielen Ständen zahlreiche französische Spezialitäten angeboten und ein Umzug sowie ein Feuerwerk runden das Programm ab *(www.fetedesvendangesdemontmartre.com)*.

Das auf mehreren Hügeln gelegene Montmartre-Viertel besaß im 18. Jahrhundert rund ein Dutzend Mühlen, von denen heute nur noch zwei erhalten sind. Vom Montmartre-Museum halten wir uns westlich und geradeaus über die Rue de l'Abreuvoir bis zur Place Dalida mit der Büste der verstorbenen Sängerin Dalida.

Dort wenden wir uns links und erreichen eine der Windmühlen, unter der heute das **Restaurant Le Moulin de la Galette** eine sehr gute französische Küche anbieten soll. Direkt gegenüber lockt uns allerdings der verführerische Duft von gebratenem Geflügel in das **Restaurant Le Coq Rico**, das so gar nichts von einer schnöden Hähnchenbraterei hat *(98 Rue Lepic, Mo – So 12 – 14.30 Uhr/19 – 23.30 Uhr, Telefon 0142598289, www.lecoqrico.com).*

Blick von Montmartre über Paris

Wir folgen der Rue Lepic ein Stück westwärts und dann immer bergab bis zum Boulevard de Clichy. In der **Rue Lepic** als auch in der quer verlaufenden **Rue des Abbesses** reihen sich viele anheimelnde Cafés, kleine Restaurants, Bäckereien und Patisserien wie auch Fisch-, Käse- und Weinläden aneinander – ein Eldorado für jeden Feinschmecker, aber auch für jeden Vorbeispazierenden, der einfach nur auf der Suche nach einem ordentlichen Mittagsmenü oder einer süßen Versuchung ist. Beides findet sich zum Beispiel im **Café des Deux Moulins**, das für Cineasten unschwer als 1950er-Jahre-Kulisse für den Kassenschlager *Die fabelhafte Welt der Amélie* zu erkennen ist *(Métro-Linie 2 Station Blanche, 15 Rue Lepic, 7.30 – 2 Uhr, Sa/So ab 8 Uhr, www.cafedesdeuxmoulins.fr).*

Neben den am Boulevard de Clichy ansässigen Erotikläden, Peepshows und Nachtclubs findet sich die weltweit wohl berühmteste rote Windmühle, in der allerdings niemals Mehl gemahlen wurde. Vielmehr ist sie das Markenzeichen des bekannten **Cabaret Moulin Rouge**, auf dessen Bühne leicht bekleidete Show-Girls in glitzernden, mit Strasssteinen besetzten Kostümen oder in französische rot-weiß-blaue Farben gehüllt ihre schier endlos langen Beine zum French Cancan in die Luft wirbeln. Für die ausgelassene Stimmung sorgen nach einem Diner mit Champagner auch Akrobaten und Zirkusartisten, die zweimal am Abend (21 und 23 Uhr) ihren großen Auftritt haben *(Métro-Linie 2 Station Blanche, 82 Boulevard de Clichy, ab 19 Uhr, Eintritt, www.moulinrouge.fr).*

Nur 150 Meter weiter zweigt die Avenue Rachel ab und führt zum **Cimetière de Montmartre**. Auf dem drittgrößten Friedhof im Zentrum von Paris finden sich die Gräber bekannter Persönlichkeiten wie Heinrich Heine, Émile Zola, Jacques Offenbach, François Truffaut oder Alexandre Dumas *(Métro-Linie 2 Station Blanche, 8 – 18 Uhr, sonntags ab 8.30 Uhr).* In diesem Zusammenhang möchten wir den abseits der Touristenwege nordöstlich der Place de la Bastille gelegenen **Pariser Cimetière du Père Lachaise** nicht unerwähnt lassen, den man

Am Grab von Heinrich Heine

wohl getrost als berühmtesten Friedhof der Welt bezeichnen darf. Dazu tragen die Gräber und Mausoleen französischer Persönlichkeiten und Stars wie Édith Piaf, Yves Montand, Gilbert Bécaud oder die des Musikers Jim Morrison, des Komponisten Frédéric Chopin und des Malers Eugène Delacroix sowie des Dichters Molière oder des Pantomimen Marcel Marceau bei. Es ist jedoch auch die für deutsche Verhältnisse unübliche Architektur, die den Spaziergang zwischen den Gräberfeldern für uns zu etwas Besonderem werden lässt. Breite Gassen führen über Treppen durch das parkähnliche 44 Hektar große Gelände und vorbei an beeindruckenden Grabmälern, die fast schon kleinen Häusern gleichen *(Métro-Linie 2 und 3 Station Père Lachaise, Boulevard de Ménilmontant, 8 – 18 Uhr, im Winter bis 17.30 Uhr).*

Aber wir waren ja vor dem Cabaret Moulin Rouge stehengeblieben und wollen nicht versäumen, an dieser Stelle den kleinen Zug **Le Petit Train de Montmartre** zu erwähnen, mit dem man sich auch den Montmartre-Hügel hinauffahren lassen kann und gleichzeitig das Künstlerviertel an sich vorbeiziehen sieht *(Start am Place Blanche oder am Place du Tertre, Januar Sa/So 10 –17 Uhr, Feb. Mo – So 10 – 18 Uhr, Mo – Fr 10 – 18, Sa/S0 10 – 18 Uhr, April – September 10 – 19 Uhr, Juli/August bis 22 Uhr, Oktober – Dezember 10 – 17 Uhr, Gebühr, www.promotrain.fr).*

Wer jedoch immer noch nicht genug vom Pariser Nachtleben hat, der schlendert den Boulevard de Clichy in östliche Richtung bis zur Place Jean-Baptiste Pigalle und taucht von dort in die südlich gelegenen Straßen des gerade sehr hippen Ausgehviertels SoPi, oder **South Pigalle**, ein.

Moulin Rouge

Für uns ist an dieser Stelle der Paris-Aufenthalt vorerst beendet und wie bei jedem unserer Besuche haben wir auch diesmal einen weiteren Ausschnitt von Paris kennenlernen dürfen und freuen uns auf den nächsten Zwischenstopp in dieser faszinierenden Stadt.

Auf unserer Weiterreise an die Loire, die besonders für die vielen Schlösser entlang ihres Laufs bekannt ist, werden wir zunächst so etwas wie das „Schloss aller Schlösser Frankreichs“ besuchen. Das kann mit dem ÖPNV vom Camping de Paris (mit der RER C aus dem Stadtzentrum in etwa 45 Minuten nach Versailles, Haltstelle Versailles Château Rive Gauche, dann etwa 10 Minuten Fußweg bis zum Schloss) oder aber natürlich auch vom Campingplatz in Versailles aus geschehen.

(003) WOMO-Campingplatz: Versailles – Camping Huttopia Versailles

GPS/Kontakt: N 48°47'38.7" E 02°09'38.7", Rue Berthelot, Telefon 0139512361, www.europe.huttopia.com.
Öffnungszeit: Ende März/Anfang April – Ende Oktober/Anfang November.
Ausstattung: Pizza-Grill, Bar (saisonale Öffnungszeiten), kleiner Supermarkt in der Nähe, Waschmaschine und Wäschetrockner, WiFi, beheizter Pool, Fahrradverleih, Spielplatz.
Beschreibung: Unter den Bäumen eines Wäldchens gelegener, einfacher Campingplatz mit teilweise sehr schrägen, nicht abgeteilten, naturbelassenen Stellplätzen am Ortsrand. An der Rezeption können Eintrittskarten für das Château de Versailles erworben werden. Nach einem kurzen Fußweg gibt es eine Busverbindung bis zum Schloss (Linie 2 Station Square Lamôme bis Station Préfecture).
Preise: €€€.

Zufahrt: Im Südwesten von Paris geht die A86 in die N12 Richtung Versailles über. Die N12 an der Ausfahrt 2 Richtung Versailles-Centre bzw. Jouy-en-Josas verlassen. In Versailles zunächst der Rue du Pont Colbert geradeaus und dann an einer Ampelkreuzung rechts den Hinweisen zum Campingplatz folgen.
Hinweis: Auf dem Campingplatz sind nur Wohnmobile bis 7,50 m Länge und ein Hund pro Stellplatz gestattet.

Château de Versailles

Zu Beginn des 17. Jahrhunderts residierten Frankreichs Könige im Pariser Louvre und Ludwig XIII. besaß im rund 30 Kilometer südwestlichen Versailles lediglich ein kleines Jagdschloss. Erst seinem Sohn Ludwig XIV. wurde es im Louvre zu beengt und so ließ er ab 1661 rund 50 Jahre lang an seinem Lebenswerk bauen.

Ein Märchenschloss sollte es werden und gleichzeitig ein Zeichen seiner absolutistischen Macht, mit der Ludwig seine Vorherrschaft prunkvoll und mit großem Pomp in Szene setzen konnte. Unter der Federführung der Architekten Louis Le Vau und später Jules Hardouin-Mansart waren 36.000 Arbeiter und 6.000 Pferde an der Baustelle beschäftigt. Nichts wurde dem Zufall überlassen und sowohl die kostbare Innenausstattung wie auch die imposante Gartengestaltung genauestens geplant. Dies alles hatte natürlich seinen Preis und gemäß dem Motto „nicht kleckern, sondern klotzen“ verschlang der Riesenbau umgerechnet rund 100 Millionen – auch in der heutigen Zeit, aber erst recht für damalige Verhältnisse eine unvorstellbar hohe Summe.

1682 zog der Sonnenkönig mitsamt seinem Hofstaat nach Versailles und regierte aus dem alles beherrschenden Haupttrakt, der aus dem ehemalige Jagdschloss entstanden war, sein Reich. Die Seitenflügel waren dem Adel vorbehalten und rund 5.000 Bedienstete lebten im Schloss, während die gleiche Anzahl an Personal in der Stadt ein Unterkommen finden musste. Damit auch die Untertanen an der Machtentfaltung des Königs teilhaben konnten, war der Palast für die Öffentlichkeit zugänglich.

Alles in Versailles ist großartig und monumental: Auf 63.154 Quadratmeter verteilen sich 2.300 Zimmer, von denen der 73 Meter lange und 10 Meter breite Spiegelsaal besonders hervorgehoben werden muss. Das durch 17 Fenster hineinfallende Licht spiegelt sich in den 17 gegenüberliegenden Spiegeln und sorgt damit für eine faszinierende Raumwirkung.

Die weitläufigen, 800 Hektar großen Garten- und Parkanlagen *Les Jardins et le Parc* mit dem Gartenschloss *Domaine de Trianon,* Wasserbassins und -spielen *Les Grandes Eaux Musicales/Les Jardins Musicaux*, mit Kanälen, auf denen venezianischen Gondeln gleiten, mit großartigen Blumenbeeten sowie Terrassen und immer wieder neuen, scheinbar unendlichen Sichtachsen lassen Schloss und Park zu einem außergewöhnlichen als auch wunderschönen Gesamtkunstwerk werden. Zum Park gehört auch die *Domaine Marie-Antoinette*, ein kleines Dörfchen mit strohgedeckten Häusern, einer Mühle und einer Molkerei, in dem die Königin mit ihren Hofdamen in einer übergroßen, lebendigen „Puppenstube" Urlaub auf dem Bauernhof spielen konnte.

Nachdem Ludwig XIV. das Zeitliche gesegnet hatte, setzten seine Nachfolger den Um- und Ausbau der Schlossanlage fort und selbst nach der Französischen Revolution wurde hier weiter Geschichte geschrieben. Der preußische König Wilhelm I. ließ sich nach dem Sieg im Deutsch-Französischen Krieg 1871 im Spiegelsaal zum Deutschen Kaiser ausrufen und im Jahr 1919 wurde in gleichem Ambiente der Friedensvertrag von Versailles unterzeichnet.

Seit 1979 gehört die zu den größten Europas zählende Palastanlage mit ihrem verschwenderischen Glanz zum UNESCO-Welterbe.

Heute können die Besucher auf den Spuren von Ludwig XIV. sowie seinen Nachfolger wandeln und eine Tour durch die königlichen Gemächer *Grands Appartements* und den Spiegelsaal bis hin zum königlichen Schlafzimmer *Chambre du Roi* antreten oder wie einst der Sonnenkönig mit seiner Mätresse Madame de Pompadour durch den großen Park mit dem königlichen Gemüsegarten *Le Potager du Roi* schlendern.

Praktische Informationen

Aufgrund der Größe der gesamten Anlage empfiehlt sich ein ganztägiger Besuch in Versailles. Da unglaublich viele Besucher nach Versailles kommen und es besonders in der Hauptsaison lange Warteschlangen

Spiegelsaal im Château de Versailles

sowohl an den Kassen als auch an den Eingängen gibt, ist es ratsam, die Tickets vor dem Besuch online zu erwerben – damit wird die Wartezeit zumindest ein wenig verkürzt. Die beste Zeit für einen Besuch scheint früh am Morgen oder ab 16 Uhr zu sein.

Mit dem *Billet Château* können Schloss mit Audioguide, Wechselausstellungen, Kutschengalerie und die Gärten angeschaut werden (außer an den Tagen mit Wasserspielen) und das *Billet Passeport* ermöglicht den Zutritt zu Schloss mit Audioguide, Gartenschloss *Trianon*, Wechselausstellungen, Kutschengalerie *La Galerie des Carrosses*, Gärten und Park mit Wasserspielen im Sommer. Bei Letzterem können zusätzlich der Tag und eine Uhrzeit reserviert werden, sodass sich die Wartezeit beim Eingang noch einmal ein wenig verkürzen kann.

*(**Öffnungszeiten: Château** November – März Di – So 9 – 17.30 Uhr, letzter Einlass 17 Uhr, April – Oktober Di – So 9 – 18.30 Uhr, letzter Einlass jeweils ½ Stunde vor Schließung. **Domaine Marie-Antoinette** November – März Di – So 12 – 17.30 Uhr, April – Okt Di – So 12 – 18.30 Uhr, letzter Einlass jeweils ½Stunde vor Schließung. **La Galerie des Carrosses** November – März Di – So 12.30 – 17.30 Uhr, April – Oktober Di – So 12.30 – 18.30 Uhr, letzter Einlass jeweils ½Stunde vor Schließung. **Les Jardins / Le Parcs** November – März Di – So 8 – 18 Uhr, April – Oktober 7 – 20.30 Uhr, Eintritt. Von November bis März kann das Schloss an jedem 1. Sonntag im Monat kostenfrei besichtigt werden – mit entsprechendem Besucherandrang ist zu rechnen!*

***Hunde** sind an der Leine im Garten gestattet. Es gibt einen **Fahrrad- und Ruderbootverleih**, **Segway-Touren** sind möglich oder man kurvt mit einem **Elektro-Golf-Caddy** durch den Schlosspark. Außerdem verkehrt ein **Touristenbähnchen** Petit Train im Park von Versailles, mit dem sich die großen Abstände zum Beispiel zwischen Schloss und Domaine Marie-Antoinette überwinden lassen. Das alles hat seinen Preis und ist genau wie die Abfahrt- beziehungsweise Entleihzeiten von der Saison abhängig.*

*Für das leibliche Wohl im Schloss wie auch in der Gartenanlage wird in zwei **Restaurants** gesorgt, es gibt verschiedene **Imbiss- und zwei Picknickstellen**.*

Eine komplette Übersicht von Schloss und Park, die genauen, teilweise variierenden Ticketpreise, alles Wissenswerte über Feste sowie Feuerwerke und weitere Informationen sind auf der in französischer und englischer Sprache abgefassten Webseite zu finden www.chateauversailles.fr).

Blick über das Bassin et parterre de Latone zum Grand Canal

In der etwa 60 Kilometer südöstlich von Paris gelegenen Kleinstadt **Fontainebleau** dürfen wir ein weiteres Schloss nicht unerwähnt lassen, das seit 1981 zum UNESCO-Welterbe gehört und von Napoléon Bonaparte als „die wahre Heimstätte der Könige, das Haus der Jahrhunderte“ bezeichnet wurde.

Wer mit dem ÖPNV von Paris aus nach Fontainebleau fahren möchte, der kann das vom Gare-de-Lyon alle 20 bis 30 Minuten mit einem der Vorstadtzüge Richtung Fontainebleau tun. An der Haltestelle Fontainebleau-Avon angekommen, steigt man vor dem Bahnhof in den Bus der Linie 1 Richtung Les Lilas und steigt an der Station Château aus.

Da wir das Schloss bei der Anreise an die Loire besucht haben, sind wir mit dem WOMO angereist und haben es am südlichen Parkeingang des Schlosses geparkt (N 48°23'55.2" E 02°42'06.6", Avenue de Maintenon, Gebühr).

Für eine Übernachtung oder den längeren Aufenthalt bieten sich zum Beispiel folgende Möglichkeiten an.

(004) WOMO-Campingplatz: Milly-la-Forêt – Camping La Musardière

GPS/Kontakt: N 48°23'40.0" E 02°30'25.0", Route des Grandes Vallées, Telefon 0164989191, www.camping-lamusardiere.fr.
Öffnungszeit: März – 15. November.
Ausstattung: Waschmaschine, Wäschetrockner, Pool, Pétanque- und Volleyballplatz, Kinderspielplatz, Tischtennisplatte, Trampolin.
Beschreibung: Unter den Bäumen eines Wäldchens gelegener, einfacher Campingplatz mit einfachen, meist sauberen Sanitäranlagen. Die Parzellen sind recht groß bemessen und während der Saison kommt ein Bäcker.
Preise: €€ – €€€.
Zufahrt: Von Fontainebleau über die D409D837 Richtung Milly-la-Forêt fahren und in Noisy-sur-École den Hinweisen zum Campingplatz folgen.
Hinweis: Der Campingplatz ist eine perfekte Basis zum Bouldern.

(005) Offizieller WOMO-Stellplatz: Milly-la-Forêt – Aire de Camping-Car

GPS/Kontakt: N 48°23'53.4" E 02°28'49.0", Route de Nemours, Telefon 0164988007, www.millylaforet-tourisme.com.
Max. WOMOs: 6.
Öffnungszeit: Ganzjährig.
Ausstattung: V/E, WC (im Gebäude am Bouleplatz).
Beschreibung: Der einfache, asphaltierte Parkplatz am Straßenrand ist parzelliert und mit einer Schranke gesichert. Er ist schattenlos und bis in den Ort sind es ca. 10 Minuten Fußweg.
Zufahrt: Am südöstlichen Ortsausgang von Milly-la-Forêt an einem Kreisverkehr an der D1422 gelegen.
Hinweis: Auch von hier kann man prima zum Bouldern aufbrechen.

(006) WOMO-Campingplatz: Samoreau – Camping Municipal Samoreau

GPS/Kontakt: N 48°25'21.0" E 02°44'56.2", 11 Rue de l'Église, Telefon 06891625, www.camping-samoreau.fr.
Öffnungszeit: April – September.
Ausstattung: Wachmaschine und Wäschetrockner, WiFi.
Beschreibung: Der einfache Campingplatz mit Wiesenplätzen und sau-

beren Sanitäranlagen verfügt über wenig Schatten, aber mit etwas Glück erhält man einen Platz direkt an der Seine. Außerhalb des Campingplatzes gibt es eine kleine Badestelle und eine Buvette mit Snacks (meist ab April geöffnet). Zum Schloss Fontainebleau sind es ca. 7 km, die man z. B. prima mit dem Fahrrad zurücklegen kann.
Zufahrt: In Samoreau den Hinweisen zum Campingplatz folgen.

Château de Fontainebleau

Die einst im nahen Wald sprudelnde Quelle *fontaine de Bliaut* soll Namen gebend für den Ort und das Schloss gewesen sein.

Fontainebleau wurde aufgrund der ausgedehnten Wälder, des reichen Wildbestandes und der Nähe zu Paris ab dem 10. Jahrhundert zum geschätzten Jagdgebiet der Könige. Im 12. Jahrhundert diente eine Burganlage als Unterkunft, die ab dem Jahr 1528 von François I. zum repräsentativen Landsitz umgebaut und erweitert wurde.

Fontainebleau war die Residenz von 34 Königen und zwei Kaisern und ist das einzige Schloss, das fast acht Jahrhunderte lang von französischen Herrschern bewohnt war, die es bis ins 19. Jahrhundert baulich beeinflussten. Heute besteht das Château aus verschiedenen Gebäuden, die sich um vier Haupthöfe gruppieren und mit 1.500 Räumen ist es eines der größten Schlösser Frankreichs und das mit der am reichlichsten Möblierung versehene Europas. Es verkörpert das *Savoir-vivre* des offiziellen höfischen Lebens wie kein Zweites und wir können die von François I. in Auftrag gegebenen Meisterwerke der Renaissance, die großen Arbeiten von Henri IV., das raffinierte Interieur von Marie-Antoinette, die Prunkwohnung von Napoléon I. und das Gepränge von Napoléon III. bewundern.

In den zuletzt renovierten Räumlichkeiten befindet sich das **Musée Chinois**, das die persönliche Sammlung der asiatischen Kunst der Kaiserin Eugénie, der Ehefrau Napoléon III. präsentiert.

Das Schloss liegt in einem 130 Hektar großen Park, dessen drei historische Gärten mit 11 Hektar die weitläufigsten in Europa sind.

Praktische Informationen

Aufgrund der Größe der gesamten Anlage empfiehlt sich ein ganztägiger Besuch in Fontainebleau. Allein für die Besichtigung des Schlosses sollten zwei Stunden veranschlagt werden. Auch wenn hier nicht so viele Besucher wie in Versailles zu erwarten sind, kann es in der Hauptsaison ratsam sein, die Tickets vor dem Besuch online zu erwerben.

Das *Billet Grands Appartements* beinhaltet den Zugang zu den Renaissance-Räumen, der Kapelle St-Saturnin, dem Zimmer des Papstes, der Diana-Galerie, den Grande Appartements sowie dem Musée Napoléon I. Der Eintritt für das *Musée Chinois* ist separat zu entrichten.

Die Höfe und Gärten sowie der Park sind kostenfrei zu betreten.

*(**Öffnungszeiten: Château:** April – September 9.30 – 18 Uhr, Oktober – März 9.30 – 17 Uhr, letzter Einlass jeweils ¾ Stunde vor Schließung, Eintritt. An jedem ersten Sonntag im Monat, außer Juli/August, und zu bestimmten Terminen sind die Besuch frei!*

***Höfe und Gärten:** November – Februar 9 – 17 Uhr, März/April/Oktober 9 – 18 Uhr, Mai – September 9 – 19 Uhr, letzter Einlass jeweils 1 Stunde vor Schließung. Der Diana-Garten und der Englische Garten schließen vorzeitig. Bei schlechtem Wetter oder anderer widriger Umstände können die Gärten geschlossen werden. Der Park ist täglich rund um die Uhr geöffnet. Das Grille Marrier schließt von 19.30 – 9 Uhr.*

Führungen können mithilfe eines Visioguides oder mit einem HistoPad auch in deutscher Sprache erfolgen. Geführte Besichtigungen sind ebenfalls möglich sowie gebührenpflichtig.

***Hunde** sind in den Höfen und Gärten des Schlosses auch an der Leine nicht gestattet.*

*Wer möchte, kann sich durch den Schlosspark mit der **Kutsche** chauffieren oder sich mit einem **Touristenbähnchen** über eine fünf Kilometer lange Strecke spazieren fahren lassen (im Zug steht ein Audioguide in deutscher Sprache zur Verfügung). Zu bestimmten Zeiten können Besucher **Kanus** ausleihen und Schloss wie auch Park aus einem ganz anderen Blickwinkel betrachten oder man besteigt mit der ganzen Familie ein **Tuk-Tuk**. Etwas ganz Besonderes ist sicher die **Heißluftballonfahrt** über das Schloss und den angrenzenden Wald (hierzu finden sich weitere Infos unter www.franceballoons.com/volmontgolfiere,ile-de-france.php).*

*Für das leibliche Wohl im Schloss wie auch in der Gartenanlage wird in einem **Restaurant** und einem **Café** gesorgt und das Eis am **Eiswagen** ist einfach köstlich. Für ein **Picknick** kann man sich im Café oder an Imbissständen eindecken und es sich auf den Wiesen oder unter schattigen Bäumen bequem machen.*

Eine komplette Übersicht von Schloss und Park, die genauen, teilweise variierenden Ticketpreise, alles Wissenswerte über Feste sowie Feuerwerke und weitere Informationen sind auf der in französischer und englischer Sprache abgefassten Webseite zu finden www.chateaudefontainebleau.fr).

Das umgebende Waldgebiet ist aber nicht nur als ehemaliges königliches Jagdrevier bekannt, sondern in der Neuzeit gehört es zu einem der bekanntesten **Bouldergebiete**. Als Bouldern wird das Klettern ohne Kletterseil und Klettergurt an Felsblöcken und Felswänden bezeichnet, Fontainebleau ist zu einem Mekka für Kletterer aus Europa und den Rest der Welt geworden. Laut dem offiziellen Boulderer-Portal soll es auf dem relativ kleinen Gebiet 30.000 Boulderprobleme,

Bouldern in Fontainebleau

wie die Kletterstrecken genannt werden, in über 250 Sektoren geben *(www.bleau.info)*.

Hierfür, aber auch zum **Wandern, Spazierengehen, Reiten oder Mountainbiken und Radfahren** bieten sich die lichten Mischwälder und sandigen Regionen an, die von einer Vielzahl an Felsen und Findlingen aus Sandstein durchzogen sind. Das Wegenetz beträgt insgesamt über 360 Kilometer und es wundert nicht, dass die Pariser gerade am Wochenende das Naherholungsgebiet sehr schätzen. Parkplätze sind in der Regel mit Höhenbarrieren versehen und die offiziellen Stell- und Campingplätze befinden sich außerhalb oder am Rand des Waldgebietes, um die Natur zu schützen. Das eigene Fahrrad sollte also schon dabei sein, um beispielsweise von einem der oben genannten Übernachtungsplätze das wunderschöne, ehemalige königliche Jagdrevier mit all seinen heutigen Freizeitmöglichkeiten zu erkunden. Einen guten Überblick und eine perfekte Beratung über das gesamte Angebot rund um Fontainebleau ist im **Office de Tourisme** erhältlich *(Mo – Sa 10 – 18 Uhr, So/Feiertage April – Oktober 10 – 13/14 – 17.30 Uhr, November – März 10 – 13 Uhr, Telefon 0160749999, 4 bis Place de la République, www.fontainebleau-tourisme.com)*.

Wer mit Kindern unterwegs ist, sich selbst ein kindliches Gemüt erhalten hat, ein Freund großer Freizeit- und Vergnügungsparks oder insbesondere ein Fan von Mickey Mouse und anderen Comicfiguren ist, den zieht es unweigerlich ins **Disneyland® Paris**.

Die Traumwelt liegt 30 Kilometer östlich der französischen Hauptstadt und ist von dort mit der RER A (Tarifzone 1 - 5) Richtung Marne-la-Valée – Chessy oder mit dem Wohnmobil über die A4 zu erreichen.

(007) Offizieller WOMO-Stellplatz: Coupvray – Disneyland®

GPS/Kontakt: N 48°52'39.8" E 02°47'11.0", Boulevard du Parc Resort Paris, Telefon 069/13804107, www.disneylandparis.com/de-de.
Max. WOMOs: 200.
Öffnungszeit: Ganzjährig.
Ausstattung: V/E, WC, Duschen, Müllbehälter.
Beschreibung: Einfacher Großparkplatz direkt am Rand des Vergnügungsparks. Campingverhalten ausdrücklich nicht erwünscht!
Preise: €€€, um genau zu sein 45€ (Stand 2022)!
Zufahrt: Von der A4/E50 den Hinweisen zum Disneyland ca. 6 km folgen.

Disneyland® Paris

Zu der 1992 eröffneten, 2.000 Hektar großen Fantasiewelt aus Pappmaschee, Holz und hochtechnisierter Computerelektronik gehören themenbezogene Hotels, zahlreiche Restaurants, Frei- und Hallenbäder, künstliche Seen und ein Golfplatz.

Der riesige Freizeitpark besteht aus zwei Parks, dem Disneyland Park und dem Walt Disney Studios Park.

Im **Disneyland® Park** kann man über die nostalgische *Main Street* in einer amerikanischen Kleinstadt gehen, im *Frontierland* begegnen die Besucher Cowboys im Wilden Westen, das *Adventureland* ist die Heimat von Piraten und zeigt einen orientalischen Basar, im *Discoveryland* wird man mit einem Raumschiff in die Zukunft geschickt und im *Fantasyland* treffen sich rund um das Dornröschenschloss Goofy, Schneewittchen, Peter Pan und Donald Duck mit ihren Freunden. Dazwischen findet sich eine bunte Mischung von rund 50 Attraktionen für Adrenalinsuchende wie zum Beispiel die spektakuläre Achterbahn im Discoveryland oder für mehr auf Ruhe bedachte Familien mit Kleinkindern, die unter anderem das Baumhaus der Familie Robinson im Adventureland aufsuchen können. Eine gelungene Mischung!

Der **Walt Disney Studios Park** ist den Themen Film sowie Fernsehen gewidmet. Es werden fantastische Shows gezeigt, man kann sich virtuell schrumpfen lassen und ein Date mit seinen Lieblingsfiguren vereinbaren.

Praktische Informationen

Im Disneyland® werden sich mit Sicherheit Erwachsene und Kinder wohlfühlen und dabei eine Menge Geld loswerden können. Und auch hier stehen Besucher wie bei vielen anderen Sehenswürdigkeiten in und um Paris in langen Schlangen an den Kassen an. Aus beiden Gründen ist es empfehlenswert, die Tickets vorab online zu bestellen. Generell ist zu sagen, dass sich ein Besuch in der Nebensaison und unter der Woche ein wenig „ruhiger" als in der Hauptsaison und an Wochenenden oder Feiertagen gestaltet. Wer auf die Schulferien angewiesen ist, sollte sich nach Möglichkeit auf die Pfingst- oder Herbstferien konzentrieren.

Die Höhe der Eintrittspreise ist von der Saison und den zugebuchten Events abhängig. Kinder unter 3 Jahren können Disneyland® kostenfrei besuchen, Kinder zwischen 4 und 10 Jahren erhalten Rabatte, Kinder ab 11 Jahre zahlen den vollen Preis. Es gibt verschiedene Preiskategorien, Tages- und Mehrtagestickets und es ist zu erwähnen, dass die online erhältlichen Tickets günstiger als jene an der Tageskasse sind (unter Umständen bis zu 30 €/Person!). Auf der Internetseite des Parks ist ersichtlich, ob es zudem für den geplanten Besuchstag besondere Angebote gibt.

Als Anhaltspunkt können pro Tag zwischen 59 € bis 130 € pro Erwachsener und 51 € bis 97 € pro Kind an Eintrittsgebühren gerechnet werden (Stand März 2022).

Man darf den Park jederzeit verlassen und später nach dem Vorzeigen der gültigen Eintrittskarte seinen Besuch fortsetzen.

Es lohnt sich auf jeden Fall auf der deutschsprachigen Internetpräsenz von Disneyland® vor dem geplanten Besuch nachzuschauen und vielleicht die Tickets bereits von Deutschland aus zu bestellen! Online erstandene Tickets können ausgedruckt werden oder man zeigt das elektronische Ticket auf dem Smartphone am Eingang vor.

Hunde dürfen mit Ausnahme von Assistenzhunden nicht in den Park mitgenommen werden. Sie können jedoch in der in der Nähe des Großparkplatzes befindlichen Haustierpension abgegeben werden. Zum Gassigehen mit seinem Hund darf man den Park verlassen und erhält danach wieder Zutritt. Die genauen Nutzungsbedingungen sind auf der Internetseite zu finden.

(Disneyland® Paris ist ganzjährig geöffnet, allerdings variieren die ***Öffnungszeiten*** *je nach Saison. Auch sind die Öffnungszeiten im Disneyland® Park und dem Walt Disney Studios unterschiedlich. Als Anhaltspunkt kann folgendes gelten: Nebensaison Mo – Fr 10 – 19 Uhr, Sa/So/Feiertage bis 20 Uhr, Hauptsaison bis 23 Uhr. Die Studios sind meist kürzer geöffnet. Auch hier sollte der Blick auf die Internetseite für Klarheit sorgen. Jeden Abend kurz vor Schließung des Parks findet ein großes Feuerwerk statt. www.disneylandparis.com)*

Selbstverständlich gibt es in Paris und im Großraum Paris noch viel mehr zu sehen und zu erleben, aber wir haben uns für diese Auswahl an Sehenswürdigkeiten entschieden, um Ihnen und uns die lange Anreise in den Urlaub etwas zu versüßen und für etwas Abwechslung zu sorgen.

Wir werden jetzt nach Sancerre weiterfahren, aber vielleicht werden Sie an einer ganz anderen Stelle Ihren Aufenthalt an der Loire und in der Bretagne oder in der Normandie beginnen. Vielleicht sehen wir uns irgendwo unterwegs…

Tour 2 230 km

Saint-Satur – Sancerre – Bourges – Sancoins Apremont-sur-Allier – Saint-Amand-Montrond

Stellplätze: Sancerre, Humbligny, Bourges, Sancoins, Neuvy-le-Barrois, Bessais-le-Fromental, St-Amand-Montrond, Bruère-Allichamps.

Campingplätze: Saint-Satur Flower Camping Les Portes de Sancerre, Bourges Camping Robinson, St-Amand-Montrond Camping Municipal de la Roche.

Besichtigen: Sancerre Tour des Fiefs, Maison des Sancerre; Neuilly-en-Sancerre Le Jardin de Marie; Bourges Cathédrale St-Étienne, Jardin de l'Archevêché, Musée des Art Décoratifs, Musée Estève, Musée du Berry, Palais Jacques Cœur, Les Marais de Bourges; Sagonne Château de Sagonne; Apremont-sur-Allier Parc Floral d'Apremont; St-Amand-Montrond Forteresse de Montrond; Meillant Château de Meillant; Bruère-Allichamps Abbaye de Noirlac.

Märkte:	Saint-Satur Do, Sancerre Sa, Bourges Mo/Do/Sa, Sancoins Mi, St-Amand-Montrond Mi/Sa.
Essen:	Sancerre Restaurant La Tour, Ziegenkäserei Dubois Boulay, Brasserie Sancerroise; Bourges Café Cake-Thé; Apremont-sur-Allier La Brasserie du Lavoir, La Carpe Frite; Noirlac Salon de Thé.

Nachdem wir in Paris viel über die Royales erfahren haben, ziehen wir wie einst die französischen Könige an die Loire, um nach dem dynamischen, manchmal hektischen Leben der Großstadt das ruhige, natürliche Landleben zu genießen.

In Paris schlägt vermutlich das Herz Frankreichs, doch wenn wir uns die Umrisse des Landes vor Augen halten, dann begeben wir uns nun in die Region ***Centre-Val de Loire*** *und mitten hinein in das geografische Herz der Grande Nation.*

Die zentralfranzösische ***Provinz Berry*** *liegt etwa 200 Kilometer südlich der französischen Hauptstadt. Die Region befindet sich nördlich des Massif Central (Zentralmassiv), reicht im Westen bis zum* ***Parc naturel régional de la Brenne*** *und wird im Osten von der Loire und einem der bekanntesten Weinanbaugebiete Frankreichs begrenzt.*

Die dörfliche, von Hecken- und Weidelandschaft geprägte Abgeschiedenheit des Berry, das sich über die ***Départements Indre und Cher*** *erstreckt und von den gleichnamigen Flüssen sowie der Creuse durchzogen wird, begleitet uns in den ersten sechs Touren dieses Buches.*

Zahlreiche Entdeckungen von den Schlössern der Renaissance über die gotische Kathedrale von Bourges und stilvollen Herrenhäusern sowie charmanten Ortschaften in einer abwechslungsreichen Landschaft mit sanften Hügeln, Seen, Weiden, Wiesen und Wäldern liegen vor uns.

Eine Gegend, die geradezu ideal zum Wandern und Radfahren, Schauen und Entdecken sowie zum Entspannen und Genießen ist (www.berryprovince.com)!

Die Loire bei Saint-Satur

Der Einstieg in unseren Tourenverlauf lässt sich von etlichen Städten, Dörfern und Sehenswürdigkeiten entlang der Loire und ihrer Nebenflüsse finden.

Diesmal kommen wir von Paris aus und haben uns zunächst über die Autobahn A6 Richtung Süden auf den Weg gemacht, um dann auf die A77 zu wechseln und diese an der Ausfahrt 24 nach Sancerre zu verlassen. Über die D4/D2 erreichen wir zunächst den kleinen Ort **Saint-Satur**, in dem wir im öffentlichen Freibad den Reisestaub abspülen und auf dem Campingplatz am Ufer der Loire den Rest des ersten Urlaubstags genießen können.

(008) WOMO-Campingplatz: Saint-Satur
Flower Camping Les Portes de Sancerre***

GPS/Kontakt: N 47°20'31.4" E 02°51'56.7", Quai de Loire, Telefon 0248721088, https://de.camping-cher-sancerre.com.
Öffnungszeit: April/Mai – September/Oktober.
Ausstattung: Kleiner Gemischtwarenladen mit Baguette-Service, Grillmöglichkeit, Spielplatz, Waschmaschine, Wäschetrockner, WiFi.
Beschreibung: Der Campingplatz mit teils schattigen und meist durch Hecken getrennten Plätzen, liegt am Ortsrand und am Loire-Ufer. Von hier bieten sich Fahrradtouren in die Umgebung an. Freibad und Kanuverleih befinden sich in der Nähe und im Ort gibt es einen Bäcker. Der Ort mit Restaurants ist knapp 1 km entfernt. Sehr schön sitzt man auf der Terrasse des **Bistro' Quai** am Ufer der Loire und kann die einfachen, aber guten Gerichte bei einem kühlen Glas Sancerre genießen *(Mittags- und Abendmenüs Di – Fr, Sa durchgehend, So bis zum frühen Abend geöffnet, Telefon 0236541674).*
Preise: €€ – €€€.
Zufahrt: Von der A77 kommend auf der D4/D2 die Loire überqueren und direkt hinter der Brücke rechts den Hinweisen ca. 500 m zum Campingplatz folgen.

Von jetzt an gehts bergauf möchte man sagen, denn seitdem wir den Weinort **Sancerre** inmitten weiter Rebflächen auf einem Hügel bereits vor uns liegen sahen, steuern wir ihn über die D955 direkt an.

Aussicht vom Tour des Fiefs auf Sancerre und die Weinberge

(009) Offizieller WOMO-Stellplatz: Sancerre – Parking Remparts des Dames

GPS: N 47°19'45.4" E 02°50'10.2", Remparts des Dames **Max. WOMOs:** 2-3.
Öffnungszeit: Ganzjährig.
Ausstattung: Tische und Bänke, WC, Müllbehälter.
Beschreibung: Zwei markierte Stellplätze auf einem zum Teil schräg gelegenen einfachen Parkstreifen vor dem Toilettenhäuschen an einem kleinen Park, die schnell belegt sind. Das Parken und Übernachten auf den anderen markierten Parkplatzflächen am Straßenrand wird ohne Campingverhalten toleriert. Geschäfte und Restaurants sind fußläufig nach ca. 500 m erreichbar.
Zufahrt: Von der D955 im Ort an einem Kreisel den Hinweisen Cœur Historique und an der nächsten Möglichkeit links dem WOMO-Piktogramm folgen. An der Gabelung links bis zum Parkplatz halten.
Hinweis: Wir haben auch schon WOMOs auf den nahen Parkstreifen gesehen.

(010) WOMO-Parkplatz: Sancerre – Caves de la Mignonne

GPS: N 47°19'50.8" E 02°49'48.5". **Max. WOMOs:** 2-3.
Ausstattung: Müllbehälter.
Beschreibung: Der befestigte, einfache Parkplatz liegt halbschattig und bietet einen tollen Blick über die Weinberge. Südlich des Friedhofs führt ein ziemlich steiler und bei Nacht unbeleuchteter Weg hinauf ins ca. 1 km entfernte Ortszentrum.
Zufahrt: Der Parkplatz ist von der D955 Richtung Chavignol ausgeschildert.

Sancerre – Trauben, Reblaus, Ziegen und Linsenbier

Was für ein erhabenes Gefühl gleich zu Beginn unserer Reise!

Wir haben tatsächlich das Gefühl, uns genau im Zentrum der umliegenden Weinterrassen zu befinden. Vermutlich hängt das mit der exponierten Lage des malerischen Winzerstädtchens zusammen, die sich Etienne de Champagne, seines Zeichens Erster Graf von Sancerre, ab dem 12. Jahrhundert für den Bau seiner befestigten Burg ausgesucht hatte. Bereits von Weitem in diesem eher flachen Abschnitt des

Loire-Tals sichtbar, thront der Ort mit seinen engen, gewundenen Gassen auf einem Hügel über der Loire und dem Canal latéral à la Loire. Nach wie vor kann man die strategisch wichtige Lage erahnen und die Häuser strahlen noch immer etwas von dem Wohlstand aus, der im 15./16. Jahrhundert vorhanden war.

Nach einer langen Belagerung Ende des 16. Jahrhunderts fiel die mittelalterliche Burg, von der nur noch der verstümmelte Bergfried, der **Tour des Fiefs**, erhalten blieb. Selbigen lohnt es über etliche Treppenstufen (zum Ende wird es ganz schön eng!) zu erklimmen, denn von seiner **Aussichtsplattform** reicht der Blick weit in die Region Centre-Val de Loire und ins Burgund *(in der Saison Mo – Sa 10.30 – 12.30 Uhr, So 14 – 18 Uhr, außerhalb der Saison nur Sa/So/Feiertage, letzter Aufstieg jeweils ½ Stunde vor Schließung, Eintritt, Hunde an der Leine gestattet)*. Wer nicht so hoch hinaus möchte, der kann die Aussicht auch von der **Esplanade de la Porte César** ins sich weit öffnende Loire-Tal genießen. Diese befindet sich in unmittelbarer Nähe des **Office de Tourisme** *(Esplanade Porte César, Telefon 0248540821, März/Oktober – Dezember Mo – Sa 13.30 – 17.30 Uhr, April – September 10 – 13/14 – 18 Uhr, Juli/August durchgehend bis 18.30 Uhr, www.tourisme-sancerre.com)*. Hier sind Informationen über Radtouren entlang der Loire und Spaziergänge in den Weinbergen sowie einen Stadtrundgang und viele andere Aktivitäten erhältlich.

Der Besuch des Dorfes lohnt aber nicht nur aufgrund seines pittoresken Ortsbildes, sondern auch wegen seines interessanten Weinanbaumuseums. Die **Maison des Sancerre** ist ein perfekter Einstieg in die Welt der Weine der Gegend. Nur einen Steinwurf von der Kirche im historischen Zentrum entfernt, haben 350 Winzer eine Ausstellung kreiert, in der man mittels animierter Reliefkarten, 4D-Kino, Videos, einem Duftgarten und vielen Aktivitäten für Kinder den berühmten Sancerre-Weinen auf die Spur kommt. Der Rundgang kann mit einer Dégustation beendet werden *(Ende März/Anfang April – Anfang/Mitte November 11 – 18.30 Uhr, im November bis 17.30 Uhr, Eintritt, Informationen in französischer und englischer Sprache, www.maison-des-sancerre.com)*.

Hier erfahren wir, dass die Geschichte von Sancerre zu Beginn des 20. Jahrhunderts eine neue Wendung nahm. Bis zu diesem Zeitpunkt hatten die Weinbauern vorwiegend Spätburgunder erzeugt, der jedoch, wie damals viele Gebiete in Europa, von einer **Reblausplage** befallen wurde. Die Weinstöcke verdorrten, die Weinbauproduktion kam zum Erliegen. Die Winzer machten aus der Not eine Tugend und bauten nach der Krise beinahe ausschließlich Sauvignon Blanc-Trauben an. Diese Rebsorte, aber auch die Trauben des leichten Roten und Rosés der Pinot Noir-Trau-

be, gedeihen noch heute vorzüglich auf dem von Kreide, Kies und Feuerstein geprägten Terroir und bringen elegante, volle, aber auch hochmineralische, würzige als auch fruchtige und besonders ausgewogene Weißweine hervor, die zu den großen Namen in der französischen, wie internationalen Weinwelt gehören. Sie werden größtenteils ohne Holzeinsatz ausgebaut und erhalten dadurch einen frischen Touch. 1970 wurden die mittlerweile AOC-zertifizierten Weine sehr populär und auch die benachbarten Appellationen Menetou-Salon und Pouilly-Fumé stehen den **Sancerre-Weinen** in nichts nach.

Linsenbier

Gemeinsam mit der Herstellung von **Crottin de Chavignol** sind Weinbau und Tourismus heute die treibenden Kräfte der Wirtschaft des Sancerrois und der umliegenden Weinbaugemeinden Amigny und Chavignol.

Der Name des seit 1976 mit dem AOP-Siegel ausgezeichneten Ziegenkäses ist eng mit dem rund drei Kilometer westlich von Sancerre gelegenen Weiler Chavignol verbunden. Bereits seit dem 16. Jahrhundert waren auf den umliegenden Höfen Ziegen zur Produktion von Milch und Käse vorhanden. Doch als Ende des 19. Jahrhunderts die Reblaus über die Weinberge herfiel, machte sie damit Platz für die Ziegenbeweidung der kargen Hänge. Die Ziegenmilchproduktion entwickelte sich prächtig und bald verhalf die neu geschaffene Eisenbahnlinie zwischen Paris und Nevers, die kleinen Käsekugeln in die Welt zu befördern. Der Crottin de Chavignol kann in den verschiedenen Reifegraden *mi-sec*, *bleuté*, *bleu* und repassé, also von weich, frisch und mild bis harte, reif und kräftig, genossen werden.Der Weg nach Chavignol kann zu Fuß durch die Weinberge oder mit dem WOMO zurückgelegt werden. Dabei ist zu beachten, dass die Ortsdurchfahrt und die Parkverhältnisse insbesondere an Wochenenden, während der Hauptsaison oder der Weinlese für größere Wohnmobile beengt sind. Am besten wird das Fahrzeug direkt hinter dem Ortseingang auf einem kleinen Parkplatz geparkt oder man folgt unter guten Umständen nach der Durchfahrung einer Engstelle dem Hinweis zu einem Parkplatz am westlichen Ende des Dorfes. Im Hofladen von **Dubois Boulay** in der Ortsmitte kann der kleine Runde erworben werden und gleichzeitig werden die Weine der hier ansässigen Winzer im monatlichen Wechsel angeboten *(Boutique Chavignol Place*

Blick von Chavignol über die Weinberge nach Sancerre

de Chavignol oder Boutique Sancerre Rue de Juifs jeweils Mo – So 10 – 12.30/14 – 19 Uhr www.dubois-boulay.fr).

Wer mit Wein nicht viel im Sinn hat, der findet vielleicht Gefallen am lokalen Bier, das traditionell und nur im Berry aus Linsen gebraut wird. Die Hülsenfrüchte werden aus der Auvergne bezogen, in der **Brasserie Sancerroise** nach alten Rezepten gebraut und können dort auch erworben werden *(258 Route d'Amigny, Di – Sa 10 – 13/14 – 18.30 Uhr, www.brasserie-sancerroise.com)*.

Sancerre ist voll auf Touristen und Weinliebhaber eingestellt, demzufolge quellen die Gassen vor Weinhandlungen, Straßencafés, Restaurants und Boutiquen über. Auf der Place Nouvelle kann man dem **Marktgeschehen** am Samstagvormittag zuschauen oder wie wir das frische, einem Radler oder Alsterwasser ähnelnde Linsenbier als Aperitif in einer der Bars zu sich nehmen. Danach kehren wir im gediegenen **Restaurant La Tour** ein, in dem erstklassige Produkte zu einem regionaltypischen Mahl zubereitet werden und der freundliche Service aus der üppigen Fülle der Sancerre-Weine den passenden zum Essen empfiehlt *(Mittags- und Abendmenüs Di – Sa, 31 Place Nouvelle Place, Telefon 0248540081, www.latoursancerre.fr)*. Ebenso überzeugt uns die Küche im **Restaurant La Pomme d'Or**, in dem aufgrund des engen Gastraums unbedingt ein Tisch reserviert werden muss *(Mittags- und Abendmenüs Mi – Sa, 1 Rue de la Panneterie, Telefon 0248541330, lapommedorsancerre.fr)*.

Durch die liebliche, leicht hügelige Landschaft fahren wir auf der D955 Richtung Bourges. Neben der Straße erstreckt sich soweit das Auge reicht das Weinanbaugebiet des Sancerrois und zahlreiche Schilder weisen auf die Dégustations- und Verkaufsstellen der Weinbauern hin.

Wenn wir auf die D22 Richtung Henrichemont schwenken, dann werden aus den Reben- ganz plötzlich Wiesenflächen und hinter **Neuilly-en-Sancerre** folgen wir in einem Waldstück auf schmalem Sträßchen den Hinweisschildern zum floralen Kleinod **Le Jardin de Marie** (N 47°17'41.5" E 02°40'24.7", 336 Chemin de l'Avoinerie). Mit einem weiten Blick in die Landschaft gedeihen in dem nach englischen Vorbild angelegten privaten Garten Rosen, Hortensien und Gräser neben Gemüsebeeten und Obstbäumen im Wechsel der Jahreszeiten *(April/Mai – Mitte Juli/Mitte August – Anfang Oktober 14.30 – 18.30 Uhr, Eintritt, www.lejardindemarie.com)*.

Auch im Nachbarort bietet sich ein aussichtsreiches Plätzchen, das zudem Übernachtungspotential hat.

(011) Offizieller WOMO-Stellplatz: Humbligny – Bourg

GPS: N 47°15'15.1" E 02°39'31.2", An der D44. **Max. WOMOs:** 3 – 5.
Ausstattung: V/E, Strom, Tische und Bänke, Müllbehälter.
Öffnungszeit: Ganzjährig.
Beschreibung: Der geschotterte, einfache Parkplatz mit schöner Aussicht liegt am Ortsrand, ist tagsüber oft von Pkw belegt und bedingt klappstuhlgeeignet. Eine Infotafel weist auf verschiedene MTB-Touren hin. Nachts ist es ruhig und in der Ferne ist das beleuchtete Bourges zu erkennen.
Zufahrt: 1. Von der D955 nach Humbligny abbiegen und auf der D44 durch den Ort fahren. Der Parkplatz liegt links am Ortsausgang.
2. Von Neuilly-en-Sancerre auf der D74 nach Humbligny fahren, dort erst Richtung Bourges und dann Richtung Henrichemont halten. Der Parkplatz liegt links am Ortsausgang.
Hinweis: Maximaler Aufenthalt 3 Tage.

Über die N151 erreichen wir die ehemalige Hauptstadt der Provinz Berry und fahren auf der Route National nach Bourges hinein. Der offizielle Stellplatz bietet sich als Ausgangspunkt für den Stadtbesuch und aus unserer Sicht zur Not auch für eine einmalige Übernachtung an. Für einen längeren Aufenthalt würden wir allerdings den Campingplatz bevorzugen.

(012) Offizieller WOMO-Stellplatz: Bourges – Quais du Prado

GPS: N 47°05'02.9" E 02°22'48.3", Rue du Pré Doulet.
Max. WOMOs: 30.
Öffnungszeit: Ganzjährig.
Ausstattung: V/E, Infotafel, Müllbehälter.
Beschreibung: Der geschotterte, schattenlose und teils beleuchtete einfache Parkplatz liegt innerorts am Canal de Berry. Bei Trockenheit ist er sehr staubig, bei Nässe teils mit riesigen wasserbefüllten Pfützen übersät und damit bedingt klappstuhlgeeignet. Das Zentrum ist ca. 1 km entfernt und entlang des Kanals zu erreichen. Die Haltestelle der kostenlosen *Navette* (Bus) ins Zentrum ist gleich nebenan. Supermarkt, Restaurants und Kino sind ca. 400 m entfernt.
Zufahrt: Aus östlicher Richtung kommend auf der N151 in die Stadt fahren und vorerst den Hinweisen nach Montluçon folgen. Am Place Juranville an einer Ampelkreuzung rechts dem Hinweise France Loire folgen. Am Ende der Straße rechts und an der nächsten Ampelkreuzung geradeaus dem WOMO-Piktogramm folgen.
Hinweis: Der Platz ist ggf. bei größeren Veranstaltungen (z.B. Zirkus) gesperrt und wir haben dann auch schon auf dem Parkstreifen direkt am Kanal bzw. auf dem geteerten großen Parkplatz gestanden.

(013) WOMO-Campingplatz: Bourges – Camping Robinson

GPS/Kontakt: N 47°04'20.2" E 02°23'41.8", 26 Boulevard de l'Industrie, Telefon 0248201685, www.aquadis-loisirs.com/camping-bourges-robinson.
Öffnungszeit: März – Ende Oktober.
Ausstattung: Spielplatz, Badminton, Volleyball, WiFi, Animation (Juli – August), Bäcker, beheizte Sanitäranlagen, Lebensmittelgeschäft ca. 800 m entfernt, Angeln.
Beschreibung: Die befestigten Plätze sind durch Hecken abgegrenzt und liegen zum Teil unter Bäumen. Knapp 2 km Fuß- bzw. Radweg ins Zentrum.
Preise: €€€.
Zufahrt: Aus östlicher Richtung kommend auf der N151 in die Stadt fahren und gegenüber eines Autohauses rechts Richtung Centre Hôspitalier den Hinweisen zum Campingplatz folgen.

Bourges, die Kathedrale und Jacques Cœur

Vom Stellplatz können wir mit der Navette Linie 10 oder zu Fuß das Stadtzentrum erreichen. Wir bevorzugen den Spaziergang, gehen bis zur Kreuzung und überqueren diese. Hinter dem Palais des Sports folgen wir der Rue du Champ de Foire, um am Place de la Nation, an dem auch die Navette ankommt, östlich ins Stadtzentrum einzutauchen.

Nachdem der keltische Stamm der Bituriger sich vor 3.000 Jahren hier ansiedelte, die Römer die umliegenden Sümpfe trockenlegten und Bourges im Mittelalter zu einer bedeutenden Stadt herangewachsen war, wurde 1195 - 1260 eine der schönsten gotischen Kathedralen gebaut. Die **Cathédrale St-Étienne** gehört seit 1992 zum UNESCO-Welterbe und verfügt überraschenderweise über kein Querschiff. Dafür ist sie ungewöhnlich breit und hoch, sodass sie sehr viel luftiger und heller als jede andere gotische Kathedrale wirkt. Die vorwiegend in roten Farbnuancen gehaltenen Buntglasfenster verstärken diesen Charakter und sorgen für einen warmen Lichteinfall. Die Portale, besonders das gut erhaltene Westportal, verfügen über beeindruckende Skulpturengruppen und wer die 397 Stufen im Nordturm nicht scheut, der wird mit einer atemberaubenden Aussicht über die Stadt belohnt. Wer auf dem Boden bleibt, wird den schönsten Blick auf das Gotteshaus aus dem rechts der Kirche gelegenen und ebenso schönen **Jardin de l'Archevêché**, dem Garten der Erzbischöfe, finden.

Cathédrale St-Étienne und Jardin de l´Archevêché

Auch wenn Bourges nicht mehr an die glanzvollen Zeiten von einst anknüpfen konnte, ist die heute eher ruhige Provinzstadt einen Besuch wert. Die fotogenen und direkt an die ehemalige Stadtmauer gebauten Fachwerkhäuser kann man von der Rue Bourbonnoux nordöstlich der Kathedrale finden, wenn man die Straße links zu den Hinterhöfen der Häuser verlässt. Zwischen bröckelnden Mauern und morbidem Charme kehren wir im versteckten **Café Cake-Thé** ein. Unter dem Kreuzgewölbe einer kleinen Kapelle erwartet uns selbstgebackener, sehr leckerer Kuchen in einer etwas schrägen, aber urgemütlichen Atmosphäre *(74 Rue Bourbonnoux, Di – Sa 12 – 14/15.30 – 19 Uhr, So 15.30 – 19 Uhr, Telefon 0248249460)*.

Beim Bummel durch die Gassen sind aber auch die Adelspaläste aus dem 15./16. Jahrhundert zu entdecken. An der Kathedrale befindet sich das **Ancien Palais Archiépiscopal**, das alte erzbischöflichen Palais, mit einem kleinen **Handwerksmuseum**. Am Ende der Rue Bourbonnoux sehen wir das **Hôtel Lallemant**, ein ab 1497 erbautes Palais, dessen Fassaden mit italienischem Dekor geschmückt sind und in dessen Inneren das **Musée des Art Décoratifs** Sammlungen alter Möbel und Kunsthandwerk zeigt. Wenig später ist die kleine Place Gordaine von Fachwerkhäusern, Restaurants und Läden umgeben und in der abzweigenden Rue Mirebeau setzt sich dieses Bild fort. Bald führen uns Treppen hinauf zur Rue Edouard Branly, in deren Verlauf wir westlich auf das **Hôtel des Echevins**. Das helle, gotische Stadthaus mit achteckigem, reich verziertem Treppenturm beherbergt das **Musée Estève**, das dem Maler Maurice Estève gewidmet ist. Zu erwähnen ist auch das **Musée du Berry im Hôtel Cujas**, das der Geschichte des Berry, der Archäologie und den Schönen Künsten gewidmet ist *(alle Museen Di – Sa 10 – 12/14 – 18 Uhr, So 14 – 18 Uhr, Eintritt)*. Es befindet sich in der westlichen Parallelstraße der Rue Edouard Branly, in deren weiteren Verlauf wir auf die Place Jacques Cœur und das **Palais Jacques Cœur** stoßen.

Das Palais zählt zu den prachtvollsten Anwesen, das jemals von einem Bürgerlichen in Frankreich erbaut wurde. Der Bauherr **Jacques Cœur** (etwa 1400 – 1456) war ein aus gutbürgerlichen Verhältnissen stammender Kaufmann, der zu einem der wohlhabendsten und einflussreichsten Männer seiner Zeit aufstieg. Als Sohn eines Kürschners und als Tuchhändler kam er schon bald zu Reichtum und erhielt das

Palais Jacques Cœur

Geburtshaus Jacques Cœur

Recht, Münzen zu prägen. Seine Handelsflotte segelte über die Weltmeere und er unterhielt Geschäftsbeziehungen in vielen Ländern sowie zu den ranghöchsten Männern Frankreichs. König Charles VII. bediente sich aus Jacques' Kasse, um Schlachten zu finanzieren, ernannte ihn zu seinem Schatzmeister sowie Abgesandten und erhob ihn 1441 in den Adelsstand. Zu dieser steilen Karriere musste natürlich ein passender Palast her und so wurde von 1443 bis 1451 der Prunkbau in des adeligen Kaufmanns Heimatstadt errichtet. Der große Gebäudekomplex gruppiert sich in vier Teilen um einen Innenhof und überall sind die Wappenzeichen des Hausherrn, die Jakobsmuschel *coquille St-Jacques* und das Herz *Cœur* zu sehen. Das beinahe gar nicht möblierte Stadtpalais beeindruckt durch große Kamine, die durch ihre kunstvollen Verzierungen ganze Geschichten erzählen, mit einem für die damalige Zeit unüblichen und unerhörten Badezimmer mit Toilette und fließend warmen Wasser sowie einem Bankettsaal mit einer repräsentativen Treppenanlage wie sie in den Schlössern der Loire zu sehen sind. Das auf den Palastmauern in Stein verewigte Motto des charismatischen und reichsten Kaufmanns des Reiches *A vaillans cœurs rien impossible* (Kühnen Herzen ist nichts unmöglich) brachte ihm indes kein Glück, denn sein Erfolg rief auch Neider auf den Plan. Vermutlich durch eine Intrige wurde Jacques 1451 der Mitschuld am Tode der Königsmätresse Agnès Sorel angeklagt. Anstatt in sein neues Superhaus einziehen zu können, wurde er nun ins Gefängnis gesteckt und verlor die meisten seiner Privilegien. Glücklicherweise gelang dem Armen die Flucht und beim Papst in Rom fand er Unterschlupf. Doch der Kirchenmann schickte ihn auf einen Kreuzzug und Jacques Cœur starb 1453 infolge einer Verletzung auf der griechischen Insel Chios *(Januar/März/Oktober - Dezember 9.30 – 12.15/14 –17.15 Uhr, April/September 10 – 12.15/14 – 18 Uhr, Mai – Juni 9.30 – 12.15/14 – 18.15 Uhr, Juli/August 10 – 12.45/14 – 18.15 Uhr, geschlossen 1.1./1.5./1. u. 11.11/25.12., Eintritt, www.palais-jacques-coeur.fr).*

Ein paar Schritte südlich der Kathedrale befindet sich das **Office de Tourisme** *(Place Simone Veil, Telefon 0248230260, April/Mai/Juni/September Mo - Sa 9.30 – 18.30 Uhr, So/Feiertage 10 – 18 Uhr, Juli/August Mo – Sa 9 – 19 Uhr, So/Feiertage 10 – 18 Uhr, Oktober - März Mo 14 - 18 Uhr, Di - Sa 10 – 12.30/14 – 18 Uhr, www.bourgesberrytourisme.com).* Hier erfuhren wir, dass man in Bourges, während der **Nuits Lumière,** schön durch die nächtlichen Straßen schlendern kann. Blau leuchtende Straßenlaternen dienen als Wegweiser auf dem mit Musik untermalten Spaziergang entlang der kunstvoll beleuchteten zuvor genannten Baudenkmäler sowie Stadtpaläste *(Ende Juni – Mitte/Ende September bei Einbruch der Dunkelheit bis Mitternacht).*

Die anfangs erwähnten und von den Römern trockengelegten Sümpfe gibt es immer noch. Damals und später auch im Mittelalter galt das 135 Hektar große Gebiet **Marais de Bourges** als natürliche Verteidigungsanlage. Heute ist das vom Flüsschen Yèvre und zahlreichen Kanälen durchzogene Gelände zur romantischen Schrebergartenkolonie mutiert. Wer den Einwohnern von Bourges, die sich übrigens *Berruyers* nennen, bei der Gartenarbeit über die Schulter schauen oder einfach nur einige Zeit der Stadt entfliehen möchte, der kann zu Fuß oder mit dem Fahrrad auf unterschiedlich langen Wegen das Marais erkunden. Der Zugang erfolgt beispielsweise östlich der Kathedrale über den Boulevard de Strasbourg, dann links den Cours Anatole France hinab, rechts in die Rue Charlet und dann über den freien Zugang an der Chemin des Prébendes entlang.

Bereits vor Bourges und auch auf den folgenden Kilometern werden wir immer einmal wieder der touristischen **Route Jacques Cœur** folgen oder sie kreuzen. Ab und zu konnte die Kundschaft den berühmten Kaufmann (siehe oben) nicht mit Bargeld bezahlen und so wurden zur Begleichung der Rechnung schon mal Ländereien oder ein Schlösschen in Zahlung gegeben. Vielleicht findet sich auf der insgesamt 180 Kilometer langen Route eines dieser Tauschobjekte, und wenn nicht, dann begegnet man zumindest 18 sehenswerten Orten, die die kulturell interessanten Seiten des Landstrichs in besonderer Weise vertreten *(www.route-jacques-coeur.com)*.

Wir verlassen Bourges in südöstliche Richtung Moulins auf der N76, die später in die D2076 nach Sancoins übergeht. Wir befinden uns nun auf der oben genannten Touristikstraße und fahren rund 40 Kilometer durch das vorwiegend landwirtschaftlich geprägte Gebiet. Die Eintönigkeit wird durch den Hinweis nach **Sagonne** unterbrochen und wir fühlen uns beim Anblick des dortigen Schlosses einen Moment ins Mittelalter versetzt (N 46°50'58.8" E 02°49'31.5", Place du Château).

Das auf gallo-romanische Wurzeln zurückgehende Wasserschloss **Château de Sagonne** wurde zwischen dem 12. und 15. Jahrhundert erbaut und liegt mit seinen mächtigen Mauern, die noch immer von einem gewaltigen Bergfried überragt werden, inmitten des kleinen Dorfes. Die mittelalterlichen Räume schmücken Wandmalereien, Wandteppiche, historische

Gemälde und antike Waffen aus dem 14. und 17. Jahrhundert. Nach vielen anderen Eigentümern fühlte sich auch Jules Hardouin Mansart hier zu Hause – genau, das ist der begnadete Architekt, der für Ludwig XIV. in Versailles tätig war – und legte Ende des 17. Jahrhunderts hier Hand an. Mansart ließ unter anderem eine neue Kapelle mit *trompe l'oeil*-Wanddekorationen verzieren und passte die feudale Burg an die damaligen innovativen Gegebenheiten an *(Juni – September täglich 10–12/14–18 Uhr, Ostern–Mai/Oktober/November So Nachmittag, Eintritt, www.chateausagonne.com).*

Bei der Weiterfahrt treffen wir in **Sancoins** auf einen am Kanal gelegenen und deshalb recht beliebten Stellplatz.

(014) Offizieller WOMO-Stellplatz: Sancoins – Canal de Berry

GPS: N 46°50'00.7" E 02°54'53.3", Route de Bourges. **Max. WOMOs:** 30.
Öffnungszeit: Ganzjährig.
Ausstattung: V/E, Tische und Bänke, Infotafel, WC, Müllbehälter.
Beschreibung: Der geschotterte Parkplatz liegt am Ortsrand direkt am Canal du Berry und bietet kaum bis wenig Schatten. Der Ort mit Geschäften, Bäckereien usw. ist in wenigen Minuten fußläufig erreichbar. Der vordere Bereich des Platzes ist ein wenig beleuchtet, im hinteren Bereich ist es sehr dunkel. Wenn alle Plätze belegt sind, was nicht selten ist, dann stehen WOMOs auch schon mal auf der anderen Seite des Kanals auf Wiese direkt neben einer Straße. Jetons für V/E im Ort laut Aushang, Angelmöglichkeit. Von hier kann man prima am Kanal entlang radeln, joggen oder spaziergehen. Auch **Radtouren** über die in der Nebensaison ruhigen Nebenstraßen nach Sagonne (ca. 12 km) oder Apremont-sur-Allier (ca. 20 km) sind möglich.
Zufahrt: Von der D2076 Richtung Centre Ville fahren und vor der Überquerung des Canals dem WOMO-Piktogramm folgen.

Kleiner Abendspaziergang am Canal de Berry

Der **Canal de Berry** wurde 1809 – 1841 als Transportverbindung vom Loire- ins Rhonetal angelegt und durchfließt die Regionen Auvergne-Rhône-Alpes und Centre-Val de Loire. Er ist etwa 260 Kilometer lang und fließt teilweise durch den kanalisierten Cher. Der Kanal verfügte einst über 97 Schleusen, die jedoch relativ kleine Abmessungen hatten, sodass das Gewässer nur von speziellen Schiffstypen befahren werden konnte. Infolge dieses Umstandes wurde der Gütertransport 1954 eingestellt und der Canal de Berry 1955 aus der Liste der schiffbaren Gewässer Frankreichs gestrichen und teilweise zugeschüttet.

Wie auch hier in Sancoins kann man an mehreren Stellen des Kanals wunderbar zu einer Joggingrunde oder Fahrradtour aufbrechen und auf teilweise befestigten, aber auch unbefestigten Wegen einen hübschen Spaziergang machen. Wir starten zu unserer abendlichen Gassirunde mit den Hunden am Stellplatz gen Südwesten, können an einigen Trimmgeräten unsere Muskeln spielen lassen und nach etwa einem Kilometer die Kanalseite wechseln, um unter Bäumen gemütlich Richtung Sansoins zurückzugehen.

Wir setzen uns wieder auf die D2076 Richtung Moulins, aber nur, um einen Ausflug in eines der schönsten Dörfer Frankreichs zu unternehmen und schon bald auf die D41 zunächst nach **Neuvy-le-Barrois** abzubiegen.

(015) Offizieller WOMO-Stellplatz: Neuvy-le-Barrois – Escale Camping-Cars La Prairie à la Ferme

GPS/Kontakt: N 46°51'39.2" E 03°02'20.7", 8 Route de Mornay sur Allier, Telefon 0688837475 oder 0248746254, www.escalelaprairie.com.
Max. WOMOs: 6.
Öffnungszeit: Ganzjährig.
Ausstattung: V/E, Strom, Duschen, Tische und Bänke, Müllbehälter.
Beschreibung: Geschotterte, teils schattenlose Plätze auf einem bewirtschafteten Bauernhof neben Feldern und Wiesen mit Pferden sowie Schafen außerhalb des Ortes. Jede Parzelle hat ein eigenes Rasenplätzchen und ist somit klappstuhlgeeignet. Von hier kann man wunderbar über die ruhigen Landstraßen zu Radtouren aufbrechen und herrlich entspannen. Dieser Platz mit seinen netten Betreibern ist für nur eine Nacht eigentlich viel zu schön!
Preise: €€ – €€€.
Zufahrt: Von der D41 im Ort vor der Kirche rechts abbiegen und dem WOMO-Piktogramm folgen.

Auf unserem weiteren Weg durch das Allier-Tal mit weiten Wiesen und vielen kleinen Wäldchen fallen mehrere Schilder auf, die auf eine hier vorhandene Demarkationslinie hinweisen.

La Ligne de démarcation

Diese trennte nach dem deutsch-französischen Waffenstillstandsabkommen am 22. Juni 1940 den nördlichen, durch die Deutschen besetzten Teil Frankreichs, vom Südteil. Die mehr oder weniger freie

Zone, die umgangssprachlich *zone nono* (für *non occupé* = nicht besetzt) genannt wurde, hatte ihren Regierungssitz im Heilbad Vichy. Aus der 100 Kilometer südlich gelegenen Stadt in der Auvergne wurden die südlichen französischen Landesteile verwaltet, und auch wenn das durch die Deutschen besetzte Paris nach wie vor die Hauptstadt Frankreichs blieb, sprachen manche Menschen dennoch von Vichy als Hauptstadt des unbesetzten Frankreichs. Mit der Landung der Alliierten in der Normandie und der nachfolgenden Befreiung aller Landesteile verlor Vichy 1944 seinen Status als vorübergehende Hauptstadt Frankreichs.

Die 1.200 Kilometer lange Demarkationslinie verlief etwa von der französisch-spanischen Grenze bei Arnéguy im Département Basses-Pyrénées nordwärts bis Loches und dann in Bögen östlich bis zur Schweizer Grenze.

Die Trennung fand nicht nur geografisch statt, sondern teilte Gemarkungen und Besitztümer wie auch Dörfer und Familien, teilweise war sogar der freie Schriftverkehr verboten und der Grenzübertritt für Ausländer war nur mit Passierschein möglich. Nichtsdestotrotz gab es illegale Überschreitungen der Linie, die meist auf private oder wirtschaftliche Angelegenheiten zurückzuführen waren und die bis 1941 nur wenig bestraft wurden. Fluchthelfer oder Angehörige der *Résistance*, die Flüchtlingen von Nord nach Süd beim Grenzübertritt halfen, kamen nicht so glimpflich davon. Nachdem die Deutschen 1942 das gesamte französische Territorium besetzt hielten, wurde die Trennung im Februar 1943 aufgehoben. Dennoch bleiben Einschränkungen, insbesondere im Warenverkehr, bestehen und erst im Juli 1944 wird das offizielle Ende der Demarkationslinie verkündet.

Während das gerade durchfahrene Neuvy-le-Barrois zur südlichen, freien Zone gehörte, steuern wir nun das zum ehemals besetzten Teil gehörende **Apremont-sur-Allier** an. Glücklicherweise gibt es schon lange keine Grenzposten mehr und wir können uns unbekümmert einem der **schönsten Dörfer Frankreichs** widmen. Unter dem Label *Les Plus Beaux Villages de France* sind Orte mit nicht mehr als 2.000 Einwohnern und mindestens zwei denkmalgeschützten Bauwerken zusammengeschlossen. Zudem muss hinter deren Bewerbung die Mehrheit des Dorfes stehen. Die Mehrheit war sicher schnell gefunden, denn das entzückende Örtchen ist eigentlich nur ein Straßenzug von etwa 300 Metern – aber was für einer!

WOMO-Parkplatz Apremont-sur-Allier

Das scheint sich herumgesprochen zu haben, denn wegen des großen Besucherandrangs ist das Parken im Ort für die Zeit von April bis September verboten. Einen adäquaten Parkplatz fürs Wohnmobil finden wir ohnehin nur auf dem gebührenpflichtigen Parkplatz Belvédère am westlichen Ortsrand [**016**: N 46°54'27.9" E 03°02'45.7", An der D100].

Apremont-sur-Allier

Unweit des Zusammenflusses von Allier und Loire liegt das kleine charmante Dörfchen in einer Bocage-Landschaft. Im Mittelalter waren es die Steinbrüche rund um den Ort, die den schönen, hell leuchtenden Sandstein für den Bau der Kathedrale von Orléans sowie der Abtei von St Benoît-sur-Loire lieferten und somit für eine Blütezeit am Allier sorgten. Ebenfalls aus hellem Sandstein wuchs hoch über dem Fluss im 15. Jahrhundert auch die Burg der Herzöge von Burgund, die damals mit 14 Türmen gekrönt und einem heute mit Gras zugewachsenen Wassergraben umgeben war. Die letzten drei Jahrhunderte befindet sich die Anlage in der gleichen Familie, zu der auch der Industriekönig Eugène Schneider gehörte. Dem gefiel das winzige Apremont derart gut, sodass er das Dörfchen gleich mit erwarb und es samt seinem Schloss auf Hochglanz polierte. Seine Nachfahren taten es im gleich und wir können noch heute zwischen gelben, hübsch renovierten sowie gepflegten und für das Berry typischen Häusern spazieren.

Das mittelalterliche regionale Flair erhält durch den mitten im Ort befindlichen **Parc Floral d'Apremont** einen ganz besonderes Kick, zumal sich die Gartenanlage an den berühmten Gärten im südenglischen Sissinghurst orientiert.

Wahrscheinlich hatte Gilles de Brissac, im Jahr 1970 bereits eine genaue Vorstellung, wie der Park eines Tages aussehen würde und wir können heute mit voller Inbrunst sagen: „Ihr Plan war großartig, Monsieur!“ Es macht einfach Freude, durch den leicht hügeligen Landschaftspark mit mehr als 1.500 Pflanzenarten und einer Auswahl seltener Bäume zu spazieren. Wie in einem Wunderland durchschreiten wir einen Tunnel aus duftenden Glyzinien, schauen von der

roten chinesischen Brücke über einen See mit von einem türkischen Tempelchen gekrönter Insel und lauschen dem Wasserfall. Über federnde Rasenflächen erreichen wir den Pavillon am Belvédère und erfreuen uns an den unterschiedlichen Blickachsen über das Gartengelände. Eine kleine Ausstellung informiert in einem der Gartenhäuser über die Geschichte des Gartens und in den Stallgebäuden kann man verschiedene Kutschen bewundern, die eine schöne Kulisse für wechselnde Ausstellungen bieten. Das Schloss kann nicht besichtigt werden, doch ist die Aussicht vom einstigen Burghügel hinab zum träge dahinfließenden Allier mit den ockerfarbenen Häusern an seinen grünen Ufern eine Augenweide *(Ende März/Anfang April – Ende September/Anfang Oktober 10.30 – 12.30/14 – 18.30 Uhr, Eintritt, Hunde an der Leine gestattet, www.apremont-sur-allier.com).*

Beim Verlassen des Parks kann man sich im Museumsshop unter anderem nach kleinen Samentütchen für den heimischen Garten umschauen und anschließend in der **Brasserie du Lavoir** zum Lunch einkehren *(Ende März – September Mi – Mo 10.30 – 18.30 Uhr, während der Hauptsaison auch länger, Telefon 0248802576).* Bei schönem Wetter

Blick vom Schloss über den Allier

bietet sich aber auch die Einkehr im **La Carpe Frite**, der günstigen Salon de Thé/Snackbar-Variante, am Flussufer an *(Ende März – September Di – So 11 – 19 Uhr, während der Hauptsaison auch länger, Telefon 0248776472).*

Zugegeben, wir haben den liebreizenden Weiler in der Nebensaison besucht und durften den mittelalterlichen Charakter des 80-Seelen-Örtchens nebst seines sehenswerten Gartens, der beinahe an ein Gemälde impressionistischer Maler erinnert, mit nur ganz wenigen anderen Besuchern genießen. Wir sind aber sicher, dass ein Aufenthalt auch zu anderen Zeiten lohnenswert ist und wollen nicht verhehlen, dass Apremont-sur-Allier zu unseren **Top Ten**-Zielen gehört.

Nach diesem erquicklichen Ausflug gehts zurück nach Sancoins und über die D951 Richtung Saint Amand-Montrond.

Wem es zwischendurch nach Sport, Spiel und Erholung an einem 100 Hektar großen See inmitten der grünen Landschaft im Grenzgebiet der Départements Cher und Allier ist, der wird in **Bessais-le-Fromental** fündig.

(017) Offizieller WOMO-Stellplatz: Bessais-le-Fromental – Base de Loisirs de Goule

GPS/Kontakt: N 46°44'06.4" E 02°47'54.8", Route de l´Étang, Telefon 0248608266, www.village-de-goule.com. **Max. WOMOs:** 10.
Öffnungszeit: Ganzjährig.
Ausstattung: V/E.

Beschreibung: Der schattenlose Wiesen-/Schotterplatz liegt außerorts neben der Ferien- und Freizeitanlage und ist ganzjährig geöffnet. Zum Freizeitangebot gehören Rad- und Wanderwege, Badesee mit Strand, Spielplatz, Tennisplatz, Bootfahren, usw. Der angrenzende **Campingplatz** ist von Ende April - Ende September geöffnet und bietet 53 Plätze unter Bäumen.
Preise: Stellplatz €€, Campingplatz €€ – €€€.
Zufahrt: Von der D951 im Ort den Hinweisen Base de Loisirs de Goule etwa 4 km folgen.

Im lebendigen, 10.000 Einwohner zählenden Städtchen **Saint-Armand-Montrond** am Cher finden sich mehrere Anlaufadressen für Wohnmobilisten.

(018) WOMO- Campingplatz: St-Amand-Montrond – Camping Canal de Berry***

GPS/Kontakt: N 46°43'05.3" E 02°29'29.4", 14 Chemin de la Roche, Telefon 0248968415, www.camping-canal-de-berry.fr.
Öffnungszeit: Mitte/Ende April – September
Ausstattung: Spielplatz, Volleyball, Tischtennis, Badminton, Tennis und Petanque, WiFi, Bäcker und SB-Laden im Juli und August, Waschmaschine und Wäschetrockner, Fahrradverleih.

Beschreibung: Der am Ortsrand gelegene einfache Campingplatz liegt am Canal de Berry. Die Plätze sind durch Hecken voneinander getrennt und liegen zum Teil unter Bäumen.
Preise: €€.
Zufahrt: Von der D951 aus östlicher Richtung kommend im Ort an einem Kreisel geradeaus Richtung Montluçon/Centre Ville fahren und diesen Hinweisen auch am zweiten Kreisel links auf der D2144 folgen. Diese Straße bringt uns bis zum Canal de Berry, vor dem wir uns nach den Hinweisen zum Campingplatz richten.

(019) Offizieller WOMO-Stellplatz: St-Amand-Montrond – Aire de Camping-Car I

GPS: N 46°43'05.8" E 02°30'12.5", Quai Lutin. **Max. WOMOs:** 5.
Ausstattung: V/E.
Öffnungszeit: Ganzjährig.
Beschreibung: Der geteerte und zweckmäßige Parkstreifen mit markierten Wohnmobil-Stellplätzen liegt im Ort am Canal du Berry hinter der V/E.
Zufahrt: Wie zum vorherigen Campingplatz, aber am Canal de Berry die Brücke überqueren und direkt dahinter dem WOMO-Piktogramm folgen.

(020) Offizieller WOMO-Stellplatz: St-Amand-Montrond –Aire de Camping-Car II

GPS: N 46°44'03.0" E 02°2918.0", Chemin de Virlay. **Max. WOMOs:** 40.
Öffnungszeit: Ganzjährig.
Ausstattung: V/E, Infotafel, Müllbehälter.

Beschreibung: Der schattenlose Wiesen- und Schotterplatz ist mit einer Schranke gesichert und liegt außerorts in der Nähe eines Einkaufszentrums sowie eines Bäckers und eines Restaurants unweit eines kleinen Sees. Zum Zentrum mit Geschäften und Restaurants sind es rund 1,5 km. Tagsüber entstehen Geräusche durch die nahe Straße und die Geschäfte, nachts ruhig. Von hier bietet sich ein etwa 4 km langer Spaziergang oder eine Laufrunde um den nahen See an. Nur 1 km entfernt befindet sich der **Freizeitpark Sam Parc**, der mit 25 Attraktionen die ganze Familie unterhält *(April – Mitte September, www.samparc.fr)*.
Preise: €.
Zufahrt: Im Ort aus östlicher Richtung kommend der D2144 Richtung Bourges/A71 folgen. Am folgenden dritten Kreisel dem WOMO-Piktogramm folgen.

Hoch über Saint-Amand-Montrond liegt eine der einst größten Festungsbauten Frankreichs, deren Ursprünge bis in das 13. Jahrhundert zurückreichen. Zu Beginn des 17. Jahrhunderts wurde die **Forteresse de Montrond** vergrößert und mit einem mächtigen System von Basteien versehen. Heute liegt die Trutzburg allerdings in Trümmern, deren Überreste bei einer Führung erkundet werden können *(Di – Sa 10 und 15 Uhr,* *kostenfrei, vermutlich nur in französischer Sprache, Hunde an der Leine gestattet)*. Der frei zugängliche Park kann über eine ziemlich steile Treppenanlage oder einen moderaten Weg begangen werden und verfügt über einen Baumlehrpfad. Festung sowie Park können zu Fuß oder mit dem Fahrrad erreicht werden und sind im Ort ausgeschildert. Wer mit dem Wohnmobil fahren möchte, wird einen Parkplatz mit recht schmaler Zufahrt vorfinden (N 46°43'18.5" E 02°29'46.2", Allée du Price de Condé. Für Fahrzeuge über acht Meter Länge nicht geeignet!).

Nur wenige Kilometer nördlich von St-Amand-Montrond liegt im Örtchen **Meillant** das gleichnamige **Château de Meillant**, das über die D10 gut ausgeschildert im gleichnamigen Ort zu erreichen ist (N 46°46'37.8" E 02°30'00.1", Place du Pavé).

Château de Meillant

Das Schloss wurde zwischen Ende des 13. und Anfang des 14. Jahrhunderts durch Étienne de Sancerre erbaut, die Gebäude seitlich des Haupttraktes folgten im 15. Jahrhundert. Später war es die Familie Amboise, die sich diverser Erweiterung und einer üppigen Ausstattung annahm. Die vom Wassergraben umgebene Südseite lässt noch den ehemaligen Burgcharakter erahnen, während die andere, reich verzierte Hoffassade von der achteckigen *Tour de Lion*, dem Löwenturm, dominiert wird. Im Inneren erwarten uns üppig ausgestattete Räumlichkeiten mit Ledertapeten sowie Wandteppichen und ein Speisesaal mit einer Kassettendecke aus der Renaissance sowie das Schlafzimmer des Kardinals von Amboise. Château de Meillant ist eines der letzten bewohnten Schlösser Frankreichs, dessen fünf Hektar großer **Park** und die dazugehörenden Nebengebäude ohne Führung besichtigt werden können *(Mo/Mi geschlossen, Führungen 10.45/14.15/15.30/16.45 Uhr, Eintritt, Hunde im Park an der Leine gestattet, www.chateaudemeillant.fr)*.

Wir verlassen Saint-Amand-Montrond auf der D2144 Richtung Bourges und lassen uns wenig später durch ein Hinweisschild in ein abgelegenes Tal locken (N 46°44'45.8" E 02°27'34.2").

Abbaye de Noirlac

Die Abgeschiedenheit des Tales eignete sich für den Zisterzienserorden hervorragend, um hier ab dem Jahr 1150 ein Kloster zu errichten. Der Alltag des Ordens war von Entsagung sowie Schlichtheit geprägt und noch heute bestechen die klaren Linien der mittelalterlichen Abtei, die zu den am besten erhaltenen Klosteranlagen der Zisterzienser weltweit gehört.

Die aus hellem Stein errichtete Abtei besteht aus einer Kirche, einem Kreuzgang und mehreren Nebengebäuden. Nach der Säkularisierung wurden in der Kirche Brennöfen aufgestellt und ab 1822 fertigte man hier Porzellan. Danach dienten die Räumlichkeiten als Waisenhaus, Flüchtlingslager oder Altenheim. Nach umfassenden Restaurierungsarbeiten finden hier heute Lesungen, Konzerte und verschiedene Aufführungen statt. Vor oder nach dem Besuch kann man sich im **Salon de Thé** erfrischen oder essbare Kleinigkeiten zu sich nehmen.

Die Ländereien rund um die Abtei werden seit dem 12. Jahrhundert für die Viehzucht genutzt und noch immer von den Bauern gepflegt. Ein Spaziergang durch die **Bocage de Noirlac**, ein Gebiet mit von Hecken umgebenen Wiesen, kann direkt vom großen Parkplatz hinter der Abtei beginnen und führt in eine Naturlandschaft, in der sich seltene Pflanzen-, Vogel und Tierarten angesiedelt haben. Das Gelände ist frei zugänglich und kann mithilfe von Schautafeln oder eines Audioguides intensiver erlebt werden *(Februar - Mitte April/Anfang November - kurz vor Weihnachten 14 – 17 Uhr, Mitte April - Mitte November 10 – 18.30 Uhr, letzter Einlass 30 Minuten vor Schließung, Info-Blatt in deutscher Sprache, Führungen in französischer Sprache, Hunde nicht gestattet, Eintritt. Salon de Thé Fr – Di 11.30 – 18.30 Uhr, www.abbayedenoirlac.fr).*

Es ist uns nicht entgangen, dass wir uns im Zentrum der Grande Nation aufhalten – unbekannt ist uns allerdings, dass der nur wenige Kilometer entfernte Ort **Bruère-Allichamps** für sich in Anspruch nimmt, der geografische Mittelpunkt Frankreichs zu sein.

Ein römischer Meilenstein am Kreisverkehr an der D2144 soll diese These untermauern und wir werden darüber hinwegsehen, dass neben fünf weiteren Orten auch Saulzais-le-Potier und Vesdun, beide etwa 20 beziehungsweise 30 Kilometer weiter südlich gelegen, diese Aussage ebenfalls für sich reklamieren.

Sicher ist jedoch, dass sich ganz in der Nähe eine prima Aufenthaltsmöglichkeit für Wohnmobilreisende befindet.

(021) Offizieller WOMO-Stellplatz: Bruère-Allichamps – Aire de Camping-Car Park

GPS: N 46°46'13.6" E 02°25'44.2", Route d'Allichamps. **Max. WOMOs:** 26.
Öffnungszeit: Ganzjährig.
Ausstattung: V/E, Strom, Tische und Bänke, Infotafel, Müllbehälter.
Beschreibung: Der mit einer Schranke gesicherte Wiesenplatz liegt rund 500 m außerhalb des Ortes auf dem ehemaligen Camping Municipal unter Bäumen. Durch die Lage am Altarm des Cher kann unter Umständen eine Belästigungen durch Mücken entstehen. Der Platz liegt neben dem Boule-Platz und an Rad- und Wanderwegen, die z. B. zur ca. 2 km entfernten Prieuré d´Allichamps führen. Im Ort befinden sich der Bäcker und ein Bistrot (Mittagessen ca. 15 €).

Preise: €€.
Zufahrt: Am nördlichen Ortsausgang von der D2144 den WOMO-Piktogrammen folgen.
Hinweis: Der Platz ist im vorderen Bereich beleuchtet, im hinteren Bereich ist es stockduster, sodass man bei Dunkelheit nicht ohne Taschenlampe losziehen sollte.

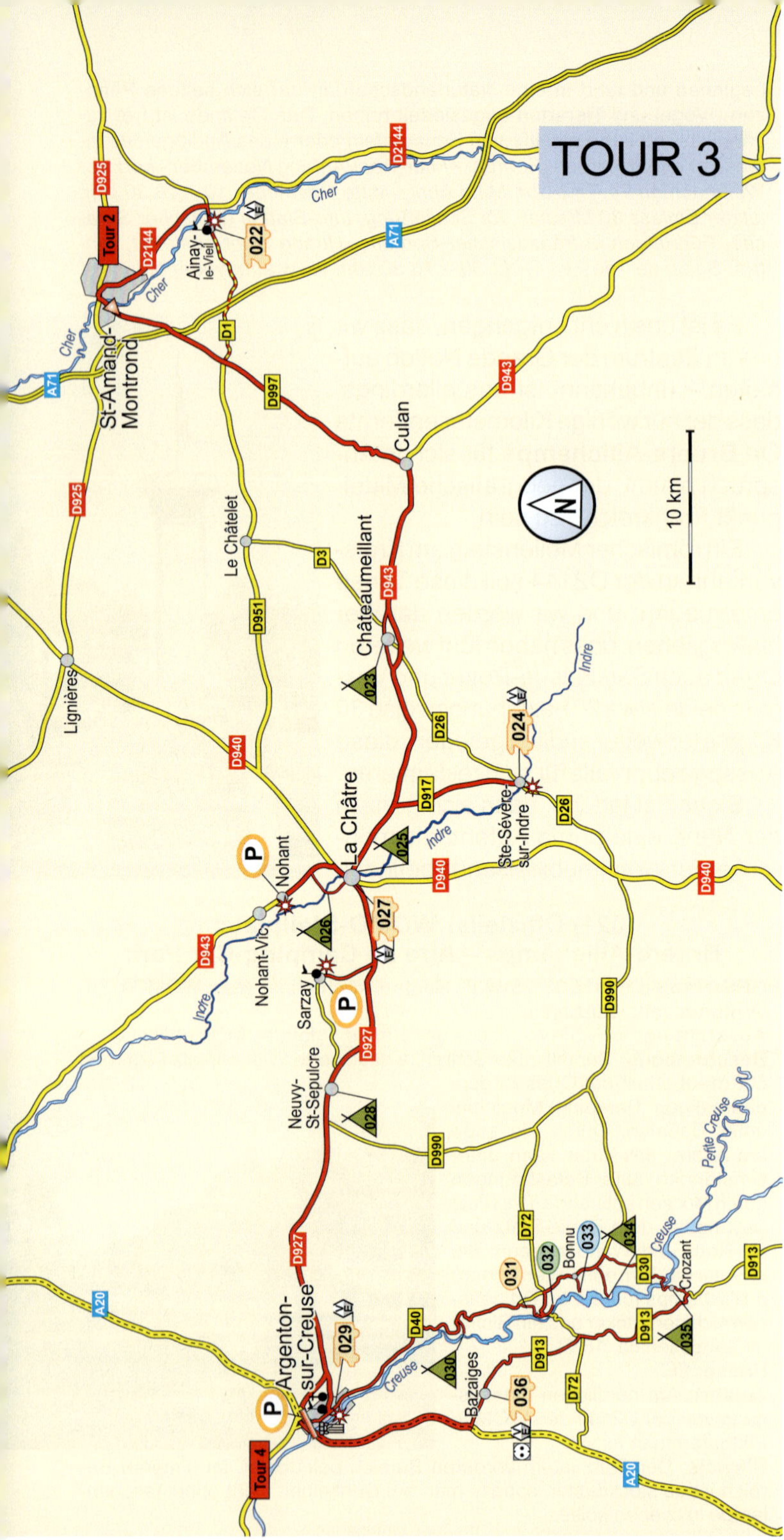
TOUR 3
Tour 2
Tour 4
St-Amand-Montrond
Ainay-le-Vieil
022
Cher
A71
D925
D2144
D1
D997
D943
Culan
10 km
N
Le Châtelet
D3
Châteaumeillant
D951
Lignières
023
D26
Indre
024
D940
D917
La Châtre
Ste-Sévère-sur-Indre
025
Nohant
Nohant-Vic
026
027
Sarzay
D927
Neuvy-St-Sepulcre
028
D990
Petite Creuse
Creuse
D72
031
032
033
034
Bonnu
D30
Crozant
D913
035
A20
D40
Argenton-sur-Creuse
029
030
Bazaiges
036

Tour 3 240 km

Ainay-le-Vieil – Châteaumeillant – La Châtre Gargilesse-Dampierre – Crozant – Argenton-sur-Creuse

Stellplätze: Ainay-le-Vieil, Ste-Sévère-sur-Indre, Argenton-sur-Creuse, Cuzion, Bazaiges.

Campingplätze: Châteaumeillant Camping Municipal L´Étang Merlin, La Châtre Camping du Val Vert, Montgivray Camping Municipal Solange Sand, Neuvy-Saint-Sépulchre, Gargilesse-Dampierre Camping La Chaumerette, Saint Plantaire Camping Municipal de Fougères, Crozant Camping Municipal La Fontbonne.

Besichtigen: Ainay-le-Vieil Château et Jardins, Musée des Arts et Traditions populaires; Sainte-Sévère-sur Indre Museum La Maison de Jour de Fête; La Châtre Musée George Sand et de la Vallée Noire; Nohant Maison de George Sand; Sarzay Château; Argenton-sur-Creuse Musée de la Chemiserie et de l'Elégance Masculin, Chapelle de la Bonne-Dame, Musée et site archéologiques d'Argentomagus, Theâtre Romain; Gargilesse-Dampierre Église Saint-Laurent et Notre-Dame; Cuzion EDF Barrage Hydroélectrique; Crozant Forteresse Médiévale de Crozant.

Wandern: Gargilesse-Dampierre.

Märkte: Ainay-le-Vieil Mi/Sa, Sainte-Sévère-sur Indre Mi, Argenton-sur-Creuse Di/Sa.

Essen: Gargilesse-Dampierre Auberge des Artistes, Crozant Restaurant L'Auberge de la Vallée.

Südlich von Saint-Amand-Montrand steuern wir heute den kleinen Ort **Ainay-le-Vieil** an, dessen Burganlage gern mit der mittelalterlichen Festung von Carcassonne im Languedoc verglichen wird. Vielleicht ist das etwas übertrieben, aber einen Abstecher sind Schloss und Gärten auf jeden Fall wert.

(022) Offizieller WOMO-Stellplatz: Ainay-le-Vieil Stade de Tuillèrie

GPS/Kontakt: N 46°39'41.2" E 02°33'21.6", D118/La Tuilerie.
Max. WOMOs: 6.
Öffnungszeit: Ganzjährig.
Ausstattung: V/E, Müllbehälter.
Beschreibung: Der Stellplatz liegt außerorts auf dem Gelände eines ehemaligen Sportplatzes auf einer Wiese. Er bietet keinen Schatten und man hat den Eindruck des Freistehens. Das Schloss liegt ca. 800 m entfernt und der Stellplatz

bietet sich auch als Ausgangspunkt für eine Besichtigung an. Zusätzlich kann man von hier zu Radtouren und zu einer schönen Wanderung aufbrechen. Der im Ort ausgeschilderte Rundwanderweg Le Petit Carcassonne ist etwa 11,8 km lang.
Preise: €.
Zufahrt: Im Ort Richtung La Perche fahren und dem WOMO-Piktogramm folgen.

Château et Jardins Ainay-le-Vieil

Die Burg mit Türmen, Wassergräben, Wachturm und Wehrgang stammt aus dem Mittelalter und wird seit dem Jahr 1467 in der 28. Generation von der gleichen Familie bewohnt. Den Mittelpunkt bildet das anmutige Herrenhaus mit einer Mischung aus Flamboyant-Gotik und Renaissance. Marie-Antoinette und Napoleon weilten bereits hier und nachdem wir die prächtigen Salons angeschaut haben, können wir vom Wehrgang die Form und den Aufbau der Verteidigungsanlage am besten erkennen. Neun Türme werden durch den Wehrgang der achteckigen Festungsanlage miteinander verbunden, die sich bei der Verteidigung des Königreichs unter anderem im Hundertjährigen Krieg bewährte und niemals bezwungen wurde. Die besondere Architektur fiel erstmals in Paris auf und in Carcassonne fand sogar eine ganze Stadt hinter den wehrhaften Mauern ihren Platz. Auch im Vereinigten Königreich und in Irland finden sich ähnliche Festungen. Zusätzlich wird das Anwesen durch einen Wassergraben geschützt, an den sich ein Kanalnetz anschließt, in dessen Mittelpunkt eine quadratisch angelegte Insel zu finden ist. Zwei Renaissance-Pavillons markieren den Eingang des Gartens, der sich im Laufe der Jahrhunderte je nach Mode weiterentwickelte, und es macht einfach Freude zwischen den akkurat geschnittenen Hecken, duftenden Rosenbögen und kunstvoll angelegten Themengärten zu spazieren. Eine gekonnte Symbiose des allgegenwärtigen Wassers, das zum einen der Verteidigung und zum anderen zum Vergnügen dient.

Das zugehörige kleine **Musée des Arts et Traditions populaires** zeigt die Geschichte des Dorfes und beschäftigt sich mit dem traditionellen Handwerk der Bauern und Schiffer des Berry vor dem Ersten Weltkrieg *(Anfang April – Ende September Mo/Mi – Fr 10 – 12/14 – 18 Uhr, Sa/So 10 – 18 Uhr, während der Saison können die Öffnungszeiten variieren.*

Die Besichtigung des Schlosses ist nur bei einer Führung möglich und dauert etwa 1 Stunde, Infomaterial in deutscher Sprache vorhanden, Eintritt, Hunde an der Leine im Garten gestattet, www.chateau-ainaylevieil.fr).

Auf dem Weg nach Südwesten notieren wir in **Châteaumeillant** einen ruhigen Campingplatz.

(023) WOMO-Campingplatz: Châteaumeillant Camping Municipal L´Étang Merlin

GPS/Kontakt: N 46°34'04.9" E 02°11'17.5", Route de Vicq Exemplet, Telefon 0248613138, http://camping-etangmerlin.e-monsite.com.

Öffnungszeit: Mai – September.

Ausstattung: Fitnessparcours, Schwimmbad, Angelmöglichkeit, Tennis, Wasserski, Waschmaschine, Wäschetrockner, Spielplatz, Bäcker im Ort (Juli – Mitte August kommt der Bäcker zum Campingplatz), Supermarkt in der Nähe, WiFi.

Beschreibung: Der einfache Campingplatz mit einem freundlichen Empfang liegt außerorts zwischen einem See und Feldern und verfügt über große, durch Hecken getrennte Parzellen. Von hier kann man prima zu Wanderungen oder Radtouren aufbrechen.

Preise: € – €€.

Zufahrt: Im Ort den Hinweisen zum Campingplatz folgen.

Fans des Regisseurs **Jacques Tati**, mit dessen Namen eher eingefleischte Cineasten etwas anfangen können, werden sich eine Fahrt nach **Sainte-Sévère-sur-Indre** nicht entgehen lassen.

Château Ainay-le-Vieil

(024) Offizieller WOMO-Stellplatz: Ste-Sévère-sur-Indre Aire de Camping-Car

GPS: N 46°29'16.6" E 02°04'14.8", Place du Champ de Foire.
Max. WOMOs: 5.
Öffnungszeit: Ganzjährig.
Ausstattung: V/E, Tische und Bänke, Müllbehälter.
Beschreibung: Der geschotterte, schattenlose, einfache Parkplatz liegt im Ort und nur wenige Minuten entfernt vom Maison de Jour de Fête, einigen Restaurants und Geschäften.
Preise: €€.
Zufahrt: Im Ort dem WOMO-Piktogramm folgen.

Musée La Maison de Jour de Fête

In Deutschland wurde der französische Schauspieler Jacques Tati und Drehbuchautor ab den 1950er-Jahren mit seiner Figur des liebenswert-exzentrischen *Monsieur Hulot* bekannt. Zu seinen Filmklassikern gehört der erste französische Farbfilm *Jour de fête*, der in Deutschland unter dem Namen „Tatis Schützenfest" zu sehen war. Das Museum beleuchtet die Dreharbeiten, die im kleinen Ort am Fluss L'Indre stattfanden, und ist nicht nur eine Hommage an den Künstler, sondern lässt auch tief in die Traditionen und Lebensart der Dorfbewohner blicken. Eine lustige, aber auch rührende Reiseunterbrechung *(in der Regel Mi – So 14 – 18 Uhr, Mi/So auch 10 – 12.30 Uhr, Juli/August Di – So 10 – 12.30/14 – 18 Uhr, Place du Marché, www.sainte-severe-sur-indre.fr).*

Im Film ist auch der hübsche Marktplatz mit der **alten Markthalle** (Mi Markt) aus dem 17. Jahrhundert zu sehen und nur wenige 100 Meter entfernt kann man sein Haupt betten.

Karussell und alte Markthalle

In **La Châtre** werden wir mit einer weiteren, in Deutschland fast unbekannten Person Bekanntschaft machen. Amantine-Aurore-Lucile Dupin de Francueil (1804 – 1876), die in Frankreich unter dem Pseudonym **George Sand** bekannt ist, war eine Schriftstellerin, die neben Romanen unzählige sozialkritische Artikel schrieb.

(025) WOMO-Campingplatz: La Châtre – Camping Val Vert****

GPS/Kontakt: N 46°34'05.8" E 01°59'54.4", La Vicairerie – Route de Briantes, Telefon 0254301351, www.campingvalvertenberry.com.
Öffnungszeit: Ganzjährig mit Pausen.
Ausstattung: Spielplatz, Pool, Waschmaschine, Wäschetrockner, WiFi, gutes Restaurant am Platz *(ganzjährig, Oktober – Mai nur Fr – So)*.
Beschreibung: Gepflegter, ruhiger und schön gelegener Platz mit teils schattigen, großen Parzellen auf Wiese. Der Fußweg in den Ort beträgt ca. 3 km.
Preise: €€ – €€€.
Zufahrt: Im Ort den Hinweisen zum südlich der Stadt gelegenen Campingplatz folgen.

(026) WOMO-Campingplatz: Montgivray – Camping Municipal Solange Sand**

GPS/Kontakt: N 46°36'05.2" E 01°58'40.9", 2 Rue du Pont, Telefon 0967701558 und 0254061036.
Öffnungszeit: Mitte März – Ende September.
Ausstattung: V/E vor dem Campingplatz, Spiel- und Bouleplatz, Fahrradverleih, WiFi.
Beschreibung: Der einfache, kleine, halbschattige Campingplatz mit Wiesen-Stellplätzen am Ufer der Indre ist nur wenige Minuten vom Zentrum mit Cafés, Bäcker und Restaurants entfernt.
Preise: € – €€.
Zufahrt: In Montgivray den Hinweisen zum ca. 3 km nördlich von La Châtre gelegenen Campingplatz folgen.

Im Land von George Sand

An die 180 Bücher hat die Schriftstellerin veröffentlicht und rebellierte gegen die Beschränkungen der Frauen im 19. Jahrhundert. Sie war nicht unumstritten und eine schillernde Persönlichkeit, die auch durch zahlreiche Liebesverhältnissen zu Männern wie Frauen von sich reden machte.

Für den Besuch des **Musée George Sand et de la Vallée Noire** bietet sich der folgende **offizielle WOMO-Stellplatz** mit der Möglichkeit zum ver- und entsorgen an [**027**: N 46°34'56.2" E 01°58'59.0", Place du Champ de Foire].

Das Museum ist nicht nur der Schriftstellerin, ihren Werken und ihrem facettenreichen Leben gewidmet, sondern zusätzlich bereichern unter anderem ornithologische und archäologische Abteilungen das Angebot *(April – Juni/September – Dezember 14 – 18 Uhr, Di Ruhetag, Juli/August 10 – 12/14 – 18 Uhr, Eintritt, Square George Sand)*. Gleich um die Ecke befindet sich das **Office de Tourisme** des lebhaften Städtchens und informiert über das breite Angebot der Umgegend (*2. Januar – März/Oktober Mo – Sa 9.30 – 12.30/14 – 18 Uhr, April – September Mo – Sa bis 18.30 Uhr, Juli/August zusätzlich So 10 – 12.30 Uhr, 134 Rue Nationale, Telefon 0254482264, www.pays-george-sand.com)*.

Nördlich der Stadt findet sich im ländlichen **Nohant** die **Maison de George Sand**, in der bei einer Führung das Leben der Romanautorin wieder auflebt und in der sie Victor Hugo, Honoré de Balzac, Franz Liszt und

Denkmal George Sand im Jardin du Luxembourg, Paris

Frédéric Chopin empfing (N 46°37'28.3" E 01°58'28.7", An der D943). Auch wenn die Dame gern Männerkleider trug und Pfeife rauchte, verband sie mit Chopin eine jahrelange Liebesbeziehung. Für die damalige Zeit ein No-Go, das Georges Freiheitsdrang deutlich werden lässt. Das Anwesen verfügt außerdem über eine Dauerausstellung der Marionetten ihres Sohnes und einen schönen Garten *(Juli/August Mo – So 9.30 – 13/14 – 18.30 Uhr, Oktober – Dezember Mo – So 10 – 12.30/13.30 – 17 Uhr, im September bis 18 Uhr, Eintritt, www.maison-george-sand.fr).*

Westlich von La Châtre fand George Sand mit dem **Château de Sarzay** den Schauplatz einer ihrer Romane (N 46°36'05.6" E 01°54'17.0"). Die im 14. Jahrhundert erbaute Festung umfasste neben einem Herrenhaus und der Kapelle 38 Verteidigungstürme, zwei Wehrmauern und drei Zugbrücken. Auch wenn nach den Schlachten der folgenden Jahrhunderte nicht mehr viel davon erhalten geblieben ist und sich in der Anlage ein Gästehaus befindet, hat das Anwesen fast nichts von seinem mittelalterlichen Ambiente verloren *(Mo – So 10 – 12/14 – 18 Uhr, Eintritt, www. sarzay.net).*

Rund um das Burggelände schließen sich ausgeschilderte Wander- und Radtouren an, sodass der Besuch auf ganzer Linie zu einer erfreulichen Reiseunterbrechung wird.

Château de Sarzay

Im nahen **Neuvy-Saint-Sépulchre** fällt der Blick auf die **Basilique Saint-Étienne**, die, wie der Ortsname andeutet, der Grabeskirche in Jerusalem nachempfunden ist. Zur Zwischenübernachtung bietet sich der einfache städtische **Camping Municipal Les Frênes**** am Ufer eines kleinen Sees an [**028**: N 46°35'34.4" E 01°47'59.4", Route de l'Augère, Telefon 0672249552, Mitte Juni – September, Preise €, www.berryprovince.com].

(029) Offizieller WOMO-Stellplatz: Argenton-sur-Creuse Parking de l'Espace Jean Frappat

GPS: N 46°35'14.7" E 01°31'29.5", Rue de la Grenouille. **Max. WOMOs:** 20.
Öffnungszeit: Ganzjährig.
Ausstattung: V/E ca. 700 m entfernt (N 46°35'05.7" E 01°31'22.2", Place du Champ de Foire).
Beschreibung: Der befestigte, je nach Witterungsverhältnissen staubige oder mit Pfützen übersäte große Platz liegt im Ort. Geschäfte und Restaurants befinden sich ca. 500 – 1.000 m entfernt. Während der Saison kommt der Bäcker gegen 8.30 Uhr vorbei. Eventuell kann die in der Nähe liegende Bahnstrecke abends störend sein. Der Platz ist Treffpunkt der Boule-Spieler, die ruhig ihrem Spiel nachgehen. Am Samstagabend kann es aber manchmal etwas unruhiger werden.
Zufahrt: Im Ort den Hinweisen zum Complex Sportif/Piscine folgen. Der Stellplatz liegt an der Halle Polyvalente.

Argenton-sur-Creuse

Das als „Venedig des Berry" bekannte 5.000-Seelen Städtchen besticht durch seine typischen Kaufmannshäuser, die mit ihren Holzbalkonen scheinbar über dem Ufer der Creuse schweben. Der beste Startpunkt für eine Stadterkundung findet sich in der Ortsmitte am **Office de Tourisme** *(Januar – Juni/September – Dezember Di – Sa 9 – 12.30/14 – 17.30 Uhr, Juli/August Mo – Sa 9 – 12/14.20 – 18 Uhr, So 9.30 – 13 Uhr, 13 Place de la Republique, Telefon 0254240530, www.lavalleedelacreuse.fr).*

Bevor man es sich in einem der Restaurants, Cafés oder Bars des

Chapelle de la Bonne Dame

Musée et site archéologiques d'Argentomagus

erstaunlich lebendigen Ortes gemütlich macht, bietet sich der Besuch im nahen **Musée de la Chemiserie et d l'Elégance Masculine** an. Vor 150 Jahren wurde in Argenton-sur-Creuse die erste Hemdenfabrik eröffnet und im Laufe der Jahre entwickelte sich die Stadt zur Hochburg der Hemdenherstellung. Im Hemdenmuseum können wir der Fabrikation vom Schnittmuster bis zur Fertigstellung in einer nachgebauten Werkstatt folgen und zudem wird uns anhand der Entwicklung des Hemdes und seiner Accessoires die Geschichte eines der bekanntesten Teile der Herrnbekleidung offenbart *(Mitte Februar – Juni/September – 23.12. Di – So 9.30 – 12/14 – 18 Uhr, Juli/August 10 – 12.30/14 – 18 Uhr, Eintritt, Rue Charles Brillaud, www.museedelachemiserie.fr).*

Auf der anderen Flussseite ist über einen ausgeschilderten Weg die oberhalb der Stadt gelegene **Chapelle de la Bonne-Dame** mit der gol-

Théâtre Romain

denen Statue der Mutter Gottes zu erreichen. Von hier oben bietet sich eine schöne **Panoramaaussicht**.

Wen es mehr in die Vergangenheit zieht, der findet im nordwestlich des Zentrum gelegenen Saint-Marcel zwei Ziele. Auf den Überresten einer antiken Stadt wurde das **Musée et site archéologiques d'Argentomagus** errichtet (N 46°36'01.7" E 01°30'52.2"). Bei einer Zeitreise durch mehr als eine Million Jahre werden die Besucher aus der prähistorischen bis in römische Epoche geführt und danach sollte man unbedingt noch durch den wunderschönen römischen Garten flanieren. Nur einen Katzensprung entfernt liegt das **Théâtre Romain** (N 46°35'59.8" E 01°30'29.1", Rue du Docteur Alain). Auf den halbrunden Rängen des gallo-römischen Theaters können wir noch heute Platz nehmen und uns in eine längst vergangene Zeit zurückträumen *(September – Juni 9.30 – 12/14 – 18 Uhr, Di Ruhetag, Juli/August täglich, Eintritt, jedoch jeden 1. So im Monat kostenfrei, www.argentomagus.fr).*

Im Tal der Creuse

Südlich von Argenton-sur-Creuse und entlang des Flusses gelangen wir eingebettet in die wunderschöne grüne Landschaft des Creuse-Tals nach **Gargilesse-Dampierre**. Für die Übernachtung bietet sich der Campingplatz an, doch für das Parken eines ausgewachsenen WOMOs wird es schwierig. Wir haben unser Fahrzeug nach der engen Ortsdurchfahrt mit Ach und Krach während der Saison auf dem Parkstreifen am Rand der D40 Richtung Cuzion abstellen können.

(030) WOMO-Campingplatz:
Gargilesse-Dampierre – Camping La Chaumerette

GPS/Kontakt: N 46°30'27.6" E 01°35'01.4", Telefon 0254478422, www.gargilesse.fr. **Öffnungszeit:** Mai – September.

Ausstattung: Tischtennis, Waschmaschine, Angelmöglichkeit.
Beschreibung: Der kleine, ruhige städtische Campingplatz mit meist schattigen Parzellen liegt am Ufer der Creuse ca. 1,5 km außerhalb des Ortes. Auf dem Gelände befindet sich das sympathische **Restaurant Auberge de la Chaumerette** *(Mo geschlossen, Telefon 0254601654)*. Von hier kann man zu Rad- und Wandertouren aufbrechen oder bei schönem Wetter unbewacht in der Creuse baden.
Preise: €€.
Zufahrt: Bereits von der D38 in Badecon-le-Pin den Hinweisen zum Campingplatz folgen.

Gargilesse-Dampierre

In eines der schönsten Dörfer Frankreichs zog es nicht nur die impressionistischen Maler, sondern auch Georges Sand. Alle waren gleichermaßen vom pittoresk-schönen Dörfchen begeistert und wir schließen uns diesem Urteil uneingeschränkt an. Rund um das Schloss gruppieren sich harmonisch Häuser mit steilen Dächern und das **Office de Tourisme** ist in einem alten Taubenturm untergebracht *(Juli/August Mo – Sa 9.30 – 12.30/14 – 18 Uhr, So/Feiertage 9 – 13 Uhr, außerhalb der Saison variieren die Öffnungszeiten, 25 Rue du Père Moreau, Telefon 0631864794, www. gargilesse.fr)*.

Der Ort ist aber nicht nur hübsch anzusehen, es gibt zudem eine Reihe von Ateliers und Galerien und die sehenswerte romanische **Église Saint-Laurent et Notre-Dame**. Außer den beachtenswerten 120 Kapitellen an den oberen Säulenenden sind es die gut erhaltenen Fresken aus dem 13. Jahrhundert und eine einstmals bemalte Madonnenfigur aus dem 12. Jahrhundert, die einen in ihren Bann ziehen.

Nach einem Bummel durch den Ort oder einer etwa **3 Kilometer langen Wanderung** entlang der munter spru-

Fresken und Madonnenfigur in der Église Saint-Laurent et Notre-Dame

delnden Gargilesse (Start unterhalb des Parkstreifens an der Brücke/D 40, Infotafel vorhanden) sind wir in der **Auberge des Artistes** eingekehrt und haben uns bei lokalen und frischen Produkten wieder stärken können *(Mittags- und Abendmenü, Telefon 0254478405, www.hotel-desartistes-gargilesse.com).*

Bad in der Gargilesse

Die weitere Strecke führt uns nach **Cuzion** und von dort weiter auf der D45. Hinter dem Ort legen wir eine kurze Rast ein [**031**: N 46°28'17.2" E 01°36'26.1", D45], bevor wir uns dem größten See der Region Centre-Val de Loire widmen.

Blick auf Gargilesse-Dampierre

WOMO-Parkplatz Cuzion 031

Der 317 Hektar große **Lac d'Éguzon** erstreckt sich auf einer Länge von 17 Kilometern und ist ein Paradies für Wassersportler. Seine Ufer eignen sich aber auch zum Klettern, Wandern oder Rad fahren [**032**: N 46°27'23.2" E 01°36'41.1", Rue de Petites Côtes].

Etwa 500 Meter entfernt gibt es einen weiteren Parkplatz am Informationspunkt der 1926 in Betrieb genommenen Staumauer. Das am Fuß der Mauer gelegene Kraftwerk **EDF Barrage Hydroélectrique** deckt den jährlichen Stromverbrauch einer Stadt mit 40.000 Einwohner und kann bei einer Führung besichtigt werden. Hierbei wird der Maschinenraum der Anlage und die Dammgalerie angeschaut, bevor man von der Mauer eine besondere Aussicht auf den See genießen

kann *(Mi/Do außer Feiertagen 10/14/16 Uhr, Dauer etwa 1 Stunde 30 Minuten, nur mit Reservierung und in französischer oder englischer Sprache, Telefon 0534398870).*

Auch wenn die Zufahrt besonders bei Gegenverkehr sehr eng ist, sind wir mit unserem WOMO bis zum Parkplatz an der **Plage de Bonnu** vorgedrungen [**033**: N 46°26'28.9" E 01°36'55.4"]. Der Weg zur Badestelle ist ausgeschildert und für Wanderer gibt es ebenfalls ein Betätigungsfeld. Das im Ort gelegene Château de Bonnu kann zwar nicht besichtigt werden, aber als schönem Fotospot kommt man nicht an ihm vorbei.

Für den längeren Aufenthalt steht der einfache Campingplatz an der **Plage de Fougères** zur Verfügung, allerdings sagt uns der städtische Campingplatz in **Crozant** wesentlich mehr zu.

(034) WOMO-Campingplatz:
Saint Plantaire – Camping Municipal de Fougères***

GPS/Kontakt: N 46°25'26.4" E 01°36'46.7", 19 Plage de Fougères, Telefon 0254472001, www.camping-fougeres36.e-monsite.com.
Öffnungszeit: April – Oktober.
Ausstattung: Waschmaschine und Wäschetrockner, Pool.
Beschreibung: Am Ufer der Creuse gelegen bietet der Campingplatz meist unter Bäumen gelegene Wiesenplätze. Im Sommer dürfte bei dem Freizeitangebot einiges los sein und wir möchten nicht unerwähnt lassen, dass es viele Mobilhomes gibt. Der Platz ist ideal für Wassersportler, es besteht die Möglichkeit zum Angeln und Wandern. Der Badestrand sowie einige Gaststätten sind fußläufig zu erreichen und es gibt einen Bootsverleih.
Preise: € – €€.
Zufahrt: Den Hinweisen zum Campingplatz folgen.

Plage de Fougères

(035) WOMO- Campingplatz: Crozant – Camping Municipal La Font Bonne

GPS/Kontakt: N 46°23'20.6" E 01°37'11.0", Rue de Font Bonne, Telefon 0555898012, www.tourisme-creuse.com.
Öffnungszeit: Mai – September.
Ausstattung: Spielplatz.
Beschreibung: Der ruhige und sehr einfache Platz mit zum Teil leicht schrägen parzellierten Wiesenplätzen liegt nur wenige hundert Meter außerhalb des Ortes und unweit des Sédelle-Ufers. Im Ort ist das **Restaurant L'Auberge de la Vallée** nicht gerade günstig, aber empfehlenswert *(Do – Sa Mittags- und Abendmenüs, Di/Mi/So nur mittags, Telefon 0555898003, www.laubergedelavallee.fr)*.
Preise: €€.
Zufahrt: Den Hinweisen zum Campingplatz folgen.

Am Zusammenfluss von Creuse und Sédelle befinden wir uns bereits im Département Nouvelle-Aquitaine, aber der hübsche Ort und die im 6. Jahrhundert erstmals erwähnte

Angler am Ufer der Creuse

Forteresse Mediévale de Crozant am Ufer der Creuse

Forteresse Médiévale de Crozant galt im Mittelalter als eine der mächtigsten Festungen Frankreichs. Die Ruine thront beinahe surreal auf einem Felsvorsprung und bietet ein herrliches Panorama, das bereits zahlreiche Künstler wie den impressionistischen Maler Claude Monet sowie natürlich auch Georges Sand und ihren Geliebten Frédéric Chopin anzog. Die einst 380 Meter lange und 25 bis 75 Meter breite Befestigungsanlage kann besichtigt werden *(täglich 8 – 22 Uhr, Eintritt)*.

Nach der Umrundung des Stausees und auf dem Rückweg nach Argenton-sur-Creuse und wieder in der Region Centre-Val de Loire angekommen, unterbrechen wir meist unsere Reise in Bazaiges.

(036) Offizieller WOMO-Stellplatz: Bazaiges – Aire de Bazaiges

GPS: N 46°29'53.2" E 01°32'32.3", Route de Bazaige/D72. **Max. WOMOs:** 4.
Öffnungszeit: Ganzjährig.
Ausstattung: V/E, Strom gegen Gebühr, Tische und Bänke, Müllbehälter.
Beschreibung: Im kleinen Gewässer neben dem an einer nachts ruhigen Straße gelegene Stellplatz ist tagsüber das Angeln möglich. Die durch Bäume getrennten, parzellierten Stellflächen sind relativ groß bemessen und klappstuhlgeeignet. Der teils schattige Platz liegt am Ortsrand und nachts schlagen auf dem Nachbargrundstück die Hunde an. Von diesem kleinen, aber feinen Stellplatz kann man zu ausgeschilderten Rad- oder Wandertouren aufbrechen und im Ort befindet sich eine Bäckerei.
Zufahrt: Am östlichen Ortseingang gelegen.

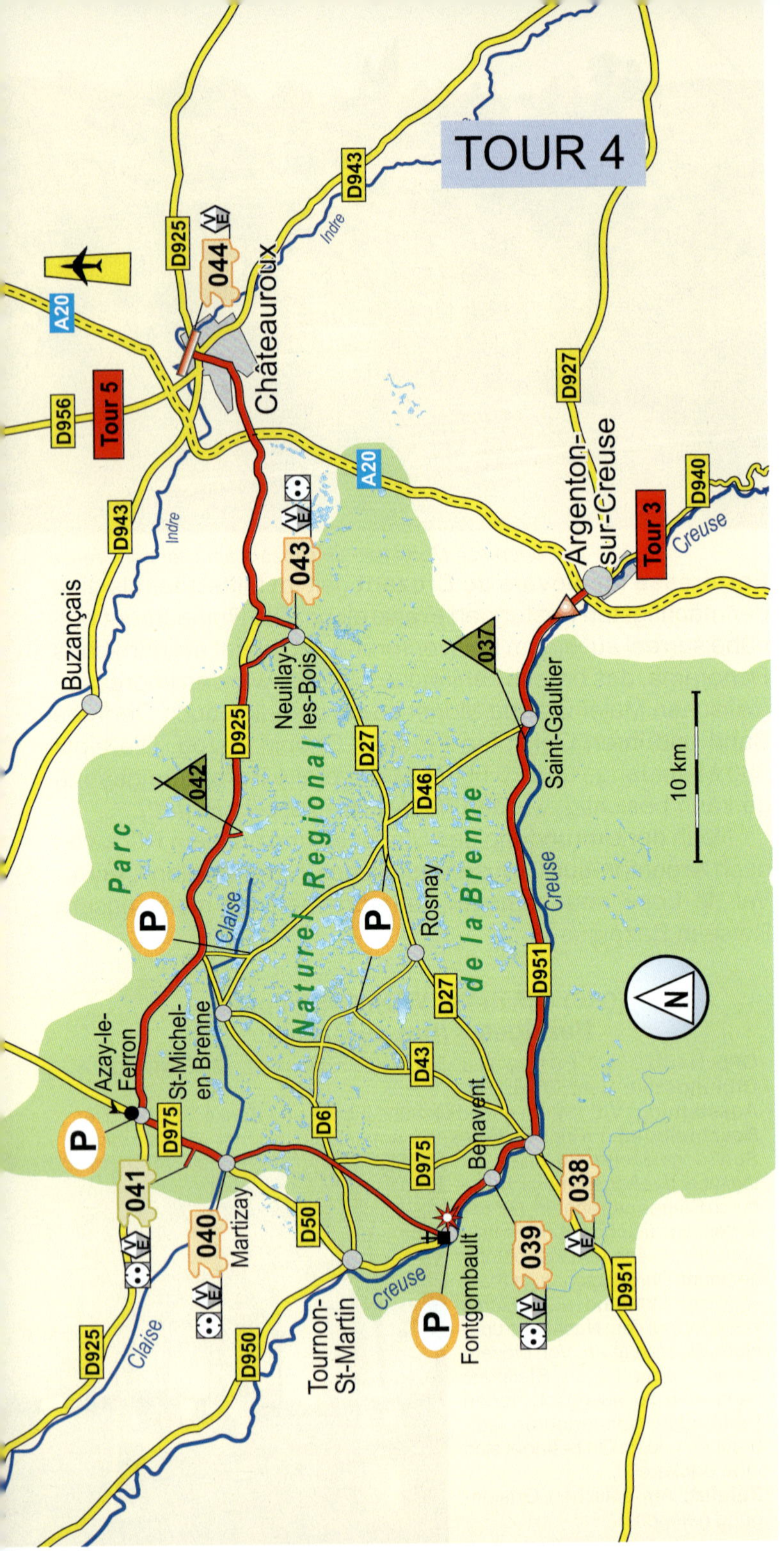

TOUR 4
Châteauroux
Buzançais
Argenton-sur-Creuse
Neuillay-les-Bois
Saint-Gaultier
Rosnay
Azay-le-Ferron
St-Michel-en Brenne
Martizay
Benavent
Fontgombault
Tournon-St-Martin
Parc Naturel Regional de la Brenne
Indre
Creuse
Claise
A20
D925
D943
D956
D927
D940
D27
D46
D951
D43
D6
D975
D50
D950
Tour 5
Tour 3
044
043
042
041
040
039
038
037
10 km
N

Tour 4 140 km

Saint-Gaultier – Le Blanc – Azay-le-Ferron – Châteauroux

Stellplätze: Le Blanc, Bénavant, Martizay, Azay-le-Ferron, Neuillay-les-Bois, Châteauroux.

Campingplätze: Saint-Gaultier Oasis du Berry, Mézières-en-Brenne Camping Bellebouche.

Besichtigen: Rosnay Maison du Parc, Château du Bouchet en Brenne; Le Blanc Écomusée de la Brenne; Fontgombault Abbaye de Fontgombault; Azay-le-Ferron Château, Parc et Jardins d'Azay-le-Ferron; Saint-Michel-en-Brenne Maison de la Nature et la Réserve ; Châteauroux US Museum, Musée Bertrand.

Radfahren: Saint-Gaultier.

Märkte: Le Blanc Fr, Azay-le-Ferron Mi, Châteauroux Di/Mi/Do/Fr/Sa.

Essen: Linge Auberge de la Gabrière, Châteauroux Café de Paris.

Von Argenton-sur-Creuse starten wir heute zu einem Ausflug in das Land der tausend Seen, das besonders Naturliebhaber ansprechen wird.

Parc Naturel Régional de la Brenne

Die außergewöhnliche Landschaft aus Wäldern, Wiesen und Heidekraut dominieren Teiche, soweit das Auge reicht.

Im grünen Wasserparadies können wir 267 Vogelarten, darunter 150 Brutvögel, 1.600 Pflanzenarten, darunter wilde Orchideen, 100.000 Europäische Sumpfschildkröten und Millionen von Insekten und andere Tiere beobachten – eine ungeheuer große Zahl, die es auf einem begrenzten Gebiet so in Frankreich wohl kein zweites Mal gibt. In dem 167.000 Hektar großen Naturpark befinden sich etliche Beobachtungsstationen, sodass ein Fernglas unbedingt ins Wandergepäck oder die Fahrradtasche gehört!

Étang Mouton

Der Legende nach war es ein Riese, der auf dem Weg durch Wiesen und Heiden seine Fußstapfen im Boden hinterließ und so für die Entstehung der Teiche verantwortlich gewesen sein soll. Beim Abstreifen des Morasts von seinen Stiefeln sorgte er gleich auch noch für die kleinen Hügel dazwischen … in der Wirklichkeit berichtet die Geschichte von Mönchen, die ab dem siebten Jahrhundert begannen, Teiche auszuheben, um die Bevölkerung durch ihre Fischzuchten mit Nahrung zu versorgen. Seit dem 14. Jahrhundert bereichern die Süßwasserfische aus dem ausgeklügelten Teichsystem das Angebot der ortsansässigen Fischer, deren Hauptabnehmer nicht nur in Frankreich, sondern auch in Deutschland zu finden sind.

Um sich der Natur zu nähern, bieten sich Touren auf den angelegten Fahrradwegen an oder man erkundet das Gebiet auf einem von zwanzig Wanderwegen. Auch Ausritte zu Pferd oder auf dem Esel sind möglich.

Eine gute Übersicht über die gesamte Brenne, ihre Naturschönheiten und die möglichen Aktivitäten bis zur geführten Erkundung durch den Naturpark bietet die **Maison du Parc** in **Rosnay** (N 46°43'16.0" E 01°10'25.4", Le Bouchet). Das Informationszentrum ist inmitten der grünen Landschaft in einem ehemaligen Bauernhof untergebracht. In einem eigens eingerichteten Bereich werden für die Gegend typische Spezialitäten angeboten und in der Schlemmerboutique hat es uns besonders der feine Ziegenkäse Pouligny-Saint-Pierre angetan *(Januar 10 – 17 Uhr, Anfang Februar – Anfang April/Anfang November – Dezember 10 – 17.30 Uhr, Anfang April – Anfang Juli/September – Anfang November 9.30 – 18 Uhr, Anfang Juli – August 9.30 – 18.30 Uhr, Telefon 0254282028, www.parc-naturel-brenne.fr).*

Ganz in der Nähe des Maison du Parc befindet sich auf dem höchsten Hügel der Brenne das **Château du Bouchet en Brenne**. Die ursprüngliche Burg wurde im 12. Jahrhundert erstmals erwähnt, wechselte ab und zu die Besitzer und wurde im Laufe der folgenden Jahrhunderte repräsentativ umgebaut. Ab dem Jahr 1519 gehörte das Schloss der Familie Rochechouart de Mortemart, aus deren Reihen Françoise-Athénaïs, die bekannte Geliebte Ludwigs XIV. stammte. Wie einst der König können wir heute durch die möblierten Räume des Schlosses wandeln und Gemälde oder andere Ausstellungsstücke bewundern.

Teichlandschaft

Château du Bouchet en Brenne

Von der Schlossterrasse schweift der Blick weit über den Naturpark sowie den Étang de la Mer Rouge und von den Pfaden des Schlossparks, zwischen der Sammlung alter Rosen und Picknick-Bereichen schauen wir auf die elegante und harmonische Hauptfassade des Schlosses zurück *(April/Mitte September – Oktober Mi – So/Feiertage14 – 17 Uhr, Mai – Mitte Juni Mi – So/Feiertage, Mitte Juni – Mitte September Di – So/ Feiertage 14 – 18 Uhr, teilweise im November außer Fr 14 – 16.30 Uhr, Eintritt, Hunde im Außenbereich an der Leine gestattet, www.chateau-bouchet.com).*

Wie in einem Naturpark nicht anders zu erwarten sind die Übernachtungsmöglichkeiten begrenzt und freie Übernachtungsplätze nicht empfehlenswert, da die Naturpark-Ranger für wildes Campieren oder Parken über Nacht kein Verständnis haben. Wir beschränken uns in diesem Fall nur auf die Nennung einiger Stell- und Campingplätze und raten Ihnen in diesem Umfeld tatsächlich von freien Übernachtungsmöglichkeiten ab.

Bevor Sie sich häuslich niederlassen, sollten Sie unbedingt im Maison du Parc vorbeischauen und sich aus dem umfangreichen Programm eine Wanderung heraussuchen oder sich für eine der angebotenen Radtouren entscheiden (vgl. Seite 106).

(037) WOMO-Campingplatz: Saint-Gaultier – Oasis du Berry****

GPS/Kontakt: N 46°38'01.0" E 01°24'34.2", 3 Rue de la Pierre Plate, Telefon 0254471704, www.camping-oasisduberry.fr
Öffnungszeit: April – Oktober.
Ausstattung: Waschmaschine und Wäschetrockner, Fußball- und Bouleplatz Kinderspielplatz, Volleyball-Spielfeld, Basketball, Trampolin, beheiztes Schwimmbad (Juni – September), Grillmöglichkeit, WiFi, Restaurant, in der Hochsaison gibt es einen Baguette-Verkauf.

Beschreibung: Der Campingplatz mit leicht schrägen Parzellen auf Wiese liegt außerhalb des Ortes und hält ein breites Angebot für die Freizeitgestaltung bereit. Er ist Ausgangspunkt für Wanderungen und Radtouren in die Umgebung.
Preise: €€ – €€€.
Zufahrt: Im Ort den Hinweisen zum Campingplatz folgen.

Kleine Radrunde entlang der Creuse

Am südlichen Rand des Campingplatz verläuft die **Voie Verte**, eine ehemalige Eisenbahnstrecke, die zu einem bequemen Fahrradweg für die ganze Familie ausgebaut wurde. Hier treffen wir auf die Fahrroute Nummer 11, die in ihrem Verlauf zunächst einen Bogen durch die Kleinstadt schlägt, dann wieder zurück zur Voie Vert führt und in Verbindung mit der Streckenführung über ruhige Straßen auf eine Gesamtlänge von 29 Kilometern kommt. Wir radeln durch eine Landschaft mit bewirtschafteten Feldern, die von Dörfern mit traditioneller Bebauung und kleinen privaten Manoirs unterbrochen wird. Unter schattigen Bäumen treten wir zwischen Rivarennes und Chitray parallel zwischen D951 und der Creuse ordentlich in die Pedale, um in Scoury südlich zu schwenken und die Creuse zu überqueren. Die Strecke ist nicht zu verfehlen und schon bald befinden wir uns auf dem Rückweg. Die wenig befahrene Straße schwenkt in Margoux noch einmal südwärts, wir queren die D927 und drehen bei Erreichen der D46 wieder nordwärts nach Rivarennes. Von dort lassen wir die Räder auf gleichem Weg zurück bis zum Campingplatz rollen.

Wer seine Radtour vom Campingplatz nach Norden ausrichtet, kommt vielleicht in Migné und dem westlich davon gelegenen Étang Mouton vorbei. Möglicherweise wird die Brenne aber auch mit dem WOMO durchstreift und auch dann könnte der Parkplatz am Rand des Teichs für eine Rast geeignet sein (N 46°42' 47.2" E 01°17'40.9", Parken von 22 bis 7 Uhr verboten). In etwa 500 Metern Entfernung befindet sich eine Vogelbeobachtungsstation.

Mit dem WOMO sind wir nun auch flott in **Le Blanc**, der Hauptstadt der Brenne und mit einem **offiziellen WOMO-Stellplatz** bestückt [**038:** N 46°37'54.2" E 01°03'41.8", Place du Général de Gaulle, **V/E**. Samstagvormittag aufgrund des Marktes gesperrt!]. Vom einfachen und zweckmäßigen Parkplatz ist nach etwa 500 Metern Fußweg das **Écomusée de la Brenne** am anderen Ufer der Creuse erreicht. Im Château Naillac, das seit über 800 Jahren über die Creuse wacht, wird die Geschichte des Pays de Brenne anhand von Modellen, Rekonstruktionen und alten sowie aktuellen Aufnahmen erzählt und die ethnologischen wie auch historischen Sammlungen sind durchaus für uns von Interesse *(Di – So 14 – 17.30 Uhr, Eintritt).*

Étang de la Mer Rouge

(039) Offizieller WOMO-Stellplatz: Bénavant – Boulangerie

GPS: N 46°39'22.3" E 01°01'13.8", 58 Rue du Blanc. **Max. WOMOs:** 5.
Öffnungszeit: Ganzjährig.
Ausstattung: V/E, Strom gegen Gebühr, Tische und Bänke. Jetons für Strom/Wasser während der Öffnungszeiten in der Bäckerei, Müllbehälter.
Beschreibung: Zweckmäßiger, geschotterter Platz ohne nennenswerten Schatten hinter einer Bäckerei am Ortsrand und nicht weit vom Ufer der Creuse entfernt.
Zufahrt: Dem WOMO-Piktogramm folgen.

Eingebettet in die grüne Landschaft am Ufer der Creuse liegt in **Fontgombault** eines der wichtigsten religiösen Bauwerke der Brenne (N 46°40'41.4" E 00°58'46.9").

Bereits im 10. Jahrhundert soll sich der Einsiedler Gombaud in der Nähe eines Brunnens niedergelassen und dem Ort seinen Namen gegeben haben. Im 11. Jahrhundert wurde an gleicher Stelle die **Abbaye de Fontgombault** gegründet, die im Mittelalter einen bedeutenden Aufschwung nahm. Während der Religionskriege wurde die Abtei geplündert, verlor an Ansehen und verfiel in einen Dornröschenschlaf, bis sie von Trappistenmönchen gekauft wurde, die sie wieder aufbauten und eine landwirtschaftliche Siedlung errichteten. Seit dem Jahr 1948 fanden Benediktinermönche hier ihren spirituellen Rückzugsort. Die einfache und dennoch imposante Abteikirche

Abbaye de Fontgombault

verfügt über eine schöne Chorapsis und mit ihrer Rundbogenpforte ist sie ein wahres Juwel romanischer Architektur *(9 – 12.30/14 – 19 Uhr, während der Gottesdienste in lateinischer und gregorianischer Sprache keine Besichtigung möglich, lieux-de-retraite.croire.la-croix.com).*

In **Martizay** gibt es einen weiteren **offiziellen WOMO-Stellplatz** zu erwähnen, der am Rand eines Wohngebietes im Grünen nahe der Claise liegt [**040:** N 46°48'19.4" E 01°02'16.5"**,** Rue de la Cornillère, V/E/Strom/WC].

Nur wenige Kilometer entfernt findet sich eine weitaus schönere Stellplatzalternative in der ländlichen Umgebung von **Azay-le-Ferron**.

(041) Offizieller WOMO-Stellplatz: Azay-le-Ferron – Ferme du Caroire

GPS/Kontakt: N 46°49'40.2" E 01°02'34.0", 10 Champ d'œuf, Telefon 0254370152 oder 0680407513, www.fermeducaroire.fr.
Max. WOMOs: 6.
Öffnungszeit: Ganzjährig.
Ausstattung: V/E, Strom, einfache Dusche und WC, WiFi, Hofladen und Restauration mit kleinen Gerichten, Frühstück möglich (unbedingt vorher reservieren).
Beschreibung: Der außerhalb des Ortes gelegene Bauernhof verfügt über nicht parzellierte Plätze auf einer befestigten Wiese. Teilweise ist Schatten vorhanden und es wird erwartet, dass im Hofladen eingekauft wird. Das ist aber überhaupt nicht schwer und es sei verraten, dass der hauseigene Ziegenkäse ein Gedicht ist. Selbstverständlich sollte man sich bei der Anreise im Laden anmelden und auf die Zuweisung des Stellplatzes warten.
Zufahrt: Von der D975 den Hinweisen zur Ferme folgen.

Auch wenn vom Fluss an dieser Stelle weit und breit nichts zu sehen ist, wollen wir heute eines der unter der Marke der Schlösser der Loire geführten Schlösser besuchen (N 46°51'04.8" E 01°04'10.9", Rue de Hersent-Luzarche).

Château, Parc et Jardins d'Azay-le-Ferron

Im Park von Château dÁzay-le-Ferron

Das Schloss wurde vom 15. bis 18. Jahrhundert erbaut und liegt inmitten einer wunderschönen Parklandschaft und formaler Gärten.

Der älteste Teil der Anlage, der Fortier-Turm, stammt aus dem späten 15., der Humières-Flügel und der Breteuil-Pavillon aus dem 18. Jahrhundert. Der im 17. Jahrhundert errichtete Cingé-Flügel ist mit dem Schloss durch eine Galerie verbunden, die der im Château Valençay nachempfunden ist. Insgesamt 15 Räume können besichtigt werden und wir haben das Gefühl, als ob die ehemaligen Eigentümer des Schlosses jeden Augenblick durch eine der Türen treten würde, um uns in ihren Gemächern willkommen zu heißen.

Der Spaziergang durch die kunstvoll angelegten Gärten des Anwesens, das seit den 1950er-Jahren der Stadt Tours gehört, führt durch von Rosen dominierte Blumenbeete und Obstgärten mit alten Sorten. Der Park aus dem 17. Jahrhundert erstreckt sich über 50 Hektar, und als wir unseren Radius erweitern, ist es der wunderschöne

Landschaftspark, der gerade bei sommerlichen Temperaturen für schattige Momente sorgt *(Anfang April – Juni/September 10 – 18 Uhr, Juli/August 10 – 18.30 Uhr, Oktober – Mitte November 10 – 17.30 Uhr, Eintritt, Führungen in deutscher Sprache möglich, Hunde im Außenbereich an der Leine gestattet, www.chateau-azay-le-ferron.com).*

Die Beobachtung der Natur steht dann in **Saint-Michel-en-Brenne** wieder mehr im Vordergrund.

Das gut ausgeschilderte **Maison de la Nature et la Réserve** am Rand des Étang Cistude ist ein Ort, in dem man sich prima mit Informationsmaterial eindecken, aber von dem man auch zu zwei Beobachtungsstationen mit Blick auf den nahen 17 Hektar großen Teich aufbrechen kann (N 46°47'22.6" E 01°12'03.7"). Am Morgen oder späten Nachmittag sind es Schwarzhalstaucher, Lachmöwen, Purpurreiher oder Zwergdommeln die sich in der warmen Jahreszeit dort das Quartier teilen *(10 – 12.30/ 14 – 18 Uhr, Di geschlossen, www.maison-nature-brenne.fr).*

Wenn von hier oder einem der vielen anderen Parkplätze im Herzen der Brenne eine Rad- oder Wandertour unternommen wird, bietet sich eine Pause am Étang de la Gabrière an (N 46°45'38.8" E 01°09'40.2", La Charronnerie, Foto unten). Bei der Einkehr in der **Auberge de la Gabrière** mit Aussicht auf den gleichnamigen Teich kann man sich frische regionale Fischgerichte und andere Leckereien schmecken lassen *(Mittags- und Abendmenüs, Di Abend und Mi geschlossen, Telefon 0254378097, www.aubergedelagabriere.com).*

Außer dem sehr einfachen **Camping Municipal** am Sportplatz von **Mézières-en-Brenne** *(Mitte April – Oktober, Telefon 0254381224, €)*, ist es ein an ein Feriendorf angeschlossener Campingplatz, der sich als Basislager anbietet.

(042) WOMO-Campingplatz: Mézières-en-Brenne – Camping Bellebouche**

GPS/Kontakt: N 46°47'54.0" E 01°18'20.8", Base de Loisirs, Telefon 0254382828, www.village-vacances-bellebouche.com.
Öffnungszeit: April – September.
Ausstattung: Waschmaschine, Wäschetrockner, Brötchenservice, das Animationsprogramm der Ferienanlage kann mitgenutzt werden.
Beschreibung: Am Rande der Ferien- und Freizeitanlage mit reichhaltigen Animationsprogramm liegen die einfachen Wiesenplätzen teilweise unter Bäumen an einem kleinen Gewässer. Es schließen sich Rad- und Wanderwege an und in der Nähe gibt es ein Restaurant.
Preise: € – €€.
Zufahrt: Von der D925 den Hinweisen zur Domaine de Bellebouche folgen.

In **Neuillay-les-Bois** möchten wir den **offiziellen WOMO-Stellplatz** erwähnen [**043**: N 46°46'09,2" E 01°28'25.0", Route de Buzançais, V/E, Strom, WC], bevor wir den Naturpark der Brenne verlassen und nach **Châteauroux** weiterfahren.

(044) Offizieller WOMO-Stellplatz: Châteauroux – Aire de Camping-Car

GPS: N 46°49'20.7" E 01°41' 40.5", Avenue Daniel Bernadet.
Max. WOMOs: 15.
Öffnungszeit: Ganzjährig.
Ausstattung: V/E, Müllbehälter.
Beschreibung: Der einfache Parkplatz mit asphaltierten Parkbuchten liegt am Ortsrand direkt vor dem ganzjährig geöffneten **Camping Le Rochat Belle-Isle** *(Telefon 0254089629, www.camping-lerochat.fr)* und neben einem Boulodrome. Er ist meist gut besucht und tagsüber herrscht eine ziemliche Unruhe, die zudem manchmal von sehr tieffliegenden Großflugzeugen getoppt wird. Als Erklärung sei erwähnt, dass der nahe Flughafen von Fluggesellschaften für Übungszwecke genutzt wird. Nachts haben wir hier dennoch ruhig geschlafen. Der Fußweg ins südlich gelegene Zentrum beträgt ca. 1,5 km.
Preise: €€.
Zufahrt: Im Ort den Hinweisen zum Campingplatz/Parc Daniel Bernadet/ Bowling folgen.
Hinweis: Die Zufahrt kann aufgrund von Veranstaltungen in den nahen Hallen kurzfristig gesperrt sein und Pkw nutzen hin und wieder die ausgewiesenen WOMO-Stellplätze.
Wir haben auch schon gesehen, dass WOMOs auf dem Parkplatz hinter dem Bowlingzentrum geparkt haben.

Châteauroux

Die Hauptstadt des Départements Indre wird vom gleichnamigen Fluss durchzogen und hat einige mittelalterlichen Altstadtgassen zu bieten. Châteauroux ist aber auch ein Etappenziel am **Fahrradweg Indre à Vélo**, der die Provinz Berry mit der Touraine verbindet und auf dem das Hinterland der Stadt erkundet werden kann.

Alle nötigen Informationen und noch viel mehr hält das **Office de**

Tourisme im Zentrum parat *(Mitte Juni – Mitte September Mo – Sa 9.30 – 13/14 – 18.30 Uhr, Juli/August auch So/Feiertage 10 – 13 Uhr, Mitte September – Mitte Juni Mo – Sa 10 – 12.30/13.30 – 18 Uhr, 2 Place de la République, Telefon 0254341074, www.chateauroux-tourisme.com).*

Châteauroux ist eine grüne Stadt und bei unserem Spaziergang vom Stellplatz in die Stadt streifen wir zunächst den **Jardin Public** und dann den **Jardin des Cordeliers**. Letzterer gehört zum gleichnamigen Kloster aus dem 13. Jahrhundert, in dem ab und zu Kunstausstellungen zu sehen sind. Von der Place Sainte-Hélène halten wir uns südöstlich bis zu einem Kreisverkehr, gelangen über die Place la Fayette zu einem zweiten und dann zur **Église Saint-André** aus dem späten 19. Jahrhundert. Das 87 Meter lange und 33 Meter breite Kirchenschiff mit 68 Meter hohen Doppelpfeilern hat ihr oft den Beinamen Kathedrale eingebracht. Nur wenige Gehminuten entfernt ist das **US Museum** zu finden, in dem die Erinnerung an die in der Stadt stationierten Soldaten und ihrer Familien in den Jahren 1951 bis 1967 erhalten bleibt *(Mi/Fr/Sa 14 – 17.30 Uhr).*

Der nächste Museumsbesuch findet in nordwestlicher Richtung und in einem 1770 erbauten Herrenhaus statt, das seinen Namen einem Großmarschall Napoléons verdankt. Im **Musée Bertrand** residierte einst Général Henri-Gatien Bertrand, der seinem Kaiser bis ins Exil nach Sainte-Hélène folgte. Die Besichtigung einer mitgebrachten Voliere von St. Helena, die Betrachtung flämischer und holländischer Gemälde oder gallo-römischer und mittelalterlicher Werke gestaltet sich ähnlich abwechslungsreich wie das Kuriositäten- und Ägyptologiekabinett *(Besichtigung im Sommer möglich).*

Nordwestlich von hier gelangen wir zur „guten Stubb“ der Stadt, an der sich das Office de Tourisme befindet und sich am Samstagmorgen das bunte Markttreiben bis zu den Hallen am Place Monestier zieht.

Nach einem Imbiss im **Café de Paris** *(7 – 20 Uhr, Küche 11.45 – 18 Uhr, Place de la République)* schlendern wir an der **Église Notre-Dame** aus dem Jahr 1882, deren Bau sowohl vom romanischen als auch vom byzantinischen Stil beeinflusst ist und die 64 fein geschnitzte Kapitelle im Inneren aufweist, vorbei. Weiter nordwestlich und über der Indre gelegen befindet sich mit dem **Château Raoul** aus dem 10. Jahrhundert die Wiege von Châteauroux *(Besichtigung nur im Sommer möglich).*

Châteauroux ist keine Stadt, die auf den ersten Blick punktet, aber auf unserem Weg von der Brenne in die Heidelandschaft der Sologne ein gutes Etappenziel.

Église Saint-André

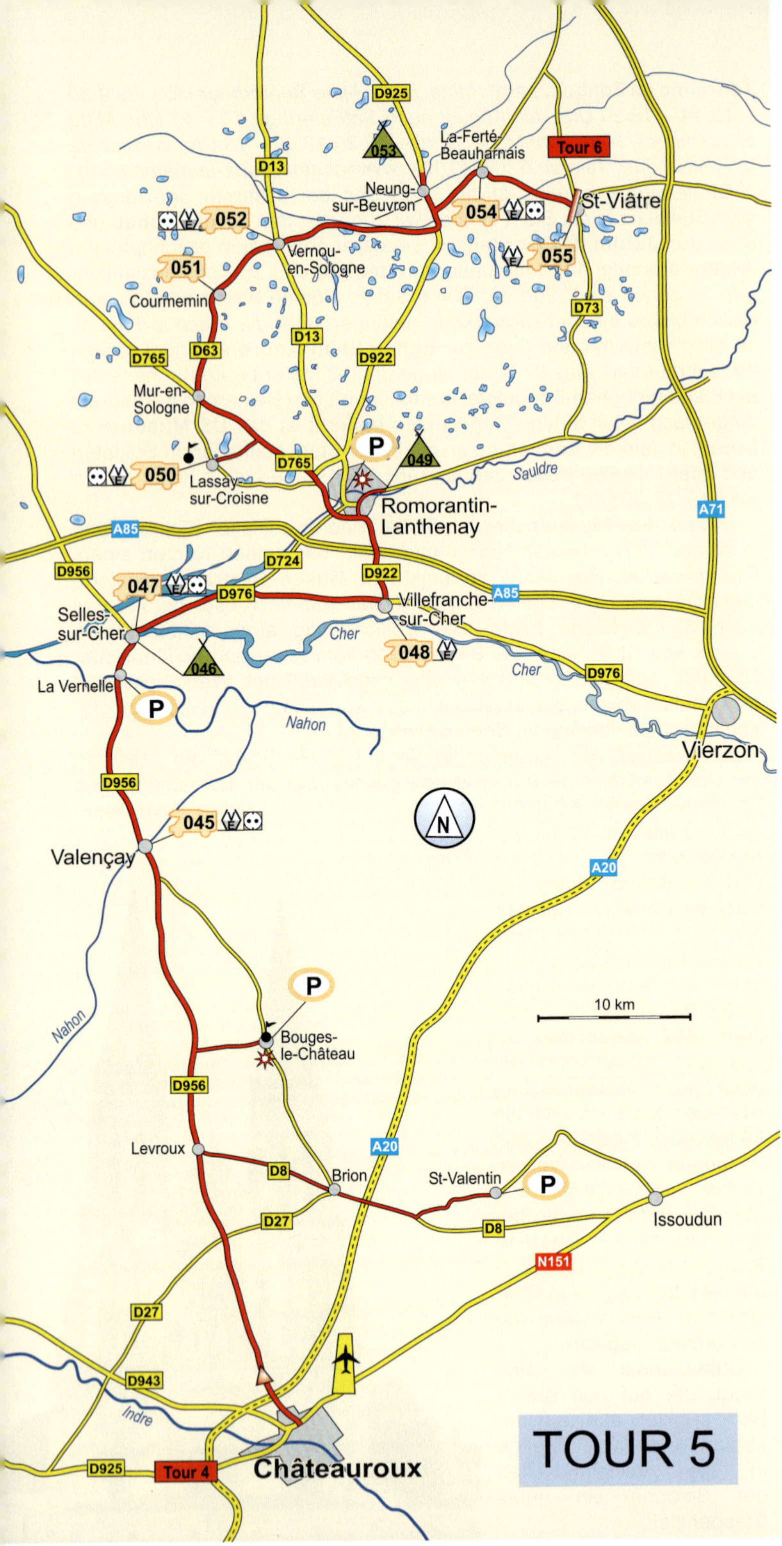

D925
053
La-Ferté-Beauharnais
Tour 6
D13
Neung-sur-Beuvron
St-Viâtre
052
054
Vernou-en-Sologne
051
055
Courmemin
D73
D13
D765
D63
D922
Mur-en-Sologne
049
050
Lassay-sur-Croisne
D765
Sauldre
Romorantin-Lanthenay
A71
A85
D724
D956
D922
047
D976
Villefranche-sur-Cher
A85
Selles-sur-Cher
Cher
048
046
Cher
D976
La Vernelle
Nahon
Vierzon
D956
045
Valençay
A20
10 km
Nahon
Bouges-le-Château
D956
A20
Levroux
D8
Brion
St-Valentin
Issoudun
D27
D8
N151
D27
D943
Indre
D925
Tour 4
Châteauroux
TOUR 5

Tour 5 205 km

Valençay – Romorantin-Lanthenay – Saint-Viâtre

Stellplätze: Valençay, Selles-sur-Cher, Villefranche-sur-Cher, Lassay-sur-Croisne, Courmemin, Vernou-sur-Sologne, La Ferté-Beauharnais, Saint-Viâtre.

Campingplätze: Romorantin-Lanthenay Camping Municipal Le Tournefeuille, Neung-sur-Beuvron Camping Municipal La Varenne.

Besichtigen: Saint-Valentin Jardin des Amoureux; Bouges-le-Château Château de Bouges; Valençay Musée de l'Automobile, Château de Valençay ; Selles-sur-Cher Château, Église Abbatiale Notre-Dame la Blanche; Romorantin-Lanthenay Musée de Sologne, L'Espace Automobiles Matra.

Märkte: Valençay Di, Selles-sur-Cher Do, Villefranche-sur-Cher Fr, Romorantin-Lanthenay Mi/Sa, Neung-sur-Beuvron Sa, La Ferté-Beauharnais Sa, Saint-Viâtre Do.

Wandern/Radfahren: Valençay, Neung-sur-Beuvron, La Ferté-Beauharnais.

Essen: Saint-Valentin Restaurant Au 14 Fevrier; Valençay Restaurant Le Vin'lencay, Salon de Thé Castel Praliné; Selles-sur-Cher Käserei von Pierre Jacquin et Fils; Romorantin-Lanthenay Grand Hôtel du Lion d'Or; Lassay-sur-Croisne Auberge du Prieuré; La Ferté-Beauharnais Auberge de Beauharnais.

Für uns geht es nun weiter nordwärts aus Châteauroux hinaus und später von der D956 ab Richtung Brion und La Champenoise, um dem Schutzheiligen der Verliebten unsere Aufwartung zu machen.

Besonders frisch verliebte, aber auch immer noch oder wieder verliebte Paare werden den Abstecher nach **Saint-Valentin** im Herzen des Berry lieben (N 46°57'03.2" E 01°51'54.0", Chemin de l'Église).

Wenn es einen Ort gibt, den Liebende in Saint-Valentin besuchen sollten, dann ist es der **Jardin des Amoureux.** Es ist einfach ein Vergnügen durch den 3,5 Hektar großen Garten zu spazieren und es kann auf keinen Fall etwas schaden, an einem Wunschbaum seine liebestrunkenen Hoffnungen und Träume zu verewigen. Vielleicht ist gerade Valentinstag oder es gibt einen anderen Grund zum Feiern für Verliebte, dann bietet das **Restaurant Au 14 Fevrier** einen entsprechend noblen und mit einem Stern gekrönten Rahmen *(Do – Sa Abendmenüs, Fr – So/Feiertage Mittagsmenüs, 2 Rue de Portail, Telefon 0254030496, www.sv-au14fevrier.com).*

Wenig später verlassen wir ein weiteres Mal die D956 und fahren nach **Bouges-le-Château** (N 47°02'32.9" E 01°40'27.3", Route d'Aize). Hier erwartet uns ein kleines Schatzkästchen, das uns sehr an den Petit Trianon in den Gärten von Versailles erinnert. Inmitten eines 80 Hektar großen Parks mit französischen Gärten und Blumenrabatten ließ der Direktor der königlichen Tuchmanufaktur von Châteauroux im Jahr 1759 dieses entzückende **Château de Bouges** aus Quadersteinen errichten. Es ist geschmackvoll möbliert sowie dekoriert und die Besichtigung kann ihren Abschluss in der Sattelkammer und den Pferdeställen oder bei einem Spaziergang durch Landschaftsgarten enden *(April – Juni/September/Oktober 10 – 12/14 – 18 Uhr, Di geschlossen, Juli/August 10 – 12.30/14 – 18.45 Uhr, November Sa/So 10 – 12/14 – 17 Uhr, Eintritt, Hunde im Außenbereich an der Leine gestattet, www.chateau-bouges.fr).*

Es ist nicht schwer zu bemerken, dass wir uns vorübergehend der Loire nähern und die Anzahl der Schlösser schlagartig zunimmt. Wir sind jedoch immer noch weit genug vom Fluss entfernt, um den langen Warteschlangen an den Kassen und dem Gedränge in den Gemächern bei einer Schlossbesichtigung zu entgehen. Hinzu kommt, dass uns in **Valençay** nicht nur ein klassisches Beispiel der Renaissance-Architektur erwartet, sondern gleichzeitig eine **Grands Sites du Val de Loire**, eine der herausragenden Sehenswürdigkeiten des Loiretals.

(045) Offizieller WOMO-Stellplatz: Valençay – Office de Tourisme

GPS: N 47°09'37.5" E 01°33'44.8", Rue Croix Maurice. **Max. WOMOs:** 10.
Öffnungszeit: Ganzjährig.

Ausstattung: V/E, Strom gegen Gebühr, Tische und Bänke, Infotafel, Müllbehälter.
Beschreibung: Der geschotterte Platz liegt im Ort hinter dem Office de Tourisme unweit der Durchgangsstraße. Schloss und Ortszentrum mit Restaurants und Bäcker sind fußläufig in wenigen Minuten gut zu erreichen. Für diejenigen, die sich lieber im Grünen aufhalten und zusätzlich ins öffentliche Freibad hüpfen möchten, empfiehlt sich der einfache **Camping Les Chênes** am Ortsrand *(April – Oktober, Telefon 0254407681, www.camping-leschenes.fr).* Wir haben dort nicht eingecheckt, da zum damaligen Zeitpunkt Hunde nicht erwünscht waren.
Zufahrt: Im Ort den Hinweisen zum Office de Tourisme und dem WOMO-Piktogramm folgen.

Valençay und ein Spaziergang im kühlen Grund

Direkt neben dem Stellplatz schauen wir zunächst im **Office de Tourisme** vorbei und holen uns Anregungen für ein ausfüllendes Freizeitprogramm in der Umgebung *(November – Februar 10 – 12.30/14 – 17 Uhr, März – Juni/September 10 – 12.30/14 – 18 Uhr, Juli/August 10 – 12.30/14.30 – 18.30 Uhr, Oktober 10 – 12.30/14 – 17.30 Uhr, 2 Avenue de la Résistance, Telefon 0254000442, www.valencay-tourisme.fr).*

Ebenfalls nur wenige Gehminuten vom Stellplatz wartet das **Musée de l'Automobile** auf Besucher. Hier dreht sich alles um die faszinierende Welt des Automobils und bei der Betrachtung der polierten Oldtimer geraten nicht nur Liebhaber ins Schwärmen. Neben den chromglänzenden Vehikeln gibt es auch einen Bereich für Fahrräder und Motorräder sowie zahlreiche Schilder und Plakate, die das Lebensgefühl der jeweiligen Epochen aus über 130 Jahren Automobilgeschichte spiegeln. Vitrinen mit Zubehör und Ersatzteilen runden das Ausstellungserlebnis ab *(April – November 10 – 12.30/14 – 18 Uhr, Juli/August 10 – 12.30/14 – 18.30 Uhr, 12 Avenue de la Résistance, Eintritt, www.musee-auto-valencay.fr).*

Bereits von außen vermittelt das stattliche, aus hellem Tuffstein erbaute **Château de Valençay** ein Bild der Lebenskunst im 19. Jahrhundert. Elegant und harmonisch wirkt es und doch repräsentiert es gleichermaßen den Machtanspruch des Adels.

Im Inneren verleihen Möbel, Skulpturen, Gemälde und wertvolle Gegenstände dem Schloss das Flair eines bewohnten Hauses und man erkennt den Geschmack und die Stilsicherheit seines einstigen Besitzers. Kein Geringerer als Charles-Maurice de Talleyrand-Périgord, Prinz de Bénévent, der Minister und Berater Napoléon Bonapartes war hier zu Hause und trug zum Charme der Räumlichkeiten bei. Auch für den über 50 Hektar großen **Park** zeichnet er verantwortlich, in dem man die geometrische Strenge des französischen Gartens bewundern, unter Lindenbäumen flanieren oder sich im Wald ergehen kann. Eine wechselnde Blumenpracht sorgt für Farbtupfer und im größten Spiel-

Château de Valençay

Labyrinth in Frankreich werden Kinder ihre Freude haben. Auch der Damwildpark dürfte die Jüngeren interessieren und große Rasenflächen laden zum Picknick ein. Eine geführte Besichtigung durch das Theater entführt Besucher in ein Juwel aus der Epoche des ersten Kaiserreichs *(Mitte März – September 10 – 18 Uhr, Oktober bis Mitte November 10.30 – 17 Uhr, Mitte Bis Ende Dezember 13 – 19 Uhr, Audioguides in deutscher Sprache vorhanden, Führungen möglich, der Park kann mittels eines Elektrowagens erkundet werden, Eintritt, Hunde im Außenbereich an der Leine gestattet, www.chateau-valencay.fr).*

Wer nach dem ausgiebigen Besuch von Schloss und Park nicht in die bewirtschaftete Orangerie eingekehrt ist, findet im Ort an der Place Talleyrand zwei gute Einkehrmöglichkeiten. Zum einen das auch bei Einheimischen beliebte und mittags gut besuchte **Restaurant Le Vin'lencay** *(Mittag- und Abendmenü, 10 Rue du Château, Telefon 0254410135)* und zum anderen den **Salon de Thé Castel Praliné** mit angegliederter Patisserie *(Di – So 7 – 19.30 Uhr, www.castelpraline.com)*. Hier ist die verführerische und süße Variante der Valençay Pyramide erhältlich, die perfekt zu einem Café passt (vgl. Text unten).

Büste von Charles-Maurice de Talleyrand-Périgord

Nach unserem Päuschen mit Kaffee und Gebäck folgen wir der Straße am Schloss sowie in Verlängerung der Parkmauer südwärts und hinab ins Tal des Nahon. Kurz nach dessen Überquerung halten wir uns links und spazieren durch ein kleines Naturschutzgebiet mit Feuchtwiesen entlang des Flüsschens ostwärts bis zu einer Straße. Dort halten wir uns links bis zu einem Hotel, hinter dem wir direkt wieder links gehen und durch eine schattige Allee bis zur bereits bekannten ersten Straße schlendern, um bergauf wieder in den Ort zu gelangen. Dieser **etwa drei Kilometer lange Spaziergang** ist nichts Besonderes, aber gerade bei warmen Wetter eine schöne Runde im kühlen Grund mit Bademöglichkeit für unsere Hunde und hübschen Blicken aufs Schloss, eine verborgene Treppe und einen kleinen Weinberg für unsere Augen.

Kleine Käsekunde

Valençay ist aber auch für sein kleines, feines Weinanbaugebiet in der Touraine bekannt, dessen aromatische Weißweine und fruchtige Rotweine perfekt zum hiesigen Käse passen.

Zu diesen gehört die **Valençay Pyramide**, deren süßes Pendant wir bereits in der Patisserie verspeist haben (vgl. Text oben). Ursprünglich ist die Pyramide aus Rohmilchkäse hergestellt und besitzt ein AOP-Siegel. Ziegenkäse gib es viele, aber dieser verdankt seine Entstehung einem Wunsch Talleyrands. Dieser bat seine Bauern, einen Käse zu Ehren Napoléons I. nach dessen Rückkehr vom Ägyptenfeldzug herzustellen. Der frisch kreierten Pyramide ließ Talleyrand allerdings die Spitze entfernen, da der Fürst mittlerweile sauer auf den Kaiser war und dem Ziegenkäse somit symbolisch und kurzerhand der Kopf abgeschlagen wurde. Der feine, weiße, mit dem typischen Ziegenkäsearoma versehene Valençay verdankt seine aschig wirkende Rinde einem Sprühnebel aus Holzkohlenpulver.

Das zur besseren Konservierung genutzte Pulver überzieht auch die flache konische Form des mit einem AOP-Siegel ausgezeichneten **Selles-sur-Cher**. Der Käse wird ebenfalls aus Ziegenrohmilch hergestellt und seine weiche, weiße Konsistenz schmeckt nach der Reifung mild salzig sowie nussig und ist von einer Naturrinde überzogen. Für einen verzehrfertigen Käse von etwa 150 Gramm werden etwa 1,3 Liter Ziegenmilch verwendet.

Eine gute Bezugsquelle für beide Käsesorten haben wir in **La Vernelle** in der **Käserei von Pierre Jacquin & Fils** gefunden (N 47°14'44.4" E 01°32'17.7", 9 Route de Meusnes).

Die im Grenzgebiet von Berry, Sologne und Touraine zwischen den Flüssen Cher, Sauldre und dem Canal de Berry eingbettete Ortschaft **Selles-sur-Cher** ist auch ohne Käseverkostung einen Aufenthalt wert ist.

(046) WOMO-Campingplatz: Selles-sur-Cher – Les Châtaigniers**

GPS/Kontakt: N 47°16'35.1" E 01°33'31.2", Boulevard Kléber Loustau, Telefon 0664348379, 0950746743 oder 0254952540, E-Mail: camping@selle-sur-cher.fr.
Öffnungszeit: Anfang/Mitte Juni – September.
Ausstattung: WiFi.
Beschreibung: Der einfache Wiesenplatz liegt am Ufer des Cher und bietet teilweise Schatten. Wandern, Radfahren und Angeln möglich. In den Ort mit Geschäften, Bäckerei und Restaurants sind es etwa 800 m Fußweg.
Preise: € – €€.
Zufahrt: Im Ort den Hinweisen zum Campingplatz folgen.
Hinweis: Nur Wohnmobile und Zelte gestattet!

(047) Offizieller WOMO-Stellplatz: Selles-sur-Cher – Canal de Berry

GPS: N 47°16'50.0" E 01°33'54.9", D176A/Rue de Romorantin.
Max. WOMOs: 10.
Öffnungszeit: Ganzjährig.
Ausstattung: V/E frei zugänglich, Strom, Müllbehälter.
Beschreibung: Der geschotterte, durch eine Schranke gesicherte Platz liegt am Ortsrand neben einer Straße sehr schön am Ufer des Canal de Berry und gut 1,5 km vom Ortszentrum entfernt.
Preise: €€.
Zufahrt: Im Ort den Hinweisen nach Romorantin und dem WOMO-Piktogramm folgen.

Vom **Office de Tourisme** *(April – Oktober Di – Sa 9.30 – 12.30/ 14 – 18 Uhr, 26 Rue de Sion, Telefon 0254952544, www.sudvaldeloire.fr)* sind es entlang des Cher nur wenige Minuten bis zum **Château de Selle-sur-Cher** *(Mi – So 10 – 18 Uhr, außerhalb der Hauptsaison veränderte Öffnungszeiten, Hunde an der Leine gestattet, www.chateau-selles-sur-cher.com)*. Ganz in der Nähe sollte der **Église Abbatiale Notre-Dame la Blanche** aus dem 12. Jahrhundert mit einer hellen Fassade aus Tuffstein mit Verzierungen und einem Kreuzgang mit schönem Spitzbogengewölbe Beachtung geschenkt werden.

(048) Offizieller WOMO-Stellplatz: Villefranche-sur-Cher – Aire de Camping-Car

GPS: N 47°17'30.4" E 01°46' 03.6".
Max. WOMOs: 10.
Öffnungszeit: Ganzjährig.
Ausstattung: V/E, Müllbehälter, Tische und Bänke.
Beschreibung: Der geschotterte Platz liegt außerorts am Canal de Berry nahe einer Straße. Ein kleiner Supermarkt, eine Metzgerei und eine Bäckerei liegen unweit im Ort an einer Kreuzung.
Zufahrt: Im Ort dem WOMO-Piktogramm folgen.
Hinweis: Vorsicht bei der Anfahrt, denn bei unserem Aufenthalt gab es fiese Bodenschwellen!

Von hier führt unsere Tour mitten hinein in eine Landschaft mit einem ganz eigenen, aber ausgesprochen reizvollen Charme.

Sologne

Die Heidelandschaft liegt zwischen Loire und Cher, ist durch ihre Vielfalt geprägt und trifft besonders Naturliebhaber mitten ins Herz.

Kiefern- und Birkenwälder wechseln sich mit Feuchtwiesen, zartlilafarbenen Heidepflanzen sowie Farnkraut ab und weitere Pflanzarten wie zum Beispiel herrlich violette oder rote Orchideen sorgen für bunte Farbtupfer. Dazwischen erstreckt sich das Blau unzähliger Teiche, manch einer spricht von 3.000 an der Zahl, die im Mittelalter von Menschenhand für die Fischzucht angelegt wurden und die zum Teil auf Holzstegen erkundet werden können. Zwischen Land und Wasser tummeln sich über 200 Vogelarten, 50 Säugetierarten und unzählige Fische. Dazwischen schwirren Libellen durch das hohe Gras und viel krabbelndes Getier kreuzt die Wege.

Die besondere Atmosphäre spürt man am besten während eines Spaziergangs oder einer Wanderung, doch muss man sich darüber im Klaren sein, dass das Gebiet in Teilen privaten Grundbesitzern gehört und zahlreiche Wege dem einfachen Wanderer verwehrt bleiben. Nichtsdestotrotz ist die Sologne ein idealer Platz, um Entspannung vom

hektischen Alltag zu finden und sich von den zahlreichen Farben, facettenreichen Tönen und betörenden Gerüchen bezaubern zu lassen.

Für Abwechslung und Unterhaltung ist in den umliegenden Orten gesorgt, in denen Könige, Adelige und Bauern ihre historischen Spuren hinterlassen haben und buntes Fachwerk, dicke Festungsmauern oder schiefe Dächer für ein gemütliches wie auch reizendes Ambiente sorgen.

Zunächst steuern wir mit **Romorantin-Lanthenay** die Hauptstadt der Sologne an.

Am Ufer der Sauldre empfiehlt sich der angenehme **Camping Le Tournefeuille***** [**049:** N 47°21'17.6" E 01°45'20.5"; 32 Rue des Lices, Telefon 0254761660, www.campingromorantin.com, April – Oktober, €€ – €€€].

Für den Tagesbesuch haben wir bisher meist ein Plätzchen auf dem Parking Liberté ergattern können, von dem es nur wenige Gehminuten ins Ortszentrum sind (N 47°21'38.7" E 01°44'28.3", Place de la Libération).

Romorantin-Lanthenay

Im Gegensatz zum dünn besiedelten Umland geht es im Städtchen eher lebhaft zu und bereits François I. wollte aus seiner damaligen Residenz eine Idealstadt nach dem Vorbild Roms schaffen. Seine Mutter hielt sich zeitweilig im Schloss auf und seine spätere Gemahlin Claude wurde hier geboren. Vielleicht sind das zwei triftige Gründe, um keinen Geringeren als Leonardo da Vinci mit der Durchführung des Plans zu beauftragen. Leonardo segnete jedoch vorher das Zeitliche und lediglich der italienisch klingelnde Name Romorantin überstand die folgenden Jahrhunderte.

Pagode am Hôtel de Ville

Im Ortszentrum finden sich nicht nur einige altersgebeugte Fachwerkhäuser, sondern auch das **Office de Tourisme** *(Januar – März/Oktober – Dezember Di – Sa 9.30 – 12.30/14 – 18 Uhr, April – September Di – Sa 9.30 – 12.30/14 – 18.30 Uhr, 32 Place de la Paix, Telefon 0254764389, www.sologne-tourisme.fr).* Nachdem wir uns mit Informationsmaterial versorgt haben, schlendern wir durch die geschichtsträchtigen Gassen bis ans Ufer der Sauldre, wo in einer alten Mühle mit neuen Anbauten das **Musée de Sologne** beheimatet ist. Hier wird die Geschichte der Idealstadt aufgenommen, Sammlungen zum ländlichen Leben vor dem Industriezeitalter sowie die Flora und Fauna der Sologne stehen im Mittelpunkt *(Februar – Frühlingsferien/nach den Allerheiligenferien – Dezember Mo – Sa 9 – 12/14 – 17 Uhr, So 14*

– 17 Uhr, Di geschlossen, Beginn der Frühlingsferien – Juni/September bis Ende Allerheiligenferien Mo – Fr 9 – 12/14 – 18 Uhr, Sa/So 10 – 12/14 – 18 Uhr, Di geschlossen, Juli/August Mo – Fr 9 – 12/14 – 18 Uhr, Sa/So 10 – 12/14 – 18 Uhr, Eintritt, Moulin du Chapitre, museedesologne.romorantin.com).

Holzschnitzereien in der Altstadt

Lange Zeit war es die Automobilindustrie und hier insbesondere Renault mit der Fertigung des Espace, die für den Wohlstand sorgten und denen im **L'Espace Automobiles Matra** mit einer Rennauto-Sammlung gehuldigt wird *(Mo – Fr 9 – 12/14 – 18 Uhr, Sa/So/Feiertage 10 – 12/14 – 18 Uhr, Di außer in den Ferien geschlossen, Eintritt, 17 Rue des Capucines, www.museematra.com).*

Eines der besten und bekanntesten Restaurants der Gegend ist sicher im schicken **Grand Hôtel du Lion d'Or** zu finden. Das mit einem Michelin-Stern ausgezeichnete Restaurant ist nicht nur richtig gut, sondern auch richtig teuer. Wer dennoch nicht auf den kulinarischen Genuss verzichten möchte, der sollte sich in der Woche mittags aus der Gourmetküche verwöhnen lassen. Das Mittagsmenü ist vergleichsweise noch immer hochpreisig, aber sein Geld wert. Zum köstlichen Mahl mundet die feine **weiße Romorantin-Rebe**, die der **Appellation Cour-Cheverny** zugesprochen ist und in ihrer Qualität so gar nicht zu der umliegenden Teichlandschaft und den undurchlässigen Böden passen will *(Mittags- und Abendmenü, 69 Rue Georges Clémenceau, Telefon 0254941515, www.hotel-liondor-romorantin.fr).*

Im westlich gelegenen **Lassay-sur-Croisne** möchten wir einen kleinen, aber feinen Stellplatz nicht unerwähnt lassen. Das nahe Schloss stand bei unserem Aufenthalt zum Verkauf und konnte leider nicht mehr besucht werden. Bei einer Rad-

Fachwerkhäuser in der Sologne

tour über die ruhigen Seitenstraßen können größere und kleinere Anwesen auf ausgedehnten Grundstücken bewundert werden und vielleicht ist das Château du Moulin wieder zur Besichtigung freigegeben.

(050) Offizieller WOMO-Stellplatz:
Lassay-sur-Croisne – Parking communale

GPS: N 47°22'32.1" E 01°37'21.5", La Nigaudière. **Max. WOMOs:** 4.
Öffnungszeit: Ganzjährig.
Ausstattung: V/E, Strom, Tische und Bänke, WC, Kinderspielplatz, Angelmöglichkeit, Müllbehälter.
Beschreibung: Der geschotterte Platz liegt am Ortsrand an einem Teich, in dem das Baden verboten ist. Es ist eine ruhige Gegend, die zum Wandern und Radfahren einlädt und zur Einkehr empfiehlt sich die nahe **Auberge du Prieuré** in einem ehemaligen Klostergebäude, in dem der Schwerpunkt auf Obst, Gemüse und Fisch aus der Sologne liegt (*Mittags- und Abendmenü Mi – So, Telefon 0254839191*).

Eine interessante Beobachtung bietet sich, wenn der Teich gegen Ende des Sommers austrocknet oder das Wasser abgelassen wird. Dann sieht man, dass sich etwas durch den Schlamm bewegt und stellt bei näherer Betrachtung fest, dass es sich um Handteller große Flussmuscheln handelt. **Preise:** €€.
Zufahrt: Im Ort den WOMO- Piktogramm folgen.

Im weiteren Verlauf unserer Reise durch die Sologne streifen wir in **Courmemin** einen wenig ansprechenden **offiziellen WOMO-Stellplatz** [**051:** N 47°28'15.5" E 01°37'37.5", Rue des Tisserands/D63] und in **Vernou-en-Sologne** die ansprechendere Variante an einem Flüsschen [**052:** N 47°30'12.3" E 01°40'45.5", Rue de Beaugency. V/E, Strom gegen Jetons].

Vernou-en-Sologne

Für Liebhaber einfacher, aber sauberer Campingplätze findet sich in **Neung-sur-Beuvron** eine weitere Alternative. Der **Camping La Varenne**** außerhalb des Ortes in der Natur und bietet sich als Ausgangspunkt für Wanderungen und Radtouren an [**053**: N 47°32'18.2" E 01°48'52.3", 34 Rue de Veillas, Telefon 0622955600, www.camping.neung-sur-beuvron.fr, Juni – September, Preis € – €€].

Wer sich hier auf das Fahrrad schwingt, erreicht nach einer etwa **sechs Kilometer langen Radtour** den im Ort ausgeschilderten **Étang de Beaumont** und damit einen geschützten Naturraum, der geradezu zur Vogelbeobachtung einlädt.

In **La Ferté-Beauharnais** sind es dann die Wanderer, die auf ihre Kosten kommen und einen Ausflug in die Heidelandschaft unternehmen können.

(054) Offizieller WOMO-Stellplatz: La Ferté-Beauharnais – Aire de Camping-Car

GPS: N 47°32'40.3" E 01°50'55.7", Route de Chaumont. **Max. WOMOs:** 15.
Öffnungszeiten: Ganzjährig.
Ausstattung: V/E, Strom, Tische und Bänke, WC, Müllbehälter.
Beschreibung: Schöner an einem See gelegener Stellplatz auf Wiese am

Ortsrand. Etwa 300 m Fußweg in den Ort mit Bäckerei und der **Auberge de Beauharnais** *(Mittags- und Abendmenü, Mo Abend und Di/Mi geschlossen, 18 Rue Napoléon III, Telefon 0254836436, www.aubergelebeauharnais.fr)*. Hier wird Frische großgeschrieben. Das Restaurant ist für die regionale Spezialität Tête de Veau bekannt und mehrfach ausgezeichnet. Der Stellplatz eignet sich gut als Startpunkt für Rad- und Wandertouren. **Zufahrt:** Im Ort dem WOMO-Piktogramm folgen.

Le Beaufray

Bevor wir zur Erkundung des etwa 8 Kilometer langen Rundweges aufbrechen, besichtigen wir im Ort die romanische Église Saint-Barthélemy, die im 16. Jahrhundert nach einem Brand wieder aufgebaut wurde und machen uns über den Ortsnamen ein wenig Gedanken.

La Ferté-Beauharnais ist eines von vier Fertés, die im 11. Jahrhundert von Jean de Meung gegründet wurden. Im Jahr 1779 heiratete eine Joséphine Tascher de la Pagerie einen gewissen Alexandre de Beauharnais. Nachdem Alexandre während der Revolution hingerichtet wurde, erging es seiner Witwe um einiges besser. Als Joséphine de Beauharnais ehelichte sie Napoléon Bonaparte und bestieg als Kaiserin Joséphine später den französischen Thron.

Inzwischen haben wir den Stellplatz wieder passiert und folgen dem GR-Weg (rot-weiße Markierung) aus dem Dorf hinaus und hinter dem Beuvron links in eine kleine Straße. Wir wandern durch Wäldchen aus Laub- und Nadelbäumen, erfreuen uns an von gelben Lilien gesäumten Teichen und erspähen mit etwas Glück Reiher und Rehe. Der Weg führt zwischen dem Étang de la Pérelle und einem kleineren Teich hindurch und immer dem GR-Weg folgend durch den Wald. Hinter einem Wegekreuz (linker Hand gibt einen Picknickplatz) liegt links der Étang de Rabes. Wenn der GR-Weg auf zwei große Eichen trifft, verlassen wir den Wanderweg scharf links und erreichen nach etwa 900 Metern ein weiteres Wegekreuz, an dem wir uns mit der gelben Markierung rechts wenden. Wenig später liegt links der Étang du Beaufray hinter dem wir uns wieder im scharfen Winkel links wenden.

In Sichtweite eines Hauses schwenken wir rechts und treffen nach zwei 90-Grad-Kehren einen Weg, dem wir rechts folgen. In der Ferne können wir das aus Ziegelsteinen gemauerte Schloss aus dem 18. Jahrhundert sehen und erreichen bald eine Straße, der wir links bis zur D922 und dort rechts zurück zum Stellplatz folgen.

Auch unser nächstes Ziel bietet sich als Ausgangspunkt in die mit Teichen nur so gespickte Natur an. In **Saint-Viâtre** ist in einem hübschen Fachwerkhaus das **Maison des Étangs** beheimatet, in dem man sich über die Teich- und Fischwirtschaft der unzähligen Teiche unterrichten lassen und jede Menge Informationen für diverse Aktivitäten erhalten kann *(April – Oktober 10 – 12/14 – 18 Uhr, in den Wintermonaten bis 17 Uhr, 2 Rue de la Poste, Telefon 0254882300, www.maison-des-etangs.fr).*

Am nahen Teich, schlicht Étang de la Ville genannt, startet ein Lehrpfad durch die für die Sologne typische Vegetation und eine von den zahlreichen Fahrradrouten (zum Beispiel die rund 20 Kilometer lange Route de Étang) könnte vom folgenden Stellplatz beginnen.

(055) Offizieller WOMO-Stellplatz: Saint-Viâtre – Aire de Camping-Car

GPS: N47° 31' 12.3" E1° 56' 03.2", Rue du Petit Bois. **Max. WOMOs:** 6.
Öffnungszeit: Ganzjährig.
Ausstattung: Wasser und Bodeneinlass, WC am Maison d´Étang, Tische und Bänke, Müllbehälter, Restaurant, Bäckerei, Metzgerei im Ort.
Beschreibung: Am Ortsrand gelegener, von Bäumen umgebener Wiesenplatz in der Nähe eines Teichs. Im Ort gibt es Restaurants, eine Bäckerei sowie eine Metzgerei. Die kleine Kirche besitzt eine Krypta aus dem 10./11. Jahrhundert und sollte nicht unbeachtet bleiben.
Zufahrt: Im Ort den Hinweisen zum Maison des Étangs folgen und dort zunächst der Rue des Tanneries und dann der Rue du Petit Bois folgen.

TOUR 6

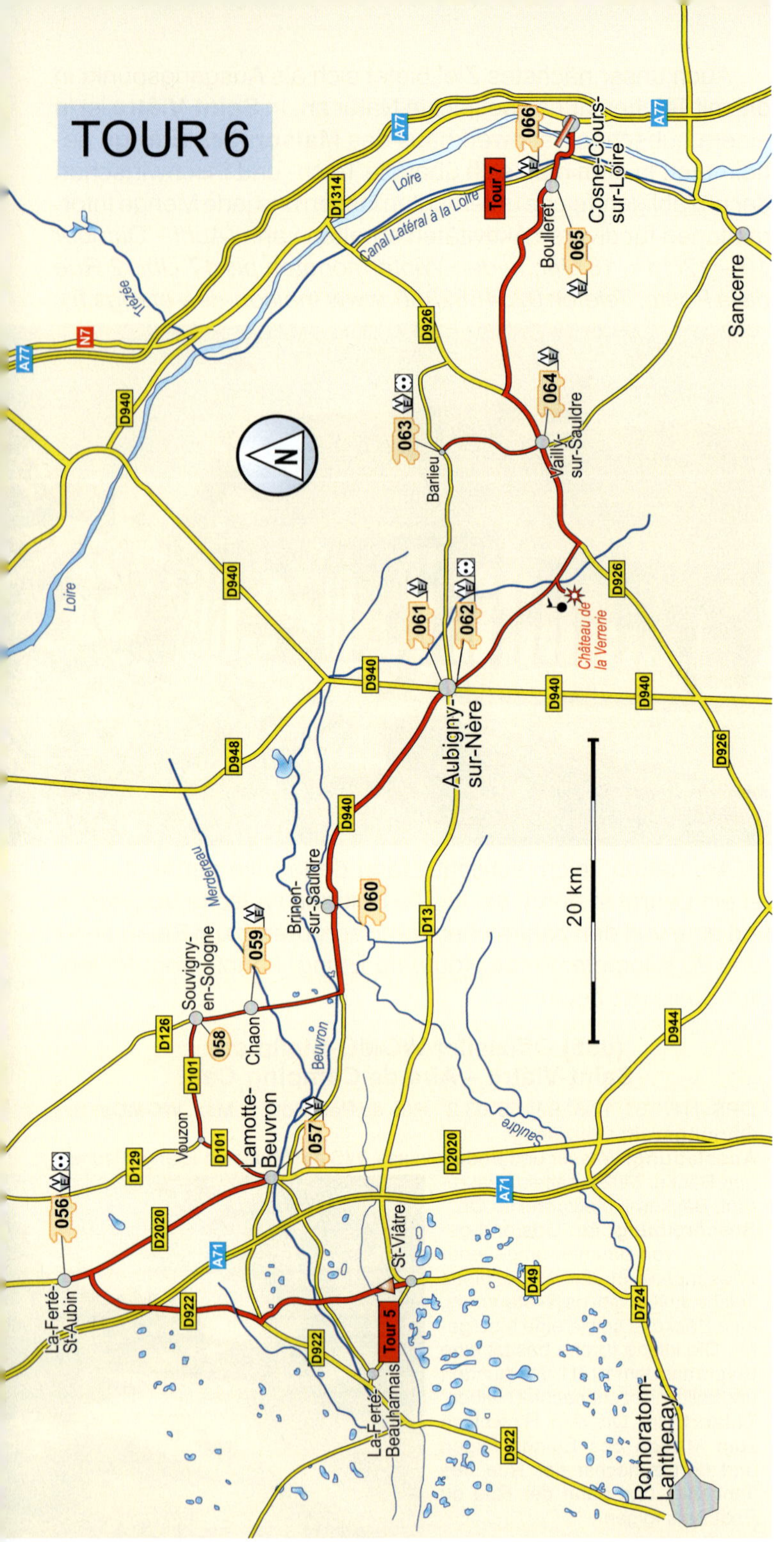
Cosne-Cours-sur-Loire
066
Tour 7
Boulleret
065
Sancerre
Loire
Canal Latéral à la Loire
A77
D1314
D926
N7
Trézée
D940
Vailly-sur-Sauldre
064
063
Barlieu
Loire
061
062
Château de la Verrerie
Aubigny-sur-Nère
D948
20 km
Brinon-sur-Sauldre
060
D13
Merdereau
Souvigny-en-Sologne
059
058
Chaon
D126
D101
Beuvron
Lamotte-Beuvron
057
Vouzon
D129
Sauldre
D2020
A71
D944
056
La-Ferté-St-Aubin
D922
St-Viâtre
Tour 5
La-Ferté-Beauharnais
D49
D724
Romoratom-Lanthenay

La Ferté-St-Aubin – Souvigny-en-Sologne Aubigny-sur-Nère – Cosne-Cours-sur-Loire

Stellplätze: La Ferté-Saint-Aubin, Lamotte-Beuvron, Souvigny-en-Sologne,Chaon, Brinon-sur-Sauldre, Aubigny-sur-Nère, Barlieu, Vailly-sur-Sauldre, Boulleret, Cosne-Cours-sur-Loire.

Besichtigen: Ferté-Saint-Aubin Château; Chaon Maison du Braconnage; Aubigny-sur-Nère Centre d'Interprétation de l'Auld Alliance, Maison Victorine, Galerie François I., Église Saint-Martin, Les Grands Jardins, Château de la Verrerie; Vailly-sur-Sauldre Musee Retromécanique du Pays-Fort; Cosne-Cours-sur-Loire Musée de la Loire.

Märkte: La Ferté-Saint-Aubin Do, Lamotte-Beuvron Fr, Aubigny-sur-Nère Sa, Vailly-sur-Sauldre Fr, Cosne-Cours-sur-Loire Mi/So.

Essen: La Ferté-Saint-Aubin Restaurant L'Eau à la Bouche, Lamotte-Beuvron Maison Tatin, Aubigny-sur-Nère Restaurant Entrepot, Boulleret Restaurant Maison Medard.

Nicht nur, wenn man Kinder mit an Bord hat, sondern auch für die Erwachsenen bietet sich ein Aufenthalt in **La Ferté-Saint-Aubin** an. Das zweite Ferté unserer Reise ist ein recht hübsches Städtchen mit einem außergewöhnlichen Schloss.

(056) Offizieller WOMO-Stellplatz: La Ferté-Saint-Aubin – Aire Municipal

GPS: N 47°43'31.2" E 01°56'08.3", Avenue Löwendal. **Max. WOMOs:** 15.
Öffnungszeit: Ganzjährig.
Ausstattung: V/E, Strom, Tische und Bänke, Müllbehälter.

Beschreibung: Befestigter von Bäumen umgebener Schotterplatz am Ortsrand an der Zufahrt zum **Camping Le Cosson** *(April – September, Telefon 0238765590, www.entreprisefrery.com)*, der auch als Parkplatz für die Schlossbesichtigung genutzt werden kann. Ca. 700 m Fußweg in den Ort mit Geschäften, Bäckerei und Restaurants. Gut aufgehoben fanden wir uns im **Restaurant L'Eau à la Bouche** nahe dem Stellplatz *(Mittag- und Abendmenü, geschlossen So Abend und Mo/Mi, Telefon 0238765330, www.l-eau-a-la-bouche.fr)*.
Zufahrt: Im Ort den Hinweisen zum Campingplatz und dem WOMO-Piktogramm folgen.

Château de la Ferté-Saint-Aubin

Das Schloss wurde im 17. Jahrhundert erbaut und ist seit über 350 Jahren im Besitz der gleichen Familie, die es bis heute bewohnt.

Die Räumlichkeiten des roten Backsteinbaus können nicht nur besichtigt werden, sondern man darf in den möblierten Räumen unter anderem auch auf dem Klavier klimpern oder Billard spielen. Im Sommer werden sonntags von kostümierten Köchinnen in der verwinkelten Schlossküche köstliche Madeleines mit hauseigenem Honig gebacken und wer vom Dachboden bis zu den Stallungen alles inspiziert, wird auch auf altes Spielzeug und eine Puppenausstellung stoßen.

Im weitläufigen historischen Park kann man sich bei Schach und Minigolf die Zeit vertreiben und das „Dorf Jolibois" mit kleinen Holzhäusern dürfte Kinder entzücken. Nach einem Picknick oder kleinen Nickerchen auf grünem Rasen ist noch lange nicht Schluss, denn das Unterhaltungsprogramm ist so groß und generationenübergreifend, dass für jedes Alter weitere Beschäftigungen warten *(März/Juni/September/Oktober Sa/So 11 – 18 Uhr, April Sa/So/Ferien Mi – So 11 – 18 Uhr, Mai Sa/So/Ferien 11 – 18 Uhr, Juli/August Mo – So 10 19 Uhr, Dezember Sa/So/Ferien 14 – 18 Uhr Schlossweihnacht. Weitere Öffnungszeiten vor Ort erfragen oder im Internet nachschauen, Eintritt. Hunde an der Leine im Außenbereich gestattet. Auf dem Arm dürfen kleinere Hunde auch mit in den Innenbereich, www.chateau-ferte.com).*

Wen beim Durchfahren der vorübergehend etwas eintönigen Landschaft der kleine Hunger überkommt, der findet vielleicht in **Lamotte-Beuvron** Erlösung.

(057) Offizieller WOMO-Stellplatz: Lamotte-Beuvron

GPS: N 47°35'53.1" E 02°01'28.3", Chemin de Maisonfort. **Max. WOMOs:** 10.
Öffnungszeit: Ganzjährig.
Ausstattung: V/E, Tische und Bänke, Müllbehälter.
Beschreibung: Der geschotterte zweckmäßige Stellplatz, der gerne von Anglern genutzt wird, liegt im Ort am Ancien Canal de la Sauldre, und eignet sich für den Besuch der Maison Tatin (ca. 600 m südlich an der Hauptstraße gelegen), direkt neben einer im Sommer geöffneten Bar. Restaurant, Bäckerei usw. befinden sich in der Nähe. **Preise:** €€.

Zufahrt: Im Ort von der D2020 Richtung Vierzon hinter der Brücke über den Beuvron dem WOMO-Piktogramm folgen.
Hinweis: Abends soll es hier schon mal recht laut zugehen.

Dieser eher unspektakuläre Ort ist die Geburtsstätte einer französischen Spezialität, die beinahe jeder zumindest vom Namen her kennt. Die Rede ist von der Tarte Tatin, von der bekannt ist, dass es sich im Allgemeinen um einen Apfelkuchen handelt. Aber was hat es mit „Tatin“ auf sich?

Tarte Tatin

Ende des 19. und Anfang des 20. Jahrhunderts führten die Schwestern Tatin ein Gasthaus in Lamotte-Beuvron und bewirteten gerade eine Gesellschaft, als ihnen auffiel, dass sie für die Gäste kein Dessert vorbereitet hatten. Kurzerhand wurden geschälte Äpfel in eine gebutterte und gezuckerte Form gegeben und, vielleicht war das der Eile geschuldet, mit Teig bedeckt. Nach dem Backen stellte sich ein neues Problem – wie sollte das eigentümliche Küchlein denn nun serviert werden? Um nachzuschauen, wie es unter dem Teig aussah, wurde der Kuchen kopfüber auf einen Teller gestürzt und das Ergebnis mit der goldgelben Farbe der karamellisierten Äpfel sah nicht nur verlockend aus und duftete herrlich, sondern schmeckte so sensationell, dass es die Gäste begeisterte und seinen Siegeszug um die Welt antrat.

Die Geschichte der Entstehung des leckeren Törtchens ist genauso variantenreich wie die Rezepte, die immer wieder auftauchen. Das Original kann in der **Maison Tatin** gekostet werden *(Restaurant Mi – So Mittag, Salon de Thé Mi – Sa 15 – 18 Uhr, 5 Rue de Vierzon, Telefon 0254880003, www.lamaisontatin.fr).*

Wer einen Backofen im WOMO hat oder sich zu Hause ein wenig französisches Flair zum Dessert gönnen möchte, kann den nachfolgenden Vorschlag nachbacken. Für das Rezept wird keine Butter benötigt und die Herstellung im Wohnmobil ist denkbar einfach.

Tarte Tatin - Urlaubserinnerung zu Hause

Tarte Tatin für die WOMO-Küche

500 Gramm Äpfel schälen, entkernen und in dünne Spalten schneiden. 100 Gramm Zucker in einem Topf karamellisieren und mit 100 Milliliter Apfelsaft ablöschen. Das Karamell in eine Tarteform geben und die Apfelspalten in Form einer Rosette darauf verteilen. 1 Packung (etwa 300 Gramm) Fertig-Blätterteig so über den Äpfeln verteilen, dass dieser rund um die Form etwas überhängt. Tarte bei etwa 200 Grad Ober- und Unterhitze (je nach Backofenmodell) etwa 10 bis 15 Minuten backen. Danach das Gebäck fünf Minuten ruhen lassen, stürzen und in Portionen servieren. Bon appétit!

Wir haben die umgedrehte Apfeltorte in einer örtlichen Pâtisserie erstanden und finden in **Souvigny-en-Sologne** ein adäquates Plätzchen zum Verspeisen der Leckerei.

(058) WOMO-Parkplatz: Souvigny-en-Sologne

GPS: N 47°38'30.0" E 02°09'55.7", Couloy. **Max. WOMOs:** 2 – 3. **Ausstattung:** Tische und Bänke, Müllbehälter. **Beschreibung:** Am Ortsrand eines hübschen kleinen, britisch anmutenden Dorfes gelegener leicht schräger Schotterparkplatz zwischen einem kleinen Teich und einer Kirche. Restaurant im Ort. **Zufahrt:** Am südlichen Ortsende von der D126 Richtung Chaon links abbiegen.

Der kleine Ort im Département Loir-et-Cher gruppiert sich mit seinen properen Backsteinhäusern um die aus dem 12. Jahrhundert stammende Kirche. Die für das Berry und die Sologne typische *Église à caquetoire* verfügt über einen hölzernen überdachten Raum in Form eines Vordachs oder seltener an einer Seite des Kirchenschiffs. Der Name leitet sich vom Verb *caqueter* (wild durcheinander schwatzen) ab, da die Gemeindemitglieder sich nach dem Gottesdienst dort zum Beispiel auch bei Regen zusammenfinden konnten, um ein Schwätzchen zu halten.

Église à caquetoire in Souvigny-en-Sologne

Im ebenfalls von roten Backsteinhäusern dominierten **Chaon** gibt es einen **offiziellen WOMO-Stellplatz** am Ortsrand zu vermelden [**059:** N 47°36'35.9" E 02°09'58.8", Route de Vouzon, **V/E**], der an Freistehen erinnert und neben der **Maison du Braconnage** zu finden ist, in dem sich alles um die Wilderei in der Sologne dreht *(14 – 16 Uhr, Eintritt)*.

Maison du Braconnage

Mit einem Kinderspielplatz am Rande eines kleinen Teichs kann der nächste **offizielle WOMO-Stellplatz** in **Brinon-sur-Sauldre** punkten **[060:** N 47°34'10.2" E 02°15'09.0", Rue Verte, WC].

In Souvigny-sur-Sologne fühlten wir uns bereits ein wenig an das Vereinigte Königreich erinnert, doch in **Aubigny-sur-Nère** ist der britische, genauer gesagt der schottische, Einfluss nicht mehr zu übersehen.

(061) Offizieller WOMO-Stellplatz: Aubigny-sur-Nère – Aire Municipal I

GPS: N 47°29'30.8" E 02°26'16.3", Allée du Pré Qui Danse. **Max. WOMOs:** 10. **Öffnungszeit:** Ganzjährig. **Ausstattung:** V/E, Tische und Bänke, Müllbehälter.

Beschreibung: Einfacher geteerter Parkplatz am Ortsrand an einer Schule. Im hinteren Bereich steht man ruhiger. Ca. 500 m zur Stadt mit schönen Gassen, Geschäften und Restaurants. Der Parkplatz befindet sich hinter dem Aldi-Supermarkt. **Zufahrt:** Im Ort Richtung Bourges und dem WOMO-Piktogramm folgen.

(062) Offizieller WOMO-Stellplatz: Aubigny-sur-Nère – Aire Municipal II

GPS: N 47°28'55.4" E 02°26'59.6". **Max. WOMOs:** 10. **Öffnungszeit:** Ganzjährig. **Ausstattung:** V/E, Strom, Müllbehälter.

Beschreibung: Außerorts auf Teer gelegener, zum Teil schräger von Bäumen umgebener Platz neben einer Landstraße und einem ausgewiesenen rund 1,5 km langen Fußweg zur Stadt. Es sind teils kleine Rasenflächen neben den

Stellflächen vorhanden und man kann unbesorgt Tische und Stühle benutzen. In der Nähe befindet sich der **Camping des Etangs****** *(April – September, Telefon 0248580237, www.camping-aubigny.com).*
Zufahrt: Im Ort der D923 und den WOMO-Piktogrammen folgen.

Aubigny-sur-Nère – die Stadt der Stuarts

Im Hundertjährigen Krieg war es, als der französische Dauphin und spätere König Charles VII. den Schotten John Stewart of Darnley an den Vertrag der *Auld Alliance* von 1295 erinnerte und ihn um Unterstützung im Kampf gegen die Engländer bat. Gern kam John, ein Vetter des schottischen Königs, der Aufforderung nach und man kämpfte gegen den gemeinsamen Feind. Übrigens: Erst mit der Hochzeit Maria Stuarts mit dem französischen König François II. änderte sich der Familienname Stewart in die französische Schreibweise Stuart.

Als Dank für seine Dienste erhielt Stewart die Lehnsrechte und dazugehörige Ländereien. In der Folge ließen sich schottische Adlige und Handwerker nieder und gründeten eine Textilmanufaktur, die bis ins 19. Jahrhundert in Betrieb war. Noch heute erinnern die Straßenzüge mit schönen Fachwerkbauten an schottische Dörfer, in den Pubs wird das schottische Nationalgericht Haggis gegessen und mit einem Single Malt auf den schottischen Nationaldichter Robert Burns angestoßen. Wenn dann auch noch Männer im Kilt auftauchen, könnte man sich beinahe in den Highlands wähnen und wenn um den 14. Juli das **französisch-schottische Festival** mit Pipes-Bands aus ganz Europa stattfindet, ist die Illusion fast perfekt.

Das im 16. Jahrhundert durch Robert Stuart of Lennox erbaute Schloss der Stuarts ging später durch eine Schenkung des Sonnenkönigs auf die Duchess of Portsmouth, unter dem Namen Louise de Kérouaille nicht nur Hofdame am englischen Hof, sondern auch Mätresse Charles II., über. Madame verschönerte das Schloss, das sich seit 1812 im Eigentum der Stadt befindet und heute als **Rathaus** dient. Wer mehr über die alten Verbindungen zwischen Frankreich und Schottland erfahren möchte, ist hier am rechten Ort und findet im **Centre d'Interprétation de l'Auld Alliance** alles Wissenswerte *(während der Schulferien/April – September Di – So, März/Oktober/November Mi – So jeweils 10 – 12.45/14 – 18 Uhr Eintritt, leider nur in englischer und französischer Sprache).*

Wer durch die Gassen des malerischen Städtchens schlendert wird samstags auf einen weithin bekannten **Markt** treffen und sich im **Office**

Château des Stuarts

de Tourisme viele Informationen einholen können *(Mai – September Mo – Sa 10 – 19 Uhr, So/Feiertage 10 – 13/14 – 17 Uhr, Oktober – April Mo 10 – 13 Uhr/14 – 17 Uhr, Di – Fr 10 – 17 Uhr, Sa 10 – 13 Uhr, 1 Rue de l'Église, Telefon 0248584020, www.aubigny.net).*

In der **Maison Victorine** tritt man eine Reise in die Vergangenheit an und kann in jährlich wechselnden Ausstellungen Erinnerungsstücke der Einwohner Aubignys anschauen *(Mitte Mai – September 15 – 18.45 Uhr)* oder in der **Galerie François I.**, einem der schönsten und ältesten Häuser der Stadt aus dem Jahr 1519, thematisch verschiedene Ausstellungen besuchen *(Mitte April – September 10 – 12.30/15 – 19 Uhr).*

In unmittelbarer Nähe befindet sich die **Église Saint-Martin**, die im 12. Jahrhundert erbaut und im 15./16. Jahrhundert renoviert wurde. Haustiere durften schon damals nicht ins Kircheninnere und so schlug der Steinmetz dieser Regel ein Schnippchen, indem er seinen Hund Fifi als Skulptur an einer der Kirchenwände verewigte.

Im Herzen der Stadt treffen wir im **Les Grands Jardins** wieder auf die Herzogin von Portsmouth, die angeblich den großen Gartenbaumeister André Le Nôtre mit der Gestaltung beauftragte. Zwischen großen Hainbuchenhecken sind es insbesondere zwei schöne Mammutbäume, die sofort ins Auge fallen.

Zum Abschluss unseres Besuchs ergattern wir im **Restaurant Entrepot** nahe dem Office de Tourisme und mit ordentlicher Küche einen Sitzplatz auf der Terrasse, genießen die feine Aussicht auf die Rue du Prieuré sowie das Schloss der Stuarts und stoßen stilecht mit einem schottischen Whisky an *(Mittags- und Abendmenü, Telefon 0248588630, entrepotes-restaurant.fr).*

Auch das südöstlich der Stadt gelegene **Château de la Verrerie** ist untrennbar mit den Stuarts verbunden (N 47°25'27.2" E 02°31'16.8").

Durch Béraud Stuart ab dem Jahr 1475 erbaut und in der Folge mehrfach erweitert und umgebaut, stehen wir heute vor einem Juwel der Renaissance. 1670 verstarb der letzte Stuart, das Schloss fiel an die französische Krone und kam wie das Schloss in Aubigny in den Besitz von Louise de Kérouaille. Noch heute befindet sich das Schloss im Besitz eines Zweiges der Familie und wird als Hotel sowie Eventlocation geführt. Besichtigungen sind jedoch auch für Individualbesucher möglich, die sich mit der Kutsche durch den wunderschönen Park fahren lassen oder die Arkadengalerie und die freskengeschmückte Kapelle bewundern können *(Mitte April – Mitte Juni/Mitte September – Oktober Sa/So 14.30 – 17.30 Uhr, Juni/September teilweise auch Mi – So*

Blick über die Rue du Prieuré zum Château des Stuarts

Château de la Verrerie
14.30 – 17.30 Uhr, Juli – Anfang September 10.30 – 12.30/14 – 18 Uhr, Eintritt, Führungen 14.30 – 17.30 Uhr stündlich, Hunde nicht gestattet, www.chateaudelaverrerie.com).

Langsam schließt sich der Kreis unserer Rundfahrt durch das Berry und die Sologne und bevor wir wieder ins Sancerrois, die Region um Sancerre, gelangen, durchfahren wir das **Pays-Fort**.

In dieser von Landwirtschaft geprägten Region, in der die Ackerflächen von Hecken unterbrochen werden und sich zwischen grünen Hügeln kleine Manoirs, Mühlen und Taubenhäuser verstecken, möchten wir den kleinen Weiler **Barlieu** nicht unerwähnt lassen, der an der Aire de Loisirs de Badineau einen einfachen **offiziellen WOMO-Stellplatz** zur Verfügung stellt [**063:** N 47°28'45.8" E 02°37'55.0", D95/D8, V/E/Strom, Preis €].

Im nahen **Vailly-sur-Sauldre** fällt das Wahrzeichen des Pays-Fort auf. Die Pyramidenscheune wurde an ihrem ursprünglichen Standort entfernt und am Rande des Dorfes neu errichtet. Im zu unregelmäßigen Zeiten geöffneten **Office de Tourisme** wartet eine Sammlung landwirtschaftlichen Geräts und im **Musée Retromécanique du Pays-Fort** sind 30 zwischen 1945 und 1960 produzierte, französische Automobile zu sehen, die den industriellen Aufschwung nach 1945 repräsentieren *(April – Oktober 10 – 12/15 – 17 Uhr, Eintritt).*

(064) Offizieller WOMO-Stellplatz: Vailly-sur-Sauldre Aire de Camping-Car

GPS: N 47°27'26.5" E 02°38'48.0", Champ de Foire. **Max. WOMOs:** 18.
Öffnungszeit: Ganzjährig.
Ausstattung: V/E, Müllbehälter, Tische und Bänke.
Beschreibung: Der asphaltierte, mit Schranke gesicherte Platz ist teils schattig und liegt am Ortsrand. Die nahe Straße ist stark befahren und es kann zu Geräuschbelästigungen kommen. Hier befindet sich der ideale Startpunkt für ausgedehnte Radtouren in die Umgebung. Der Platz ist klappstuhlgeeignet.
Zufahrt: An der D923 dem WOMO-Piktogramm folgen.

Den nicht mehr als zweckdienlichen **offiziellen WOMO-Stellplatz** für zwei WOMOs in **Boulleret** würden wir gar nicht erwähnen, wenn es in der Nähe nicht ein gutes Restaurant gäbe [**065:** N 47°25'22.1" E 2°52'20.6", Place des Charmes, V/E].

Im modern-rustikalen Ambiente kann man im **Restaurant Maison Medard** eine frische, aromatische Sterne-Küche mit passenden Weinen der Region genießen. Allerdings muss man die sehr gute Qualität des Essens und die Freundlichkeit des Personals recht hochpreisig bezahlen *(Mittags- und Abendmenü Mi – Sa, So nur mittags, Telefon 0248723962, 19 Place des Tilleuls, www.maisonmedard.com).*

Wenig später rollen wir hinab ins Tal der Loire und parken das WOMO auf der anderen Uferseite in **Cosne-Cours-sur-Loire** auf dem zweckmäßigen **offiziellen WOMO-Stellplatz**, der nachts erstaunlich ruhig ist [**066:** N 47°24'50.2" E 02°55'18.2", Impasse du Sanitas, V/E].

Das Ortszentrum ist nicht weit entfernt und da wir ab hier dem Flusslauf mehr oder weniger folgen werden, kann es nichts schaden, dem **Musée de la Loire** einen Besuch abzustatten. Das in einem ehemaligen Augustinerkloster beheimatete Museum erzählt die Geschichte eines der größten Flüsse Europas, seiner Schifffahrt sowie seiner Bewohner. Eine weitere Ausstellung ist den Schönen Künsten und Malern wie Chagall, Utrillo und Derain gewidmet *(März – Oktober 10 – 12/14 – 18 Uhr, Sa/So/Feiertag 14 – 18 Uhr, Di Ruhetag, November/Dezember 10 – 12/14 – 17.30 Uhr, Sa/Feiertage 14 – 17.30 Uhr, Di/So Ruhetag, Eintritt, Place de la Réstistance, www.museedelaloire.fr).*

TOUR 7

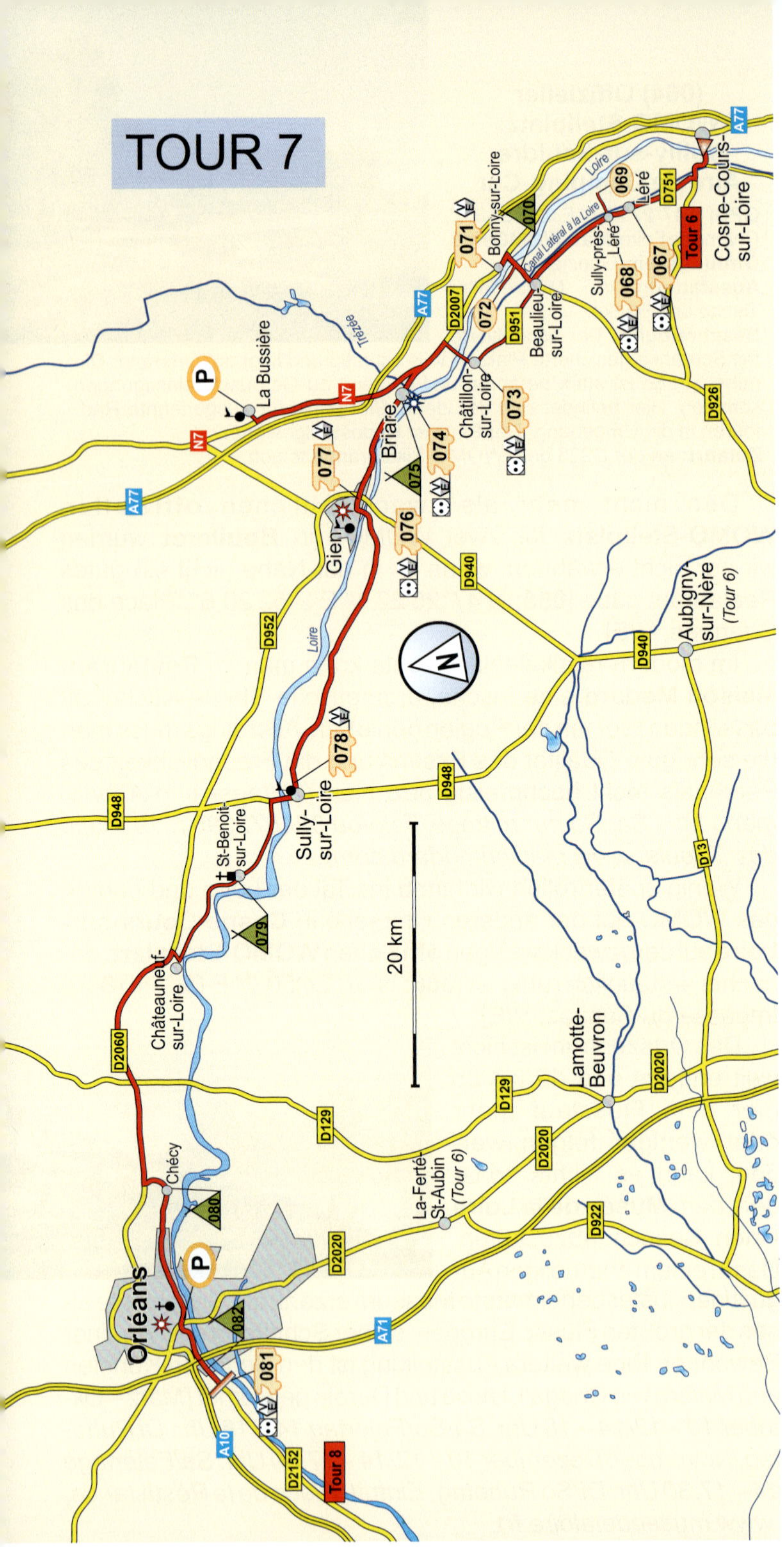

Orléans
Chécy
Châteauneuf-sur-Loire
St-Benoît-sur-Loire
Sully-sur-Loire
Gien
Briare
La Bussière
Châtillon-sur-Loire
Beaulieu-sur-Loire
Bonny-sur-Loire
Sully-près-Léré
Léré
Cosne-Cours-sur-Loire
Aubigny-sur-Nère
(Tour 6)
Lamotte-Beuvron
La-Ferté-St-Aubin
(Tour 6)
Loire
Trézée
Canal Latéral à la Loire
20 km
Tour 6
Tour 8
A77
A71
A10
N7
D948
D952
D2060
D129
D2020
D940
D13
D922
D2152
D2007
D951
D926
D751
067
068
069
070
071
072
073
074
075
076
077
078
079
080
081
082

Tour 7 170 km

Léré – Briare – Gien – Sully-sur-Loire – Orléans

Stellplätze: Léré, Sury-près-Léré, Beaulieu-sur-Loire, Bonny-sur-Loire, Châtillon-sur-Loire, Briare, Gien, Sully-sur-Loire, La Chapelle-Saint-Mesmin.

Campingplätze: Beaulieu-sur-Loire Camping Touristique du Canal, Briare Camping Le Martinet, Saint-Benoit-sur-Loire Camping Le Port, Chécy Camping Les Pâtures, Saint-Jean-de-la-Ruelle Camping Municipal Gaston Marchand.

Besichtigen: Château de la Bussière Château de la Bussière; Briare Pont Canal de Briare, Musée des deux Marines et du Pont-Canal; Gien Château Musée de Gien, Musée de la Faïencerie; Dampierre-en-Burly Musée du Cirque et de l'Illusion; Sully-sur-Loire Château de Sully; Saint-Benoît-sur Loire Abbaye de Fleury; Germigny-sur-Loire Église; Orléans Maison de Jeanne d'Arc, Cathédrale Sainte-Croix d'Orléans, Musée des Beaux-Arts, Musée Historique et Archéologique, Jardin de la Charpenterie.

Wandern/Radfahren: Loire-Radweg.

Märkte: Beaulieu-sur-Loire Mi, Bonny-sur-Loire Sa, Châtillon-sur-Loire Do, Briare Fr, Gien Mi/Sa, Sully-sur-Loire Mo, Chécy Sa, Orléans Mi Place de la République, Fr Place du Martroi/Nachtmarkt 16–22 Uhr, Sa Quai du Roi/Fischmarkt täglich Halles Châtelet, La Chapelle-Saint-Mesmin Sa.

Essen: Briare Café-Restaurant Chocolats et chimères; Sully-sur-Loire Pâtisserie Ayrole, Boulangerie La Pétrie; Orléans Maison Martin Pouret, Restaurants Eugéne und L'Hibiscus, Guinguettes am Quai du Châtelet.

*Wer erst hier in unsere Touren einsteigt, ist möglicherweise durch das **Burgund** angereist und hat bestimmt den **WOMO-Reiseführer Band 14** unseres geschätzten Autorenkollegen Ralf Gréus im Gepäck, der Sie bis hieher geführt hat.*

*Im Museum von Cosne-Cours-sur-Loire konnten wir einen ersten Eindruck von unserer zukünftigen Begleitung erhalten, die im Verbund mit ihren Nebenflüssen ab jetzt bis zum Ende unserer Reise beinahe ständig an unserer Seite sein wird. Die Rede ist von der **Loire**, die majestätisch eine Landschaft durchfließt, die wie keine andere königliche Lebenslust und länd-*

*liche Idylle repräsentiert. Wir werden uns vorerst weiter in der **Region Centre-Val de Loire**, aber diesmal in den **Départements Cher, Loiret, Loir-et-Cher** und **Indre-et-Loire** aufhalten und damit in eine Jahrhunderte alte Kulturlandschaft eintauchen.*

Das Tal der Loire ist mit kleinen und großen, prächtigen und weniger prächtigen Schlössern randvoll besprenkelt und die Fülle könnte einen glatt erschlagen. Doch keine Bange, wir werden nicht alle Schlösser bereisen oder vorstellen. Natürlich haben wir die nobelsten Schlösser wie Chambord, Cheverny oder Chenonceau im Angebot, aber ansonsten werden Sie uns eher in die Schlösser begleiten, die uns am ehesten zugesagt haben oder in ihrer Art oder Präsentation etwas Besonderes darstellen.

*Wir werden prachtvolle, sich sanft im Wasser spiegelnde Städte besuchen und die Königin der Flüsse sowie ihre Zuflüsse auf mittelalterlichen Steinbrücken oder neueren Gitterträger- und Hängebrücken überqueren. Wir werden auf charmante Dörfer stoßen, an sattgrünen Ufern spazieren oder das Tal auf dem **Radwanderweg La Loire à Vélo** erkunden. Immer wieder wird uns die starke, als auch sanfte Loire fesseln als auch faszinieren und uns immer wieder ein anderes Bild von sich zeigen (www.loiretal-frankreich.de, www.val-de-loire-41.com).*

Es sind aber nicht nur die Flüsse, die ein Leben am Wasser ermöglichen, sondern auch die Kanäle.

Wir befinden uns auf der D751 Richtung Beaulieu-sur-Loire, die parallel zum **Canal Latéral à la Loire** verläuft. Der Loire-Seitenkanal bildet mit drei weiteren Kanälen eine Kanalkette und bietet somit der Binnenschifffahrt und Sportbooten die Möglichkeit, von der Seine zur Saône und weiter zum Mittelmeer zu gelangen. Zudem gestattete er die von der launischen Loire unabhängige ganzjährige Schifffahrt.

La Loire à Vélo

Der etwa 900 Kilometer lange Radweg zählt zu einer der schönsten Radrouten Frankreichs. Er ist leicht zu bewältigen und sorgt daher bei der ganzen Familie für Fahrspaß. Auch unerfahrene Radfahrer können unbesorgt dem Flussverlauf folgen und finden nicht nur gut ausgeschilderte, sondern auch gesicherte Strecken.

Diese führen zum einen besonders in städtischen Bereichen auf asphaltierten markierten Radwegen, über Straßen ohne Durchgangsverkehr oder mit geringem Verkehrsaufkommen. Zum anderen gibt es Wege, die ohne jeglichen motorisierten Verkehr auskommen und die über alte Eisenbahntrassen, Uferwege, Forst- oder Landwege führen. Die Fahrbahnen bestehen meist aus verdichtetem Sand oder Asphalt und sind eher für Trekkingräder geeignet. Zum dritten sind die Radwege zu nennen, die getrennt vom motorisierten Verkehr neben Straßen verlaufen und ausschließlich Radfahrern vorbehalten sind.

Sollte das Fahrrad unterwegs eine Panne haben, dann gibt es in vielen Orten an der Strecke Fahrradwerkstätten, für deren Servicequalität unter der landesweiten Marke **Accueil Vélo** geworben wird.

Neben dem eigentlichen Loire-Radweg bieten sich ausgeschilderte Rundtouren *(boucles)*, beispielsweise bei Chambord, an. Besonders schöne Ausblicke ergeben sich zwischen Orléans und Blois sowie zwischen Saumur und Cunault.

Hilfreiche, auch in deutscher Sprache gehaltene Unterstützung sind unter den folgenden Internetpräsenzen zu finden: *www.loire-radweg.org, de.francevelotourisme.com, www.loireavelo.fr.*

Von den folgenden Stellplätzen, aber auch von vielen anderen Startpunkten unserer gesamten Reise bis zur Loire-Mündung am Atlantik kann man entweder direkt oder über Zuwegungen auf eine Etappe des Loire-Radwegs einsteigen.

(067) Offizieller WOMO-Stellplatz: Léré – Port du Canal

GPS: N 47°28'29.4" E 02°52'29.1", Rue du Champ des Noyers.
Max. WOMOs: 4.
Öffnungszeit: Ganzjährig.
Ausstattung: V/E, Strom, WC, Dusche, Infotafel.
Beschreibung: Relativ schmale Parkbuchten auf dem asphaltierten Platz direkt am Canal Latéral à la Loire und neben einer Silo-Anlage. Der Ort mit Bäckerei ist rund 500 m entfernt. Über die Kanalbrücke und eine Zuwegung ist der Loire-Radweg zu erreichen.

Zufahrt: Im Ort dem Hinweis Port du Canal folgen.
Hinweis: Maximaler Aufenthalt zwei Nächte.

(068) Offizieller WOMO-Stellplatz: Sury-près-Léré – Aire Municipale

GPS: N47° 28' 58.6" E 02°51'54.5", Route de Savigny. **Max. WOMOs:** 3 – 5.
Öffnungszeit: Ganzjährig.
Ausstattung: V/E, Strom, WC, Tische und Bänke, Infotafel, Müllbehälter.
Beschreibung: Im Ort liegt der asphaltierte, meist schattenlose einfache Parkplatz. Eine Gaststätte befindet sich ca. 300 m entfernt an der Hauptstraße und die Jetons für die V/E sind im Ort erhältlich (Siehe Infotafel, auch in englischer Sprache). Kleine ausgewiesene Spazierrunde rund

um den Ort. Um auf den Loire-Radweg zu kommen, muss man zunächst nach Léré fahren und von dort der Zuwegung über die Kanalbrücke folgen.
Zufahrt: Im Ort dem WOMO-Piktogramm folgen.

(069) WOMO-Parkplatz: Sury-près-Léré – Picknickplatz

GPS: N 47°29'42.9" E 02°53'20.5".
Max. WOMOs: 3 – 5.
Ausstattung: Tische und Bänke, Müllbehälter.
Beschreibung: Der einfache Parkplatz befindet sich auf einer befestigten Wiese mit Schotter und ist teilweise schattig. Er liegt am Loire-Radweg und in unmittelbarer Nähe zum Flussufer außerhalb des Ortes. Eine Geräuschbelästigung von einem Firmengelände am gegenüberliegenden Ufer ist möglich.
Zufahrt: Im Ort dem Hinweis La Loire ca. 2 km folgen.

(070) WOMO-Campingplatz: Beaulieu-sur-Loire – Camping Touristique du Canal**

GPS/Kontakt: N 47°32'39.0" E 02°49'18.7", Route de Bonny, Telefon 0788879501, www.beaulieu-sur-loire.fr.
Öffnungszeit: Ostern bis Allerheiligen.
Ausstattung: Haustiere erlaubt.
Beschreibung: Der kleine und einfache Platz bietet durch Hecken getrennte, geschotterte Parzellen mit und ohne Schatten und liegt direkt am Canal Latéral à la Loire. Bäckereien und Gaststätten sind im Ort etwa 500 m entfernt. Die Sanitäranlagen sind etwas in die Jahre gekommen, aber sauber.
Preise: € – €€.
Zufahrt: Im Ort den Hinweisen zum Campingplatz folgen.

Bevor wir auf der linken Loire-Seite ein hübsches Plätzchen nahe dem Fluss ansteuern, sei erwähnt, dass es auf der anderen Flussseite in **Bonny-sur-Loire** nicht nur einen weiteren Campingplatz, sondern auch einen **offiziellen WOMO-Stellplatz** gibt [**071:** N 47°33'33.5" E 02°50'22.5", Chemin de la Cheuille, V/E].

Wer die Flusslandschaft aus verschiedenen Perspektiven erleben möchte, bleibt aber auf der linken Flussseite und folgt vor der Loire-Brücke den Hinweisen ULM (*Ultra-Léger-Motorisé*) bis zur **Base de Beaulieu**. Hier können **Kanus oder Kajaks** für halb-, ganz- oder mehrtägige Fahrten auf vorgeschlagenen Strecken angemietet werden und die Organisatoren sorgen für die An- der Abfahrt zum vereinbarten Termin an den jeweiligen Start- oder Zielpunkt. Man kann sich aber auch mit einem **Ultraleichtflugzeug** in die Lüfte schwingen und die Flusslandschaft von oben betrachten. Die Fluggeräte werden ausgeliehen, man kann in Begleitung fliegen oder sich sogar für einen Einführungskurs anmelden *(Grève de l´Étang, Gebühr, Telefon 0613564755 oder 0621662502 oder 0950251235, www.basedebeaulieu.com).*

Wir haben in der Vorsaison nur ein Stückchen weiter sehr diskret und ohne Campingverhalten eine ruhige Nacht in den Loire-Auen verbracht [**072:** N 47°33'47.3" E 02°49'11.7", Camping verboten!]. Es gibt mehrere, zum Teil unebene Möglichkeiten am Straßenrand auf Wiese oder Sandboden, und Tische sowie Bänke laden zum Picknick ein und man kann zu Radtouren oder Spaziergängen aufbrechen. Mit einer Genehmigung, die bei den Gemeindeverwaltungen der nahen Orte erhältlich ist, darf man hier auch angeln.

In **Châtillon-sur-Loire** können wir dann wieder ganz offiziell und mit Anschluss an den Radweg unsere Zeit verbringen. Wer vom anderen Loire-Ufer kommt, der sollte gegebenenfalls bereits in Beaulieu den Fluss überqueren, da die Brücke in Châtillon nur für Fahrzeuge bis 3,5 Tonnen Gesamtgewicht freigegeben ist und nur eine Höhe von 2,70 Meter hat.

(073) Offizieller WOMO-Stellplatz: Châtillon-sur-Loire – Aire de Camping-Car

GPS: N 47°35'30.9" E 02°45'33.9", Rue de Port. **Max. WOMOs:** 8 – 10.
Öffnungszeit: Ganzjährig.
Ausstattung: V/E, Strom, Tische und Bänke, Müllbehälter.
Beschreibung: Der teils schattige Platz ist parzelliert, geschottert und liegt unmittelbar am Kanal und im Jachthafen. Hinter und neben den WOMOs ist Platz für Tisch und Stühle. Der Einstieg in den Loire-Radweg erfolgt an der Brücke und ein Rundgang durch den recht netten Ort überrascht mit einigen Fachwerkhäusern. In der Nähe des Stellplatzes gibt es eine Bäckerei und ein einfaches, aber gutes Restaurant.

Preise: €€.
Zufahrt: Im Ort den Hinweisen zum Port de Plaisance und dem WOMO-Piktogramm folgen.

Bevor wir uns einem weiteren Kanal zuwenden, wollen wir dem Beinamen „Schloss der Fischer“, *Château des Pêcheurs*, auf den Grund gehen und suchen rechts der Loire das auch für Leckermäulchen interessante **Château de la Bussière** im gleichnamigen Ort auf (N 47°44'53.3" E 02°44'55.8", Rue du Château).

Château de la Bussière

An einer wichtigen Handelsstraße, die Paris mit dem Mittelmeer verband, und als Verteidigungspunkt gegen das Herzogtum Burgund diente, ließ Etienne de Feins Ende des 12. Jahrhunderts eine Festung mit Wällen, Gräben und Zugbrücke erbauen. Im 16. Jahrhundert, nach der Verwüstung während der Religionskriege, wurde die einstige Burg durch den Marquis du Tillet, seines Zeichens Präsident des französischen Parlaments und einer der reichsten Männer des damaligen Frankreichs, in ein repräsentatives Schloss umgewandelt und durch den angesagten Landschaftsarchitekten Le Nôtre, er zeichnet auch für den Schlosspark von Versailles verantwortlich, mit einem neu gestalteten Park und einem großen Schlossteich aufgewertet. Weinstöcke wurden entfernt und durch einen 1,5 Hektar großen Obst- und Gemüsegarten ersetzt, der den etwa 50 Personen starken Haushalt ernähren sollte. Anfang des 19. Jahrhunderts erwarb die jetzige Eigentümerfamilie das Schloss und nutzte es als komfortablen Wohnsitz.

Heute ist das **Schloss** nicht mehr bewohnt, besitzt aber noch immer eine wertvolle Möblierung und kann besichtigt werden.

Damit erklärt sich auch der Beiname Château des Pêcheurs, denn im Schloss werden den Besuchern anhand einer bemerkenswerten Sammlung an Objekten und Kunstwerken verschiedene **Fischfangtechniken** von der Urzeit bis heute erklärt und ein außergewöhnliches Exemplar eines Quastenflossers, ein prähistorischer Fisch, präsentiert.

Der 60 Hektar große **Park** lädt zu ausgedehnten Spaziergängen unter schattigen Bäumen und entlang des Teiches ein, und bei Bootsfahrten auf dem Teich oder einem Spielangebot besonders für Kinder wird es keinem Familienmitglied beim Park- und Schlossbesuch langweilig.

Uns hat es der Besuch des **Gemüsegartens** mit seinen unendlich vielen Farben und Düften besonders angetan. Es gibt Gemüse, Gewürz- oder einfache Pflanzen, Heilpflanzen, Blumen und Obstbäume. In der Saison können rote Früchte wie Erdbeeren oder Himbeeren selbst gepflückt (gegen ein wenig Naschen ist sicher nichts einzuwenden) und im schlosseigenen Shop gewogen sowie bezahlt werden. Zusätzlich erwarben wir frische Tomaten, einen köstlichen hausgemachten Sirup und gehaltvollen Honig *(April – Oktober Mi – Mo 14 – 18 Uhr, Mai/Juni/September Mi – Mo 10 – 12/14 – 18 Uhr, Juli/August 10 – 18 Uhr, Weihnachten im Schloss Dezember jedes Wochenende, Eintritt, Hunde an der Leine im Park gestattet. Es gibt Picknicktische und im Juli/August ein Restaurant mit Snacks, www.chateau-de-la-bussiere.com).*

Vom links der Loire verlaufenden **Canal Latéral à la Loire** haben wir bereits gehört und wissen, dass er ein Bindeglied für die Schiffstransporte zwischen der Seine und Mittelmeer ist. Was aber tun, wenn sich ein Fluss, in diesem Fall die Loire, keck zwischen den einen und den anderen Kanal schiebt?

Um diese Frage zu beantworten, steuern wir **Briare** an und wer das WOMO so nah wie möglich an der Rätsellösung parken möchte, fährt direkt zum ersten der **offiziellen WOMO-Stellplätze** [**074:** N 47°37'54.5" E 02°44'22.9", Rue de Vignes, V/E, Strom].

(075) WOMO-Campingplatz: Briare – Camping Le Martinet***

GPS/Kontakt: N 47°38'29.5" E 02°43'31.7", Val du Martinet, Telefon 0238312450, www.entreprisefrery.com/camping-les-martinets.
Öffnungszeit: April – Oktober.
Ausstattung: Waschmaschine, Wäschetrockner, Spielplatz, Außenpool, behindertengerechter Sanitärbereich, Brot in der Hauptsaison.
Beschreibung: Der teils schattige Campingplatz liegt unweit der Loire und verfügt über relativ große Parzellen, er ist knapp 2 km von der Kanalbrücke entfernt. Das Zentrum mit Geschäften sowie Restaurants ist nach etwa 1,5 km erreicht und es besteht die Möglichkeit zum Radfahren und Wandern.
Preise: €€ – €€€.
Zufahrt: Im Ort den Hinweisen zum Campingplatz folgen.

(076) Offizieller WOMO-Stellplatz: Briare – Aire de Camping Car Le Martinet

GPS: N 47°38'35.5" E 02°43'22.3", Val du Martinet. **Max. WOMOs:** 20.
Öffnungszeit: April – Oktober.
Ausstattung: V/E, Strom, Müllbehälter.
Beschreibung: Der mit Schranke gesicherte Stellplatz unweit der Loire liegt etwa 300 m hinter dem Campingplatz und bietet Parzellen auf Wiesen, die von Hecken umgeben und teilweise unter Bäumen liegen. Zum Zeitpunkt unseres

Aufenthalts empfanden wir die Plätze als groß bemessen und konnten prima den warmen Tag vor dem WOMO verbringen. Die Kanalbrücke ist etwa 2 km und das Zentrum mit Geschäften sowie Restaurants etwa 1,5 km entfernt. Guter Ausgangspunkt für Wanderungen und Radtouren.
Preise: €€.
Zufahrt: Im Ort den Hinweisen zum Campingplatz und dem WOMO-Piktogramm folgen.
Hinweis: Der maximale Aufenthalt beträgt 72 Stunden, Kurzparken möglich.

Briare

Zunächst wollen wir also der Frage nach der Überbrückung der Loire nachgehen und erfahren, dass man gegen Ende des 19. Jahrhunderts ein Ingenieurbüro beauftragte, um die entstandene Lücke zwischen zwei Kanälen mittels eines Brückenkanals zu schließen. Wenn dann noch der Name Gustave Eiffel, auch wenn dieser nicht bei der Metallstruktur mitgewirkt haben soll, mit im Spiel ist, dann ist damit zu rechnen, dass es sich bei der Kanalbrücke um ein besonders schönes Exemplar handelt.

Und genauso verhält es sich – die 1897 eingeweihte **Pont Canal de Briare** ist ein gut 662 Meter langes schickes Exemplar, das mit seinen verzierten Obelisken und elektrischen Lampen der Pariser Pont Alexandre III. ähnelt. Sie ermöglicht die Schifffahrt zwischen dem Loire-Seitenkanal und dem **Canal de Briare,** in dem sie die

Loire ausgesprochen dekorativ in gut zehn Meter Höhe überspannt. Heute wird die Kanalbrücke vorwiegend von Sportbooten und kleinen Schiffen passiert und wir können der Querung zu Fuß folgen oder die **Passage du Pont-Canal** einschließlich der Schleusung durch drei der ältesten französischen Schleusen mit einem der Touristenboote erleben *(April – Oktober, Quai Mazoyer, Gebühr. Telefon 0238371275, www.les-bateaux-touristiques-briare.com).*

Im **Café-Restaurant Chocolats et Chimères** an der Kanalbrücke sitzen wir in der ersten Reihe und schauen dem regen Treiben bei feinem Gebäck und kleinen Speisen von der Terrasse zu *(10.30 – 13.30/14.30 – 18 Uhr, Mo Ruhetag, außerhalb der Saison veränderte Öffnungszeiten, Telefon 0238371058)* oder verweilen in einem der zahlreichen Gastronomiebetriebe nahe dem Port de Plaisance.

Briare ist ein nettes Städtchen, in dem es sich gut bummeln lässt und in dem das **Musée des Deux Marines et du Pont-Canal** über die Loire-Schifffahrt und die Besonderheiten von Navigation auf Kanälen und Flüssen berichtet *(März – Mai/Oktober – 15. November 14 – 18 Uhr, Juni – September 10 – 12.30/ 14 – 18.30 Uhr, 58 Boulevard Buyser, Eintritt).*

Für weitere Informationen rund um Briare stehen die Mitarbeiter des **Office de Tourisme** zur Verfügung *(Juli – Anfang September Mo – Sa 9.45 – 12.15/13.45 – 17.15 Uhr, Mitte September – Juni Di – Sa 9.45 – 12.15/13.45 – 17 Uhr, 1 Place de Charles de Gaulle, Telefon 0238312451, www.terresdeloireetcanaux.com).*

Mit dem lebendigen Nachbarort **Gien** sehen wir uns mit einer Stadtansicht konfrontiert, wie wir sie im weiteren Verlauf

unserer Reise immer wieder sehen werden: Ein Schloss oder eine Kirche, oft auch beides, überragen niedrige Häuser, die durch Platanen oder andere Bäumen von der Loire abgeschirmt werden. Für die Stadtbesichtigung empfehlen wir den zweckdienlichen **offiziellen WOMO-Stellplatz** [077: N 47°40'47.2" E 02°38'35.3", Quai de Nice, V/E, maximal 48 Stunden Aufenthalt] und für eine längere Verweildauer den am gegenüberliegenden Ufer liegenden und wesentlich anheimelnderen **Campingplatz**.

Gien

Wer Gien heute sieht, kann kaum glauben, dass die Stadt im Zweiten Weltkrieg schwer zerstört wurde. Die zwölfbogige Loire-Brücke wurde nach historischem Vorbild wiederaufgebaut und das einst älteste der Loire-Schlösser strahlt als eines der wenigen Schlösser in rotem Ziegelstein im Sonnenlicht über dem Wasser. Neben der eher schlichten und wenig prunkvollen Anlage ist der Glockenturm der Église Sainte-Jeanne-d'Arc das einzige Bauwerk, das das Bombardement überstanden hat.

Sowohl vom Stellplatz als auch vom Campingplatz ist das **Château Musée de Gien** im Schloss nach etwa einem Kilometer Fußweg erreicht. Mit der Sologne als königliches Jagdgebiet im Hintergrund ist es nicht verwunderlich, dass sich im sehenswerten Museum alles um die Jagd und Naturkunde des Loire-Tals dreht *(Mai – September 10 – 18 Uhr, Oktober – April Mo – Fr 13.30 – 17.30, Sa/So Feiertage 10 – 12/13.30 – 17.30 Uhr, www.chateaumuseegien.fr).* Von der Schlossterrasse, die nach mittelalterlichen Plänen wieder aufgebaut wurde, bietet sich ein wunderschöner Blick über die Stadt und den Fluss.

Bekannt ist Gien auch für das gleichnamige Porzellan, das in der *Faïencerie de Gien* seit 1821 produziert wird. Hier wurden die Fliesen

für die Pariser Métro hergestellt und auf der Weltausstellung von 1889 präsentierte man eine drei Meter hohe Vase aus Gien. Heute lässt sich die Geschichte des bedeutenden Porzellans im **Musée de la Faïencerie** nachverfolgen und im angegliederten Fabrikladen das eine oder andere Stück käuflich erwerben *(Mai – September 10 – 18 Uhr, Do/So geschlossen, Juli/August 10 – 18 Uhr, So teilweise nur 13.30 – 17.30 Uhr, Dezember – April 13.30 – 17.30 Uhr, Sa 10 – 12/13.30 – 17.30 Uhr, Eintritt, 78 Place de la Victoire, www.gien.com).*

In **Dampierre-en-Burly** können Zirkusfreunde im **Musée du Cirque et de l'Illusion** in die märchenhafte Welt von Clowns und Zauberern entführen lassen *(10 – 12.30/13.30 – 18 Uhr, Juli/August 10 – 18 Uhr, von Dezember bis Februar einige Schließtage, Eintritt, www.museeducirqueetdelillusion.com)* bevor wir in **Sully-sur-Loire** das am 30. November 2000 zum UNESCO-Weltkulturerbe erklärte Tal der Loire betreten. Das Gebiet umfasst nicht den gesamten Flussverlauf, sondern einen nur 280 Kilometer langen Abschnitt zwischen dem östlich gelegenen Sully-sur-Loire und Chalonnes-sur-Loire westlich von Angers.

(078) Offizieller WOMO-Stellplatz: Sully-sur-Loire – Aire de Camping-Car

GPS: N 47°46'16.7" E 02°23'04.1", Quai de la Salle Verte. **Max. WOMOs:** 25.
Öffnungszeit: Ganzjährig.
Ausstattung: V/E, Tische und Bänke, Infotafel, Müllbehälter.
Beschreibung: Der geschotterte und parzellierte Platz liegt etwa 1 km (Fußweg durch den Schlosspark) vom Zentrum entfernt und ist je nach Witterung zum Teil sehr staubig und bietet keinen Schatten. Sein unbestrittener Vorteil ist die Lage direkt am Fluss mit Anschluss an den Loire-Radweg. In der Nähe gibt es einen Kanu- und Kajakverleih. Im Ort können wir die feinen Törtchen der **Pâtisserie Ayrole** empfehlen und bei Marie und Georges in der **Boulangerie La Pétrie** das Brot.

Zufahrt: Im Ort den WOMO-Piktogrammen folgen.
Hinweis: Die kurvige Zufahrt ist durch Holzpfosten begrenzt und nur für WOMOs bis zu einer Länge von 7 – 7,50 m zu nutzen.

Château de Sully

Sully, das wie Gien unter der Bombardierung während des Zweiten Weltkriegs zu leiden hatte, kann man mit einem im **Office de Tourisme** erhältlichen und in deutscher Sprache verfassten Flyer erkunden *(Januar/November/Dezember 10 – 12.30/13.30 – 17 Uhr, Februar/März/Oktober 9.30 – 12.30/13.30 – 17.30 Uhr, jeweils Di Vormittag/So geschlossen, April – Juni/September 9.30 – 12.30/13.30 – 18 Uhr, Juli/August 9.30 – 18.30 Uhr, jeweils Di ab 10.30 Uhr/So von 10 – 12.30 Uhr geöffnet, Place de Gaulle, Telefon 0238362370, www.sully-sur-loire.fr).*

Hauptanziehungspunkt ist aber das Schloss, das nicht nur den östlichen Beginn des Welterbe-Reigens der Loire Schlösser markiert, sondern mit seinem breiten Wassergraben als klassisches und eindrucksvolles Beispiel eines mittelalterlichen Festungsbaus dient. Das soll aber nicht darüber hinwegtäuschen, dass wir es hier auch mit einem Lustschloss der Renaissance zu tun haben. Das wehrhafte Äußere und das Interieur von erlesener Schönheit hat es seinem namengebenden Besitzer, dem Duc de Sully zu verdanken, der auch unter dem Namen Maximilien de Béthune bekannt ist.

Fünfhundert Jahre zuvor wurde das Bauwerk erstmals erwähnt und etwa 200 Jahre später wurde der königliche Louvre-Baumeister nach einem Brand mit dem Bau eines Donjons beauftragt. Der Turm fungierte nicht nur als Verteidigungsbauwerk für die Loire-Brücke, sondern auch als Kulisse rauschender Feste, bei denen die Hautevolee Frankreichs zu Gast war. Im Jahr 1602 erwarb der Herzog von Sully, Minister unter Henri IV., das Schloss, ließ zahlreiche Bauarbeiten durchführen, verpasste dem Interieur wie dem Exterieur einen schönen Renaissance-Stempel und möbelte sein Zuhause im wahrsten Sinne des Wortes auf. Das Schloss blieb 400 Jahre im Besitz der Familie, die es weiter um- wie auch anbaute und es nach einem Brand sowie den Verwüstungen im Zweiten Weltkrieg in den 1960er Jahren an das Département Loiret abgaben.

Trotz dieser bewegten Geschichte blieben der Wehrgang, Wandbehänge, möblierte Appartements, ein ungewöhnlich geformter Dachstuhl aus dem 14. Jahrhundert und das Grabmal des großen Sullys, wie der Herzog auch genannt wurde, erhalten *(**Château:** Februar – April/Oktober – Dezember Di – Fr 13.30 – 17.30 Uhr, Sa/So 10 – 12/13.30 – 17.30 Uhr, tägl. Mai/Juni/September Di – So 10 – 18 Uhr, Juli/August 10 – 18 Uhr, Führungen möglich, Eintritt. **Park:** Oktober – März 9 – 18 Uhr, April – September 8.30 – 22 Uhr, Hunde im Park an der Leine gestattet, www.chateausully.fr).*

Im beschaulichen **Saint-Benoît-sur Loire** stoßen wir auf einen der größten Architekturschätze an der Loire. Im Jahr 650 wurde die eher unbedeutende **Abbaye de Fleury** im damals noch gleichnamigen Ort gegründet. Einige Jahre später wurden die Gebeine des Heiligen Benedikt aus Montecassino hergebracht und die Abtei entwickelte sich zu einem Zentrum mittelalterlicher Kultur. In der Klosterschule unterrichtete ein Berater Karls des Großen und König Philip I. wählte den mittlerweile in St-Benoît umgetauften Ort zu seiner letzten Ruhestätte. Im 11. Jahrhundert begann man mit dem Turmbau und damit mit einem bis heute weitgehend im Original erhaltenen romanischen Kirchenbau, in dessen Krypta noch immer die Reliquien des Heiligen Benedikts aufbewahrt werden. Besondere Beachtung verdienen die Kapitellfiguren in der Vorhalle, ein aus dem Vorgängerbau erhaltenes prächtiges Mosaik im Kirchenchor und das Nordportal. Seit 1944 lebt wieder eine Mönchsgemeinschaft nach den Benediktinerregeln in der Abtei und mit ein wenig Glück kann man den gregorianischen Gesängen der Mönche bei der Vesper lauschen.

Ganz in der Nähe wartet der kleine, einfache **Camping Le Port**** auf Gäste [**079:** N 47°48'23.4" E 02°17'41.1", 32 Rue du Port, Telefon 0238351234, www.onlycamp.fr, Ende Mai – Mitte September, €€ – €€€].

Angler in der Loire

In **Germigny-sur-Loire** ließ Theodulf, der Berater Karls des Großen, eine prunkvolle Villa errichten, von der nur die Privatkapelle aus dem Jahr 806 erhalten ist (N 47°50'36.3" E 02°16'00.3", Chemin des Coutures). Das Gotteshaus zählt heute zu den ältesten Kirchen Frankreichs und ist ein schönes Beispiel karolingischer Architektur *(April – September 9.30 – 18.30 Uhr, Oktober – März 10 – 17 Uhr, nicht während der Gottesdienste).*

Waschhaus in Chécy

Im östlich von Orléans gelegenen Ort **Chécy** findet sich ein gutes Basislager für den Besuch einer der bekanntesten Städte an der Loire. Oder aber man quartiert sich westlich der Stadt in **La Chapelle-Saint-Mesmin** ein.

Aus beiden Orten kann man mit dem Fahrrad, dem ÖPNV oder aber auch mit dem Wohnmobil in die Stadt fahren und nach einer ausgiebigen Besichtigungstour am Abend in grüner und ruhiger Umgebung entspannen.

Für den Tagesbesuch in **Orléans** haben wir mit viel Glück auf dem folgenden, engen und oft gut gefüllten, gebührenpflichtigen Parkplatz einen Platz für das Wohnmobil gefunden (N 47°54'12.2" E 01°55'02.9", Boulevard Aristide Briand, nur für Wohnmobile bis maximal 7,50 Meter Länge!).

(080) WOMO-Campingplatz: Chécy – Camping Les Pâtures**

GPS/Kontakt: N 47°53'08.4" E 02°01'41.0", 35 Chemin du Port, Telefon 0238911327, außerhalb der Öffnungszeiten 0238468863, www.checy.fr/camping.

Öffnungszeit: Mai –September
Ausstattung: WiFi, Brötchenservice Juli/August, Tennisplatz, Angelmöglichkeit.
Beschreibung: Die Wiesenplätze des kleinen und ruhigen Campingplatzes am Loire-Ufer sind meist unter Bäumen und etwa 500 Meter vom Ort entfernt. Für eine Anreise nach 18 Uhr und Abreise vor 10 Uhr stehen gesonderte Plätze zum reduzierten Tarif „stop accueil camping-cars“ (€) zur Verfügung.
Mit dem Fahrrad sind es vorwiegend auf ruhiger Nebenstraße entlang der Loire etwa 10 km und mit dem ÖPNV etwa 60 Minuten bis ins Zentrum von Orléans.
Preise: €€ – €€€.
Zufahrt: Im Ort den Hinweisen zum Campingplatz folgen.

(081) Offizieller WOMO-Stellplatz: La Chapelle-Saint-Mesmin – Aire de Camping-Car

GPS: N 47°53'07.4" E 01°50'22.6", Chemin der Fourneaux. **Max. WOMOs:** 23
Öffnungszeit: April – November.
Ausstattung: V/E, Strom, WiFi, Infotafel, Müllbehälter.

Beschreibung: Der mit einer Schranke gesicherte Stellplatz liegt am Ufer der Loire. Die Plätze auf Wiese und Schotter liegen alle unter Bäumen. Mit dem Fahrrad sind es auf dem Fahrradweg und ruhigen Straßen etwa 6 km und mit dem ÖPNV etwa 50 – 60 Minuten bis ins Zentrum von Orléans.
Auf der Fahrt mit dem Fahrrad in die Stadt verzeichnen wir in Saint-Jean-de-la-Ruelle den einfachen **Camping Municipal Gaston Marchand** [**082:** N 47°53'42,5" E 01°51'43,5", Rue de Roche, Telefon 0238883939, Mitte Juni – Ende August/Anfang September, €€ – €€€, www.ville-saintjeandelaruelle.fr oder www.tourismeloiret.com].
Preise: € – €€€.
Zufahrt: Im Ort dem WOMO-Piktogramm folgen.
Hinweis: Die Zufahrt erfolgt über eine schmale Straße und die Einfahrt ist sehr schräg! Der Aufenthalt kann von 24 bis maximal 72 Stunden betragen.

Orléans

Wir starten in Chécy diesmal mit dem Fahrrad nach Orléans und erreichen nach einer gemütlichen Fahrt entlang des Flusses den Quai du Châtelet und wenig später die **Pont George V.**, von der es in nördlicher und gerader Linie zur zentralen Place du Martroi geht. Hier befindet sich das **Office de Tourisme**, in dem alle Fragen für einen kürzeren oder längeren Aufenthalt beantwortet *werden (April – September 9 – 19 Uhr, Oktober – März Mo – Do 10 – 18 Uhr, Fr/Sa 10 – 18.30 Uhr, So 10 – 18 Uhr, 23 Place du Martroi, Telefon 0238240505, www.tourisme-orleansmetropole.com).* Hier ist auch der **City Pass Orléans Métropole** erhältlich, mit dem man Tram und Bus nutzen kann und freien Eintritt oder Rabatte in Museen, Restaurants, Geschäften und anderen Attraktionen erhält *(Erwachsene 24 Stunden/18 Euro, 48 Stunden/28 Euro, 72 Stunden/35 Euro, Kinder ab 24 Stunden/12 Euro, Stand jeweils 2022).*

Die an der Spitze des nördlichsten Loire-Bogens gelegene Stadt entwickelte sich am Schnittpunkt wichtiger Handelswege und aufgrund

Reiterstandbild Jeanne d´Arc auf der Place du Martroi

ihrer nächsten Lage zu Paris zu einem Zentrum des Handels und des kulturellen Austauschs. Ihre Blüte erlebte Orléans im frühen Mittelalter als Königsstadt der Kapetinger und später als königstreues Herzogtum. Damals wie heute zog sie Studenten aus ganz Europa an und erst mit Niedergang der Loire-Schifffahrt und dem Erstarken der Eisenbahntransporte im 19. Jahrhundert erlosch das wirtschaftliche Licht in Orléans. Dazu trugen sicherlich auch Brände und Zerstörungen unter anderem während des Zweiten Weltkriegs bei. Mittlerweile hat die Stadt mit der Restaurierung der Altstadt, den Neuanlagen der Flusspromenaden und dem Wiederaufbau der repräsentativen Straßenzüge rund

Place du Martroi

um die Place du Martroi den Anschluss an eine neue Zeit geschafft und entfaltet während unseres Spaziergangs ihre ganze Anziehungskraft.

Die Prachtstraßen aus dem 19. Jahrhundert bestimmen das Bild rund um das Office de Tourisme und in der Haupteinkaufsstraße Rue de la République, und unter den Arkaden der Rue Royale mit ihren eleganten Geschäften kann man prima shoppen. Wer nicht von Geschäft zu Geschäft bummeln möchte, erhält in der Boutique des Office de Tourisme übrigens sehr leckere, lokale Spezialitäten. Dazu gehören *Macarons aux fruits d'Orléans* oder ein aus der Not heraus entwickeltes Produkt. Die mit Schiffen transportierten Loire-Weine waren in früheren Zeiten bei ihrer Ankunft häufig sauer sowie ungenießbar geworden und wurden deshalb zu Essig verarbeitet. Noch heute kann man den besonders geschätzten *Vinaigre d'Orléans*, aber auch den im gleichen Haus nach einem alten Rezept entwickelten Senf *Moutarde d'Orléans* in der **Maison Martin Pouret** käuflich erwerben *(Di – Sa 10 – 19 Uhr, 11 Rue de Jeanne d'Arc, www.martin-pouret.com).*

Wenn wir von Orléans sprechen, dann denken wir gleichzeitig an Jeanne d'Arc, an die das **bronzene Reiterstandbild auf der Place du Martroi** erinnert. **Jeanne d'Arc** wurde in Lothringen geboren und vernahm mit dreizehn Jahren in einem durch den Hundertjährigen Krieg zerrissenen Land den himmlischen Ruf, das französische Königreich von der englischen Besatzung zu befreien und den Dauphin, Charles VII., in Reims zum König krönen zu lassen. Seit damals wird dieses Ereignis Jahr für Jahr Ende April/Anfang Mai bei den **Fêtes des Jeanne d'Arc** mit einer festlichen Parade, einem mittelalterlichen Markt, Konzerten und einer Licht- und Ton-Show an der Kathedrale gefeiert. Der Festzug folgt im Schein von Fackeln jenem Weg, den Jeanne am Tag ihres Einzugs in Orléans von der Porte de Bourgogne im Osten durch die Rue de Bourgogne quer durch die Stadt bis zum Haus ihres Gastgebers einschlug. In diesem historisch getreu rekonstruierten Haus befindet sich heute die **Maison de Jeanne d'Arc**, in der unterhaltsam und interessant über den Hundertjährigen Krieg sowie das Leben der Jungfrau

berichtet wird. Hier erfahren wir, dass Jeanne im Auftrag des Dauphin das seit Monaten belagerte Orléans durch die Erstürmung des Forts des Tourelles einnahm und die Engländer ohne weitere Kämpfe abzogen. Danach ritt sie weiter durchs Land, trieb die Engländer vor sich her und wurde beim Versuch, das von den mit den Engländern verbündeten Burgundern besetzte Compiègne zu befreien, gefangen genommen und an die Engländer verkauft. Nach einem Schauprozess und der Verurteilung wurde Jeanne d'Arc am 30. Mai 1431 auf der Place du Vieux Marché in Rouen im Alter von 19 Jahren auf dem Scheiterhaufen verbrannt. Erst nach der Revision des Prozesses wurde Jeanne im Petersdom 1909 seelig- und im Jahr 1920 heiliggesprochen *(Di – So 10 – 13/14 – 18 Uhr, 3 Place du Général de Gaulle)*.

Durch die Rue Jeanne d'Arc wenden wir uns nun ostwärts der **Cathédrale Sainte-Croix d'Orléans** zu. Nichts lenkt den Blick von der imposanten Westfassade ab, die mit hohen Portalen, spitzen Bögen und zwei luftigen, dreistöckigen Türmen den Kirchenvorplatz herrlich dominiert. Der im 13. Jahrhundert begonnene Vorgängerbau wurde

Rue Jeanne d´Arc und Cathédrale Sainte-Croix-d´Orléans

nie fertiggestellt und der durch zahlreiche Zerstörungen unterbrochene Bau des jetzigen gotisch anmutenden Gebäudes dauerte 600 Jahre. Hinter der schönen Fassade fällt das Licht durch eine zu Ehren Ludwig XIV. gefertigten Rosette in das Kirchenschiff, das zusätzlich von der Jungfrau von Orléans gewidmeten bunten Kirchenfenstern erhellt wird. Die im Original erhaltenen Fenster der Seitenschiffe erzählen die Geschichte ihres Lebens von der Geburt über die Befreiung der Stadt bis zum Tod auf dem Scheiterhaufen.

In unmittelbarer Nähe zur Kathedrale befindet sich das **Musée des Beaux-Arts**, das hochwertige Sammlungen französischer und europäischer Malerei und Skulpturen vom 14. bis 20. Jahrhundert zeigt *(Di – Do/Sa 10 – 18 Uhr, Fr 10 – 20 Uhr, So 13 – 18 Uhr, Eintritt, 1 So im Monat kostenfrei, 1 Rue Fernand Rabier)*. In der Parallelstraße an der Place de l'Etape bezaubert das **Hôtel Groslot** aus der Renaissance mit angeschlossenem Park, das einst als Rathaus genutzt wurde.

In der südlich der Kathedrale gelegenen **Altstadt** findet man in den Fußgängerzonen der Rue de Bourgogne, Rue Etienne Dolet und Rue du Poirier mit niedrigen Stein- und Fachwerkhäusern einige recht

hübsche Winkel. In der Rue Sainte-Catherine sind mit dem **Hôtel des Créneaux** und in der noch westlicher gelegenen Rue Notre-Dame de Recouvrance mit dem **Hôtel Toutin** weitere sehenswerte Renaissancebau vorhanden.

Vom Hôtel des Créneaux ist es nur einen Katzensprung zum **Musée Historique et Archéologique**, in dem man in die Welt der Kelten eintauchen kann oder einmal mehr der Geschichte der heroischen Jeanne begegnet *(April – September Di – So 10 – 13/14 – 18 Uhr, Oktober – März Di – So 13 – 18 Uhr, Eintritt, 1. So im Monat kostenfrei, 1 Square Abbé Desnoyers).*

Auf dem weiteren Weg hinab zur Loire stoßen wir auf eine der vielen grünen Oasen der Stadt. Vom **Jardin de la Charpenterie** bieten sich herrliche Ausblicke auf den Fluss und zwischen den Rasenflächen und

Westfassade und Kircheninneres der Cathédrale Sainte-Croix-d´Orléans

Baumgruppen erholen wir uns ein wenig vom Pflastertreten.

Wer noch nicht in einem der gehobenen, aber im Preis-Leistungsverhältnis angepassten **Restaurant Eugéne** *(Mittags- und Abendmenü Mo – Fr, 24 Rue Sainte-Anne, Telefon 0238538264, www.restauranteugene.fr)* oder **L'Hibiscus** *(Mittags- und Abendmenü Di – Sa, 175 Rue de Bourgogne, Telefon 0238727411, www.hibiscus-orleans.fr)* eingekehrt ist, wird jetzt in den **Guinguettes am Quai du Châtelet** bei einem Getränk und einem kleinen Imbiss einen Logenplatz am Loire-Ufer einnehmen *(ab Juni und nur in den Sommermonaten geöffnet)*.

Hôtel Groslot

Von hier, aber auch etlichen anderen Plätzen am Wasser, kann die traditionelle Zusammenkunft der Flussschiffer beim **Festival de Loire** verfolgt werden. An der alle zwei Jahre mit ungeraden Jahreszahlen Mitte September stattfindenden Großveranstaltung beteiligen sich rund 500 Schiffer und es gibt ein fünftägiges Rahmenprogramm.

Nach dieser ausgefüllten Besichtigungstour radeln wir zurück zum Campingplatz nach Chécy oder zum Stellplatz nach La Chapelle-Saint-Mesmin und starten eventuell zu einer weiteren Stadtexkursion am folgenden Tag.

Fachwerkhäuser an der Rue de Bourgogne

Tour 8 — 130 km

Meung-sur-Loire – Chambord – Cheverny – Beauregard

Stellplätze: Meung-sur-Loire, Cléry-Saint-André, Dry, Lailly-en-Val, Beaugency, Saint-Dyé-sur-Loire, Chambord, Tours-en-Sologne, Fontaine-en-Sologne.

Campingplätze: Beaugency Camping Val de Flux, Muides-sur-Loire Camping Municipal Bellevue.

Besichtigen: Meung-sur-Loire Kirche Saint-Liphard, Château de Meung, Jardins de Roquelin; Cléry-Saint-André Basilique Notre-Dame de Cléry; Lailly-en-Val Église Saint-Sulpice; Beaugency Abbatiale Notre-Dame, Château; Talcy Château de Talcy; Saint-Dyé-sur-Loire, Marins du Port de Chambord, Maison de Loire; Chambord Château de Chambord; Tours-en-Sologne Château Villesavin mit Museen; Cour-Cheverny Château de Cheverny; Cellettes Château de Beauregard.

Radfahren: Meung-sur-Loire nach Beaugency, Saint-Dyé-sur-Loire nach Chambord und Blois.

Märkte:	Meung-sur-Loire So, Cléry-Saint-André Sa, Dry Fr Beaugency Di.
Essen:	Meung-sur-Loire La Guinguette Chez Nan's, Guinguette La Corne des Pâtures; Beaugency Restaurant Le P'tit Bateau; Tours-en-Sologne Restaurant de l'Agriculture.

Zwischen Orléans und Blois bewegen wir uns inmitten des zentralen Loire-Tals in zwei eng miteinander verwobenen Regionen im ***Département Loir-et-Cher****. Viele Ortsnamen sind untrennbar mit Frankreichs Geschichte verbunden und die Brücken und Burgen am Wegesrand waren vom Mittelalter bis zum 20. Jahrhundert von großer strategischer Bedeutung. Westlich von Orléans erstreckt sich die fruchtbare* ***Petite Beauce*** *mit ihrem Weizenanbaugebiet und im Süden stoßen wir wieder auf die weite, fischreiche Seenlandschaft der* ***Sologne*** *(www.my-loire-valley.com).*

Dazwischen schmiegt sich die ehemalige Residenz der Bischöfe von Orléans sanft ans rechte Ufer der Loire. **Meung-sur-Loire** ist eine hübsche, unaufdringliche Ortschaft, über der sich die Türme der romanischen **Kirche Saint-Liphard** aus dem 12. Jahrhundert und das in einem Stilmix aus dem 12. bis 18. Jahrhundert errichtete **Château de Meung** erheben. Vom Stellplatz kann man durch die von Stein- und Fachwerkhäusern gesäumten Straßen schlendern, die entlang kleiner Bäche, der *Mauves*, errichtet wurden. Das Schloss kann vom Dachboden bis zu den unterirdischen Gängen besichtigt werden und überrascht mit einer neoklassizistischen Kapelle und Badezimmern aus dem 18. Jahrhundert *(Öffnungszeiten während der Saison meist ab 10 Uhr – 18/19 Uhr, in der Nebensaison nur nachmittags, aktuelle Öffnungszeiten bitte der Internetseite entnehmen, Eintritt, www.chateau-de-meung.com).*

Château de Meung und Église Saint-Liphard

(083) Offizieller WOMO-Stellplatz: Meung-sur-Loire Aire de Camping-Car

GPS: N 47°49'23.6" E 01°41'53.1", Chemin des Grèves.
Max. WOMOs: 15.
Öffnungszeit: Ganzjährig.
Ausstattung: V/E, Strom, Tische und Bänke, Infotafel.
Beschreibung: Der Stellplatz mit recht schmalen Plätzen auf Schotter liegt neben dem Freibad und einem Sportplatz. WOMOs mit einer Länge über 7,50 m haben hier Probleme, da wegen der angrenzenden Mauer das Heck nicht überhängen kann. Teilweise Geräusche durch Verkehr auf der Loire-Brücke und ggf. durch die Nutzung der Müll- und Glascontainer.
Zufahrt: Im Ort dem WOMO-Piktogramm folgen.

Radtour von Meung-sur-Loire nach Beaugency

Vom Stellplatz radeln wir zunächst über die Brücke, um links zu den **Jardins de Roquelin** abzuzweigen.

Auf dem mittelalterlichen Bauernhof blühen und duften die Pflanzen um die Wette und besonders zur Rosenblüte sollte man in diesem Gartentraum vorbeischauen. Zwischen über 400 Rosenarten, Hecken und Pergolen spazieren Pfauen und quaken Frösche und in der angrenzenden Boutique können beinahe sämtliche Pflanzen käuflich erworben werden *(April – Anfang Oktober Mi – Mo 10 – 18 Uhr, Eintritt, www.lesjardinsderoquelin.com)*.

Flussaufwärts, Richtung Orléans, bieten sich vom linken Loire-Ufer immer wieder schöne Ausblicke über das Wasser und bei Le Vieux-Bourg führt ein schmaler Weg zur Aire de Loisirs des Îsles Mareau-aux-Prés. Wer mag, kann die Radrunde mit einem zwei Kilometer langen Spaziergang durch ein kleines Naturschutzgebiet unterbrechen und anschließend über einen schmalen Weg einen winzigen Loire-Strand erreichen. Ein idealer Platz für ein Picknick!

Wir radeln auf gleicher Strecke etwa 9 Kilometer zurück und folgen dem weiß-grünen Schild des Loire-Radwegs ab der **Guinguette Chez Nan's** links des Flusses weiter *(www.chez-nans-guiguette-meung-sur-loire.eatbu.com)*. Zwischen Wiesen und Feldern fahren wir auf dem Deich manchmal etwas holprig, aber autofrei bis zum Campingplatz von Beaugency, um dahinter die mittelalterliche Brücke zu queren.

Bei Bedarf kann ein Zwischenstopp im Ort eingelegt werden und danach machen wir uns rechtsseitig der Loire auf den Rückweg. Recht bald freuen sich die jüngeren Mitradler in der entsprechenden Jahreszeit über ein **Maislabyrinth** und gleich nebenan versprechen **Hüpfburgen** und **aufblasbare Rutschen** eine Menge Abwechslung.

Bevor wir Meung-sur-Loire erreichen, stellte die **Guinguette La Corne des Pâtures** ein wunderbares Etappenziel dar. Die Open-Air-Gastronomie sorgt nicht nur für das leibliche Wohl, sondern unterhält mit einem abwechslungsreichen Veranstaltungsprogramm *(www.lacornedespatures.com)*.

Die restlichen 3 Kilometer nach Meung sind nun schnell zurückgelegt und wir schauen auf eine vergnügliche und abwechslungsreiche Radtour von etwa 35 Kilometern zurück. Die Strecke kann natürlich auch in die andere Richtung oder in Etappen befahren werden.

Sonnenaufgang in Meung-sur-Loire

Für weitere Informationen rund um Meung und die beiden folgenden Orte verweisen wir auf das in allen drei Orten ansässige **Office de Tourisme** *(beispielsweise in Meung, 1 Rue Emmanuel Troulet, Telefon 0238443228, in der Saison täglich 9.30 – 18 Uhr, sonst Mo – Sa 10 – 12.30/14 – 17 Uhr, www.tourisme-terresduvaldeloire.fr).*

Wir setzen unsere Reise nach **Cléry-Saint-André** fort und schon bald zeichnet sich die elegante Silhouette der **Basilique Notre-Dame de Cléry** am Horizont ab. Ganz in der Nähe befindet sich ein **offizieller WOMO-Stellplatz**, von dem man nach wenigen Minuten Fußweg im Ortszentrum ist **[084:** N 47°49'06.8" E 01°45'21.5", Rue Louis XI].

Das Meisterwerk der Flamboyant-Gotik überragt mit 38 Metern Höhe das Val d'Ardoux und nachdem im Jahr 1280 eine wundertätige Marienstatue gefunden wurde, pilgern auf Wunder hoffende Menschen zur Wallfahrtskirche. Auch König Louis XI. verehrte die Statue, finanzierte nach dem

Basilique Notre-Dame-de-Clery

Hundertjährigen Krieg den Wiederaufbau, starb jedoch vor der Vollendung der Kirche. Sein Grabmal wurde während der Religionskriege zerstört und durch das heutige im Jahr 1622 ersetzt. Die Gebeine des Königs wurden samt denen seiner Königin in einer Gruft beigesetzt, ihre Schädel sind in der Krypta zu sehen *(9 – 18 Uhr)*.

In **Dry** vermerken wir einen weiteren **offiziellen WOMO-Stellplatz** am Ortsrand, von dem man über eine Zuwegung den Einstieg in die oben genannte Radtour erhält [**085:** N 47°47'53.2" E 01°42'50.6", Rue de Meung, V/E, Strom].

In unmittelbarer Nachbarschaft zur romanischen **Église Saint-Sulpice** in **Lailly-en-Val** befindet sich am Ortsrand neben einem kleinen Teich der beinahe schattenlose **offizielle WOMO-Stellplatz** der Betreibergesellschaft Camping-Car Park [**086:** N 47°46'13.4" E 01°41'08.4", Place de l´Église, V/E, Strom, mit Schranke gesichert, ganzjährig geöffnet, €€].

Bevor wir **Beaugency**, diesmal mit dem WOMO, erreichen, möchten wir den örtlichen Campingplatz nicht unerwähnt lassen und auch am gegenüberliegenden Loire-Ufer kann das WOMO geparkt werden.

(087) WOMO-Campingplatz: Beaugency – Camping Val de Flux***

GPS/Kontakt: N 47°46'35.2" E 01°38'34.4", Route de Lailly, Telefon 0238147266, www.camping-beaugency.fr.
Öffnungszeit: April – August/September.
Ausstattung: Snackbar während der Hauptsaison, Épicerie mit Baguette und Gebäck aus der örtlichen Bäckerei, Waschmaschine, Wäschetrockner, Grill, Volleyball, Minigolf, Kart-Vermietung, behindertengerechter Sanitärbereich.
Beschreibung: Der Campingplatz liegt außerorts am Ufer der Loire und bietet einen Blick auf die alte Steinbrücke und den gegenüberliegenden Ort. Die großzügigen Parzellen auf Wiese bieten wenig Schatten. Der Sanitärbereich ist etwas in die Jahre gekommen, aber sauber. Hier ist ein guter Startpunkt für Touren auf dem Loire-Radweg und die oben beschriebene Radtour kann direkt am Eingang gestartet werden.
Preise: €€ – €€€.
Zufahrt: Den Hinweisen zum Campingplatz folgen.

(088) Offizieller WOMO-Stellplatz: Beaugency – Parking Loire

GPS: N 47°46'45.1" E 01°38'13.9", Quai Dunois. **Max. WOMOs:** 10.
Öffnungszeit: Ganzjährig.
Ausstattung: V/E, Tische und Bänke, Müllbehälter.
Beschreibung: Im Ort zwischen Durchgangsstraße und Loire unter Bäumen gelegener, unebener Schotter/Wiese-Parkplatz. Direkt am Parkplatz gibt es einen Pizza-Wagen mit Bestuhlung und durch das nahe, oben beschriebene Mais-Labyrinth und den direkt nebenan befindlichen Pkw-Parkplatz gibt es gerade in den Sommermonaten viel Unruhe. Nichtsdestotrotz steht es sich an der Loire einfach wunderbar und der Radweg verläuft direkt vor der Nase.
Zufahrt: Im Ort dem WOMO-Piktogramm folgen.

Beaugency

Von der **alten Loire-Brücke** war ja bereits die Rede und wir möchten ergänzen, dass sie die einzige steinerne Brücke zwischen Orléans und Blois ist, von der bereits im Mittelalter berichtet wurde. Das 435 Meter lange Bauwerk wird noch heute vom quadratischen und mächtigen **Tour de César**, einem Bergfried aus dem 11. Jahrhundert, bewacht, der gemeinsam mit der kaum jüngeren **Abbatiale Notre-Dame** und dem spitzen, aus dem 15. Jahrhundert stammenden **Clocher Saint-Firmin** über die Schieferdächer der hellen Häuser und die hohen Platanen ragt. Vom Glockenturm erschallen täglich vier Glocken, die die Melodie des französischen Kinderliedes *Le Carillon de Vendôme* läuten *(8.10 Uhr/12.10 Uhr/19.10 Uhr)*.

Natürlich gibt es auch hier ein **Château**, das Jean Comte de Dunois, auch als Bastard von Orléans bekannt, Mitte des 15. Jahrhunderts als Wohnsitz für sich und seine Gattin auserkor. Der Comte war ein Gefährte

Beaugency und die alte Loire-Brücke

von Jeanne d'Arc, die genau wie Louis XI. und François I. im Schloss zu Gast waren. In der Gegenwart ist das Schloss zu einem Zentrum digitaler Kunst geworden und ein Besuch gestaltet sich so ganz anders als die üblichen Schlossvisiten. Lichtinstallationen werden gekonnt in Szene gesetzt, elektronische Musik schallt durch die altehrwürdigen Räume und versetzen jüngere und ältere Besucher in Staunen (*Schulferien und Sommersaison Di – So 10 – 19 Uhr, Ostern – Allerheiligen Sa/So 10 – 19 Uhr, Eintritt, eine Nachtshow gibt es jeden Sa im Sommer um 22 Uhr mit kostenfreiem Eintritt, www.chateau-beaugency.com).*

Von der Stadtmauer aus dem 11./12. Jahrhundert schauen wir noch einmal über den Fluss hinüber zu den Wäldern der Sologne bevor wir weiter ins Herz der mittelalterlichen Stadt vordringen und im **Restaurant Le P'tit Bateau** mit hübschem Innenhof frischen Fisch aus der Bretagne und – je nach Saison – Wild aus der Sologne serviert bekommen. Nicht die günstigste Adresse, aber dafür eine besonders erwähnenswerte *(Abendmenüs Mi – So, 54/56 Rue du Pont, Telefon 0238445638, www.restaurant-lepetitbateau.fr).*

Wir schlängeln uns weiter entlang der Loire bis nach **Muides-sur-Loire** und notieren nahe der Brücke den einfachen **Camping Municipal Bellevue**** [**089:** N 47°40'18.4" N 01°31'34.1", Avenue de la Loire, Telefon 0963645756 oder 0784620164, April – September, Preis € – €€].

Vor oder nach dem Besuch des folgenden Schlosses kann man ebenfalls an der Brücke von Muides eine wohlverdiente Picknickpause mit Blick aufs Wasser einlegen (N 47°40'24.8" E 01°31'39.3").

Ein Abstecher ins nördlich gelegenen **Talcy**, einem verschlafenen Örtchen inmitten des Ackerlandes der Beauce, lohnt insofern, als dass uns dort mit dem **Château de Talcy** eines der weniger bekannten Herrenhäuser des Loire-Tals erwartet (N 47°46'14.5" E 01°26'45.5").

Einst lebten hier zwei schöne Damen, die romantisch besungen wurden und seit deren Dasein im 16. Jahrhundert sich

Auf dem Weg nach Talcy

kaum etwas verändert hat. Auch müssen Karl IX. und Katharina von Medici die Räumlichkeiten zeitweilig bewohnt haben und Mobiliar wie auch Innenausstattung vermitteln noch heute die authentische Atmosphäre eines gemütlichen Familiensitzes *(Anfang September – April Mi – Mo 10 – 12.30/14 – 17 Uhr, Anfang Mai – Anfang September 9.30 – 12.30/14 – 18 Uhr, Eintritt, www.chateau-talcy.fr).*

Zurück an der Loire müssen wir unbedingt **Saint-Dyé-sur-Loire** nicht nur aufgrund der Lage seines Stellplatzes erwähnen.

(090) Offizieller WOMO-Stellplatz: Saint-Dyé-sur-Loire – Bord de Loire

GPS: N 47°39'17.8" E 01°28'44.2", Chemin de la Croix du Pont.
Max. WOMOs: 40. **Öffnungszeit:** Ganzjährig.
Ausstattung: Tische und Bänke, Infotafel, Müllbehälter.
Beschreibung: Der unebene Wiesenplatz unter Bäumen am Ortsrand liegt direkt an der Loire und wer Glück hat, kann sogar mit Blick auf den Fluss parken. Es ist beinahe wie Freistehen und das wollen viele Camper ausnutzen, sodass der Platz besonders in der Saison hoffnungslos überfüllt ist. Dann parken unter Umständen 20 große und kleine WOMOs auch die für Pkw angedachten Flächen zu, was ab und zu auch schon mal für Unfrieden sorgen kann. Ansonsten ist es einer der schönsten Plätze unserer Reise, da man von hier zusätzlich zu Radtouren oder Spaziergängen aufbrechen kann und in unmittelbarer Nähe ein Kanuverleih angesiedelt ist *(www.vcck41.com)*. Zusätzlich kann man von hier sowohl nach Chambord als auch nach Blois radeln, abends in Ruhe sein Kaltgetränk vor dem WOMO schlürfen oder im Ort eine Kleinigkeit im **Bistrot Vélo** *(Mo – So 11.30 – 18 Uhr/Mi/Sa auch abends)* zu sich nehmen. Eine Bäckerei gibt's auch und während der Hauptsaison werden Snacks direkt am Stellplatz aus einem Imbisswagen heraus verkauft.

Zufahrt: Am westlichen Ortsausgang dem WOMO-Piktogramm folgen.
Hinweis: Maximaler Aufenthalt 48 Stunden.

Saint-Dyé-sur-Loire und eine königliche Radtour

Die kleine Stadt wurde im 6. Jahrhundert von Saint Déodat, einem Eremiten, der für den Namen des Weilers und Pilgerfahrten in den Ort verantwortlich zeichnet, gegründet. Die teilweise heute noch erhaltene Stadtmauer wurde im späten Mittelalter errichtet und das kleine Städtchen am linken Ufer der Loire profitierte von der Nähe zu den Wäldern der Sologne. Es wurde ein Hafen angelegt, der in der Renaissance zum „Hafen von Chambord" wurde, indem er als Anlegeplatz für die Baumaterialien des Schlosses diente.

Heute bieten die **Marins du Port de Chambord** Spazierfahrten auf der Loire mit nachgebauten Frachtkähnen an und die Flusslandschaft erscheint dabei aus einer völlig anderen Perspektive *(März – Oktober, Gebühr, www.marins-port-chambord.fr)*. In der **Maison de Loire** wird der Charakter des größten Flusses Frankreichs auf eine weitere Art beleuchtet *(Anfang April – Anfang November Di – Sa 10 -13/14 – 17.30 Uhr, 73 Rue Nationale, www.maisondeloire41.fr)*.

Die Loire bei Saint-Dyé-sur-Loire

Bei unserer **Radtour** folgen wir dem einstigen Transportweg nach Chambord, indem wir Saint-Dyé-sur-Loire auf der D112A südlich verlassen und dem immer präsenten und durchgängigen grün-weißen Loire-Radwegsymbol zunächst nach Chambord und zum dortigen **Château Chambord** folgen (ca. 7 km).

Nach Belieben ist eine Besichtigung möglich oder man hält sich gleich westwärts entlang des Flüsschens **Cosson**, für dessen Füllung François I. gern die Loire umgeleitet hätte, auf dass ein majestätischer Fluss an seinem Schloss vorbeiziehen möge. Nicht immer in Sichtweite des Wassers erreichen wir zunächst Huisseau-sur-Cosson (ca. 14 km), überqueren die dortige Brücke und radeln nach Vineuil (ca. 8 km). Durch den Ort erreichen wir die D956 und folgen ihr parallel bis zur Loire, um uns dort flussabwärts bis zur Pont-Jacques-Gabriel führen zu lassen (ca. 5 km).

Wer hier nicht nur den schönen Blick auf das Panorama von **Blois** bewundern möchte, überquert den Fluss und startet zur Eroberung von Schloss und Altstadt. Alle anderen folgen uns rechts der Loire auf dem Radweg flussaufwärts. Dicht am Fluss entlang passieren wir das eindrucksvolle **Château de Ménars**, das einmal der Marquise de Pompadour gehörte und nicht öffentlich zugänglich ist (ca. 10 km).

Wir strampeln weiter bis zur nächsten Loire-Brücke und überqueren den Fluss bei Muides-sur-Loire (ca. 13 km). Die letzten Kilometer zurück nach Saint-Dyé-sur-Loire folgen wir jetzt wieder linksseitig dem Fluss (ca. 4 km).

Château de Ménars

Die Rundtour ist insgesamt etwa 60 Kilometer lang und wir waren den ganzen Tag zwischen Feldern, Weingärten, Wäldern und entlang der teils ursprünglichen Flusslandschaft wie auch auf Straßen unterwegs. Für die zusätzliche Schloss- oder Stadtbesichtigung würden wir eine kürzere Etappe wählen.

Wer Schloss Chambord nicht mit dem Fahrrad aufsucht, kann natürlich auch bequem mit der Kalesche, pardon, mit dem Wohnmobil, in **Chambord** vorfahren und, wenn auch nicht unbedingt eines Königs würdig, dort auch nächtigen.

(091) Offizieller WOMO-Stellplatz: Chambord – Château P2

GPS: N 47°37'07.3" E 01°30'29.1". **Max. WOMOs:** 100
Öffnungszeit: Ganzjährig.
Ausstattung: Infotafel, Müllbehälter.
Beschreibung: Einfacher, geschotterter, schattenloser Großparkplatz etwa 700 m vom Eingang des Schlosses und direkt im Schlosspark gelegen. Tagesüber sehr viel Unruhe, nachts bis auf das Röhren der Hirsche ruhig. Am Abend haben wir durchaus auch vor dem WOMO gesessen. Idealer Ausgangspunkt für Wanderungen und Radtouren durch die Domaine National de Chambord. Die Restaurants auf dem Gelände schließen meist gegen Abend. Ganz fein wird im Restaurant Le Grand Saint-Michel auch abends ein Diner serviert.
Preise: €€.
Zufahrt: Auf dem Gelände den Hinweisen P2 und dem WOMO-Piktogramm folgen.

Château de Chambord

Fangen wir diesmal mit der wesentlichen Frage an: Wann ist der beste Zeitpunkt für eine Besichtigung des Schlosses? Schließlich haben wir es mit einer der Hauptsehenswürdigkeiten des Loire-Tals zu tun und entsprechend ist das Interesse. Wir sind abends angereist, haben

Chambre François I.

uns online ein Ticket reserviert und gehörten am Morgen zu den ersten Gästen des Schlosses. Bis zum großen Besucherandrang brauchten wir die Räumlichkeiten mit nur wenigen Menschen zu teilen, und wenn man beim Einlass ganz flott auf die Dachterrasse eilt, kann man die Aussicht wie einst die Könige beinahe exklusiv genießen. Ausgestattet mit einem deutschsprachigen Besucherplan und einem gebührenpflichtigen Histopad findet man sich mithilfe interaktiver Pläne prima zurecht und lässt sich zudem Saal für Saal und Appartement für Appartement auf eine Zeitreise in die Renaissance mitnehmen *(Mitte/Ende März – Oktober 9 – 18 Uhr, November – Mitte/Ende März 9 – 17 Uhr, Mitte – Ende Dezember 9 – 18 Uhr, letzter Einlass ½ Stunde vor Schließung des Schlosses, die französischen Gärten schließen um 16.30 Uhr, www.chambord.org).*

Der über 5.440 Hektar große **Park** ist frei zugänglich und kann mit gebührenpflichtigen Elektrowagen und Booten oder dem eigenen wie auch gemieteten Fahrrad erkundet werden *(Anfang April – Anfang November, Hunde im Park an der Leine gestattet).*

Kassettendecke im Donjon und Wendeltreppe

Zum Gesamterlebnis Chambord gehört auch eine **Pferde- und Raubvogelshow**, die in den Stallungen des später erwähnten sächsischen Marschalls inszeniert wird *(Anfang April – Anfang Oktober 11.45/16 Uhr, Eintritt).*

Im Jahr 1519 beschloss François I. den Bau eines „großen, schönen und prunkvollen Gebäudes", das es ihm erlaubte, seiner Jagdleidenschaft inmitten eines wildreichen Waldes nachzugehen. Auch wenn der Bauplatz auf sumpfigem Untergrund am Ufer des Flusses Closson lag, ließ François einen Vorgängerbau abreißen und nach der Trockenlegung der Sümpfe entstand auf hölzernen Pfählen im Laufe der folgenden Jahrhunderte ein Abbild der französischen Renaissance, ein Symbol königlicher Macht und das größte wie auch majestätischste Schloss an der Loire.

Chambord sollte jedoch nicht nur als Jagdschloss oder Residenz dienen, sondern vielmehr ein Ausdruck absoluter Macht sein. Der junge französische König war bei der Wahl zum Kaiser des Heiligen Römischen Reichs dem spanischen König unterlegen und wollte wohl seine Enttäuschung hierüber mit dem prächtigsten Königsschloss der damaligen Zeit in Europa kompensieren. Der Plan gelang und mit dem Bau ließ er den neuen Kaiser wohl ziemlich winzig aussehen, als dieser von den riesigen Ausmaßen der 440 Räume, 70 Treppen und über 300 Kamine bei einem Besuch im Jahr 1539 schier überwältigt war.

Noch heute verschlägt es uns den Atem, wenn wir vor dem architektonischen Meisterwerk stehen, das wie eine mittelalterliche Burg mit einem quadratischen, von vier Türmen flankierten Donjon sowie einem Burgwall mit weiteren Ecktürmen und einem Wassergraben erbaut wurde. Auch wenn es urkundlich nicht belegt ist und er bereits 1519 starb, wird vermutet, dass Leonardo da Vinci beim Bau seine Hände im Spiel hatte. Wenn man bedenkt, dass König Franz von der Kunst und den Künstlern Italiens fasziniert war und Leonardo auf Einladung des Königs bis zu seinem Tod in Amboise residierte, könnte man annehmen, dass zumindest erste Baupläne von ihm stammten. Der geniale Erfinder könnte auch für die architektonische Kuriosität der pompösen Wendeltreppe verantwortlich zeichnen.

Die faszinierende Doppelwendeltreppe befindet sich im Zentrum des Bauwerks und besteht aus zwei ineinander verschlungenen Treppenläufen, die sich um einen leeren Raum winden. Wenn zwei Personen auf jeweils einem Treppenlauf hinauf- oder hinabsteigen, dann sehen sie sich durch Öffnungen, aber sie begegnen sich niemals.

François verbrachte nicht mehr als 19 Nächte in seinem Schloss und doch erinnert überall sein Wappentier, der Salamander, und ein immer wiederkehrendes „F“ an ihn. Besonders eindrucksvoll sind die gewölbeartigen Kassettendecken im zweiten Stockwerk des Donjons, die mit Hunderten dieser Embleme verziert sind. Wer auf die Suche geht und genau hinschaut, wird entdecken, dass einmal der Anfangsbuchstabe des königlichen Namens spiegelverkehrt aus dem Stein gemeißelt wurde …

In den weiteren Stockwerken befinden sich die königlichen Gemächer und Wohnungen aus mehreren Jahrhunderten, die auf die Anwesenheit weiterer königlicher Bauherrn hinweisen. Nachdem François 1547 starb, führte sein Sohn die Bauarbeiten fort, danach verewigten sich der Herzog von Orléans und der Sonnenkönig in Chambord. Immer

wieder begannen neue Bauarbeiten, wurden unterbrochen, es wurde erweitert, saniert und im Geist der jeweiligen Zeit verschönert. Stanislaus Leszczyński, der König von Polen, hinterlässt seine Spuren genau wie Moritz von Sachsen, Generalmarschall von Frankreich, und der später ins Exil gegangene Graf von Chambord und letzter direkte Erbe des Sonnenkönigs. Als dieser 1883 verstirbt, entschwindet Chambord vorübergehend in der Belanglosigkeit, doch allerspätestens mit der Aufnahme in das UNESCO Weltkulturerbe im Jahr 1981 ändert sich dies.

Kommen wir noch einmal auf die Doppelwendeltreppe zurück, die auf die Spitze des Donjons und die weitläufige Dachterrasse führt. Der herrliche Panoramablick über die umliegenden Parks und Gärten wie auch auf die unzähligen verzierten Kamine, Gauben und Treppentürmchen, die die hohen Dächer überziehen und dem Schloss seine einzigartige Silhouette verleihen, muss für die Menschen in den vergangenen Jahrhunderten gleichermaßen beeindruckend gewesen sein. Aus all dieser Pracht erhebt sich der Laternenturm in den Himmel, der, gekrönt mit der goldenen Königskrone aus Lilien, noch immer an den visionären François I. erinnert.

Beim abendlichen Spaziergang nehmen wir uns eine Flasche Wein sowie Gläser aus dem WOMO mit und suchen uns ein Wiesenplätzchen gegenüber der 156 Meter langen Nordfassade des Schlosses. Pünktlich zum Sonnenuntergang erstrahlt die vormals weiße Tuffsteinwand in abwechselnden Farben und das ausgeklügelte **Beleuchtungskonzept** stellt die Schönheit der Architektur von Chambord in wahrhaft glänzendes Licht. In einem knapp halbstündigen Rhythmus wiederholt sich das traumhafte und kostenfreie Schauspiel bis 1 Uhr nachts.

Spätestens beim Anblick der gekonnt in Szene gesetzten majestätischen Pracht, aber auch schon nach dem Betreten der prunkvollen Gemächer, dem Aufstieg über die zahlreichen verwinkelten Treppen, dem Blick von Balustraden auf verschnörkelte Steinmetzarbeiten, dem Flanieren durch Gärten und Durchschreiten der Säle sowie dem Anblick der grandiosen Wendeltreppe im Zentrum der absolutistischen Machtdemonstration sind wir uns einig, dass wir hier eines unserer **Top Ten-Ziele** vor uns haben.

Ab dem Jahr 1525 teilte François I. mit dem Finanzsekretär Jean le Breton nach einer Schlacht in Italien vorübergehend den Kerker, bevor die beiden nach 27 Monaten Gefangenschaft nach Frankreich zurückkehrten. Breton wurde nun zum Leiter der großen Schlossbaustelle berufen und durfte auf den Ländereien im südlich gelegenen **Tours-en-Sologne** eine standesgemäße Unterkunft errichten. **Château**

Hochzeitshauben in Château de Villesavin

Château Villesavin

de Villesavin ist die Miniaturausgabe seines „Erstwohnsitzes" Villandry und wurde von den auch in Chambord tätigen italienischen und französischen Handwerkern in den Jahren 1527 bis 1537 errichtet (N 47°32'46.0" E 01°30'40.3").

Das auch als „Bauhütte von Chambord" bezeichnete Anwesen ist heute in Privatbesitz und verfügt über das **Musée de voitures hippomobiles et d'enfants**, in dem Kutschen und Kinderwagen präsentiert werden. Im **Musée du Mariage** wird auf sehenswerte Weise die Geschichte der Hochzeitszeremonien seit dem 19. Jahrhundert dokumentiert *(März – Mai 10 – 12/14 – 19 Uhr, im März Do geschlossen, Juni – September 10 – 19 Uhr, Oktober – Mitte November 10 – 12/14 - 18 Uhr, Eintritt, www.chateau-de-villesavin.fr).*

(092) Offizieller WOMO-Stellplatz: Tours-en-Sologne – Aire Municipal

GPS: N 47°32'16.4" E 01°29'58.9", Rue de la Mairie. **Max. WOMOs:** 4.
Öffnungszeit: Ganzjährig.
Ausstattung: V/E, Strom, Tische und Bänke, Müllbehälter.

Beschreibung: Der teils geschotterte Parkplatz liegt im Ort an einem schattigen Picknickplatz und wird mit Pkw geteilt. In der Nähe befindet sich eine Bäckerei und das empfehlenswerte **Restaurant de l'Agriculture** *(Mittags- und Abendmenü Di Abend – So Mittag, 37 Rue de la Mairie, Telefon 0254464510, www.restaurant-agriculture-41.com).* Von hier sind Rad- und Wandertouren möglich und selbstverständlich kann man durch den Wald nach Chambord (ca. 10 km einfache Strecke) oder nach Cour-Cheverny (ca. 7 km einfache Strecke) radeln.
Zufahrt: Im Ort dem WOMO-Piktogramm folgen.

Ein weiterer einfacher, **offizieller WOMO-Stellplatz** befindet sich in **Fontaines-en-Sologne** am Ortsrand mit Blick in die Sologne mit Weingärten und Feldern **[093:** N 47°30'40.3" E 01°33'03.1", Route de Bracieux, Wasser].

Von hier kann man das Fahrrad zu unserem nächsten Ziel besteigen (etwa 9 Kilometer einfache Strecke) oder steuert das Wohnmobil direkt auf den nur noch tagsüber zu nutzenden Besucherparkplatz P3 in **Cour-Cheverny** (N 47°29'50.5" E 01°27'40.6", striktes Parkverbot von 20 – 8 Uhr!).

Château de Cheverny

Schon stehen wir vor einem weiteren der bekanntesten Loire-Schlösser, das nicht nur üppig möbliert ist, sondern über sechs Gärten verfügt, die für sich allein schon einen Besuch wert sind.

Im April ist es der **Tulpengarten**, der das Anwesen in ein bunt-fröhliches Blumenmeer aus über 500.000 Tulpenzwiebeln verwandelt und in den übrigen Jahreszeiten zeigt sich der **Gemüsegarten** in wechselnden Farben. Auf dem Weg ins Café in der Orangerie wird ein zeitgenössischer **Ziergarten** mit präzisem Heckenschnitt durchschritten und nicht nur Verliebte schauen nach den Bronzeskulpturen im **Garten der Liebe**, nachdem sie sich zwischen den hohen Lorbeer-Hecken des **Irrgartens** gefunden haben. Den **Landschaftspark** im englischen Stil mit vielen alten Bäumen durchfährt man am besten mit dem Elektroauto und steigt zur Erkundung der Kanäle in ein Elektroboot um.

Das **Schloss** gehört seit mehr als sieben Jahrhunderten der Familie Hurault, die als Finanziers und Offiziere im Dienst der französischen Könige stand. Zweimal wurde die Familientradition kurzfristig unterbrochen, als sich Diane de Poitiers hier aufhielt, um die Renovierungsarbeiten in Chaumont-sur-Loire zu verfolgen, und ein weiteres Mahl aus erbrechtlichen Gründen.

Vom ursprünglichen Schloss aus dem 16. Jahrhundert sind nur noch wenige Überreste geblieben, denn in den Jahren 1624 bis 1640 entstand aus hellem Bourré-Tuffstein, ein weicher, aber dennoch widerstandsfähiger Stein aus dem Cher-Tal, ein Neubau, der nach Ende der Renaissance in die damals aufkeimende klassische französische

Architektur umgemodelt wurde. Das Interieur führt uns in eine Welt opulenter Gobelins, prachtvoller Deckenvertäfelungen sowie wertvoller Gemälde in der Bibliothek, das Gemach des Königs, den Waffensaal, den großen Salon und etliche weitere Räume.

Seit 1922 kann das Schloss besichtigt werden und einer der ersten Gäste war der belgische Comiczeichner Hergé und Erfinder von **Tim und Struppi**, im französischsprachigen Original *Tintin*. Hergé ließ sich von Cheverny inspirieren und erfand das von Kapitän Haddock bewohnte Schloss Mühlenhof, in französischer Sprache als *Château Moulinsart* bekannt. In Zusammenarbeit mit der Stiftung Hergé entstand eine interaktive Ausstellung, die auf über 700 Quadratmetern die Abenteuer von Tim und Struppi sehr unterhaltsam für Klein und Groß erlebbar macht.

Der jetzige Hausherr von Cheverny, der Marquis de Vibraye, frönt der Jagdleidenschaft, genauer gesagt der Parforcejagd mit einer **Hundemeute**. Mehr als 100 dreifarbige Jagdhunde, einer Züchtung aus englischem Foxhound und französischem Poitevin, leben in einem den gesetzlichen Vorschriften des Umweltschutzes, der Nutztierhaltung sowie des öffentlichen Gesundheitswesens angepassten großen Zwinger *(Januar – März/Oktober – Dezember 10 – 17 Uhr, April – September 9.15 – 18 Uhr, Juli/August bis 18.30 Uhr. Der Eintritt ist je nach Umfang der Besichtigung gestaffelt. Für die Besichtigung ist ein ausführlicher Flyer in deutscher Sprache erhältlich. Während unseres Besuchs wurde die Meute nicht öffentlich gefüttert, möglicherweise wird die Fütterung wieder ins Besuchsprogramm aufgenommen. Das Mitbringen von Hunden ins Schloss und auf dem Gelände ist nicht gestattet! www.chateau-cheverny.fr).*

Gerade war noch von der Jagdleidenschaft in Cheverny die Rede und auch die Entstehung Chambords ist dieser Passion zu verdanken, sodass sich das folgende, eher bescheiden daherkommende Schloss in **Cellettes** wunderbar einreihen lässt (N 47°32'09.8" E 01°22'34.6").

Château de Beauregard

Auch Beauregard stammt aus der Renaissance und François I., der bereits in Chambord zur Jagd ritt, verleibte sich kurzerhand diesen kleinen Jagdsitz mit ein. Nur wenige Jahre später wechselte das Schloss den Besitzer, wurde zu einer charmanten Residenz umgebaut und im 16. und 17. Jahrhundert von Ministern bewohnt. Der Sonnenkönig kam nach Beauregard und Richelieu übernachtete hier. Seit 1926 befindet

sich das Schloss im Besitz der Familie du Pavillon und ist bewohnt.

Jean du Thiers, der Finanzminister Henri I., ist das im 16. Jahrhundert aus feingeschnitztem Eichenholz entstandene kleine **Cabinet des Grelots** zu verdanken. Das kleine Arbeitszimmer ist mit einer feinen italienischen Decke sowie Gemälden aus der Renaissance geschmückt und in der Küche ist es das Kupfergeschirr, das die Blicke auf sich zieht. Der absolute Höhepunkt ist jedoch die **Porträtgalerie**, deren Gestaltung Paul Ardier, einer der nächsten königlichen Finanzminister und Hausherr, Anfang des 17. Jahrhunderts initiierte. Eine gewaltige Aufgabe, die nach ihm drei weitere Generationen fortführten und denen wir 327 gleichgroße Porträts aus der nationalen und internationalen Politik von 1328 bis 1643, die 26 Nationalitäten repräsentieren, verdanken. Vor lauter Gesichtern sollte man jedoch den Blick auf den Boden nicht vergessen, denn unter den Läufern schaut ein kostbarer Fußboden aus Delfter Kacheln aus der Mitte des 17. Jahrhunderts hervor und wer die Augen anschließend Richtung Decke richtet, wird eine prachtvolle Holzbalkendecke mit in Blautönen gehaltenen Malereien entdecken.

Anschließend kann man sich zur Entspannung auf Spaziergänge durch den 40 Hektar großen **Landschaftspark** begeben. In Anlehnung an die Porträtgalerie im Schlossinneren ist hier der **Jardin des Portraits** angelegt worden, in dem 400 Arten von Stauden und Sträuchern in zwölf, jeweils einer anderen Farbe zugeordneten Blumenbeeten präsentiert werden. Auch ansonsten ist es das pure Vergnügen unter altem Baumbestand und japanischen Kirschblüten zu flanieren oder in den Rosengärten betörende Düfte einzuatmen oder auf Picknickbänken zu rasten *(Anfang April – Juni/September – 29. Oktober 10.30 – 18.30 Uhr, Juli/August 10 – 19 Uhr, 30. Oktober – Mitte November 10.30 – 17.30 Uhr, letzter Einlass jeweils ½ Stunde vor Schließung, auch der Park schließt ½ Stunde nach Schließung des Schlosses, Führungen möglich, Eintritt. Für die Parkerkundung können Fahrräder ausgeliehen werden. Hunde im Außenbereich an der Leine gestattet. Im Innenbereich nur kleinere Hunde, die auf dem Arm oder in einer Tasche getragen werden können. www.beauregard-loire.com).*

Porträtgalerie - Galérie des Illustres

Tour 9 — 260 km

Montrichard – Saint-Aignan-sur-Cher – Loches Chenonceaux – Amboise – Blois

Stellplätze: Pontlevoy, Monthou-sur-Cher, Montrichard, Angé, Saint-Aignan-sur-Cher, Nouans-les-Fontaines, Montrésor, Genillé, Loches, Chédigny, Bléré, Civray de Touraine, Amboise, Veuzain-sur-Loire, Blois.

Campingplätze: Mareuil-sur-Cher Camping Le Port, Saint-Aignan-sur-Cher Camping Les Cochards, Chemillé-sur-Indrois Camping Les Coteaux du Lac, Loches Camping La Citadelle, Chisseaux Camping de L'Écluse, Amboise Camping de l'Île d'Or, Chaumont Camping Municipal Chaumont.

Besichtigen:	Fougères-sur-Bièvre Château; Pontlevoy Abbaye de Pontlevoy; Thésée Römische Ruinen, Musée Archéologique; Bourré La Magnanerie; Montrichard Donjon, Caves Monmousseau; Saint-Aignan-sur-Cher Château, Collégiale, ZooParc de Beauval; Montrésor Collégiale Saint-Jean-Baptiste; Chemillé-sur-Indrois Chartreuse du Liget; Château de Montpoupon; Loches Stiftskirche Saint-Ours, Logis Royal, Musée Lansyer; Rosendorf Chédigny; Chenonceaux Château de Chenonceau; Amboise Parc Mini-Châteaux, Pagode de Chanteloup, Chapelle Saint-Hubert, Château Royal, Château du Clos Lucé, Château Gaillard; Chaumont-sur-Loire Château mit Park und Gärten; Blois Château Royal, Musée de Beaux Arts, Maison de la Magie Robert-Houdin, Cathédrale Saint-Louis, Jardins de l'Évêché.
Märkte:	Pontlevoy Do, Monthou-sur-Cher Mi, Montrichard Mo/Fr, Saint-Aignan-sur-Cher Sa, Montrésor Sa, Genillé So, Loches Mi/Sa, Amboise Di/Fr/So, Blois Di/Mi/Do/Sa/So.
Essen:	Saint-Aignan-sur Cher Restaurant Le Mange-Grenouille; Genillé Restaurant Le Clos de Jeanne; Céré-la-Ronde Restaurant L'Auberge de Montpoupon; Loches Le Vicariat Cité Royale, Le Presbytère-Cité, Le P'tit Restau; ChédignyRestaurant Le Clos aux Roses; Amboise Restaurant L'Écluse, Bar Le Shaker; Blois Miss Gourmand, France Terroir.

*Auf unserer Reise befinden wir uns immer noch im zentralen Teil des Loire-Tals und im **Département Loir-et-Cher**, das wir jedoch in dieser Tour vorübergehend in Amboise und Blois verlassen werden. Erst in der nächsten Tour werden wir dann weiter in das **Département Indre-et-Loire** eintauchen, aber mit der **Region Touraine** keinesfalls das Herz des Loire-Tals hinter uns lassen. Sowohl in der jetzt beginnenden Tour als auch in den beiden folgenden Touren werden sich die Schlösser wie weiße Perlen an der Loire und ihren Nebenflüssen aneinanderreihen. Wir werden in eine sanft hügelige, fruchtbare Landschaft hineinfahren, die uns wie einst Frankreichs Könige bezaubern wird (www.touraineloirevalley.com).*

Étang nördlich von Fougères-sur-Bièvre

Diese Tour beginnt so, wie die vorhergehende aufgehört hat, mit einem kleinen, eher nicht so bekannten Schloss in **Fougères-sur-Bièvre** (N 47°26'51.7" E 01°20'36.1").

Château de Fougères-sur-Bièvre am nördlichen Rand der Sologne und südwestlich von Cour-Cheverny gelegen, steht mit seiner nüchternen und kraftvollen Architektur im Kontrast zu den kunstvoll verzierten Fassaden der Nachbarschlösser. Die Anlage wird gerne als ideale Festung beschrieben, deren Vorgängerbau im Hundertjährigen Krieg bis auf den viereckigen Burgfried zerstört worden ist. Um diesen wurde dann im 15. Jahrhundert das Schloss im gotischen Stil wieder aufgebaut und beeindruckt heute mit seinem wehrhaften Burgcharakter besonders Kinder *(Anfang September – April 10 – 12.30/14 – 17 Uhr, 2. Mai – Anfang September 9.30 – 12.30/14 – 18 Uhr, www.fougeres-sur-bievre.fr).*

Auf unserem Weg südwärts zum **Cher**, der im Zentralmassiv in einer Höhe von etwa 715 Meter entspringt und bei Villandry nach etwa 365 Kilometern in die Loire mündet, streifen wir die Gemeinde **Pontlevoy** mit der **Abbaye de Pontlevoy** aus dem 11. Jahrhundert und einem Stellplatz im Grünen.

(094) Offizieller WOMO-Stellplatz: Pontlevoy – Aire de Camping-Car

GPS: N 47°23'10.4" E 01°15'33.0", Rue de Coûtant. **Max. WOMOs:** 12.
Öffnungszeit: Ganzjährig.
Ausstattung: V/E, Strom, Müllbehälter, Tische und Bänke in der Nähe, Infotafel.
Beschreibung: Der geschotterte, bei Trockenheit staubige und bei Regen evtl. matschige Platz liegt außerorts an einem Wald und bietet keinen Schatten. Dafür ist ein schöner, kleiner Spaziergang zur Abtei und in den Ort möglich. Hier sollte man unbedingt vom Angebot der örtlichen Bäckerei kosten! Bei einem Dorfrundgang entdeckt man auf 25 Infotafeln wie das Alltagsleben der Bewohner Anfang des 20. Jahrhunderts aussah.
Zufahrt: Im Ort dem WOMO-Piktogramm folgen.
Hinweis: Aufenthalt maximal 3 Tage.

Bevor wir einen der bekanntesten Nebenflüsse der Loire erreichen, notieren wir in **Monthou-sur-Cher** einen schön gelegenen, mit Schranke gesicherten, halbschattigen **offiziellen WOMO-Stellplatz** der Betreibergesellschaft Camping-Car Park an einem kleinen See am Ortsrand [**095:** 47°20'57.5" E 01°17'36.8", Route de Plan d´Eau, V/E, Strom, €€].

Von hier kann zu einer kurzen Radtour (etwa 3 Kilometer einfache Strecke) an den weiter südlich verlaufenden Cher gestartet werden oder man bemüht das WOMO, um Bekanntschaft mit der römischen Vergangenheit zu machen (N 47°19'45.0" E 01°17'43.5", Rue Romaine).

Im kleinen Weindorf **Thésée**, damals noch Tasciaca genannt, verlief im 2. Jahrhundert nach Christus die Römerstraße von Tours nach Bourges. Die Siedlung war als Töpferzentrum und Raststation von Bedeutung und die **römischen Ruinen Les Maselles** gehören zu den wenigen Zeugen dieser Vergangenheit. Im Ort ist die *Mairie* (Rathaus) von einem kleinen Park umgeben und im Gebäude verrät das **Musée Archéologique** mehr über die römische Zeit am Cher *(Juli/August Mi – So Site des Maselles 10 – 11/14 – 15.45 Uhr, Musée 11.15 – 12.30/ 16 – 18 Uhr, Rue Jeunier, www.tasciaca.com).*

Das nahe Montrichard scheint aus dem uns schon bekannten Tuffstein der Nachbargemeinde **Bourré** erbaut zu sein. Die meisten Schlösser sind aus dem hellen Tuffstein des Cher-Tals entstanden, da der Stein härter und widerstandsfähiger als jener aus dem Tal der Loire ist. Hier begegnen wir auch das erste Mal den in den Tuff gehauenen Höhlenwohnungen, die seit Jahrhunderten den Menschen als Behausung dienen.

Tuffsteinwohnung bei den Caves de Monmousseau in Montrichard

Ein gar nicht dunkles Höhlengeheimnis offenbart der ehemalige **Höhlenhof La Magnanerie**, in dem nicht nur das Leben im Fels gezeigt wird, sondern alles über die Seidenraupenzucht zu erfahren ist *(Di geschlossen, ansonsten je nach Saison zwei bis fünf obligatorische 75-minütige Führungen pro Tag. Es gibt eine schriftliche deutschsprachige Zusammenfassung. www.magnanerie-troglo.fr).*

Das Parken am Straßenrand ist für ein ausgewachsenes Wohnmobil schwierig, sodass die Besichtigung am besten vom etwa vier Kilometer entfernten **offiziellen WOMO-Stellplatz** in **Montrichard** ausgehen sollte. Der Stellplatz liegt am westlichen Ortsrand unter Bäumen am Cher, gehört zur Betreibergesellschaft Camping-Car Park und ist mit einer Schranke gesichert [**096:** N 47°20'18.8" E 01°10'15.5", Rue Georges Fridelou, V/E, Strom, €€€].

Von hier bietet sich auch die Besichtigung des hübschen Ortes an, in dem noch einige Fachwerkhäuser und Renaissancefassaden von der einstigen Bedeutung zeugen. Eine schöne Aussicht über das Flusstal bietet sich von den Ruinen des Château, von dem der **Donjon** am auffälligsten ist, auf einem Felsvorsprung hoch über der Stadt. Der Fußweg ist im Ort ausgeschildert, doch zuvor kann noch ein Blick in die **Musées du Donjon** geworfen werden *(Ende Juni – Mitte September Di – Fr 10 – 12.30/14.30 – 18.30 Uhr, Eintritt. www.montrichardvaldecher.com).*

Das in Frankreich zwischen Loire, Cher und Indre gern als **Tal der Könige** bezeichnete Gebiet hat nicht nur eine große Schlösserdichte, sondern ist wie bereits oben erwähnt, ebenso für seine unzähligen Höhlenwohnungen bekannt. In dieser von der Sonne und guten Böden verwöhnten Region wachsen auch die großen Weine Frankreichs, für deren Reifeprozess sich die Tuffsteinkeller bestens eignen.

Donjon in Montrichard

Lichtinstallation in den Caves de Monmousseau in Montrichard

In den **Caves Monmousseau** sind diese feinen Erzeugnisse zu verkosten und käuflich zu erwerben, aber man kann von hier aus auch zu einer außergewöhnlichen Besichtigungstour in den hellen Fels starten (N 47°20'40.9" E 01°11'50.0", 71 Rue de Vierzon). Mit Musikuntermalung und einem opulenten Farbenrausch erleben wir auf der steinernen Leinwand die Geschichte der Schlösser sowie der Loire und werden zum Abschluss in die Geheimnisse eines Schaumweins eingeweiht, der nach der traditionellen Methode hergestellt wird *(April – Oktober 10 – 12.30/13.30 – 18 Uhr, Juli/August 10 – 18.30 Uhr, November – März 10 – 12/14 – 17.30 Uhr, letzter Einlass 1½ Stunden vor Schließung. Die Besichtigung dauert etwa 1 Stunde, es sind im Außenbereich Treppen zu begehen und die Temperatur im Keller beträgt 12°C, Onlinebuchung möglich, Eintritt. www.monmousseau.com).*

Am gegenüberliegenden Cher-Ufer ist ein abseits der D976 in **Angé** gelegener und mit einer Schranke gesicherter **offizieller WOMO-Stellplatz** am Ortsrand zu erwähnen **[097:** N 47°19'55.7" E 01°14'39.1", Rue de la Mairie, V/E, €€].

Im weiteren Verlauf der Strecke möchten wir in **Mareuil-sur-Cher** den kleinen, sehr einfachen **Camping Le Port**** nicht unbeachtet lassen. Für kleine, schmale WOMOs und Kastenwagen sicher ein hübscher Aufenthaltsort direkt am Cher **[098:** N 47°17'36.8" E 01°19'46.8", Anfang April – September, €€ – €€€. Sehr schmale Einfahrt durch einen Torbogen! www.camping-leport.fr].

Weiter dem Fluss folgend erreichen wir **Saint-Aignan-sur-Cher**, mit einem Tagesparkplatz vor dem Schwimmbad an der Cher-Brücke (N 47°16'18.0" E 01°22'27.3", La Plage). Weiterhin sei der an der Straße mit einer Schranke gesicherte und nachts erstaunlich ruhige **offizielle WOMO-Stellplatz** der Camping-Car Park-Betreibergesellschaft auf einem einfachen, schattenlosen Parkplatzgelände erwähnt [**099:** N 47°15'57.3" E 01°22'40.8", Boulevard de Valmy, V/E, Strom, Mai – Mitte Oktober, €€], von dem aus man schnell in den Ort gehen kann. Die bessere Adresse für einen längeren Aufenthalt ist jedoch der **Camping Les Cochards******** am Ufer des Cher [**100:** N 47°15'53'5" E 01°23'17.3", Rue du Camping, Telefon 0254751559, www.lescochards.com, April – September/Oktober, €€ – €€€]. Der ordentliche Platz mit recht großen Parzellen verfügt über einen Pool und in unmittelbarerer Nähe gibt es einen **Kanu- und Kajakverleih** sowie die Möglichkeit, mit einem **Ausflugsschiff** den Cher zu erkunden *(www.orange-evasion.fr).*

Saint-Aignan-sur-Cher

Das hoch über dem Tal und der Stadt gelegene **Renaissanceschloss** der Grafen von Blois kann nicht besichtigt werden, aber der Aufstieg durch die lebendige Stadt mit einem großen Samstagsmarkt lohnt sich trotzdem.

Der Blick von der Hofterrasse sowohl über das Land als auch über den Fluss ist weit und beim Hinabklettern über die Stufen der aus dem 19. Jahrhundert stammenden Treppen treffen wir auf die romanische **Collégiale de St-Aignan**, die im Kircheninneren mit wunderschönen Wandmalereien aus dem 11. Jahrhundert und einem Deckengemälde aus dem 15. Jahrhundert aufwarten kann.

Für die Mittagspause gehen wir noch ein Stück weiter bergab und kehren in einer alten Postkutschenstation in der Nähe der Cher-Brücke ein.

Château de Saint-Aignan

Das **Restaurant Le Mange-Grenouille** hat sich zwar auf die Zubereitung von Froschschenkeln spezialisiert, aber auf der angenehmen Terrasse und im gediegen-rustikalen Inneren munden auch alle anderen Gerichte der ambitionierten Küche, die von einem aufmerksamen und freundlichen Service unterstützt wird *(Mittags- und Abendmenü Di – Sa, 10 Rue Paul Boncour, Telefon 0254717491, www.lemangegrenouille.fr).*

Der unbestrittene Hauptanziehungspunkt für Familienausflüge ist der weit über die Grenzen des Loire-Tals bekannte und beliebte **ZooParc de Beauval**, der auch mit einem einfachen, aber eigenen **offiziellen WOMO-Stellplatz** punkten kann [**101:** N 47°14'51.6" E 01°21'14.2"].

Von dort kann man gleich morgens zum tagesfüllenden Programm in den gegenüberliegenden, an einen Vergnügungspark ohne Fahrgeschäfte erinnernden Zoo starten. Entsprechend groß ist der Andrang der Menschen, die über 35.000 Tiere vom Panda über Löwen und Nilpferde bis hin zu Vögeln und Fledermäusen inmitten einer artgerechten Umgebung aus nächster Nähe erleben wollen. Für den rechten Überblick sorgt eine Seilbahn, um den Park zu überqueren oder die Tiere von oben zu entdecken und für das leibliche Wohl stehen verschiedenste gastronomische Angebote sowie Picknickplätze zur Verfügung *(Mo – So 9 Uhr bis zum Einbruch der Dunkelheit, letzter Einlass im Sommer um 19.30 Uhr, im Winter um 17.30 Uhr. Manchmal gibt es erweiterte Öffnungszeiten und für den Besuch werden 2 Tage empfohlen, Eintritt. Hunde an der Leine sind im Park zwar erlaubt sind, dürfen aber in viele Bereiche nicht mitgenommen werden. Dasselbe gilt auch für Begleit- und Assistenzhunde. Die Zooleitung rät sogar von einem Besuch mit Hund ab und verweist auf eine Hunde- und Katzenpension in Saint-Aignan, Avenue de Blanc, Telefon 0254755000,www.zoobeauval.com).*

Pandabären Huanlili und Yuandudu

Auf der D675 überschreiten wir die unsichtbare Grenze ins **Département Indre-et-Loire** und verzeichnen in **Nouans-les-Fontaines** einen sehr beliebten Stellplatz.

(102) Offizieller WOMO-Stellplatz: Nouans-les-Fontaines – Aire de Camping-Car

GPS: N 47°08'18.6" E 01°18'00.0", Rue Jehan Fouquet.
Max. WOMOs: 8.
Öffnungszeit: Ganzjährig.
Ausstattung: V/E, Tische und Bänke, Infotafel, Müllbehälter.
Beschreibung: Der nahezu schattenlose Stellplatz am Ortsrand liegt neben dem Freibad, bietet Plätze auf Schotter und die Möglichkeit, auf Rasen neben dem Wohnmobil zu sitzen. Es gibt einen

Minigolfplatz sowie die Möglichkeit zum Petanque-Spiel und einen Spielplatz. Etwa 300 m entfernt befinden sich eine Bäckerei, eine Metzgerei und eine Pizzeria. Beachtung finden sollte das Altarbild mit spätgotischen Malereien in der **Église Saint-Martin**.
Zufahrt: Im Ort dem WOMO-Piktogramm folgen.

Im Tal des Indrois besuchen wir mit **Montrésor** die kleinste Gemeinde der Touraine, deren einfacher, schattenloser **offizieller WOMO-Stellplatz** am nördlichen Ortsrand liegt [**103**: N 47°09'27.8" E 01°12'04.8", Rue du 8 Mai, V/E, Strom].

Montrésor

Der Name des bezaubernde Städtchen kommt nicht von ungefähr und bedeutet so viel wie „Mein Schatz".

Montrésor gehört zu den **schönsten Dörfern Frankreichs** und ist vom Stellplatz in nur wenigen Minuten bergab gut zu erreichen. Zunächst stehen wir vor den wehrhaften Mauern der ehemaligen Festung, die Anfang des 11 Jahrhunderts von Foulques Nerra, dem mächtigen Grafen von Anjou, errichtet wurde. Innerhalb der Festungsmauern ließ Imbert de Batarnay, ein Berater von gleich vier französischen Königen, im 15. Jahrhundert das **Château** errichten, von dem heute nur noch der Hauptflügel erhalten ist. Hier leben mittlerweile die Nachfahren des polnischen Grafen Xavier Branicki, der ein Freund Napoléon III. und einer der größten Finanziers seiner Zeit war. Seine erlesenen Sammlungen

italienischer Gemälde, edler Gold- und Silberarbeiten sind wie die eher mitteleuropäisch als französisch anmutenden Räume zu besichtigen *(März – Juni/September – Mitte November 10 – 18 Uhr, Juli/August 10 – 19 Uhr, Eintritt, www.chateaudemontresor.com).*

Beim weiteren Rundgang durch den Ort fallen uns die von Batarnay gestiftete **Collégiale Saint-Jean-Baptiste** aus dem 16 und die kleine hübsche Markthalle aus dem 18. Jahrhundert in der Rue du Marché auf. Hier kann man sich samstags mit dem Nötigsten für ein Picknick eindecken, um sich auf ein als **Les Balcons de l'Indrois** bezeichnetes Fleckchen Erde zurückzuziehen. Der Fußweg mit Bänken und Picknicktischen verläuft am südlichen Ufer des Indrois und gewährt eine wunderschöne Aussicht auf die Ortssilhouette mit Festung, Schloss und Stiftskirche *(www.loches-valdeloire.com).*

Im Nachbarort **Chemillé-sur-Indrois** wartet in der geruhsamen Landschaft des Flüsschens der angenehme **Camping Les Coteaux du Lac****** mit einem abwechslungsreichen Freizeitleben und Bespaßungsprogramm an einem See [**104:** N 47°09'28.4" E 01°09'37.0", Base de Loisirs, Telefon 0247927783, www.lescoteauxdulac.com, Mitte/Ende März – Anfang Oktober, €€€].

Blick von den Balcons de l´Indrois zum Château de Montrésor

Die Etappe einer Radrunde oder einer Wanderung könnte zur etwa 4 Kilometer entfernten **Chartreuse du Liget** führen. In der Waldlandschaft dämmern die Ruinen des einst vom englischen König Henry II. Plantagenet als Buße für die Ermordung Thomas Becket, Bischof von Canterbury, errichteten Kartäuserklosters. Auf dem immer noch beeindruckenden, ummauerten Gelände hat lediglich die Kirchenruine aus dem 12. Jahrhundert die Wirren der französischen Revolution überdauert und in einigen Gebäuden sind Feriendomizile untergebracht *(10 – 12/14 – 19 Uhr, Eintritt www.lachartreuseduliget.com).*

(105) Offizieller WOMO-Stellplatz: Genillé – Aire de Camping-Car

GPS: N 47°11'04.0" E 01°05'31.7", Rue de l`Huilerie. **Max. WOMOs:** 8 – 10.

Öffnungszeit: Ganzjährig.

Ausstattung: V/E beschildert etwas abseits, Tische und Bänke, Infotafel, Müllbehälter.

Beschreibung: Schöner Stellplatz auf befestigtem Sand und Wiese im Halbschatten zwischen dem Ort und einem kleinen Park. Im nahen Ortszentrum finden sich hinter der Kirche eine Bäckerei und das empfehlenswerte **Restaurant Le Clos de Jeanne** *(Mittags- und Abendmenü Fr/Sa, Mi/Do nur abends, So nur mittags, 28 bis Rue Jeanne d'Arc, Telefon 0247599015).* Man kann von hier recht schön zu Rad- und Wandertouren aufbrechen und am Ufer des Indrois haben sich in der Straße Les Blavetièrs die Bewohner ihre Wohnungen in die Tuffsteinwände geschnitten.

Zufahrt: Im Ort den WOMO-Piktogrammen folgen.

Hinweis: Für WOMOs über 7,50 Meter kann es bei der Einfahrt ein Problem mit ungünstig positionierten Schilder geben.

Von Genillé bietet sich ein Abstecher ins nördlich gelegene **Céré-la-Ronde** und zum dortigen **Château Montpoupon** an (N 47°15'10.0" E 01°08'35.3", An der D764). Die Burg aus

dem Mittelalter wurde im 15. Jahrhundert zu einem repräsentativen Renaissancewohnsitz umgewandelt und überragt ein grünes Tal. Das in Privatbesitz befindliche und vollständig möblierte Schloss kann von der Küche über die Privatgemächer bis hin zum Speisesaal besichtigt werden und in den Stallungen und der Sattelkammer wird die Leidenschaft der Eigentümer für Pferde und die Jagd deutlich. Zum Abschluss fehlt nur noch ein Spaziergang durch den angrenzenden **Schlosspark** *(April – August 10 – 19 Uhr, September – Anfang November 10 – 18 Uhr, in den übrigen Monaten bis auf Januar wechselnde Öffnungszeiten, letzter Einlass 1 Stunde vor Schließung, Flyer in deutscher Sprache, Hunde sind an der Leine gestattet, Eintritt. www.montpoupon.com).*

In Sichtweite des Schlosses lädt das **Restaurant L'Auberge de Montpoupon** mit netter Terrasse, modernem Interieur und traditionellen Gerichten zur Einkehr ein *(Mittags- und Abendmenü Mi – Sa, So nur mittags, Juli/August Mi – So zusätzlich nachmittags, Telefon 0970372255, auberge-montpoupon.fr).*

Bereits im Mittelalter zog es zahlreiche illustre und bedeutende Personen in eine der damals angesagtesten Städte im Tal der Loire, sodass wir uns ihrem Beispiel anschließen und zunächst auf die Suche nach einer standesgemäßen Unterbringung für uns und unser Fahrzeug in **Loches** gehen.

(106) WOMO-Campingplatz: Loches – Camping La Citadelle****

GPS/Kontakt: N 47°07'21.0" E 01°00'06.0", 1 Avenue Aristide Briand, Telefon 0247590591, www.lacitadelle.com.
Öffnungszeit: April – September.
Ausstattung: Waschmaschine, Wäschetrockner, WiFi, Fahrradverleih, Snackbar, Lebensmittelshop, Bäckerei, Animation, Innen- und Außenpool, Spielbereich mit Hüpfburgen, Spielplatz usw. – einige Angebote sind nur während der Saison vorhanden. Eine frei zugängliche **V/E** [N 47°07'20.6" E 01° 00'05.9"] befindet sich vor dem Campingplatz.

Beschreibung: Der Campingplatz liegt am Ortsrand und über einen kleinen Fußweg ist die Ortsmitte nach einem knappen Kilometer erreicht. Die zwischen 80 und 100 Quadratmeter großen Wiesenstellplätze liegen meist unter Bäumen und sind durch Hecken getrennt. Sie sind mit unterschiedlichem Komfort, z. B. einem eigenem Sanitärbereich ausgestattet.
Preise: €€ – €€€.
Zufahrt: Im Ort den Hinweisen zum Campingplatz folgen.

(107) Offizieller WOMO-Stellplatz: Loches – Aire de Stationnement

GPS: N 47°07'59.2" E 01°00'00.9", Avenue Louis XI.. **Max. WOMOs:** 5.
Öffnungszeit: Ganzjährig.
Ausstattung: Bänke, Müllbehälter.
Beschreibung: Der kleine Parkplatz liegt zwischen dem Ufer der Indre und einer Bahnlinie etwas außerhalb des etwa 600 m entfernten Ortszentrums mit Geschäften, Restaurants.
Zufahrt: Vom Kreisverkehr D764/D943 nördlich der Ortsmitte parallel zur Bahnlinie in südlicher Richtung P Gare bis zum Stellplatz fahren.

Zwei weitere zweckdienliche **offizielle WOMO-Stellplätze** finden sich auf den folgenden einfachen Parkplätzen [**108:** N 47°07'35.8" E 01°00'08.3", Allée du Maquis Cesario] und [**109:** N 47°07'33.7" E 00°59'39.8", Avenue des Bas Clos].

Cité Royale de Loches

Nach Montrésor besuchen wir schon die zweite Stadt, die ihre Entstehung Foulques Nerra zu verdanken hat. Der kriegsfreudige und mächtige Graf von Anjou ließ im 11. Jahrhundert auf einem Felsvorsprung hoch oben über dem Indre den gewaltigen 36 Meter hohen **Donjon** errichten. Der strategisch gut gelegene Wehr- und Wohnturm diente dem Grafen bei seiner Durchreise als Residenz. Im Laufe der Zeit wurden die Wehranlagen verstärkt und verlängert, im 11. und 12. Jahrhundert die **Stiftskirche Saint-Ours** (Foto unten), die zusammen mit dem Berg-

fried noch immer zu den romanischen Glanzstücken gehört, und weitere Bauten errichtet. Richard Löwenherz hat sich hier aufgehalten und Louis IX., der Heilige, verlieh Loches im Jahr 1249 den Status einer *ville royale*. Im 14. Jahrhundert gab es einen ersten Wohntrakt und in der Logis de Roi fand das Treffen zwischen Charles VI. und Jeanne d'Arc statt, bei dem sie ihn überzeugte, sich in Reims zum König krönen zu lassen. Hier lebte der neue König seine Amouren aus und benannte die **Tour Agnès Sorel**, einen Wachturm, nach seiner Geliebten, deren Grab sich in der Stiftskirche befindet. Nach dem Ende des Hundertjährigen Krieges verwandelte Louis XI. die Burg in ein Staatsgefängnis und in der **Tour Martelet** saßen berühmte Widersacher des Königs ein. Im 15. Jahrhundert wurde der Wohntrakt von Charles VIII. und später durch Louis XII., durch ein zweites Wohngebäude erweitert, das bereits die Renaissance ankündigt. Beide Könige waren übrigens mit der zweimaligen Königin von Frankreich, Anne de Bretagne, verheiratet, von der spätestens noch einmal in Nantes die Rede sein wird. Sie prägte die Königsstadt, in dem sie ein **Oratorium**, eine kleine, reich verzierte Privatkapelle im gotischen Flamboyantstil erbauen ließ. Alle Gebäude können auf unserem Stadtrundgang besichtigt werden und für weitere Informationen rund um Loches steht das **Office de Tourisme** mit Rat und Tat zur Verfügung *(April Mo – Sa 9.30 – 12.30/14 – 18 Uhr, So/Feiertage 10 – 12.30 – 14 – 17 Uhr, Mai Mo – Sa jedoch nachmittags ab 13.30 Uhr, Juni So/Feiertage zusätzlich abends bis 17.30, Juli/August 9 – 12.30/13.30 – 18.30 Uhr, So/Feiertage 10 – 12.30/14 – 18 Uhr, Place de la Marne, Telefon 0247918282, www.loches-valdeloire.com).*

In den weiteren Jahrhunderten wurde es innerhalb der zwei Kilometer langen Wehrmauer zu eng und in den Außenbereichen siedelten sich nach und nach Handwerker und Händler an, sodass innerhalb des Schutzwalls eine Stadt in der Stadt entstand.

Bevor wir diese betreten, besuchen wir zunächst den **Jardin Public de Loches** nahe dem Campingplatze um einen der schönsten Panoramablicke auf die Cité Royale und die Stiftskirche zu erhalten. Wir überqueren den Indre und folgen der Straße rechts bis zum **Office de Tourisme**. Gestärkt mit Infomaterial und einem Stadtplan, kehren wir zurück und folgen der Grande Rue, später der Rue du Château, in der noch ein Schaufensterbummel oder ein Besuch des **Marktes** (Mi/Sa) drin ist und vorbei am **Hôtel de Ville** und der Renaissancefassade der **Chancellerie** und sowie der **Maison du Centaure** weiter in die Altstadt.

Logis Royal und Tour Saint Antoine

Die Oberstadt betreten wir durch die **Porte Royale**, den einzigen Zugang zur Cité Royale und wie auf einer Zeitreise tauchen wir über enge, mit Kopfstein gepflasterte Gassen ins Mittelalter ein. Vorbei an der Stiftskirche mit zwei pyramidenförmigen, achtseitigen Kuppeln, den sogenannten *Dubes* und dem fein verzierten Grabmal von Agnès Sorel. Den Höhepunkt finden wir aber in der **Logis Royal**, die im spätmittelalterlichen Architektur-Mix von Gotik und Flamboyant-Gotik daherkommt *(April – September 9 – 19 Uhr, Oktober – März 9 – 17 Uhr, letzter Einlass ½ Stunde vor Schließung, ein HistoPad mit deutscher Sprache kann entliehen werden, Eintritt. Der mittelalterliche Garten am Fuße des Donjon ist nur während der Öffnungszeiten zugänglich. www.citeroyaleloches.fr)*.

Wenn man schon einmal hier oben ist, dann sollte man die Lage ausnutzen und im **Le Vicariat-Cité Royale** (Mo/Mi/Do 11 – 18 Uhr, Fr – So 11 – 23 Uhr) oder im **Le Presbytère-Cité** einkehren (Mittags- und Abendmenü, Öffnungszeiten variieren). Beide bieten neben kleinen, feinen Leckereien nämlich eine Superaussicht.

Wieder in der Unterstadt kann man gleich neben der Porte Royale im **Musée Lansyer** Werke des Malers Emmanuel Lansyer aus dem 19. Jahrhundert anschauen *(April – Anfang November 10 – 12.30/ 14 – 18 Uhr, April – Juni/September – November Mi – So, Juli/August täglich, Eintritt)* und wenn noch nicht geschehen, in einem der zahlreichen Restaurants einkehren. Uns gefiel es im **Le P'tit Restau** recht gut und die Preise sind zudem akzeptabel *(Mittags- und Abendmenü außer Mi/Do, 6 Grande Rue, Telefon 0247198532, www.leptitrestau.fr)*.

Aus der königlichen Stadt am Indre wollen wir uns auf die königlichen Spuren am Cher setzen und legen unterwegs einen erfreulichen Zwischenstopp im **Rosendorf Chédigny** ein, dem im Ganzen das Lable als *Jardin remarquable*, bemerkenswerter Garten, verliehen wurde [**110:** N 47°12'31.3" E 00°59' 49.6", D25/D10].

In den Straßen des Dorfes sollen 1.000 Rosensträucher, 1.500 Blumenzwiebeln, 100 Sträucher und mehr als 3.000 Stauden blühen. Ob es wirklich so ist, sei einmal dahingestellt, denn der Anblick ist so oder so bezaubernd. Besonders schön ist es im **Jardin du Presbytère** hinter der Kirche, und nach dem Augenschmaus darf sich der Magen im nahen **Restaurant Le Clos aux Roses** auch etwas gönnen (*Mittags- und Abendmenü Do – Sa, So/Mo mittags, 2 Rue du Lavoir, Telefon 0247922029, www.leclosauxroses.com*).

Am Cher angekommen können wir zunächst in **Bléré** direkt neben dem **Campingplatz** am Flussufer einen **offiziellen WOMO-Stellplatz** der Betreibergesellschaft Camping-Car Park verzeichnen [**111:** N47°19'40.3" N 00°59'48.9", Rue du Commandant Lemaitre, V/E, Strom, €€].
In **Chenonceaux** (ja, der Ort wird im Gegensatz zum Schloss mit „x" geschrieben) haben wir ein weiteres der am meisten besuchten französischen Schlösser erreicht (N 47°19'48.2" E 01°04'06.7", das Parken ist nur tagsüber gestattet).
In unmittelbarer Nähe befindet sich ein mit Schranke gesicherter **offizieller WOMO-Stellplatz** der Betreibergesellschaft Camping-Car Park, der durch eine schmale Straße (Engstelle etwa 2,90 Meter) parallel zur nachts ruhigen Bahnlinie erreicht wird [**112:** N 47°19'49.7" E 01°04'11.1", Chemin de la Varenne, V/E, Strom, €€].

Im Nachbarort **Chisseaux** hat der einfache, kleine **Camping de L'Écluse** bei uns punkten können [**113:** N 47°19'44.4" E 01°05'16.8", Route de la Plage, Telefon 0247230840, Mitte April – Mitte September, €€]. Nur wenige Meter entfernt befindet sich der **Bootsanleger** für die **Ausflugsschiffe**, die das etwa zwei Kilometer entfernte Schloss vom Fluss aus nahebringen. Wir entscheiden uns für die individuelle Fahrt mit einem kleinen **Elektroboot** und dürfen nach einer kurzen Einweisung sogar gemeinsam mit unseren Hunden fast geräuschlos über den Cher gleiten (*www.labelandre.com*). Für dieses kleine Flussabenteuer haben wir das Wohnmobil am Straßenrand geparkt. Am gegenüberliegenden Flussufer befindet sich ein weiterer, etwas komfortablerer **Campingplatz**. Auch von diesem kann man zusätzlich mit dem Fahrrad zur Besichtigungstour starten.

(114) Offizieller WOMO-Stellplatz: Civray de Touraine – Caves du Père Auguste

GPS/Kontakt: N 47°20'05.3" E 01°02'55.2", 14 Rue des Caves, Telefon 0247239304, www.pereauguste.com. **Max. WOMOs:** 5.
Ausstattung: Wasser, Strom (jeweils gegen Gebühr), Tisch und Bänke, Dusche auf Nachfrage, WiFi, WC, Müllbehälter.
Beschreibung: Der teils schattige Stellplatz liegt am Ortsrand auf Schotter hinter einer Halle auf dem Gelände des Winzers. Die Zufahrtstraße ist ggf. während der Schulstunden kurzfristig geschlossen. Weinverkostung und Weinkauf möglich. Zu Fuß oder mit dem Fahrrad ist das Schloss Chenonceau nach etwa 3 km erreicht.
Preise: France Passion frei, sonst €.
Zufahrt: Im Ort die leichte Zufahrt über die Rue d'Amboise wählen und den Hinweisen zu den Caves du P. Auguste folgen.
Hinweis: Reservierungen werden nicht entgegengenommen, daher sollte man vor 18 Uhr anreisen!

Château de Chenonceau

Manch einer bezeichnet Chenonceau als das eleganteste und liebenswerteste aller Loire-Schlösser und scheint damit Bezug auf die Besitzverhältnisse zu nehmen.

Dem *Château des Dames*, dem Schloss der Damen scheint nicht nur Eleganz, sondern auch Schönheit und Zauber innezuwohnen, Attribute die meist den Damen zugeschrieben werden. Gleich sechs waren es, die das Schloss besaßen und gestalteten

Den Anfang machte Katherine Briçonnet, die in Vertretung ihre Mannes die Bauarbeiten leitete. Zuvor hatte der Gatte im Jahr 1513 einen Vorgängerbau gekauft und die verfallenen Gebäude abreißen lassen. Nur der Donjon blieb stehen und auf den Fundamenten einer Mühle entstand nun ein kleines quadratisches Schloss mit Ecktürmen. In der Bibliothek sind noch heute die Initialen B und K an der Decke zu erkennen, die an den damaligen Schlossherrn und seine Gattin erinnern.

Katherine dachte wohl schon an eine Brücke über den Cher, doch erst Diane de Poitiers verwirklichte den Plan. Nachdem das Schloss in den Besitz der Krone fiel und Henri II. im Jahr 1547 König wurde, beschloss dieser, Chenonceau seiner Geliebten zu schenken. Die mächtige und reiche Mätresse ließ also die Brücke bauen, vermutlich, damit sie schnell hinüber in das angrenzende Jagdgebiet galoppieren konnte, und einen ausgefallenen Nutz- und Ziergarten anlegen. Diane verwal-

tete ihre Ländereien klug und gewinnbringend und dachte über eine Schlosserweiterung durch den Bau einer Galerie auf der Brücke über den Cher nach.

Ihr kam jedoch der Tod Henri II. dazwischen. Catherine de Médici verlangte nach dem Ableben ihres Mannes das Schloss von der Nebenbuhlerin zurück und überließ ihr stattdessen das damals düstere Schloss Chaumont. Die Witwe lebte nun mit ihren Kindern eine Zeit lang in Chenonceau, die Gartenanlage wurde erweitert und Dianes Brücke wurde mit einer geschlossenen Galerie im italienischen Stil und aus Carrara-Marmor überbaut. Unter Catherine de Médici und ihrem Sohn Henri III. war das Schloss für seine prachtvollen, ausschweifenden Fest bekannt, und aus dem sogenannten grünen Zimmer, dem Arbeitszimmer, regierte Catherine ganz Frankreich.

Nach ihrem Tod vermachte die Médici das Schloss ihrer Schwiegertochter Louise de Lorraine-Vaudémont, die ihr Leben nach dem Tod ihres Gatten im Jahr 1589 ganz der Trauer widmete, sich in königlich-weiße Trauergewänder kleidete und die Räumlichkeiten mit schwarzem Stoff behängen ließ. Noch heute erinnert ein ganz in Schwarz gehaltener Raum mit Trauersymbolen an die trauernde Witwe.

Nach Louises Tod war Chenonceau ein gutes Jahrhundert sich selbst überlassen, bis Madame Louise Dupin, eine Dame der Aufklärung, deren Mann das Schloss erworben hatte, wieder mit Leben erfüllte. Sie empfing Gelehrte und Philosophen wie Voltaire oder Jean-Jacques Rousseau in ihrem bekannten literarischen Salon. Während der französischen Revolution sollte das Schloss wie so viele andere zerstört werden, doch Madames Beliebtheit und Bürgerlichkeit ist es zu verdanken, dass dies nicht geschehen ist.

Louise wurde 93 Jahre alt und nach ihrem Tod erbte zunächst ihr Neffe das Schloss, der es 1863 an Madame Pelouze verkaufte. Diese begann mit Renovierungsarbeiten, bevor sie das Schloss aufgrund familiärer Schwierigkeiten wieder verkaufen musste.

1913 ging Chenonceau in den Besitz der Schokoladenfabrikanten-Familie Menier über und wurde während des Ersten Weltkrieges als Militärkrankenhaus genutzt. Während des Zweiten Weltkrieges wurde die große Galerie über dem Cher zum einzigen Zugang vom besetzten Frankreich in die freie Zone am anderen Ufer.

Die prägenden Handschriften der Damen und die Eleganz der Renaissanceschlösser des 16. Jahrhunderts sind auch bei unserem Besuch zu spüren. Ob in der Bibliothek oder der Küche und in der lichten Galerie

Galerie über dem Cher

über dem Fluss oder den Gärten – auch wenn man hier niemals allein sein wird, ist es ist ein Vergnügen, die außergewöhnliche Architektur und Anmut des Schlosses zu erleben *(je nach Jahreszeit 9 oder 9.30 – 16.30 oder 19 Uhr, Broschüre oder Audioguide möglich, Eintritt. Während unserer Recherche war der Zutritt nur mit einer Online-Reservierung möglich (Stand 2022). Größere Hunde an der Leine im Außenbereich, kleine Hunde auf dem Arm oder in einer Tasche auch im Inneren gestattet. www.chenonceau.com).*

Auf dem Weg nach **Amboise** können wir im **Parc Mini-Châteaux**, dem Park der Mini-Schlösser, noch einmal das Schloss von Chenonceau, aber auch die wichtigsten anderen Schlösser der Loire bewundern (N 47°23'29.3" E 01°00'18.6", Boulevard Saint-Denis Hors). Im Format 1:25 sind hier über 40 Modelle mit Gärten, Figuren, Schiffen und Zügen in eine herrliche Gartenlandschaft gesetzt, die ebenso sehenswert ist. Die jüngeren Gäste dürften die kleineren Fahrgeschäfte, der Minigolf-Parcours und Spielgeräte zusätzlich erfreuen *(April – Juni, September 10 – 18.30 Uhr, Mitte Juli/August 9.30 – 19 Uhr, Oktober Sa/So und in den Ferien 10 – 18.30 Uhr, Eintritt, Broschüre in deutscher Sprache, Hunde sind nicht gestattet. www.parcminichateaux.com).*

Etwa drei Kilometer außerhalb der Stadt und am Wald von Amboise ragt die **Pagode de Chanteloup** in den Himmel (N 47°23'29.1" E 00°58'45.3", D31/D431, siehe Foto vorherige Seite). Im Zentrum eines ausgedehnten Parks an einem halbmondförmigen Teich wurde der als eine „Kapriole des 18. Jahrhunderts“ bezeichnete Turm im gerade in Mode gekommenen chinesischen Stil errichtet. Er ist der ansehnliche Überrest einer großen Schlossanlage und von der Aussichtsplattform in 44 Metern Höhe bietet sich ein toller Blick. Im winzigen chinesischen Garten kann man hübsch zwischen orientalischen Hölzern auf Bänken meditieren und im Sommer lädt der Teich zum Bötchenfahren ein, historische Spiele können ausprobiert werden und wer Lust auf ein Picknick verspürt, der kann im **Salon de Thé** einen Picknickkorb erstehen und sich damit auf den bewaldeten Alleen oder Wiesen niederlassen, oder man genießt einen Apéro an einem der sonnenbeschirmten Tische *(Mitte März – Mai, September 10 – 18 Uhr, Juni – August 10 – 19 Uhr, Oktober 14 – 17 Uhr, November 14 – 17 Uhr, Eintritt, Hunde an der Leine gestattet. www.pagode-chanteloup.com).*

(115) WOMO-Campingplatz: Amboise – Camping de l'Île d'Or**

GPS/Kontakt: N 47°24'59.9" E 00°59'14.2", 4 Allée des Mariniers, Telefon 0247572337, www.camping-amboise.com.
Öffnungszeit: Ende März – Anfang Oktober.
Ausstattung: Waschmaschine, Trockner, Sanitärgebäude behindertengerecht, Bügelbelbrett, WiFi.

Beschreibung: Der Campingplatz liegt innerorts auf der Île d´Or und bietet Stellplätze auf Wiese, die zum Großteil unter Bäumen liegen. Die Innenstadt mit Schloss, Restaurants und Geschäften ist fußläufig gut einen Kilometer entfernt. Eine Pizzeria mit Lieferservice und eine Bar mit Aussicht über die Loire zum Schloss befinden sich auf der Insel in ca. 500 Meter Entfernung. In unmittelbarer Nähe gibt es einen Minigolfplatz, ein Freibad und ein weiteres Restaurant. Selbstverständlich lädt auch hier der Loire-Radweg zu ausgedehnten Touren ein.
Preise: €€.
Zufahrt: Im Ort den Hinweisen zum Campingplatz folgen.

(116) Offizieller WOMO-Stellplatz: Amboise – Camping-Car Park

GPS: N 47°25'03.1" E 00°59'14.4", Allée de la Chapelle Saint Jean.
Max. WOMOs: 24 **Öffnungszeit:** Ganzjährig.
Ausstattung: V/E, Strom, mit Schranke gesichert, Müllbehälter.
Beschreibung: Der Stellplatz liegt direkt neben dem Campingplatz und bietet enge Wiesenplätze. Er ist nur unwesentlich günstiger als der CP.
Preise: €€.
Zufahrt: Im Ort den Hinweisen zum Campingplatz und dem WOMO-Piktogramm folgen.

(117) Offizieller WOMO-Stellplatz: Amboise – Parking Camping-Car

GPS: 47°25'15.9" E 01°00'11.8", 423 Quai des Violettes. **Max. WOMOs:** 50
Ausstattung: Müllbehälter.
Beschreibung: Der einfache, geschotterte, teils auf Wiese liegende Platz befindet sich gegenüber der Cave aux Fouées-Amboise mit Höhlen-Restaurant in unmittelbarer Nähe der Loire und ist gut 2 km vom Zentrum entfernt. Im Sommer gibt es eine kleine Guinguette direkt vor Ort.
Eine **V/E** befindet sich etwa 4 km entfernt am Intermarché in Pocé-sur-Cisse am anderen Loire-Ufer.
Preise: €.
Zufahrt: An der D751 Richtung Chaumont-sur-Loire dem WOMO-Piktogramm folgen.

Amboise

Mit Amboise haben wir die nächste königliche Stadt am Ufer der Loire erreicht. Hier residierte François I. in einem weiteren majestätischen Schloss und der erfinderische Leonardo da Vinci verbrachte im Château du Clos Lucé auf Einladung des Königs seine letzten drei Lebensjahre.

In der Geschichte Frankreichs nimmt das Schloss von Amboise eine zentrale Stelle ein, die bereits in der Jungsteinzeit als Beobachtungsposten diente. Im Jahr 1431 geht das einfache Schloss in königlichen Besitz über und wird von Louis XI. zum Familiensitz umgebaut. Sein Sohn, Charles VIII., verwandelt das mittelalterliche Bauwerk in einen prächtigen gotischen Palast und später, nachdem er sich in Italien inspirieren ließ, drückte er dem Schloss den unverwechselbaren Stempel der Renaissance auf. Bedauerlicherweise hatte der König nicht viel davon, denn er schlug sich die Stirn an einem Türsturz ein und starb. Sein Nachfolger, Louis XII., führte die Arbeiten und Gestaltung der Gärten weiter und unter François I. schlug die große Stunde des Schlosses. François holte Leonardo da Vinci aus Italien und brachte ihn in einem nahen, durch unterirdische Gänge verbundenen Schloss unter. Leonardos Grabstätte befindet sich auf dem Schlossgelände in der mit feinsten Steinmetzarbeiten verzierten **Chapelle Saint-Hubert** aus dem Jahr 1493. Nachdem Henri II. und Catherine de Médici eine Zeit

Château du Clos Lucé

lang im Schloss gelebt hatten und unter der Herrschaft ihres Sohnes François II. die Religionskriege ihren Anfang nahmen, verlor Amboise an Wichtigkeit. Ein Jahrhundert später wurde die Anlage teilweise zerstört, diente als Gefängnis und nach der Revolution wurden fast zwei Drittel des Schlosses abgerissen.

Vom einst großartigen **Château Royal** sind das **Logis du Roi**, die **Tour Minimes** im Norden und die **Tour Hurtault** im Süden erhalten. Beide Türme enthalten eine Rampe, über die man mit Pferden und sogar Kutschen von der Loire hinauf zum Schloss gelangen konnte oder im Kriegsfall war es den Bewohnern hierüber möglich, ins Schloss zu flüchten *(April – Juni 9 – 18.30 Uhr, Juli/Auguste 9 – 19 Uhr, September/Oktober/Februar 9 – 17 Uhr, Dezember/Januar verkürzte Öffnungszeiten, letzter Einlass 45 Minuten vor Schließung, Besichtigungen mit HistoPad in deutscher Sprache möglich, Eintritt. Größere Hunde in den Gärten an der Leine, kleinere Hunde auf dem Arm oder in der Tasche auch im Schloss gestattet. Hunde sind in den unterirdischen Gängen verboten. www.chateau-amboise.com).*

Küche im Château Gaillard

Von Leonardo da Vinci und seiner durch unterirdische Gänge mit dem Schloss verbundene Behausung **Château du Clos Lucé** war bereits die Rede, und jetzt möchten wir uns selbst ein Bild davon machen. Bei unserem Aufenthalt war es möglich, das WOMO auf einem etwas näher gelegenen, aber engen Parkplatz zu parken (N47°24'29.3" E 00°59'23.2", Avenue Léonard da Vinci) oder man spaziert von Schloss zu Schloss. Wobei Leonardos Unterkunft zwar im hübschen Stil der Renaissance, jedoch vergleichsweise bescheiden daherkommt, und dennoch sehr viel vom Genius seines einstigen Bewohners preisgibt. Die Gemächer und die Säle im Untergeschoss mit 3D-Animationen und Modellen zeigen die wissenschaftlichen Ideen des Ingenieurs da Vinci und im Park können wir bei einem Spaziergang original groß rekonstruierte Maschinen bewundern und uns ein Bild dieses, seiner Zeit weit vorausdenkenden Mannes machen. Ein faszinierendes Erlebnis *(Januar 10 – 18 Uhr, Februar – Juni/September/Oktober 9 – 19 Uhr, Juli/August 9 – 20 Uhr, November/Dezember 9 – 18 Uhr, letzter Einlass eine Stunde vor Schließung, Eintritt. Hunde im Außenbereich an der Leine gestattet, kleinere Hunde sind auf dem Arm oder in der Tasche im Innenbereich gestattet. www.vinci-closluce.com)!*

Nach der überaus interessanten Besichtigung schlendern wir weiter zum **Château Gaillard**, das im Jahr 1496 vom jungen König Charles VIII. in unmittelbarer Nähe zum Hof gebaut wurde. Hier wurden die ersten Renaissancegärten Frankreichs angelegt und einer der damals berühmtesten Gärtner Europas, Dom Pacello da Mercogliano, brachte die ersten Orangenbäume ins Land und an die Loire. Gegen die Gabe eines jährlichen Orangenblütenstraußes übereignete François I. Dom Pacello das Anwesen. Wir durchstreifen die lichten Räumlichkeiten mit einem

Leonardo da Vinci und das Château Royal

Kuriositätenkabinett, schauen in der Orangerie vorbei und erkunden die königlichen Gärten sowie den Park, bevor wir unter schattigen Bäumen auf den erfreulichen Aufenthalt mit einem Glas frisch gepressten Orangensaft anstoßen. Dieses kleine Schloss mit den ansprechenden Gärten, in dem es scheint, als ob die Besitzer gerade einmal zum Einkauf weggefahren wären, bezaubert uns mit seinem Standort vor dem hellem Tuffstein und einer übergreifenden Leichtigkeit *(11 – 18 Uhr, Eintritt, Hunde an der Leine im Außenbereich gestattet. www.chateau-gaillard-amboise.fr).*

Der Besuch von Amboise wäre nicht komplett, wenn sich jetzt nicht noch ein Bummel durch die einladenden Gassen des hüschen Ortes mit Cafés und Geschäften anschließen würde. Dabei kann man auch gleich noch im **Office de Tourisme** vorbeischauen *(April – Juni/September/Oktober Mo – Sa 10 – 13/14 – 18 Uhr, So/Feiertage bis 17 Uhr, Juli/August Mo – Sa 9 – 13/14 – 19 Uhr, So/Feiertage bis 18 Uhr, November – März Mo – Sa 10 – 12.30/14 – 17 Uhr, Quai du Général de Gaulle, Telefon 0247570928, www.amboise-valdeloire.com).*

Kulinarisch fühlen wir uns im **Restaurant L'Écluse** mit einer ansprechenden, bezahlbaren Bistro-Küche und einer schönen Terrasse in unmittelbarer Nähe zum Schloss gut aufgehoben *(Mittags- und Abendmenü Di – Sa, Rue Racine, Telefon 0247799491, www.ecluse-amboise.fr),* bevor wir auf einen letzten Cocktail in der **Bar Le Shaker** an der Loire-Brücke mit Blick auf das Schloss einkehren *(ab 16 Uhr geöffnet, So/Mo geschlossen).*

Unsere königliche Schlössertour ist noch lange nicht vorbei und wenn wir meinten, ein Schloss gliche dem anderen, sehen wir uns in **Chaumont-sur-Loire** eines anderen belehrt (N 47°28'31.6" E 01°10'59.9"].

Château de Chaumont

Je nachdem, von wo wir schauen, erinnert uns das Schloss mit den dicken Rundtürmen, der doppelten Zugbrücke und dem hohen weißen Donjon an eine mittelalterliche Burg. Zu Zeiten von Catherine de Médici muss die Anlage sogar düster gewirkt haben, und man kann nachvollziehen, warum sie Diane de Poitiers, ihre Nebenbuhlerin und Ex-Gespielin des verstorbenen Gemahls, aus dem heiteren Chenonceau hierher verbannte.

Château de Chaumont

Salle du Conseil mit wertvollen Tapisserien

Auch wenn man im Innenhof am Ostflügel Einflüsse der frühen französischen Renaissance erkennen kann und das Innere der Anlage möbliert ist, zieht es die meisten Besucher in den **Park und die Gärten** von Chaumont. Zudem hat sich Chaumont der modernen Kunst verschrieben und in den Räumlichkeiten wie auch in den Gärten finden sich immer wieder Ausstellungsstücke zeitgenössischer Künstler. Ein besonderer Höhepunkt ist das alljährliche *Festival International des Jardins*, das **Gartenfestival,** auf dem drei Hektar großen Areal *(April bis Oktober)*. Gartenarchitekten und Künstlern werden Parzellen zur Verfügung gestellt, die sie ganz nach eigenem Belieben gestalten können. So entstehen Jahr für Jahr unterschiedliche Interpretationen von Landschaft sowie Garten und lassen den Besuch immer wieder aufs Neue spannend als auch interessant werden *(Schloss und Gärten öffnen um 10 Uhr und je nach Jahreszeit schließen sie zwischen 17.30 und 19/20 Uhr. Der letzte Einlass ist jeweils 45 Minuten vor Schließung, für Schloss und Gärten sind deutschsprachige Broschüren erhältlich, Eintritt. Hunde im Park und in den Gärten an der Leine gestattet. www.domaine-chaumont.fr)*.

Für einen längeren Aufenthalt empfiehlt sich der einfache, mit recht großen Parzellen ausgestattete **Camping Municipal Chaumont** am Ufer der Loire [**118:** N 47°29'04.7" E 01°11'40.6", Les Varennes, Telefon 0254209522, www.camping-chaumont-sur-loire.com, Ende April – Ende September, €€].

Am gegenüberliegenden Flussufer in **Veuzain-sur-Loire** kann man sich auch bei der Betreibergesellschaft Camping-Car Park nach altbewährtem Muster auf einem **offiziellen WOMO-Stellplatz** einmieten [**119:** N 47°29'19.9" E 01°11'17.4", 30 Avenue de Général de Gaulle, V/E, Strom, ganzjährig geöffnet, €€].

(120) Offizieller WOMO-Stellplatz: Chouzy-sur-Cisse – Aire de Camping-Car

GPS: N 47°31'15.3" E 01°14'26.9". **Max. WOMOs:** 10.

Öffnungszeit: Ganzjährig.
Ausstattung: V/E, Strom, Tische und Bänke, WC, Müllbehälter.
Beschreibung: Außerorts gelegener, geschotterter, fast schattenloser Parkplatz am meist ruhigen Straßenrand an einem Teich. Eine Bäckerei ist etwa 500 m entfernt im Ort. Ggf. Geräuschbelästigung von einer Bahnlinie. Hunde erlaubt, allerdings nur am Ufer und nicht im Wasser.
Zufahrt: Im Ort dem WOMO-Piktogramm folgen.

Mit großen Schritten nähern wir uns nun **Blois**, das wir bereits in unserer vorgehenden Tour mit dem Fahrrad besucht haben. Diesmal müssen wir also unser Wohnmobil unterbringen und dazu nennen wir zwei vom Office de Tourisme empfohlene, einfache Parkplätze am Loire-Ufer (N 47°35'17.0" E 01°20'53.3", Port de la Creusille, etwa 1,5 km bis ins Zentrum), (N 47°34'48.8" E 01°19'33.4", Promenade Edmond Mounin, etwa 700 m bis ins Zentrum). Diese Angaben beruhen auf dem Stand aus dem Jahr 2022, möglicherweise ändern sie sich und das Parken ist dann in der Zeit von April bis September nicht gestattet.

(121) Offizieller WOMO-Stellplatz: Blois – Parc des Expositions

GPS: N 47°34'47.1" E 01°20'42.8", Avenue du Président Wilson.
Max. WOMOs: 20 **Öffnungszeit:** Ganzjährig.
Ausstattung: V/E, Strom, Infotafel, WiFi, Müllbehälter.
Beschreibung: Zweckmäßiger geteerter mit Schranke gesicherter Stellplatz am Ortsrand, der gelegentlich u.a. durch einen Zirkus genutzt wird und rund 1,5 km vom Stadtzentrum entfernt liegt. Vor dem Stellplatz führt eine regelmäßig verkehrende Buslinie (Haltestelle Parc Expo) in die Stadt – Ligne A oder Navette Centre Ville.
Preise: €€.
Zufahrt: Links der Loire im Südosten der Stadt von der D951 auf die D956B Richtung Centre Ville fahren und dem WOMO-Piktogramm folgen.

Blois

Vom Ufer der Loire ziehen sich die alten stattlichen Häuser hinauf zum Schloss und der Kathedrale und es sei vorab verraten: Wer Blois per pedes einen Besuch abstattet, sollte gut zu Fuß sein, denn über die auf Hügeln erbaute Stadt ziehen sich immer wieder Treppenanlagen, die bewältigt werden müssen. Man kann das historische Stadtzentrum aber auch wie anno dazumal bei einer 25-minütigen **Kutschfahrt** kennen lernen *(9 – 18 Uhr, Place du Château, Gebühr, www.attelagesdeblois.fr).*

Château Royale

Ganz in der Nähe des Schloss befindet sich das **Office de Tourisme** und wenn man sich nicht nur einfach durch die Straßen treiben lassen möchte, wird man mit einem Stadtplan oder anderen wertvollen Informationen versorgt und kann unbesorgt zur Stadterkundung losziehen *(Januar – März Mo – Sa 10 – 13/14 – 17 Uhr, im Februar einige Tage So 10 – 13 Uhr, April –September Mo – Sa 9 – 13/14 – 19 Uhr, So 9 – 13 Uhr, 5 Rue de la Voûte, Telefon 02549041, www.bloischambord.com).*

Das **Château Royal** kann sich rühmen, das einzige Schloss zu sein, in dem mindestens zehn Königinnen sowie sieben Könige Frankreichs verkehrt haben und an den drei Flügeln der Schlossanlage lässt sich Entwicklung der französischen Profanarchitektur ablesen. Aus dem 10. Jahrhundert stammt der runde Wehrturm Tour du Foix, ab 1498 zeichnete Louis XII. mit spätgotischen Einflüssen bei den großen Fenstern und Arkaden verantwortlich. Über dem Eingangstorbogen wacht sein Reiterstandbild, ein Flügel besitzt eine Galerie, die in der damaligen Zeit eine innovative Lösung darstellte, und, ohne das Nachbarzimmer zu betreten, von einem Raum direkt in den anderen Raum führt. Im Innenhof fällt das bunte Mauerdekor auf und in einem Gebäudedteil ist das **Musée des Beaux-Arts** untergebracht, in dem unter anderem flämische Tapisserien und Gemälde von Rubens und Ingres gezeigt werden.

Ab 1515 verewigte sich auch hier François I. nach allen Regeln der Renaissance für die Nachwelt und die in italienischer Manier gestalteten Ornamente an Fenstern, Gesimsen und Pilastern sind unübersehbar. Besonders der offene, achteckige Treppenturm mit seinem Reliefschmuck und der inneren Wendeltreppe ist ein Meisterstück der Renaissance und ein absoluter Hingucker.

Später war es weniger die Architektur als vielmehr die Geschichte der Hugenottenkriege, die das Schloss erwähnenswert machen. Im Verlauf des achten dieser Kriege wurde im Jahr 1588 der katholische Herzog von Guise auf Geheiß von Henri III. ermordet. Während dieser unruhigen Zeit wurde das Schloss sehr in Mitleidenschaft gezogen und erst im 17. Jahrhundert unter Gaston de Bourbon, Duc d'Orléans, erhielt es den Westflügel im klassizistischen Stil. Dieser neue Bauboom wurde jedoch durch die finanziellen Unpässlichkeiten des Duc unterbrochen.

Im Schlossinneren können die Gemächer Henri III. und seiner Mutter Catharine de Médici besichtigt werden *(Januar – März/Anfang November - Dezember 10 – 17 Uhr, April – Juni/September bis Anfang November 9 – 18.30 Uhr, Juli/August 9 – 19 Uhr, deutschsprachige Broschüren und Audioguides erleichtern den Besuch, Eintritt, www.chateaudeblois.fr).*

Im Nordwesten des Schlosses schließen sich die freizugänglichen Gärten an, die Louis XII. anlegen ließ, und wenn man die Place du

Château Royale mit Wendeltreppe

Château in östliche Richtung quert, fällt recht bald ein lautes Getöse auf, unter dem mechanische Echsen ihre Köpfe aus den Fenstern eines Hauses strecken. Hinter der Fassade verbirgt sich die **Maison de la Magie Robert-Houdin** (Foto rechts), in dem man sich in das Reich der Magie und Illusion des „großen Houdini", einem Sohn der Stadt, begibt *(April – August täglich, September nur Sa/So, Allerheiligenferien und Weihnachtsferien 10 – 12.30/14 – 18.30 Uhr, Eintritt. www.maisondelamagie.fr).*

Rechts des Gebäudes führt uns eine Treppe hinab in die Altstadt mit vielen kleinen Geschäften und unzähligen Cafés sowie Restaurants. Wir durchstreifen die engen Gassen und stoßen auf die breitere Rue de Denis Papin, an deren nördlichem Ende die **Escalier Denis Papin** ins Auge fällt. Die 120 Stufen zählende Treppe ist dem Physiker gewidmet und zeigt sich jedes Jahr mit einem anderen Bildmotiv. Auf dem Weg ins östlich gelegene Kathedralenviertel gönnen wir uns eine kleine Pause bei **Miss Gourmand** *(Di – Fr 12 – 18.30 Uhr, 20 Rue du Palais)* und erreichen wenig später die **Cathédrale Saint-Louis**. Dahinter findet sich das zu Beginn des 18. Jahrhunderts eröffnete klassizistisch-elegante Erzbischöfliche Palais, in dem heute das Hôtel de Ville beheimatet ist. Daran schließen sich die **Jardins de l'Évêché**, die erzbischöflichen Gärten an, von denen wir eine der schönsten Aussichten über Blois haben (Hunde sind in den Gärten nicht gestattet).

Auf unserem Rückweg treffen wir wieder auf die Rue Denis Papin, folgen ihr hinab zur Loire, halten uns vor der Pont Jacques Gabriel rechts. Hier haben wir eine Weinbar gefunden: **France Terroir** ist nicht nur eine Épicerie mit lokalen Produkten und feinen Weinen, sondern die Gerichte von der kleinen Bistrokarte kommen uns nach der Stadtbesichtigung gerade recht *(Di – Sa 10 – 19 Uhr, So 10 – 13.30 Uhr, 4 Rue du Commerce, Telefon 0254469815, www.franceterroir.eu).*

Aussicht von den Jardins de l´Évêché

Tour 10 — 200 km

Vendôme – Montoire-sur-le-Loir
La Chartre-sur-le-Loir – Tours

Stellplätze: Vendôme, Les Roches-l´Évêque, Montoire-sur-le-Loir, Lavardin, Trôo, Lhomme, Athée-sur-Cher, Azay-sur-Cher, Tours.

Campingplätze: La Chartre-sur-le-Loir Camping du Vieux Moulin, Vouvray Camping Le Bec de Cisse, Saint-Avertin Tours Val de Loire.

Besichtigen: Vendôme Abbatiale de la Trinité de Vendôme; Lavardin Église Saint-Genest; Trôo Cave Yuccas, Grotte Pétrifiante; Église-SaintJacques-des-Guérets; Bessé-sur-Braye Château de Courtanvaux; Couture-sur-Loir La Possonnière; Loir-en-Vallée Château de Poncé; Montlouis-sur-Loire Château de la Bourdaisière; Tours Cathédrale Saint-Gatien, Musée des Beaux-Arts, Le Cloître de la Psalette, Musée du Compagnonnage, Basilique Saint-Martin.

Radfahren: Lhomme/La Chartre-sur-le-Loir.

Märkte: Vendôme Fr/So, Montoire-sur-le-Loir Mi/Sa, La Chartre-sur-le-Loir Do/So, Vouvray Fr, Athée-sur-Cher Di, Tours Di/Mi/Fr/Sa.

Essen: Trôo Guinguette des Îles de Trôo, Weinbar Cave du Vigneron; Tours Maison Colbert, La Deuvalière, Guinguette de Tours sur Loire; Saint-Avertin Guinguette de Port-Avertin.

*Nordwestlich von Blois erreichen wir den **Loir**, der in der Landschaft Perche östlich von Chartres entspringt und von Ost nach West in unserem Reisegebiet zwischen Vendôme und Angers fließt, bevor er nach insgesamt 320 Kilometern Länge als linker Nebenfluss in die Sarthe mündet. Etwa 40 Kilometer nördlich seiner großen Schwester, der Loire, mäandert der Loir beschaulich durch ein mittelgroßes Tal, und an seinen Ufern geht es im Gegensatz zum oft sehr belebten Loire-Tal geruhsamer zu. Bereits Dichter wie auch Maler zog es in die malerischen Dörfer und charmanten Städte und Reisende von heute schätzen die guten Angelgründe sowie die ruhigen Runden mit dem Kanu oder Kajak. Wanderer und Radfahrer tauchen hingegen gern in die grüne Landschaft ein und finden dort abwechslungsreiche Touren (www.vallee-du-loir.com).*

Dort, wo sich der Loir in mehrere Flussarme verzweigt, die schiefergedeckten, mittelalterlichen Fachwerkhäuser und Kirchtürme der auf Inseln gelegenen Altstadt von **Vendôme** vom Wasser umflossen werden, dort erwähnen wir den vor dem recht schönen **Campingplatz** *(Mitte April – Oktober)* liegenden engen, schattenlosen **offiziellen WOMO-Stellplatz** [**122:** N 47°47'28.9" E 01°04'33.4", Rue Geoffroy Martel]. Beide befinden sich am Ortsrand nahe des Loir, aber auch nahe der verkehrsreichen N10, und haben den unbestrittenen Vorteil, dass es von ihnen nur etwa 500 Meter bis ins Ortszentrum sind.

Das geschäftige Provinzstädtchen ist von viel Grün durchzogen und neben dem schattigen Parc Ronsard befindet sich das **Office de Tourisme** *(Juni/September Mo – Sa 10 – 12/14 – 18 Uhr, Juli/August zusätzlich So 10 – 12/14 – 18 Uhr, 47 Rue de la Poterie, Telefon 02547705, www.vendome-tourisme.fr).*

Abbatiale de la Trinité de Vendôme

Eine Broschüre führt uns durch die Stadt und an der Place Saint-Martin hören wir vom Glockenturm der alten Pfarrkirche die vertrauten Klänge des alten Kinderliedes *Le Carillon de Vendôme*, das uns schon aus Beaugency bekannt ist. Dahinter erhebt sich die **Abbatiale de la Trinité de Vendôme**, ein Meisterwerk der späten Flamboyant-Gotik des 15. Jahrhunderts. Bei einer Bootsfahrt über die Kanäle können aber auch die verträumten Stadtansichten mit begrünten Mauern, üppigen Gärten und versteckten alten Waschhäusern erkundet werden.

Das Tal des Loir ist aber auch für seine Höhlendörfer bekannt. Vielleicht weist die Ortsbezeichnung „die Felsen des Bischofs" des kleinen Dorfes **Les Roches-l'Évêque** auf diese Tatsache hin.

(123) Offizieller WOMO-Stellplatz: Les Roches-l´Évêque – Aire de Camping-Car

GPS: N 47°46'39.7" E 00°53'30.8", Grande Rue. **Max. WOMOs:** 10.
Öffnungszeit: Ganzjährig.

Ausstattung: V/E, Tische und Bänke, Müllbehälter, Bäckerei Mo-Sa 11.30 – 12.30 Uhr in der Saison.
Beschreibung: Gleich neben der Einfahrt zu den meist schattenlosen Stellplätzen auf Wiese und Schotter auf dem Gelände eines ehemaligen Campingplatzes am Ufer des Loir befindet sich eine Bar/Restaurant-Épicerie und eine Infotafel, die über das Wandergebiet rund um den Ort informiert (z. B. 8 km zu den Höhlenwohnungen).
Zufahrt: Im Ort dem WOMO-Piktogramm folgen.

Im nahen **Montoire-sur-le-Loir** können wir zwei **offizielle WOMO-Stellplätze** nennen, von denen der erste kaum Schatten bietet und der zweite unter teils sehr niedrig wachsenden Bäumen liegt [**124:** N 47°45'27.5" E 00°52'11.4", Avenue de la République, V/E] und [**125:** N 47°44'59.9" E 00°51'47.4", Boulevard des Alliés, maximal für WOMOs bis 7,50 m Länge]. Auf der gegenüberliegenden Uferseite sollte der **Campingplatz** nicht unerwähnt bleiben.

WOMO-Stellplatz 124

Das Loir-Tal ist aber nicht nur reich an Höhlenwohnungen, wie sie auch in **Lavardin** zu sehen sind, sondern dieser Teil des Tales ist auch für seinen Freskenreichtum in 20 romanischen Kirchen entlang des im Mittelalter stark frequentierten Jakobswegs nach Santiago de Compostela bekannt [**126:** 47°44'31.7" E 00°53'03.5", Rue des Vaux Boyers, maximal für WOMOs bis 7,50 Meter Länge].

Eine dieser Kirchen, die **Église Saint-Genest** in Lavardin, einem der schönsten Dörfer Frankreichs, ist ein besonders schönes Exemplar (Foto oben). Im Dorf vermischen sich Stile und Epochen von den Höhlenhäusern bis zu Wohnhäusern aus der Renaissance und der Gotik und eben jener romanischen Kirche, in der uralte christliche Vorstellungen auf teils sehr gruselige Art und Weise über das Paradies sowie die Verdammnis in der Hölle bildlich festgehalten sind.

Hinter der Kirche schlängelt sich der Weg hinauf zu den

Ruinen des Château de Lavardin, das malerisch über den Ort wacht und dem Henri II., Richard Löwenherz und weitere gekrönte Häupter die Ehre erwiesen haben.

In **Trôo** macht es dann noch einmal die Mischung, die für uns einen Aufenthalt angenehm macht.

(127) Offizieller WOMO-Stellplatz:
Trôo – Aire de Camping-Car

GPS: N 47°46'27.4" E 00°47'01.5", Rue de la Plaine. **Max. WOMOs:** 20.
Öffnungszeit: Ganzjährig.
Ausstattung: V/E an der Straße am westlichen Ortsende, Müllbehälter.
Beschreibung: Der nahezu schattenlose Wiesenparkplatz liegt am Ortsrand und ist mit Schranke gesichert. Zur Öffnung der Schranke gibt es einen Hinweis auf eine Telefonnummer, über die man den Zahlencode für das Schloss erhält. Wer Einsamkeit und das Gefühl des Freistehens mag, ist hier genau richtig! Die Entfernung zur Ortsmitte beträgt etwa 500 Meter. Nahe dem östlichen Ortseingang führt eine Straße zum Loir und zur **Guinguette des Îles de Trôo** *(Juli/August Di/Mi 12 – 14 Uhr, Do – So 12 – 14/19 – 21.30 Uhr, September Di – Do 12 – 14 Uhr, Fr/Sa 12 – 14/19 – 21.30 Uhr, So 12 – 14 Uhr, www.guinguette-troo.fr)* und in der **Weinbar Cave du Vigneron** lässt sich bei kleinen Gerichten die Zeit ganz herrlich vertrödeln *(Juni Sa/So 11.45 – 16.45 Uhr, Juli/August Mi – So 11.45 – 18 Uhr, September Sa/So 11.45 – 16.45 Uhr).*
Zufahrt: Im Ort den WOMO-Piktogrammen folgen.

Trôo

Da die Parkmöglichkeiten in Trôo für Wohnmobile recht beschränkt sind (eventuell ist das Parken auf einem Parkplatz an der D917 im Ort möglich), beschließen wir, das Dorf bei einem etwa 6 Kilometer langen, ausgedehnten Spaziergang vom Stellplatz hinauf zum nördlichen Dorfrand und unserem weiter unten beschriebenen Dorfrundgang durch diese *Petite Cité de Caractère*, einem unter dem Label **Kleine Stadt mit Charakter** zusammengefassten Ort, zu erkunden.

Uns fasziniert das Stollenlabyrinth, in dem die Dorfbevölkerung lebte und das schnell erweitert werden konnte, sobald ein weiterer Raum für ein Familienmitglied benötigt wurde. Diese Umstände erklären auch, warum die häufigste Interpretation des Ortsnamen Troo „Loch“ lautet.

Rund 40 Kilometer, von denen bisher 18 Kilometer erforscht sind, sollen sich die Höhlen durch den Tuff ziehen, und wir sind, wie oben erwähnt, zum nördlichen Dorfrand gewandert, um das auf drei Terrassen angelegte Höhlendorf über Gassen, enge Durchgänge und zahlreiche Treppen kennenzulernen.

Am sprechenden Brunnen, dem **Puits Qui Parle**, soll, der Geschichte nach, Eurydike nach Orpheus gerufen haben, und einer anderen Version nach stieß ein Mann seine geschwätzige Frau in den 45 Meter tiefen Schacht. Angeblich soll sie noch heute alles nachplappern, was man ihr von oben aus zuruft … Nach dem erfolgreichen Ruf in die Tiefe sind wir nun auf dem Weg zur **Collégiale Saint-Martin** mit ihrem markanten rechteckigen Turm aus dem 11. Jahrhundert. Von der nahen *Butte*, der Anhöhe, hat man eine herrliche Aussicht auf den Loir sowie die Umgebung des fruchtbaren Tals und nur wenig später können wir in der **Cave Yuccas**, einer restaurierten, bis ins Jahr 1969 bewohnten Höhlenwohnung, das einstige Leben im Fels nachvollziehen. In der **Grotte Pétrifiante** schauen wir nach den Stalaktiten, die sich in über 4.000 Jahren durch das Wasser verschiedener Quellen von der

Höhlendecke in bizarre Spitzen aus mineralischem Stein geformt haben *(10 – 12.30/14 – 19 Uhr, Eintritt).*

Am südlichen Ufer des Loir ist es dann die **Église Saint-Jacques-des-Guérets**, die wiederum mit wunderschönen Fresken aus dem 12. Jahrhundert aufwartet (Foto oben).

Nördlich von Trôo überrascht **Château de Courtanvaux** aus dem 15. Jahrhundert in **Bessé-sur-Braye** mit einem duftenden Rosengarten und Wanderwegen durch den 68 Hektar großen, im 19. Jahrhundert angelegten Landschaftspark (N 47°50'36.0" E 0°44'10.0"). Während der Park frei zugänglich ist, sind die Innenräume des Schlosses nur im Rahmen einer Führung zu besichtigen *(Mai/Juni/September Di – So 15, 16, 17 Uhr, Juli/August zusätzlich 11 Uhr, Eintritt, www.chateaudecourtanvaux.com).*

Château de Courtanvaux

Wer zu den Verehrern Pierre de Ronsard, einem der bedeutendsten Dichter der französischen Renaissance, gehört, der wird dessen Geburtshaus **La Possonnière** bei **Couture-sur-Loir** nicht außen vor lassen wollen (N 47°44'49.3" E 00°41'29.0", L´Allée). Das Herrenhaus ist mit Wandmalereien aus dem 16. Jahrhundert verziert und eine Ausstellung widmet sich dem Leben und Werk Ronsards. In den großen Höhlenkellern des Anwesens gewährte der Vater des Dichters den Jakobspilgern Obdach und Speisung *(April – Mitte Juni/ Motte September bis Anfang November Do – So/Feiertage 14 – 18 Uhr, Mitte Juni – Mitte September täglich 10 – 18 Uhr, Eintritt).*

Im Grenzgebiet der Départements Sarthe und Loir-et-Cher fallen einige Schlösser und Herrenhäuser auf, von denen das **Château de Poncé** aus dem 16. Jahrhundert in **Loir-en-Vallée**

ein besonders herrschaftliches Exemplar darstellt. Die Architektur wurde von seinen mächtigen Nachbarn aus dem Loire-Tal beeinflusst, beeindruckend sind die Renaissancetreppe und ein Taubenhaus aus dem 18. Jahrhundert. An das italienisch anmutende, elegante Schloss schließt sich ein wunderschöner Garten mit hohen Hainbuchenhecken an, die Spaziergänger in ein Labyrinth grüner Räume eintreten lassen, und wechselnde Ausstellungen moderner Kunst erzeugen einen spannungsreichen Kontrast zur Vergangenheit *(Mitte/Ende April – Mitte Juli Sa/So 10 – 12/14 – 18 Uhr, Mitte Juli – Mitte August Do – So 10 – 12/14 – 18 Uhr, weitere Öffnungszeiten auf der Homepage, www.chateaudeponce.com).*

Im von typischen Tuffsteindörfern mit Schieferdächern gesäumten freundlichen Loir-Tal inmitten des **Weinbaugebiets Coteaux du Loir** mit der **Appellation Jasnières** fehlt jetzt nur noch ein ansprechender Stellplatz.

(128) WOMO-Parkplatz: Lhomme – Panorama des Jasnières

GPS: N 47°45'23.6" E 00°35'05.3". **Max. WOMOs:** 3 – 5
Ausstattung: Tische und Bänke, Infotafel, Müllbehälter.
Beschreibung: Der außerorts auf einem Plateau gelegene geschotterte Parkplatz bietet einen grandiosen Blick über die Umgebung und die Weinberge. Gerade am Freitagabend oder am Wochenende ist der Parkplatz ein beliebter Treffpunkt für einen friedlichen Apéro, aber auch für übermütige „Bleifußartisten". Eine Alternative stellt nicht nur in diesem Fall der einfache, **offizielle WOMO-Stellplatz** am Ortsrand dar [**129:** N 47°44'37.2" E 00°33'25.6", Rue du Luxembourg]. Von beiden Plätzen sind Rad- und Wandertouren möglich.
Zufahrt: Im Ort von der D305 gegenüber vom Super U dem Hinweis Zone Industrielle und der Straße gut 2 km und dann rechts dem Hinweis *Panorama Mon Idée* folgen.

Direkt von der Panoramaaussicht, aber auch aus dem Ort kann man wunderbar zu einer etwa **58 Kilometer langen Radtour** auf der meist mit wenig Verkehr belasteten **Route des Vins** starten. An der Strecke liegen das Herrenhaus La Possonnière, das Château de Poncé sowie die Prieuré de Villedieu und in den Orten und Weingütern laden Weinbars wie auch Winzer zur Verkostung eines Glases AOC-klassifizierten Coteaux-du-Loir ein *(eine entsprechende Broschüre, aber auch der GPX-Track sowie weitere Rad- und Wandertouren werden auf der folgenden Seite zur Verfügung gestellt: www.vallee-du-loir.com/offres/vignoble-et-belles-demeures-en-vallee-du-loir-la-chartre-sur-le-loir-fr-1430981).*

Wer sich in **La Chartre-sur-le-Loir** auf dem freundlichen **Camping du Vieux Moulin***** direkt am Loir eingemietet hat [**130:** N 47°43'57.8" E 00°34'17.0", Chemin des Bergivaux, Telefon 0647501052, www.campingduvieuxmoulin-lachartre-surloir.fr, April – Mitte September, €€], der kann sich im **Office**

de Tourisme die entsprechende Broschüre für eine Rad- oder Wandertour und weitere Informationen persönlich abholen *(Mo – Sa 10 – 13/14 – 18 Uhr, So 10 – 14.30 Uhr, 13 Place de la République, Telefon 0243381660, www.vallee-du-loir.com).*

Unsere Reise führt uns südwärts und vorerst vom Loir zurück ins Tal der Loire. In **Vouvray** legen wir eine Zwischenstation ein und erwähnen gern den dortigen Campingplatz, auf dem uns immer wieder ein Aufenthalt gefällt. Er hat zudem den Vorteil einer guten ÖPNV-Verbindung in die nahe Stadt Tours, in der diese Tour ihr Ende finden wird.

(131) WOMO-Campingplatz: Vouvray – Camping Le Bec de Cisse**

GPS/Kontakt: N 47°24'33.0" E 00°47'49.9", 3 Chemin du Bec de Cisse, Telefon 0247760722, www.camping-vouvray.com.
Öffnungszeit: April – September.
Ausstattung: Waschmaschine, Wäschetrockner, Tischtennis, Bouleplatz, Kanuverleih.
Beschreibung: Der Campingplatz am Ortsrand bietet Wiesen-Stellplätze, die durch Hecken getrennt sind und unter bzw. neben Bäumen liegen. Das Ortszentrum mit Bäckerei, Restaurants und Geschäften ist knapp 300 Meter entfernt. Etwa 200 Meter Fußweg sind es zur Bushaltestelle für eine Fahrt nach Tours. Die Buslinie 54 fährt etwa jede Stunde bis zur Porte de Loire *(Endstation, www.filbleu.fr)*. Die Fahrt dauert etwa 20 – 30 Minuten. Mit dem Fahrrad kann man die etwa 10 km lange Strecke ebenfalls und meist sogar auf dem Loire-Radweg zurücklegen.
Preise: €€. **Zufahrt:** Im Ort den Hinweisen zum Campingplatz folgen.
Hinweis: Vor dem Campingplatz gibt es drei enge und schräge WOMO-Stellplätze, die max. 48 Stunden genutzt werden dürfen. Eine **V/E-Station** ist frei zugänglich.

Wird um Vouvray mit einer eigenen Appellation noch Wein angebaut, so sind es am gegenüberliegenden Loire-Ufer in **Montlouis-sur-Loire** und im Park des dortigen **Château de la Bourdaisière** rote Liebesäpfel, die es dem

Schlossherrn angetan haben (N 47°22'06.5" E 00°50'10.3", Rue de la Bourdaisière). Im hübschen Renaissanceschloss kann man heute fürstlich übernachten und dinieren.

Hobbygärtner und insbesondere Tomatenfreunde werden jedoch im Garten zur Glückseligkeit finden. Hier werden 700 Sorten von gelber, grüner, roter, oranger und gar schwarzer Farbe in ovalen, runden, herz- oder flaschenartigen

Formen in schnittfester oder fleischiger Variante angebaut und präsentiert. Ein Augen- und Gaumenschmaus der ausgefallenen Art! Für weitere Farbkleckse sorgen 400 verschiedene Sorten Dahlien, die aus mehr als 5.000 Knollen ihre wahre Pracht entfalten *(Gärten und Boutique April/Oktober 11 – 18 Uhr, Mai – September 10 – 19 Uhr, Eintritt, Hunde an der Leine gestattet, www.labourdaisiere.com).*

Wir sind mit unserem Fluss-Hopping noch nicht am Ende und hüpfen etwas weiter südöstlich über den Cher nach **Athée-sur-Cher**, um einen weiteren ruhigen Stellplatz vor den Toren der Großstadt Tours anzupeilen.

(132) Offizieller WOMO-Stellplatz: Athée-sur-Cher – Château de Nitray

GPS: N 47°20'25.5" E 00°53'35.1". **Max. WOMOs:** 10.
Öffnungszeit: Ganzjährig.
Ausstattung: WC im Innenhof des Schlosses.

Beschreibung: Abseits des bewirtschafteten Schlosses liegt der Stellplatz auf einer Wiese an den Weingärten. Einige Gebäude des Schlosses können gegen Gebühr besichtigt werden und eine Weinprobe ist auf Nachfrage möglich. Der Stellplatz ist kostenfrei, aber ein Weinkauf ist erwünscht. Der Kauf und vor allen Dingen das Verkosten des Weins fällt jedoch nicht schwer! Nicht nur für die Ver- und Entsorgung sei an dieser Stelle der längst nicht so schöne **offizielle WOMO-Stellplatz** in **Azay-sur-Cher** genannt [**133:** N 47°21'03.1" E 00°50'59.8", Gr Grande Rue].
Zufahrt: Von der D976 den Hinweisen zum Château folgen.

Mit Ausdauer und gutem Willen sind die etwa 20 Kilometer Radweg (einfache Strecke) vom Schloss entlang des Cher bis nach **Tours** sicher auch zu bewältigen, aber wir bemühen dafür das Wohnmobil und quartieren uns auf dem dortigen Campingplatz ein.

Der **offizielle WOMO-Stellplatz** der Stadt liegt etwa drei Kilometer außerhalb des Zentrums auf dem einfachen, schattenlosen P+R-Parkplatz du Lac [**134:** N 47°21'59.8" E 00°42'00.5", Avenue du Général Niessel, V/E, Bus Linie 2 ins Zentrum].

(135) WOMO-Campingplatz: Saint-Avertin – Tours Val de Loire****

GPS/Kontakt: N 47°22'14.4" E 00°43'23.5", 61 Rue de Rochepinard, Telefon 0247278747, www.onlycamp.fr/camping-tours-val-de-loire.
Öffnungszeit: Februar – Mitte Dezember.
Ausstattung: Waschmaschine, Wäschetrockner, Fahrradverleih, kleine Épicerie, Spielplatz, Tischtennisplatte, Bouleplatz Grillmöglichkeit, WiFi.
Beschreibung: Der zum Betreiber Onlycamp gehörende Campingplatz

bietet meist schattenlose Stellplätze auf Wiese und liegt am Ortsrand. Direkt gegenüber befindet sich ein gutes Bistro *(Mo Ruhetag)* und eine Pizzeria mit Lieferservice in ca. 500 m Entfernung (Info am Campingplatz). Mit dem Fahrrad ist Tours nach etwa 4 km erreicht und von der etwa 700 m entfernten Bushaltestelle verkehren die Busse der Linien 3 und 10 tagsüber alle 10 Minuten bis zum Bahnhof. Die Fahrzeit beträgt etwa 20 Minuten *(www.filbleu.fr)*.
Preise: €€ - €€€.
Zufahrt: Im Ort den Hinweisen zum Campingplatz folgen.

Tours

Unser Bus hält am *Gare de Tours*, dem Bahnhof von Tours, und wir müssen nur die Straße überqueren, um uns im **Office de Tourisme** mit allem Wissenswerten versorgen zu können *(Mo – Sa 8.30 – 19 Uhr, So 9.30 – 12.30/14.30 – 17 Uhr, 78 – 82 Rue Bernard Palissy, Telefon 0247703737, www.tours-tourisme.fr)*. Hier erhalten wir einen Stadtplan und eine Info-Broschüre in deutscher Sprache und können sofort mit der Stadterkundung loslegen. Wer sich lieber fahren lässt, der kann sich vom **Touristenbähnchen** aus die Altstadt anschauen (*Ostern – September, Abfahrt am Office de Tourisme, Gebühr)*.

Tours ist eine quicklebendige Universitätsstadt, die sich über die Ufer von Loire und Cher ausdehnt und nach dem Zweiten Weltkrieg große Schäden wegstecken musste. Besonders den Altstadtkern zwischen den beiden Flüssen hatte es hart getroffen und man entschloss sich, diesen nach historischem Vorbild wiederaufzubauen. Für unseren Besuch ist besonders dieses Viertel zwischen südlichem Loire-Ufer und in etwa der Linie vom Boulevard Béranger sowie Boulevard Heurteloup interessant. Dazwischen scheint sich das kulturelle und historische Erbe der Stadt abzuspielen, das sich auf seinen belebten Straßen und Plätzen, zwischen Sakralbauten sowie Museen widerspiegelt und nicht nur von Touristen wie uns dominiert wird. In den Gassen flanieren Einwohner und Studenten, deren Universität sich gleich um die Ecke befindet, neben den Besuchern und alle genießen gemeinsam das fröhlich-leichte Flair im Herzen einer Großstadt.

Bisher sind wir früher oder später immer auf ein vor Geschichte nur

Place Jean Jaurès

so strotzendes Schloss gestoßen, doch in Tours ist es anders. Obwohl im 15./16. Jahrhundert Hauptstadt des französischen Königreichs, war das Schloss den Königen wohl damals schon zu unspektakulär und sie verließen es recht bald. An selber Stelle am Ufer der Loire legten bereits um das Jahr 275 die Toronen zum Schutz der heranrückenden Franken und Alemannen eine Befestigung und ein Castrum an und ein knappes Jahrhundert später war es der Heilige Martin, der die Stadt endgültig christianisierte. Da wir vom **Schloss** sprachen und Tours sich rühmt, eine Stadt der Kultur und Architektur zu sein, möchten wir nicht unerwähnt lassen, dass das einst königliche Gemäuer heute einen schicken Rahmen für Fotoausstellungen bietet *(www.chateau.tours.fr)*.

Hier im östlichen Teil des historischen Zentrums dominiert vor allen Dingen die **Cathédrale Saint-Gatien**, die dem ersten Bischof von Tours, dem Heiligen Gatien, geweiht ist. Die Kathedrale wurde zwischen dem 12. und 16. Jahrhundert errichtet und besticht durch eine schmale gotische Fassade mit schönstem Flamboyant-Schmuck, die von zwei nach oben strebenden Renaissancetürmen flankiert wird. Besondere Beachtung sollte den 15 gotischen Fenstern des Chors geschenkt werden, die dem auch hier verantwortlichen Baumeister der Sainte-Chapelle von Paris zu verdanken sind. Im südlichen Querschiff befindet das Grabmal der Kinder von Anne de Bretagne und Charles VIII. und es scheint, als ob die kleinen Körper unter den Augen der wachenden Engel nur tief schlafen würden *(9 – 19 Uhr)*.

Südlich der Kathedrale schließt sich der Erzbischöfliche Palast an, in dem das **Musée des Beaux-Arts** beheimatet ist. Im Inneren wartet eine reiche Sammlung mit klassischen Gemälden, Möbeln sowie Keramiken und im Innenhof sind eine 1804 gepflanzte Libanonzeder wie auch ein ausgestopfter Elefant die Attraktion. Letzterer heißt Fritz, war Anfang des 20. Jahrhunderts dem Zirkus Barnum & Bailey entlaufen und fand den Weg ins Museum, nachdem er auf der Flucht erschossen und zurückgelassen worden war *(Mo 9.30 – 18 Uhr, Mi – So 9 – 18 Uhr, Eintritt. www.mba.tours.fr)*.

Nördlich der Kathedrale befindet sich der Rest des Klosters **Le Cloître de la Psalette** aus dem 15./16. Jahrhundert, das aus drei Galerien besteht, deren Architektur teils im Flamboyant-, teils im Renaissancestil

Cathédrale Saint-Gatien und Musée des Beaux-Arts

gehalten ist. Von der Terrasse aus hat man einen ungewöhnlichen Blick auf die Streben der Kathedrale und eine an Schloss Chambord erinnernde Wendeltreppe führt ins Skriptorium und die Kapitelbibliothek *(März – Anfang Mai/Anfang September – Oktober 9.30 – 12.30/ 14 – 18 Uhr, November – Februar 9.30 – 12.30/14 – 17 Uhr, Eintritt. www.cloitre-de-la-psalette.fr)*.

Durch **die Rue de Colbert** schlendern wir westwärts. In einer der ältesten Straßen der Stadt reiht sich ein Restaurant an das andere und auf der etwa in der Mitte liegenden Place Foire-le-Roi findet seit dem Mittelalter der Markt (*Foire*) statt. Freie Märkte hatte François I. erstmals im Jahr 1554 gestattet und der hiesige Markt wurde kurz und knapp nach dem König (*Roi*) benannt. Nahe der **Église St-Julien**, deren Turm aus dem 10. Jahrhundert stammt, kann man im **Restaurant Maison Colbert** einen Halt einlegen, wenn einem nach einem guten, ausgedehnten Mittagsmahl der Sinn steht *(Di – Sa Mittags- und Abendmenü, 26 Rue de Colbert, Telefon 0247059981, www.maisoncolbert.fr)*. Wer sich erst noch ein wenig Appetit holen muss, kann zuvor im **Musée du Compagnonnage** vorbeischauen. Die ausgestellten Gesellenstücke stammen von französischen Wandergesellen und sind weltweit einmalig *(9 – 12.20/14 – 18 Uhr, Mitte September – Mitte Juni Di Ruhetag, Eintritt, www.museecompagnonnage.fr)*.

Wer eher eine Leidenschaft für antike Gegenstände und Bücher hegt, der kann den Weg nach Westen in der parallel verlaufenden **Rue de la Scellerie** eingeschlagen. Im Viertel der Antiquitätenhändler kann man gleich noch die Fassade des **Grand Théâtre** von 1869 bestaunen.

Durch welche Straße man auch immer gegangen ist, wir haben mit der breiten Rue Nationale die Trennungslinie des historischen Zentrums erreicht. Die Straße führt schnurgerade vom Cher im Süden zur nördlich fließenden Loire, über die sich die **Pont Wilson** spannt. Die Brücke wurde nach ihrem Einsturz im Jahr 1978 nach historischem Vorbild neu errichtet und darf seitdem von Autos nur von Nord nach Süd überquert werden.

Nachdem wir die von Kaufhäusern und Läden gesäumte Hauptverkehrsader hinter uns gelassen haben, lassen wir uns durch die Gassen treiben. Wir bewundern den Renaissancepalast **Hôtel Goüin** aus dem 15. Jahrhundert in der Rue de Commerce, sehen weitere Palais aus dem 14./15. Jahrhundert wie auch der Renaissance sowie ein Sammelsurium weiterer Häuser aller Epochen, bis wir auf die **Basilique Saint-Martin**

Basilique Saint-Martin

Hôtel de Ville

treffen. Nachdem im Jahr 1860 das Grab des Heiligen Martin wieder entdeckt worden war, musste ein neues Gotteshaus her. Die Basilika wurde 1890 geweiht und in der Krypta des neo-romanischen und neo-byzantinischen Baus ist der Sarkophag des Heiligen zu finden *(Di – Sa 7.15 – 21.30 Uhr, So/Mo 8 – 20 Uhr in der Sommerzeit).*

Das Viertel ist Tag und Nacht belebt und in der Altstadt wimmelt es nur so von eleganten Boutiquen, einfachen Läden und jeder Menge Cafés, Bars, Pubs und Restaurants für jeden Geschmack und Geldbeutel. Mittelpunkt des durchaus angenehmen Gewusels ist die **Place Plumereau**, die von gebeugten Fachwerkhäusern begrenzt wird. Hier trifft man sich, hier schlürft man seinen Café oder einen Pastis. Wir finden etwas abseits im **Restaurant La Deuvalière** ein passendes Mittagessen zu einem annehmbaren Preis, das von einem jungen ambitionierten Team frisch und saisonal zubereitet und serviert wird *(Mittags- und Abendmenü Mo – Fr, 18 Rue de la Monnaie, Telefon 0247640157, www.restaurant-ladeuvaliere.com).*

Bei schönem Wetter bietet sich zum Abschluss der Stadtbesichtigung oder für die Pause zwischendurch auch die Einkehr in der **Guinguette Tours sur Loire** an der Pont Wilson an *(Anfang Mai – September, www.tourssurloire.fr)* oder für diejenigen, die zum Campingplatz nach Saint-Avertin zurück wollen, könnte die **Guinguette de Port-Avertin** eine Alternative bieten *(Mitte Juni – Mitte September, www.ville-saint-avertin.fr)*

Place Plumereau

Tour 11 — 245 km

Montbazon – Azay-le-Rideau – Villandry – Richelieu Chinon – Bourgueil

Stellplätze: Saint-Épain, Crissay-sur-Manse, Villaine-les-Rochers, Azay-le-Rideau, Lignières-de-Touraine, Villandry, Langeais, Marnay, Cheillé, Champigny-sur-Veude, Chinon, Avoine, Bourgueil, Saint-Nicolas-de-Bourgueil, Restigné, Benais.

Campingplätze: Montbazon Vallée de l´Indre, Azay-le-Rideau Camping le Sabot, Savonniers Camping La Confluence, Rigny-Ussé Camping Municipal de La Blardière, L'Île-Bouchard Camping Les Bords de Vienne, Richelieu Camping Le Cardinal, Chinon Camping de l'Île Auger, Bourgueil Camping Municipal.

Besichtigen: Montbazon Forteresse de Montbazon; Villaine-les-Rochers Musée de l'Osier et de la Vannerie; Saché Musée Balzac; Azay-le-Rideau Vallée Troglodytique des Goupillières, Azay-le-Rideau Château, Château de l´Islette; Villandry Château et Jardins; Langeais Château; Marnay Musée Maurice Dufresne; Rivarennes Maison de la Poire Tapée; Rigny-Ussé Château; Richelieu Église Notre-Dame, Musée et Espace Richelieu, Schlosspark, Lémeré Château du Rivau; Chinon Forteresse Royale, Musée d'Arts et d'Histoire; Seuilly Musée Rabelais; Bourgueil Abbaye Royale Saint Pierre, Maison de Vins, Cave de la Dive Bouteille.

Wandern/Radfahren: Voie Verte Richelieu Chinon, Bourgueil Weinbergwanderung und Weinbergradtour.

Märkte: Montbazon Di/Fr, Saint-Épain Sa, Azay-le-Rideau Mi/Sa, Savonniers Sa, Langeais So, Cheillé Sa, L'Île-Bouchard Sa Champigny-sur-Veude Mo/Fr, Chinon Do/Sa/So, AvoineFr, Bourgueil Di/Sa, Saint-Nicolas-Bourgueil So, Restigné Do, Benais Mo.

Essen: Montbazon Guinguette de Montbazon, Crissay-sur-Manse Auberge de Crissay, Azay-le-Rideau Restaurant Côte Cour, Langeais Restaurant Au Coin des Halles, Chinon Restaurant Au Chapeau Rouge, Bourgueil Patisserie Brémaud – Salon de Thé.

Auf den folgenden Kilometern werden wir uns im südwestlichen Teil der Touraine aufhalten, die auch schon mal als „nobler Gemüsegarten Frankreichs" bezeichnet wird. Aber auch die Weinpalette ist nicht zu verachten und die bekannten Appellationen Bourgueil und Chinon lernen wir besonders am Abend bei einem Glas kühlem Weißen, einem erfrischenden Rosé oder einem charaktervollen Roten kennen. Eine gute Auswahl an Weinen erhalten wir in Weinbars, Restaurants oder aber nach einer meist zwanglosen Verkostung und dem Direktverkauf bei den örtlichen Winzern und Weingütern.

Guinguettes

Die an den Ufern der Loire und ihrer Nebenflüsse gelegenen Guinguettes eignen sich hierfür jedoch ebenso und verbunden mit einer kleinen Mahlzeit kann man nach einer Rad- oder Wandertour, nach einer Stadtbesichtigung oder ohne weiteren Grund richtig ausspannen. Alljährlich von April/Mai bis September sind die typischen Gartenlokale an den Flüssen bei schönem Wetter ein beliebter Treffpunkt, um sich bei einem Glas Wein *Fritures de Loire*, frittierten Fisch der Loire, schmecken zu lassen, aber auch, um zu unterschiedlichen Musikrichtungen das Tanzbein zu schwingen, zu einem Brettspiel aufzufordern oder Cabaret- und Konzertvorstellungen oder anderen Darbietungen zu folgen.

Das zwanglose Beisammensein am plätschernden Wasser zieht Einheimische und Touristen, Paare und Familien, Junge wie Ältere an und vermittelt tatsächlich so etwas wie die viel zitierte Leichtigkeit des Seins und gehört unbedingt zu unseren persönlichen **Top Ten**.

Im südlich von Tours gelegenen **Montbazon** findet sich am L'Indre mit der **Guinguette de Montbazon** ein schönes Beispiel französischer Gartenwirtschaften *(April – September mittags und abends geöffnet, www.guinguette-montbazon.fr)*.

Sollte es dort mal ein Gläschen Wein zu viel sein, dann ist der Weg ins WOMO-Bett nicht weit.

(136) WOMO-Campingplatz: Montbazon – Vallée de l´Indre***

GPS/Kontakt: N 47°17'24.8" E 00° 42' 58.2", Parc la Grange Rouge, Telefon 0247260643, www.camping-montbazon.com.
Öffnungszeit: April – Dezember.
Ausstattung: Waschmaschine und Wäschetrockner, Grillplatz, Épicerie, WiFi, Außenpool, Minigolf, Bouleplatz, Kinderspielplatz, Kajakverleih und Angelmöglichkeit.
Beschreibung: Der Campingplatz am Ortsrand liegt direkt am Ufer des Indre mit meist unter Bäumen gelegenen Wiesenstellplätzen und rund 800 Meter vom Ort mit Geschäften, Restaurants, Bäckerei entfernt. Die beschriebene Guinguette befindet sich in unmittelbarer Nachbarschaft und im Ort können wir das **Restaurant L´Évidence** als gediegenere, teurere, aber kreativ-frische kulinarische Alternative empfehlen (Mittags- und Abendmenü Di/Do/Fr/Sa, 1 Place des Marronniers, Telefon 0247386738, www.restaurant-levidence.com).
Preise: €€ – €€€.
Zufahrt: Im Ort den Hinweisen zum Campingplatz folgen.

Hoch über dem Ort ist die **Forteresse de Montbazon** nicht zu übersehen. Eines der ältesten militärischen Bauwerke in der Loire-Region beherbergt den ältesten noch stehenden Donjon Frankreichs und kann besichtigt werden *(April – Juni/September Sa/So/Feiertage 10 – 18 Uhr, Juli/August täglich 10 – 19 Uhr, letzter Einlass eine Stunde vor Schließung, Führung in englischer Sprache möglich, Eintritt, www.forteressedemontbazon.com)*. Die Zufahrt zum ausgeschilderten Parkplatz ist für Busse verboten und nur für Fahrzeuge bis 3,5 Tonnen Gesamtgewicht erlaubt. Sie ist genau wie die Fahrt durch den Ort sehr eng!

Forteresse de Montbazon

Bevor wir wieder auf unsere Schlösserrunde einschwenken, schauen wir in **Sainte-Catherine-de-Fierbois** in dem Dorfkirchlein mit spätgotischem Portal vorbei, in dem Jeanne d'Arc am 15. März 1429 betete, bevor sie zum König nach Chinon weiterritt (N47°09'24.2" E00°39'07.8").

Kirchenfenster Église Sainte-Catherine

Hier wenden wir uns nach Westen und notieren in **Saint-Épain** einen kleinen offiziellen WOMO-Stellplatz [**137:** N 47°08'39.5" E 00°32'23.1", Rue des Deneux, V/E, Strom], um wenig später einmal mehr auf eines der **schönsten Dörfer Frankreichs** zu stoßen.

(138) WOMO-Parkplatz: Crissay-sur-Manse – Parking

GPS: N 47°08'59.3" E 0°29'13.4", Rue de Chinon. **Max. WOMOs:** 3.

Ausstattung: Tische und Bänke in der Nähe.

Beschreibung: Der geschotterte, schattenlose, einfache Parkplatz liegt am Ortsrand direkt an den Feldern. Nur wenige Minuten sind es ins Ortszentrum. Eine Tafel informiert über zwei Wanderwege von 10 bzw. 14 km Länge in die schöne Umgebung. Radwege sind ebenfalls vorhanden.

Zufahrt: Von St-Épain der D21 bis zum ausgeschilderten Ort folgen. Der Parkplatz liegt am östlichen Ortseingang.

Crissay-sur-Manse ist ein kleines, authentisches Dorf mitten in der ländlichen Touraine. Es liegt ziemlich unspektakulär im grünen Tal der Manse, aber es ist einfach ein Genuss seine Zeit zwischen blumengeschmückten Gassen verbummeln zu können. Die hellen Tuffsteinhäuser mit kunstvollen Dachhauben aus Schiefer sammeln sich vor der Schlossruine aus dem

Crissay-sur-Manse

14./15. Jahrhundert, und wenn dann auch noch nach einer Wanderung ein Garten- oder Terrassenplatz in der **Auberge de Crissay** frei ist und man mit einem kleinen Gläschen Roten übers Land schaut, dann kann man wohl von einem perfekten Urlaubstag sprechen *(Mittags- und Abendmenü, Mi – So, Telefon 0247585811, www.aubergedecrissay.fr).*

Richtung Norden kommen wir mit **Villaines-les-Rochers** in das heute wichtigste Zentrum der Weidenproduktion in Frankreich und in einen Ort mit einem **offiziellen WOMO-Stellplatz** [**139:** N47°13'15.7"E00°29'47.1", Rue des Ecoles, V/E bei N47°13'16.7"E00°29'43.5", WC, maximaler Aufenthalt 24 Stunden].

Die Korbmacher

Das Handwerk der Korbflechterei wird hier seit dem Jahr 1849 gepflegt und die Korbmachergenossenschaft *Coopérative Vannerie de Villaines* produziert nicht gerade günstige, aber extrem stabile Korbarbeiten und lässt einen Einblick in ihre Arbeit zu. Bis vor wenigen Jahren waren die Korbflechtereien in den Höhlen angesiedelt, die teilweise in den Hängen des Dorfes noch erhalten sind. Die kunstvoll angefertigten Korbmacherartikel können käuflich erworben werden und das **Musée de l'Osier et de la Vannerie** widmet sich der traditionsreichen Korbflechterei *(Januar bis Februar/Mitte Oktober – Dezember Mo – Fr 9 – 12.30/14 – 18 Uhr, Mitte Oktober – Dezember zusätzlich Sa/So/Feiertage 14 – 18 Uhr, März – Mitte Oktober Mo – So/Feiertage 9 – 12.30/14 – 19 Uhr, Eintritt, www.vannerie.com).*

Im Winter werden die Weidenruten der speziellen Korbweide geschnitten, nach Größe sortiert, gebündelt, ins Wasser gestellt und im Frühjahr werden sie dann entrindet, getrocknet und gelagert. Damit die Ruten wieder biegsam sind, werden sie vor der Verarbeitung einige Stunden gewässert und dann zur Fertigung verschiedenster Korbartikel wie beispielsweise für Brotkörbe in den Bäckereien benutzt.

Auf einem Entdeckungspfad von etwa fünf Kilometern Länge kann man den Weiden und der Verarbeitung der Weidenruten bis zum Flechten des fertigen Korbes auf die Spur kommen.

Im hübschen Dorf **Saché** am L'Indre hatte der nicht nur in Frankreich bekannte und viel gelesene Romancier Honoré de Balzac seinen Zweitwohnsitz in einem Renaissanceschloss, das im 19. Jahrhundert zu einem hübschen Landsitz umgebaut wurde (N 47°14'42.0" E 00°32'39.3", Rue du Château). Noch heute pilgern Balzacs Bewunderer durch das mittlerweile zum **Musée Balzac** verwandelte Anwesen und bestaunen neben Manuskripten und Briefen auch Skulpturen, Gemälde und sogar die Kaffeekanne, deren Inhalt den Schriftsteller bei der Arbeit wachhielt. Auch wenn man des Französischen nicht mächtig ist, sorgt der Besuch des Museums für kurzweilige Unterhaltung *(April – Juni, September 10 – 18 Uhr, Juli/August 10 – 19 Uhr, Oktober – März Mi – Mo 10 – 12.30/14 – 17 Uhr, Eintritt. www.musee-balzac.fr).*

Wir folgen von hier dem **L'Indre** ein Stück seines insgesamt 279 Kilometer langen Laufs vom Quellgebiet südlich von Châteaumeillant in der Provinz Berry bis zur Mündung in die Loire und sind schon bald in **Azay-le-Rideau**.

Im **Vallée Troglodytique des Goupillières** können wir noch einmal die Höhlenhöfe der Bauern bestaunen, in denen diese vom Mittelalter bis ins letzte Jahrhundert hinein lebten und arbeiteten (N 47°15'41.8" E 00°29'59.5"). Durch verschiedene Tiere wird die Anlage zwischen den Brunnen, Ställen und Getreidesilos zum Leben erweckt und die Funktion eines unterirdische Schutzraum zeigt, dass die Zeiten nicht immer friedlich waren *(Februar – Anfang April 14 – 17.30 Uhr, April – Anfang Juli 10 – 18 Uhr, Juli/August 10 – 19 Uhr, September 10.30 – 18 Uhr, Oktober bis Anfang November 11 – 17.30 Uhr, Eintritt, Broschüre in deutscher Sprache erhältlich, Hunde an der Leine gestattet, www.troglodytedesgoupillieres.fr)*.

Wie so oft auf unserer Reise fand auch der hier abgebaute Tuffkalkstein beim Bau der Schlösser Verwendung. Eines der weiteren bekannten Exemplare befindet sich nur wenige Kilometer weiter in **Azay-le-Rideau**.

(140) Offizieller WOMO-Stellplatz: Azay-le-Rideau – Aire de Camping-Car

GPS: N 47°15'33.2" E 00°28'10.3", Rue du Stade. **Max. WOMOs:** 30.

Öffnungszeit: Ganzjährig.
Ausstattung: V/E, Strom, Tische und Bänke, Müllbehälter.
Beschreibung: Die geschotterten Parzellen des mit Schranke gesicherten Stellplatzes liegen meist unter Bäumen am Fluss und verfügen jeweils über eine kleine Rasenfläche. Wie der Campingplatz liegt auch dieser Platz in unmittelbarer Nähe des Schlosses und Ortes.
Preise: €€.
Zufahrt: Im Ort den Hinweisen zum Campingplatz folgen. Der Stellplatz liegt rechts neben dem Eingangsbereich.

(141) WOMO-Campingplatz: Azay-le-Rideau – Camping le Sabot***

GPS/Kontakt: N 47°15'33.0" E 00°28'11.5", 1 Rue du Stade. Telefon 0247454272, www.onlycamp.fr/camping-sabot-azay-rideau.
Öffnungszeit: April – Oktober.
Ausstattung: Waschmaschine, Wäschetrockner, Grillmöglichkeit, Tischtennis, Bouleplatz, Spielplatz WiFi, Bäckerei, Fahrradverleih und Außenpool (städtisches Freibad) im Juli – August.
Beschreibung: Der Campingplatz liegt wie der Stellplatz in unmittelbarer Nähe des Schlosses und Ortes am Ufer des Indre und bietet teils schattige Wiesenstellplätze. Die Sanitäranlagen sind nicht die modernsten, aber sauber.
Preise: €€ – €€€.
Zufahrt: Im Ort den Hinweisen zum Campingplatz folgen.

Château d'Azay-le-Rideau

Ob es wirklich das herrlichste der Loire-Schlösser ist, wie manche behaupten, ist wie immer sicher Geschmackssache. Azay-le-Rideau reiht sich aber definitiv in die Riege der schönsten und beliebtesten Schlösser ein. Honoré de Balzac beschrieb es „als geschliffenen Diamanten" und wir vergleichen die graziösen und eleganten Linien des Gebäudes gern mit der Leichtigkeit von Chenonceau.

Im Jahr 1510 erwarb Gilles Berthelot, Schatzmeister von Frankreich und Bürgermeister von Tours, das Anwesen und begann mit dem Umbau der mittelalterlichen Burgruine. Möglicherweise ist es seiner Ehefrau zu verdanken, dass der Bau den ganzen Charme der Frührenaissance ausstrahlt. Es entstand ein großer Treppenaufgang mit offenen Loggien im italienischen Stil, der im Gegensatz zur damals üblichen Wendeltreppe ausgesprochen innovativ war, und im Garten spiegeln sich die feingeschwungenen Türmchen im künstlich angelegten Teich.

Berthelot hatte jedoch nicht viel von der Anmut seines Schlosses, denn er fiel aufgrund angeblicher Veruntreuungen beim König in Ungnade und musste fliehen. Nachdem François I. das Schloss für die Krone konfisziert hatte, hörte man von Azay-le-Rideau nicht mehr viel. Erst Ende des 18./19. Jahrhunderts erlebte das Château unter dem Marquis Charles de Biencourt eine neue Blüte. Er modernisierte das Juwel der Renaissance und gab ihm seine endgültige Gestalt. Biencourt ließ auch den wunderschönen acht Hektar großen Park im englischen Stil anlegen und mit exotischen Bäumen bepflanzen.

Bei einer Besichtigung des 2017 aufwendig restaurierten Schlosses beeindrucken die Küche mit einem Kreuzrippengewölbe und riesigem Kamin, der Salon und andere Räumlichkeiten des Marquis wie auch das königliche Appartement sowie das Renaissancezimmer.

Das Schloss von Azay-le-Rideau ist ein Meisterwerk der Architektur der Renaissance und des 19. Jahrhunderts, das einen Besuch wert ist *(April – Juni/September 9.30 – 18 Uhr, Juli/August 9.30 – 19 Uhr, Oktober – März 10 – 17.15 Uhr, letzter Einlass eine Stunde vor Schließung, Audioguide in deutscher Sprache, Eintritt. Freier Eintritt zum Park während der letzten Stunde. Hunde an der Leine im Park, kleinere Hunde im Schloss in Tragetaschen gestattet. www.azay-le-rideau.fr).*

Nachdem wir an der im 11. Jahrhundert erbauten, im 12. Jahrhundert neu errichteten und im 16. Jahrhundert erweiterten romanischen **Église Saint-Symphorien** im Ort vorbeigeschaut haben, kehren wir im **Restaurant Côte Cour** ein. Direkt am Übergang zwischen Dorf und Schloss gefällt uns die marktfrische Küche und die herzliche Atmosphäre *(Mittags- und Abendmenü Mo Ruhetag, 19 Rue Balzac, Telefon 0771559727).* Zum Abschluss genehmigen wir uns ein gutes Tröpfchen aus der **Appellation Touraine-Azay-le-Rideau** und müssen uns zwischen einem klaren Roséwein aus der Grolleau-Traube und einem aus der Rebsorte Chenin gewonnenen Weißwein entscheiden.

Gar nicht weit entfernt wartet mit dem **Château de l´Islette** die kleinere, aber nicht minder hübsche Ausgabe des berühmten Nachbarschlosses (N 47°16'05.0" E 00°26'11.1").

Château de l´Islette

Das vom L'Indre umarmte Schloss wurde um das Jahr 1530 fertiggestellt und erinnert mit seiner Architektur sehr an Azay-le-Rideau.

Es wird sogar gemunkelt, dass die Handwerker von nebenan auch hier aktiv gewesen sein sollen. Doch seit der Burggraben Anfang des

19. Jahrhunderts zugeschüttet und die Türme in der Höhe gekürzt wurden, ist die Ähnlichkeit nicht mehr ganz so groß. L'Islette war aber auch Schauplatz der leidenschaftlichen Liebe zwischen den Bildhauern Camille Claudel und Auguste Rodin, die sich hier aufhielten und von der Claudels Skulptur „La Petite Châtelaine“ noch immer zeugt.

Das Schloss ist bewohnt und bei der Besichtigungstour bewegt man sich in den privaten Räumlichkeiten, von denen uns der im ersten Stock befindliche Große Saal mit Dekorationen und Gemälden aus dem frühen 17. Jahrhundert sehr beeindruckt hat. Der Park lädt zum Picknick am Flussufer ein und die Jüngeren können sich in ausgeliehenen Kostümen wie Prinzessinnen oder Ritter fühlen. Zwischen Ruderbooten, Liegestühlen, Spielplatz und verschiedenem Getier kann ein Nachmittag im Schloss für die ganze Familie zum Vergnügen werden *(Mai – September 10 – 19 Uhr, eine Besichtigung ist mithilfe von Apps oder einer deutschsprachigen Broschüre möglich, Eintritt. Hunde an der Leine im Park gestattet, die Mitnahme kleinerer Hunde ist im Inneren auf dem Arm oder in einer Tasche gestattet. www.chateaudelislette.fr).*

Wer die umliegenden Schlösser mit dem Fahrrad erkunden möchte, der kann auf dem einfachen, zweckdienlichen **offiziellen WOMO-Stellplatz** in **Lignières-de-Touraine** ein Basisquartier finden [**142:** N 47°17'54.6" E 00°24'59.7", Rue de Langeais, V/E, Strom].

Uns gefällt es allerdings auf den nachfolgenden Plätzen sehr viel besser.

(143) Offizieller WOMO-Stellplatz: Villandry – Le Niréva

GPS: N 47°19'46.9" E 00°28'49.7", Château-Galle. **Max. WOMOs:** 20.
Öffnungszeit: Ganzjährig.
Ausstattung: V/E, Strom, Müllbehälter.
Beschreibung: Der private, schattenlose auf Wiese angelegte Stellplatz liegt außerorts an einem Altarm des Cher und etwa 3 km von Schloss Villandry entfernt. Geräusche von der nahegelegenen Autobahn sind möglich. Ganz in der Nähe befindet sich ein Höhlenrestaurant und ausgedehnte Radtouren können von hier unternommen werden.
Preise: €€. **Zufahrt:** Von der D7 auf Höhe des Restaurants Le Gosier Sec demWOMO-Piktogramm folgen.

(144) Offizieller WOMO-Stellplatz: Villandry – Camping-Car Park

GPS: N 47°20'21.5" E 00°30'26.6", 14 Rue de Principale. **Max. WOMOs:** 35.
Öffnungszeit: Ganzjährig.

Ausstattung: V/E, Strom, Tische und Bänke, Infotafel, Müllbehälter.
Beschreibung: Der mit Schranke gesicherte Stellplatz am Ortsrand hat einen befestigten Untergrund und bietet kaum Schatten. Einige Restaurants befinden auf dem Weg zum Schloss, das rund 400 Meter entfernt liegt. Nachts ist es ruhig und der Start zu Radtouren ist von hier aus möglich. **Preise:** €€
Zufahrt: Im Ort den WOMO-Piktogrammen folgen.

(145) WOMO-Campingplatz: Savonniers Only Camp Camping La Confluence***

GPS/Kontakt: N 47°20'59.0" E 00°33'00.7", Route du Bray, Telefon 0247500025, www.onlycamp.fr/camping-onlycamp-la-confluence.
Öffnungszeit: Mitte/Ende April – Oktober/November.
Ausstattung: Waschmaschine, Wäschetrockner, Kinderspielplatz, Fahrradverleih, WiFi, Snackbar, Épicerie, Grillmöglichkeit.
Beschreibung: Der einfache, aber sehr schöne Campingplatz am Ufer des Cher bietet durch Hecken getrennte Wiesenstellplätze zum Teil unter Bäumen und liegt etwa 500 Meter vom Ortszentrum entfernt sowie an der Radstrecke Loire à Vélo. Ein Stück hinter dem Campingplatz liegt ein durch Schranke gesicherter separater **WOMO-Stellplatz** auf Wiese ohne Schatten [**146:** N 47°21'05.8" E 00°33'00.4", €€].
Preise: €€€.
Zufahrt: Im Ort den Hinweisen zum Campingplatz folgen.

Villandry – Château et Jardins

Schloss Villandry ist das letzte der großen Schlösser, die während der Renaissance an den Ufern der Loire erbaut wurden.

Um das Jahr 1536 war es unter Jean le Breton, dem Finanzminister François I. fertiggestellt worden, der, wir erinnern uns, die Baustelle in Chambord leitete und mit der „Bauhütte" Château Villesavin eine Miniaturausgabe seines Erstwohnsitzes Villandry schuf (vgl. Tour 8). Bis ins Jahr 1754 behielten Nachfahren Bretons das Schloss, als es in den Besitz des Marquis de Castellane, einem Botschafter des Königs, kam. Dieser ließ die beiderseits des Vorhofes zu sehenden Nebengebäude im klassischen Stil errichten und passte das Schloss im Inneren dem Komfort des 18. Jahrhunderts an.

Anfang des 19. Jahrhunderts kaufte Joachim Carvallo das Schloss und investierte Zeit und Vermögen in die Restaurierung der Anlage sowie der Rekonstruktion der zuvor zerstörten Gärten nach historischen Plänen. Der heutige Besitzer Henri Carvallo setzt das Werk seines Urgroßvaters fort

Das Schloss von Villandry besticht mit seinen Arkadengängen, den hohen Dachfenstern und den großflächigen Schieferdächern durch eine schlichte, klassische Eleganz. Bereits im **Schlossinneren** verströmen die mit edlen Stoffen und wertvollen Gemälden sowie Mobiliar dekorierten hellen Räume eine Atmosphäre der Harmonie, die in Verbindung mit der Geometrie der Gärten kaum noch zu toppen ist und vollkommen wirkt.

Wer als Erstes das Schloss besichtigt, findet den Startpunkt für den schönsten Rundgang durch die Gärten von den Terrassen des zweiten Stocks. Wenn man sich beim Besuch nur auf die Gärten konzen-

trieren möchte, dann sollte man seinen Rundgang im Ehrenhof des Schlosses beginnen.

Die Renaissancegärten von Villandry sind zu jeder Jahreszeit eine Augenweide und wir beginnen unseren Rundgang im **Ziergarten**, der eine gedachte Verlängerung des Schlosses darstellt. Vier Quadrate bilden die Gärten der Liebe, die die zarte, die leidenschaftliche, die unbeständige und die tragische Liebe darstellen. Vom oberhalb gelegenen Belvédère sind diese im Ganzen am besten zu betrachten. Über eine Promenade am Waldrand gelangen wir zu den Gewächshäusern und im Süden des Anwesens zum **Wassergarten**. An heißen Sommertagen wird der Aufenthalt unter dem Grün rings um die Wasserfläche in Form eines Louis-XV-Spiegels zum Vergnügen, bevor wir in den in orangen und gelben Tönen gehaltenen **Sonnengarten** wechseln. Im angrenzenden *Aire de Jeux,* dem Spielplatz, dürfen sich Kinder richtig austoben, bevor der Spaziergang durch das **Labyrinth** fortgesetzt wird. Im **Jardin des Simple**, dem traditionellen Garten des Mittelalters, bewundern wir Gewürz- und Heilpflanzen, um dann in den zwischen Dorf und Schloss gelegenen **Gemüsegarten** der Renaissance einzutauchen. Er besteht aus neun gleich großen Quadraten, in denen jeweils unterschiedliche geometrische Figuren zu finden sind. Die Quadrate sind jeweils mit verschiedenen Gemüsepflanzen bepflanzt, die wiederum in nur einer Farbe leuchten, um die Illusion eines mehrfarbigen Spielbretts zu vermitteln. Die auflockernden Brunnen, Gartenlauben und Blumenbeete

sind dem italienischen Einfluss zu verdanken und die französischen Gärtner des 16. Jahrhunderts verstanden es, einen äußerst attraktiven und dekorativen Gemüsegarten zu kreieren, der zu Beginn des 20. Jahrhunderts seine Wiedergeburt erfuhr. Es ist wohl nicht übertrieben, wenn man den mit über vierzig Gemüsearten und zigtausenden Gemüsepflanzen bestückten Garten als den weltgrößten Küchengarten bezeichnet (***Gärten*** *Januar/Dezember 9.30 – 17.30 Uhr, Februar/November 9 – 17/17.30 Uhr, März 9 – 18 Uhr, April - September 9 – 19 Uhr, Oktober 9 – 18.30 Uhr.* ***Schloss*** *Februar 9 – 17 Uhr, März 9 – 17.30 Uhr, April – September 9 – 19 Uhr, Oktober 9 – 18 Uhr, November 9 – 17.30 Uhr, Dezember 10 – 17.30 Uhr. An einigen Tagen gelten verkürzte Öffnungszeiten für Schloss und Gärten, Eintritt. Es gibt Tickets für die Schloss- und Gartenbesichtigung oder nur für die Gärten. Für beide Besichtigungsarten stehen Broschüren und Audioguides in deutscher Sprache zur Verfügung. Hunde an der Leine in den Gärten gestattet, kleinere Hunde sind im Schloss auch in einer Tasche erlaubt. Picknicks sind in den Gärten nicht geduldet, man darf das Gelände aber zum Mittagessen verlassen und wieder zurückkommen. Die Tickets behalten den ganzen Tag ihre Gültigkeit. www.chateauvillandry.fr).*

Gerade noch haben wir uns das letzte der großen Renaissanceschlösser angeschaut, die an der Loire gebaut wurden und schon sind wir auf dem Weg nach **Langeais**, um uns mit einem der letzten großen Festungsbauten im Tal der Loire zu beschäftigen.

(147) Offizieller WOMO-Stellplatz: Langeais – Parking Château

GPS: N 47°19'29.0" E 00°24'18.7", Rue de Foulques Nerra. **Max. WOMOs:** 5.

Ausstattung: Infotafel, Müllbehälter.

Beschreibung: Auf dem einfachen Parkplatz sind markierte Parkbuchten für WOMOs vorgesehen, die jedoch oft von Pkw genutzt werden. Der unbestrittene Vorteil dieses Parkplatzes besteht darin, dass das Schloss und der Ort in unmittelbarer Nähe liegen. Mit längeren WOMOs könnte es an der Zufahrt Probleme geben. Ein besser zugänglicher Parkplatz findet sich am Flussufer etwa 500 Meter unterhalb des Schlosses (N 47°19'18.0" E 00°24'05.0", Rue de Nantes).

Zufahrt: Den Hinweisen zum Schloss folgen und vor dem Gebäude rechts und wieder links bis zum Parkplatz fahren.

Château de Langeais

In Langeais begegnen wir einem der wenigen Schlösser, das sich sehr prägnant mitten in der Stadt befindet und keine Aussicht auf die Loire oder einen anderen Fluss bietet. Um den Blick auf die Loire zu erhalten, muss man durch den elf Hektar großen **Park** spazieren.

Dort treffen wir auf den ältesten, aus Stein errichteten **Donjon**, der sein Dasein dem bereits bekannten Foulques Nerra, dem kriegslustigen Grafen von Anjou, zu verdanken hat. Dieser ließ zur Überwachung der großen Römerstraße zwischen Tours und Saumur im Jahr 994 eine Festung auf dem Felsvorsprung errichten und hatte damals mit Sicherheit den uneingeschränkten Blick auf den Fluss. Wer nun meint, der Donjon müsse ob seines Alters gestützt werden, der irrt. Das dort vorhandene Gerüst ist neueren Datums und nach historischem Vorbild entstanden, denn schon damals war es für die Maurerarbeiten unabdingbar. Vermutlich ging es mehrmals zu Bruch, denn während der folgenden unruhigen Zeiten wechselte die Festung nicht nur einige Male die Besitzer, sondern wurde während des Hundertjährigen Krieges durch die Engländer erobert und geplündert. Charles VII. kaufte die Festung schließlich im Jahr 1422 zurück, befahl den Abriss des Wohngebäudes, verschonte aber jenen Donjon, der bis heute die Zeiten überdauerte.

Mitte des 15. Jahrhunderts, in der Übergangszeit zwischen mittelalterlichem Stil und Renaissance, wurde das heutige **Schloss** errichtet. Nach Außen zeigt es mit seinen trutzigen Türmen, der Wehrmauer und einer Zugbrücke alle Merkmale eines Festungsbaus. Im Inneren überwiegt jedoch der Stil der Frührenaissance und die Hofseite erinnert fast an ein Lustschloss, durch dessen Fenster viel Licht in die Räume fallen kann. Der gute Zustand des Gebäudes und die Ausstattung mit Möbeln, Gemälden, Skulpturen und Tapisserien aus dem 15./16. Jahrhundert ist dem Bankier Jacques Siegfried zu verdanken, der dem Schloss Ende des 19. Jahrhunderts seine mittelalterliche Gestalt zurückgab, um der Nachwelt das Leben des damaligen Adels aufzuzeigen.

Und so schreiten wir über wunderschöne Fliesenböden, auf denen die Symbole der königlich-französischen Lilie und des bretonischen Hermelins, Wappentier der bretonischen Herzöge, zu sehen sind und auf die folgenreiche Vermählung von Charles VIII. mit der damals 14 Jahre alten Anne de Bretagne hinweisen, die in Langeais am 6. Dezember 1491 stattfand. Die Ehe aus Staatsräson sollte die Bretagne an Frankreich anschließen und im Salle de Mariage wird die Zeremonie durch 15 Wachsfiguren nachgebildet *(Februar – März 9.30 – 17.30 Uhr, April – Juni/September 9.30 – 18.30 Uhr, Juli/August 9 – 19 Uhr, Mitte November – Januar 10 – 17 Uhr, Eintritt, Hunde im Schloss und im Park an der Leine gestattet. chateau-de-langeais.com).*

Salle de Marriage – Hunde als Gäste willkommen

In der Nähe des Schlosses möchten wir das **Restaurant Au Coin des Halles** mit schöner Inneneinrichtung und hübscher Terrasse empfehlen, das in einem regionaltypischen Haus eine ebensolche Küche serviert *(Mittags- und Abendmenü, Do/So Abend, Mi geschlossen, 9 Rue Gambetta, Telefon 0247963725, www.aucoindeshalles.com)*

In der Mühle von **Marnay** auf der linken Seite der Loire gibt es dann etwas ganz anderes zu sehen [**148:** N 47°16'44.5" E 00°23'47.2", Route de Marnay. Eine Übernachtung im Zusammenhang mit dem Besuch des Museums wird toleriert].

Das **Musée Maurice Dufresne** beherbergt eine Sammlung alter Fahrzeuge, zu denen Autos, Fahrräder, Flugzeuge, Lastwagen, Motorräder, Traktoren, Landwirtschafts- sowie Militär-

Wohnmobil – Anno 1911

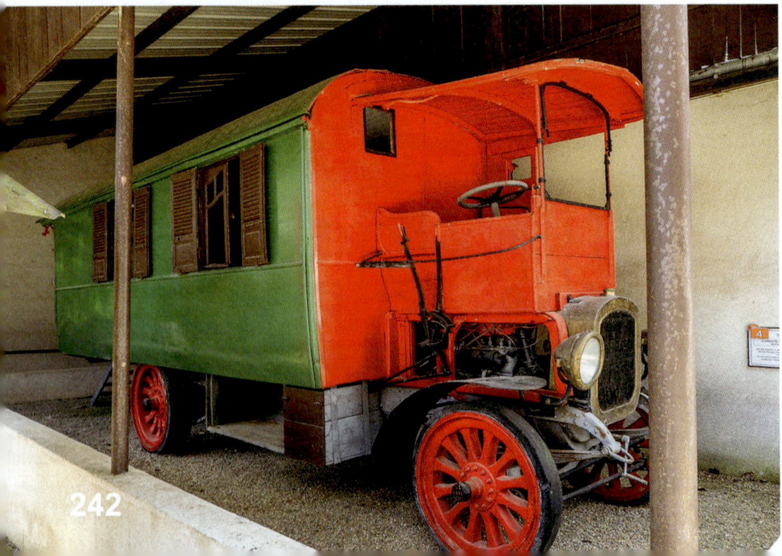

maschinen gehören und weitere ungewöhnliche Objekte aus den 1850er bis 1950er Jahren. Eine Zeitreise mit mehr als 3.000 Sammlerobjekten *(April – Juni Mi – So, Ostermontag/Pfingstmontag 10 – 19 Uhr, Juli/Auguste Mo – So 10 – 19 Uhr, September Mi – So 10 – 18 Uhr, Eintritt, www.musee-dufresne.com).*

Links der Loire und des L'Indre erreichen wir **Rivarennes**, den Ort, in dem und um den sich alles um Birnen dreht (N 47°15'55.2" E 00°21'10.5").

Poiré Tapée, oder was es mit der geklopften Birne auf sich hat

Bereits am örtlichen Kreisverkehr empfängt uns das Kernobst in überdimensionaler Form und im **Maison de la Poire Tapée** erfahren wir, warum die hiesigen Birnen nicht einfach am Baum reifen, anschließend gepflückt und dann verspeist werden.

Nach der Ernte werden die Birnen zunächst geschält und mit dem Stiel nach unten auf einen Gitterrost gelegt, bevor sie mehrere Tage in einem Ofen gedörrt werden. Nach dem Trocknen klopft man die Früchte mit einem speziellen Werkzeug flach, um sie danach erneut in einen lauwarmen Ofen bis zur völligen Dehydrierung zu schieben. Natürlich können die getrockneten Birnen jetzt verzehrt werden, aber ein besonderer Genuss entsteht, wenn sie vorher in Loire-Wein, Obstbrand oder Zuckersirup geköchelt werden *(April – Juni/Mitte September – Oktober 14.30 – 18.30 Uhr, Juli – Mitte September 10.30 – 12/14 – 18.30 Uhr, Eintritt, maison-poire-tapee.fr).*

In **Rigny-Ussé** verzeichnen wir am L'Indre eine ansprechende Aufenthaltsmöglichkeit und verraten gleich, dass die erste Annäherung zu unserer nächsten Sehenswürdigkeit am besten von der Loire aus erfolgen sollte. Schaut man nämlich von Norden zum Schloss von Ussé, dann zeigt es sich von seiner prachtvollsten Seite (N 47°15'03.4" E 00°17'31.7", Rue Principale).

(149) WOMO-Campingplatz: Rigny-Ussé Camping Municipal La Blardière

GPS/Kontakt: N 47°15'16.5" E 00°18'07.9", Rue Principale. Telefon 0247955585 oder 0247950850, www.camping-rigny-usse.com
Öffnungszeit: Mitte Mai – Mitte/Ende September.

Ausstattung: Waschmaschine, Wäschetrockner, Spielplatz, Angelmöglichkeit, Bouleplatz.
Beschreibung: Einfacher aber gepflegter Campingplatz mit meist schattenlosen durch Hecken getrennte Wiesenstellplätze am Flussufer und rund 1 km vom Schloss entfernt. Der Platz eignet sich als Ausgangpunkt für Rad- und Wandertouren.
Preise: €€.
Zufahrt: Im Ort den Hinweisen zum Campingplatz folgen.

Château d'Ussé

Vor dem Hintergrund des grünen Waldes ragen die zahlreichen Zinnen und Türmchen des aus hellem Stein erbauten Schlosses märchenhaft in den blauen Himmel und es wundert gar nicht, dass sich Charles Perrault, ein französischer Schriftsteller des 17. Jahrhunderts, bei diesem Anblick zu seiner Version des Märchens *Belle au bois dormant*, inspiriert sah.

Dieser Titel sagt uns zunächst nicht viel, aber das rund 100 Jahre später erschienene Märchen „Dornröschen" der Brüder Grimm sehr wohl. Die Brüder aus unserer hessischen Heimat nahmen sich allerdings nicht die französische, sondern die italienische Urfassung der Erzählung zum Vorbild ihrer Geschichte. Was hat das aber nun mit diesem Schloss zu tun? Die Antwort auf diese Frage beantwortet ein Rundgang entlang des Wehrganges im ältesten Teil des Schlosses. Wachsfiguren in historischen Kostümen lassen hier das Schicksal der schlafenden Schönen sowie ihres küssenden Prinzen aufleben und erfreuen Jung wie auch Alt gleichermaßen.

Das Schloss, oder besser eine um das Jahr 1000 begonnene Festung, sollte an dieser Stelle die Verkehrswege von Chinon nach Tours überwachen. Der Hundertjährige Krieg sorgte für einen Ausbau der militärischen Anforderungen und erst im 15./16. Jahrhundert begann der Ausbau des Schlosses zu reinen Wohnzwecken im Zeichen der Renaissance. In diese Zeit fällt auch die Errichtung der Kapelle im Park, die ein schönes Beispiel für den Übergang von der Gotik zur Renaissance darstellt und in der ein reich geschnitztes Chorgestühl beeindruckt.

In den Innenräumen finden jedes Jahr wechselnde Ausstellungen von Kostümen aus verschiedenen Epochen statt und begleiten durch die möblierten Räumlichkeiten. Bei einem Besuch bleibt kaum eine Tür verschlossen, in den Stallungen stehen Kutschen und in der Sattelkammer duftet es nach gefettetem Leder. Vauban, der große Festungsbaumeister unter Louis XIV., soll für den Ausbau der Terrassen verantwortlich sein und Le Nôtre, einer der großen Gärtner seiner Zeit, zeichnet für die Gärten verantwortlich *(Mitte Februar – März/Oktober – Mitte November 10 – 18 Uhr, April – September 10 – 19 Uhr, Eintritt. Für den Besuch ist eine deutschsprachige Broschüre erhältlich und Hunde sind an der Leine in allen Innenräumen und im Außengelände gestattet. www.chateaudusse.fr).*

Nach dem Besuch des „Dornröschenschlosses" sind wir auf der Suche nach einem ruhigen Platz im Grünen und werden in **Cheillé** fündig. Der kleine Ort ist für seine Eiche bekannt, die sehr fotogen aus der Kirchenmauer wächst.

(150) Offizieller WOMO-Stellplatz:
Cheillé – Domaine Badiller

GPS/Kontakt: N 47°15'34.9" E 00°24'27.0", 26 Le Bourg, Telefon 0247452437, www.badiller.fr. **Max. WOMOs:** 5.

Beschreibung: Die Wiese befindet sich außerhalb des Ortes in der Nähe Häusern, in der Nacht ist es stockfinster. Von hier sind Rad- und Wandertouren sind möglich.
Wir haben uns in der Domaine gemeldet und sind zur Wiese begleitet worden. Nach einer Verkostung in der Vinothek fiel uns der Kauf von einigen Flaschen Wein nicht schwer. **Unser Tipp:** Vieux Chêne und Chenin Sec. Wir lassen uns von Zeit zu Zeit einige Kartons nach Deutschland liefern.
Preise: Die Übernachtung ist kostenfrei, aber der Weinkauf ist erwünscht!
Zufahrt: Von der D17 den Hinweisen nach Cheillé und zur Domaine folgen.

Auf unserem Weg in einen der südwestlichsten Zipfel der Touraine treffen wir auf die Vienne bei **L'Île-Bouchard**, einen weiteren Nebenfluss der Loire, dem wir später noch einmal begegnen werden. In Ufernähe sei der einfache, aber ordentliche **Camping Les Bords de Vienne** erwähnt, der auch einen Kanuverleih betreibt [**151:** N 47°07'18.0" E 00°25'43.0", 4 Rue du Camping, Telefon 0247973454, www.camping-bords-de-vienne.fr, April – Oktober, € – €€].

Bei der Weiterfahrt streifen wir die Ruine der vom Ende des 12./13. Jahrhunderts stammenden **Prieuré Saint-Léonard**, von der nur noch die halbrunde Apsis mit bemerkenswerten romanischen Kapitellen erhalten ist (N 47°06'53.9" E 00°25'19.5").

Nachdem wir bereits einiges über die französischen Könige und ihren Willen zu Machtdemonstrationen in Form ihrer Schlösser gesehen haben, beschäftigen wir uns nun mit einem Mann, der als Erster Minister im absolutistischen Frankreich mehr Macht als der König hatte, und reisen in „seine" Stadt, nach **Richelieu** (N 47°00'39.5" E 00°19'22.3", Avenue Pasteuer).

(152) WOMO-Campingplatz: Richelieu – Camping Le Cardinal

GPS/Kontakt: N 47°00'25.9" E 00°19'14.2", 6 Avenue de Schaafheim, Telefon 033330967753280, www.campinglecardinal.fr.
Öffnungszeit: April – Oktober.
Ausstattung: Außenpool, Waschmaschine, Wäschetrockner, WiFi.
Beschreibung: Der einfache, kleine, aber feine Platz liegt außerorts, einen knappen Kilometer vom Ort entfernt. Die Wiesenparzellen sind durch Hecken getrennt und meist schattenlos. Vor dem Campingplatz befindet sich eine freizugängliche **V/E** (N 47°00'27.7" E 00°19'13.8"). Von hier kann man prima zu Radtouren ins Pays de Richelieu, z. B. Voie Verte Richelieu Chinon, aufbrechen.
Preise: € – €€.
Zufahrt: Im Ort den Hinweisen zum Campingplatz folgen.

Richelieu

Bei dem oben erwähnten einflussreichen Mann handelt es sich um Armand-Jean du Plessis (1585 – 1642), bekannter als Kardinal Richelieu.

Für seine treuen Dienste erhob Louis XIII. im Jahr 1631 den Familienbesitz des Kardinals in den Stand eines Herzogtums. Der Minister ließ sogleich das alte, kleine Familiengut abreißen und, dem Absolutismus und seiner Position verpflichtet, durch ein riesiges Schloss ersetzen. Um seinen Hofstaat unterzubringen, beauftragte er keinen geringeren als den Architekten Jacques Lemercier, der bereits für die Entwürfe des Louvre und der Sorbonne in Paris verantwortlich war.

Mehr als zehn Jahre bauten 2.000 Arbeiter an der von Richelieu geforderten Idealstadt, deren bis zum äußersten getriebene Geometrie ihres Grundrisses Vollkommenheit widerspiegeln sollte. Die Stadt basiert auf einem von Mauern und, heute meist in Gärten umgewandelten, Gräben umgebenen Rechteck.

Wir betreten das Städtchen durch das südliche der drei monumentalen Stadttore und befinden uns auf der Place du Marché mit der klassizistischen **Église Notre-Dame** und der mächtigen, kunstvoll aus Fachwerk in offener Bauart konzipierten **Markthalle**. In der Mairie befindet sich das kleine Museum **Musée et Espace Richelieu**, das sich mit der Stadtgeschichte befasst *(April – September 10 – 12.30/14 – 18 Uhr, Juli/August 10 – 13/14.30 – 18.30 Uhr, Eintritt, www.ville-richelieu.fr).* Die Grande Rue durchschneidet das Zentrum schnurgerade in Nord-Süd-Richtung bis zur Place des Religieuses und ist von klassizistischen Häusern symmetrisch gesäumt. So wirklich überzeugen konnte Richelieu seine Bediensteten jedoch nicht von der Exklusivität seiner Stadt, denn nach seinem Tod verließen sie fluchtartig ihre erzwungene Heimat und die Stadt Richelieu verlor sich in der Bedeutungslosigkeit.

Außerhalb des Stadtrasters liegt der **Schlosspark** mit dem einst formidablen Schloss des Kardinals. Die Luxushütte überstand die Revolution natürlich nicht, wurde verwüstet und abgetragen, sodass heute nur noch einige Gebäudereste von der damaligen Pracht zeugen *(April – Oktober 8 – 20 Uhr, November – März 8 – 18 Uhr).*

Aus Furcht vor der Konkurrenz ließ Kardinal Richelieu viele der umliegenden Schlösser abreißen, doch einige Bauwerke überstanden seine Zerstörungswut. Zu diesen gehören in **Champigny-sur-Veude** die Wirtschaftsgebäude des Schlosses und die wunderschöne Renaissancekapelle **Sainte-Chapelle Saint-Louis** mit sehenswerten Bleiglasfenstern.

(153) Offizieller WOMO-Stellplatz: Champigny-sur-Veude

GPS: N 47°03'53.9" E 00°19'04.7", Place Chapeau Rouge. **Max. WOMOs:** 5.

Öffnungszeit: Ganzjährig.
Ausstattung: V/E, Strom, Tische und Bänke, Spielplatz, Müllbehälter.
Beschreibung: Im Ort auf Asphalt gelegener einfacher, halbschattiger Parkplatz an einem Park mit Teich. Nur wenige Minuten Fußweg in den Ortskern mit Restaurants und Bäckerei. Von hier kann prima in den Radweg Voie Verte Richelieu Chinon einsteigen.
Zufahrt: Im Ort dem WOMO-Piktogramm folgen.

Von hier, aber auch bereits von Richelieu bietet sich die Erkundung des **Pays de Richelieu** mit dem Fahrrad an. Die **Voie Verte Richelieu Chinon**, eine 20 Kilometer lange **Fahrradstrecke** auf einer alten Eisenbahntrasse zwischen Richelieu und Chinon bietet hierzu eine willkommene Gelegenheit mit herrlichen Ausblicken auf den Étang d'Assay und die Weinlandschaft. Die Route ist familienfreundlich, prima ausgeschildert und auch über eine in französischer und englischer Sprache zu nutzende App zu planen *(www.voie-verte-richelieu-chinon.fr)*.

In **Lémeré** befindet sich das **Château du Rivau** am Wegesrand, das aber auch direkt mit dem Wohnmobil angefahren werden kann (N 47°06'09.3" E 00°19'17.4").

Château du Rivau

Das mittelalterliche Schloss aus dem 15. Jahrhundert kann einschließlich der Stallungen und seiner 14 Gärten besichtigt werden, hebt sich aber durch seine Herangehensweise von den traditionellen Schloss- und Gartenbesichtigungen der anderen Loire-Schlösser ab.

Humor- und stilvoll führen Kunstwerke von rund 20 Künstlern durch die Schlossgeschichte, mischen sich unter die Ahnengalerie oder stapfen als riesige Gummistiefel durch den Park. Die Ernte aus dem Gemüsegarten kommt in den hauseigenen Restaurants oder der Teestube auf den Tisch und in Hängematten kann man sich nach dem abwechslungsreichen Besuch ausruhen *(Mai – September 10 – 19 Uhr, Oktober – Mitte November 10 – 18 Uhr, Eintritt. Letzter Einlass 45 Minuten vor Schließung, Hunde an der Leine im Außenbereich gestattet, www.chateaudurivau.com)*.

Ob mit dem Fahrrad oder mit dem Wohnmobil, der Anblick, der uns von der linken Seite der Vienne auf **Chinon** erwartet, bleibt haften. Das Flussufer wird von Platanen gesäumt hinter denen Kalksteinhäuser Schatten suchen und in deren Hintergrund die Altstadt zu erahnen ist, über der sich auf einem Felsrücken die mächtige Festung ausdehnt.

Diese Aussicht kann man vom angenehmen, teils schattigen **Camping de l'Île Auger******* länger genießen **[154:** N 47°09'53.3" E 00°14'07.7", Quai Danton, Telefon 0247930835, www.camping-chinon.com, April – Oktober, € – €€] oder man parkt das Wohnmobil oberhalb der Festung.

(155) Offizieller WOMO-Stellplatz: Chinon – Parking Camping-Car

GPS: N 47°10'12.3" E 00°14'31.4", Avenue Francois Mitterand.
Max. WOMOs: 11.
Öffnungszeit: Ganzjährig.
Ausstattung: WC, Müllbehälter.

Beschreibung: Der einfache, sehr schräge und schattenlose Parkplatz befindet sich am Ortsrand direkt an der Straße. Der Fußweg zur etwa 500 m entfernten Festung ist ausgeschildert. Ebenfalls ca. 500 m entfernt befindet sich ein kostenfreier Aufzug (Ascenseur Centre Ville/Cité medievale) der in die Unterstadt fährt. Im Juli/August fährt zusätzlich ein Shuttle in die Stadt.
Dieser Parkplatz empfiehlt sich auch für den Tagesbesuch.
Eine **V/E-Station** befindet sich an der Service-Station Super U (N 47°08'58.9" E 00°14'10.5").
Zufahrt: Auf der D751 den Hinweisen Parking Forteresse und dem WOMO-Piktogramm folgen.

Chinon und die Forteresse Royale

An den Grenzen der historischen Regionen Anjou, Poitou und Touraine war der Felsvorsprung hoch über der Vienne bereits ab dem 10. Jahrhundert von großer strategischer Bedeutung, da man von hier oben ein großes Gebiet überblicken konnte.

Mit dem Histopad auf Entdeckertour

Im Laufe der Jahrhunderte entstanden drei Burgabschnitte, Fort Saint-Georges, Château du Milieu und Fort du Coudray, die von 18 Meter hohen Befestigungsmauern umgeben waren. Henri II. Plantagenet, König von England, Graf von Anjou und Herzog der Normandie erklärte Chinon im 13. Jahrhundert zur Hauptstadt seines Reiches auf dem Festland und im 14. Jahrhundert wurden hier die Würdenträger der Tempelritter festgehalten, bevor sie in Paris verurteilt und auf dem Scheiterhaufen verbrannt wurden. Im 15. Jahrhundert wurde Frankreich von den Engländern besetzt und Charles VII. floh aus Paris nach Chinon, wo er 1429 Jeanne d'Arc empfing. Die von Gott gesandte, kriegerische Dame bestärkte ihn bekanntlich in dem Glauben, der rechtmäßige König von Frankreich zu sein. Ab dem 17. Jahrhundert wird die Burg zugunsten eines modernen Schlosses aufgegeben. Nach mehr als dieser tausendjährigen Geschichte, einer umfassenden Restaurierung und ausgestattet mit einer ausgeklügelten Technik sind es nun die Touristen, die die einstige Festung erobern und sie im 3. Jahrtausend ihres Daseins begleiten.

Ausgestattet mit einem HistoPad lassen wir uns auf dem Tablet mit 3D-Rekonstruktionen in das Geschehen der vergangenen Jahrhunderte katapultieren, spazieren quasi durch Mauern, erleben den großen Saal des Palastes und treffen Jeanne als Henri. Bei einem in französischer und englischer Sprache abgefassten Suchspiel landen wir in erweiterten

Blick über die Vienne nach Chinon

Realitäten, unternehmen einen virtuellen Rundgang durch unterirdische Galerien, können an einer Schatzsuche teilnehmen oder virtuell in Kostüme der damaligen Zeit schlüpfen, um den Besuch mit einem Mittelalter-Selfie zu beschließen. Toll gemacht und der normale Besichtigungsrundgang ist auf dem HistoPad in deutscher Sprache zu verfolgen *(November – Februar 9.30 – 17 Uhr, März/April/September/Oktober 9.30 – 18 Uhr, Mai – August 9.30 – 19 Uhr, Eintritt inklusiv HistoPad, Hunde im Außengelände gestattet, www.forteressechinon.fr).*

Die Altstadt erscheint neben dieser monumentalen Festungsanlage fast nebensächlich, doch diesem Trugschluss sollte man nicht erliegen. Sie erstreckt sich unterhalb der Burg und ist von verwinkelten Gassen und hellen Kalkstein- sowie imposanten Fachwerkhäusern geprägt. Dort, wo neben der schönen Maison Rouge die von Charles VII. gegründeten Generalstände tagten, ist heute das **Musée d'Arts et d'Histoire** untergebracht, das sich mit der Stadt und der Region beschäftigt *(Mi – Mo 14 – 18 Uhr, Eintritt, 44 Rue Haute Sainte-Maurice).* Die Altstadt ist gespickt mit Weinbars und Restaurants, in denen auch die bekannten und hervorragenden Chinon-Weine ausgeschenkt werden, sodass niemand dursten oder hungern muss. Wir schlendern noch ein wenig durch die Straßen und treffen auf das **Office de Tourisme** *(Juli/August Mo – Sa 9.30 – 19 Uhr, So/Feiertage 10 – 19 Uhr, Mai/Juni/ September Mo – Sa 9.30 – 13/14 – 18 Uhr, So/Feiertage 10 – 13/14 – 18 Uhr, Oktober – April Mo – Sa 10 – 12.30/14 – 18 Uhr, 1 Rue du Commerce, Telefon 0247931785).*

Ganz in der Nähe am Vienne-Ufer schaut **François Rabelais** von seinem Denkmal. Der bekannte französische Schriftsteller der Renaissance, Arzt, Priester und Humanist wurde in der Nähe von Chinon geboren und ist in der nach ihm benannten Region *Rabelaisie* beinahe allgegenwärtig. Wir schlendern am Ufer weiter und stoßen an der **Place Jeanne d'Arc** auf das nächste Denkmal. Na klar, diesmal ist es das Reiterstandbild der behelmten Jungfrau von Orléans, hinter der wir uns

nordwärts bis zur Collégiale Saint-Mexme halten und westlich wieder Richtung Zentrum begeben. An der Place du Général de Gaulle müssen wir uns entscheiden, welches der vielen gastronomischen Angebote wir annehmen. Im **Restaurant Au Chapeau Rouge**, das nach den roten Hüten der königlichen Postkutscher benannt ist, werden wir bei einer gelungen saisonalen Küche mit ausgewählten Weinen nicht enttäuscht *(Mittags- und Abendmenüs Di Abend – So Mittag, 49 Place du Gen. de Gaulle, Telefon 0247980808, www.auchapeaurouge.fr).*

Von François Rabelais war bereits die Rede, und auch wenn uns seine Werke nicht geläufig sind, wollen wir etwas mehr über ihn erfahren. Nahe dem kleinen Ort **Seuilly** südwestlich von Chinon erreichen wir inmitten ländlicher Idylle das **Musée Rabelais** (N 47°08'20.5" E 00°10'45.5", An der D117).

Ob Rabelais in diesem Landhaus aus dem 15. Jahrhundert mit dem Namen *La Devinière* 1483 oder gar erst im Jahr 1494 geboren wurde ist, liegt im Dunkeln der Geschichte. Bis zu seinem Tode im Jahr 1553 in Paris wurde er mit seinem Roman über den Riesen Gargantua berühmt. Das Geburtshaus ist das einzige Museum, das sich der bedeutenden Figur der französischen Literatur widmet und wir genießen einfach die Atmosphäre dieses beinahe verwunschenen Ortes mit Höhlenwohnung und Taubenschlag inmitten eines Obstgartens und der Weinberge, deren Weine verkostet werden können *(April – Juni/ September 10 – 12.30/14 – 18 Uhr, Juli/August 10 – 19 Uhr, Oktober – März 10 – 12.30/14 – 17 Uhr, Eintritt. Für den Besuch ist eine deutschsprachige Broschüre erhältlich. Hunde nicht gestattet. www.musee-rabelais.fr).*

Nach der **Appellation Chinon** mit ihren gleichnamigen Weinen, zieht es uns nun wieder ans rechte Loire-Ufer in das nächste Anbaugebiet. Hüben wie drüben wird eine der wichtigsten Rotweintrauben des Loire-Tals angebaut. Die zuverlässige Rebsorte Cabernet Franc wächst hier bereits seit 1.000 Jahren und verleiht den Weinen ihr typisches Johannisbeer-Aroma.

Bereits Rabelais schätzte die Rotweine aus der Stadt an der Vienne und wir wollen in der Nachbarschaft an der Loire die etwas leichteren, schönen Rotweine aus den **Appellationen Bourgueil und Saint-Nicolas de Bourgueil** verkosten, die auf kieseligen Inseln, hoch gelegenen Terrassen und in kalkhaltiger Hanglage wachsen.

Auf dem Weg dorthin ist der fast schattenlose **offizielle WOMO-Stellplatz** am Ortsrand von **Avoine** zu nennen, der in der Nähe des Freizeitgeländes am Lac Mousseau liegt und mit Boule- und Spielplatz und einem Waldrundweg aufwarten kann [**156:** N 47°12'46.1" E 00°10'37.7", Avenue de la République, V/E mit Schranke gesichert, €€].

Am anderen Loire-Ufer finden wir mehrere Aufenthalts- und Übernachtungsmöglichkeiten, die wir der Einfachheit halber der Reihe nach und ohne Wertung aufzählen.

(157) WOMO-Campingplatz: Bourgueil – Camping Municipal***

GPS/Kontakt: N 47°16'11.6" E 00°10'08.4", 31 Avenue du Général de Gaulle, Telefon 0247978562, www.bourgueil.fr/camping.
Öffnungszeit: Mai – September.
Ausstattung: Waschmaschine, Wäschetrockner, Spielplatz., Bouleplatz, Minigolf, WiFi.
Beschreibung: Der Campingplatz ist etwa 1,5 km vom Ortszentrum entfernt und verfügt über durch Hecken getrennte Wiesenstellplätze neben schattenspendenden Bäumen. Er liegt an einem kleinen Badesee, das Baden ist im Juli/August gestattet. In der Nähe befindet sich ein Supermarkt, ein Fastfood-Anbieter und weitere Geschäfte. Gegebenenfalls Geräuschbelästigungen durch die Autobahn und die nahe Straße.
Preise: €€.
Zufahrt: Am südlichen Ortseingang den Hinweisen zum Campingplatz folgen.

(158) Offizieller WOMO-Stellplatz: Bourgueil – Parking Jardin de Tanneries

GPS: N 47°16'47.2" E 00°10'14.4", Rue des Tanneries.
Max. WOMOs: 4.
Öffnungszeit: Ganzjährig.
Ausstattung: Müllbehälter.
Beschreibung: Der Stellplatz auf befestigtem Untergrund liegt am Ortsrand an der Abbaye de Bourgueil und nur wenige hundert Meter entfernt vom Ortszentrum mit Bäckerei und Geschäften.
Zufahrt: Im Ort den WOMO-Piktogrammen folgen.

(159) Offizieller WOMO-Stellplatz: St-Nicolas-de-Bourgueil – Domaine de la Chopinière du Roy

GPS/Kontakt: N 47°16'54.0" E 00°07'50.9", 30 Rue de la Rodaie, Telefon 0247977774, www.chopiniereduroy.fr. **Max. WOMOs:** 3.
Öffnungszeit: Ganzjährig.

Ausstattung: Tisch und Bänke, Müllbehälter.
Beschreibung: Am Rande des Weingutes und direkt an den Weinbergen steht man auf befestigtem Untergrund. Der Platz ist kostenfrei, aber ein Einkauf ist sehr gerne gesehen. **Unser Tipp:** Cuvées Crémant de Loire Rosé Brut. Wir lassen uns auch hiervon von Zeit zu Zeit einige Kartons nach Deutschland liefern.
Zufahrt: Auf der D 35 kommend in die erste Straße links hinter dem östlichen Ortseingang abbiegen, dann links dem Hinweis zur Domaine folgen.

(160) Offizieller WOMO-Stellplatz: Restigné – Aire de Camping-Car

GPS: N 47°16'49.2" E 00°13'34.0", Rue Basse. **Max. WOMOs:** 4.

Öffnungszeit: Ganzjährig
Ausstattung: V/E, Müllbehälter.
Beschreibung: Der klappstuhlgeeignete Stellplatz auf befestigtem Untergrund liegt am Ortsrand an den Feldern und rund 500 Meter vom Ortszentrum mit Bäckerei entfernt. Ein Spaziergang durch den Ort sollte zur sehenswerten **romanischen Kirche** führen.
Zufahrt: Im Ort dem WOMO-Piktogramm folgen.

(161) Offizieller WOMO-Stellplatz: Benais – Aire de Camping-Car

GPS: N 47°17'55.5" E 00°12'57.2", Rue Saint-Vincent. **Max. WOMOs:** 5.
Öffnungszeit: Ganzjährig. **Ausstattung:** Infotafel.
Beschreibung: Wenn man, wie wir, völlig allein auf weiter Flur ist, dann meint man, einen hübschen Freisteher-Parkplatz an den Weingärten auf einer schattenlose Wiese an einer morgens und abends befahrenen Straße gefunden zu haben. Hier können bedenkenlos Tisch und Stühle herausgeholt werden und nachts ist es ruhig.
Zufahrt: Im Ort dem WOMO-Piktogramm folgen.

Bourgueil

Im typisch vom Weinbau geprägten Ort nahe des Stellplatzes ist die im 10. Jahrhundert bereits erwähnte **Abbaye Royale Saint Pierre de Bourgueil** nicht zu übersehen *(Mitte/Ende April – Juni/Anfang – Mitte September Sa/So 14 – 18 Uhr, Juli/August Di – So 10 – 18 Uhr, Führungen gegen Gebühr möglich).*

Im Zentrum unweit der Kirche haben die Winzer der Umgebung in einem Haus aus dem 15. Jahrhundert die **Maison des Vins** eingerichtet, in der das ganze Jahr über Weine zur Verkostung angeboten werden. Hier werden fast 180 Rot-, Rosé-, Weiß- und Schaumweine oder Traubensäfte von 90 Weingütern der Appellation zu den Preisen der jeweiligen Domaine verkauft. Ob fruchtig, trocken, charaktervoll oder doch lieber leicht, hier gibt es für jeden Geschmack etwas und zusätzlich erhält man eine Adressliste von Winzern sowie Weingütern und kann auf seine eigene Weinprobiertour gehen *(Mo 14 – 18.30 Uhr, Di – Sa 10 – 13/14 – 18.30 Uhr, 18 Place de l'Église, www.vinbourgueil.com).*

An der Maison des Vins startet ein markierter, etwa acht Kilometer langer **Wanderweg durch die Weinberge**, oder man findet bei einer Radtour durch die Weinberge zur **Cave de la Dive Bouteille**. Mitten in den Weinbergen wartet in der Höhlenanlage eine Sammlung von Weinpressen aus dem 16. Jahrhundert bis heute und nach der Besichtigung darf natürlich eine Weinprobe aus den Anbaugebieten Bourgueil und Saint-Nicolas-de-Bourgueil nicht fehlen *(Di – Sa 11 – 19 Uhr, 2 Rue des Caves de Chevrette, außerhalb der Saison und bei Veranstaltungen unter Umständen geschlossen).*

Nach der Wanderung, einer Radtour oder einfach nur so können wir eine süße Pause in der **Patisserie Brémaud – Salon de Thé** bei einer Galette Bourgueilloise empfehlen. Außer der mit Vanillecreme gefüllten Spezialität des Hauses werden weitere kleine Mahlzeiten angeboten *(Mo geschlossen).*

Wenn man einen Platz auf der kleinen Straßenterrasse ergattern kann, ist der Blick auf das rege Treiben in der Markthalle gewiss. Beim **Dienstagsmarkt** ziehen sich die Stände entlang der Straßen rund um die Kirche, und aus den umliegenden Ortschaften strömen die Bewohner nach Bourgueil, um sich mit Käse, Geflügel, Brot und Gemüse oder Kleidung einzudecken oder an einem der Stände frische Galette und Crêpes, Pizza oder Gegrilltes mitzunehmen oder sofort zu verzehren.

WOMO-Stellplatz Benais

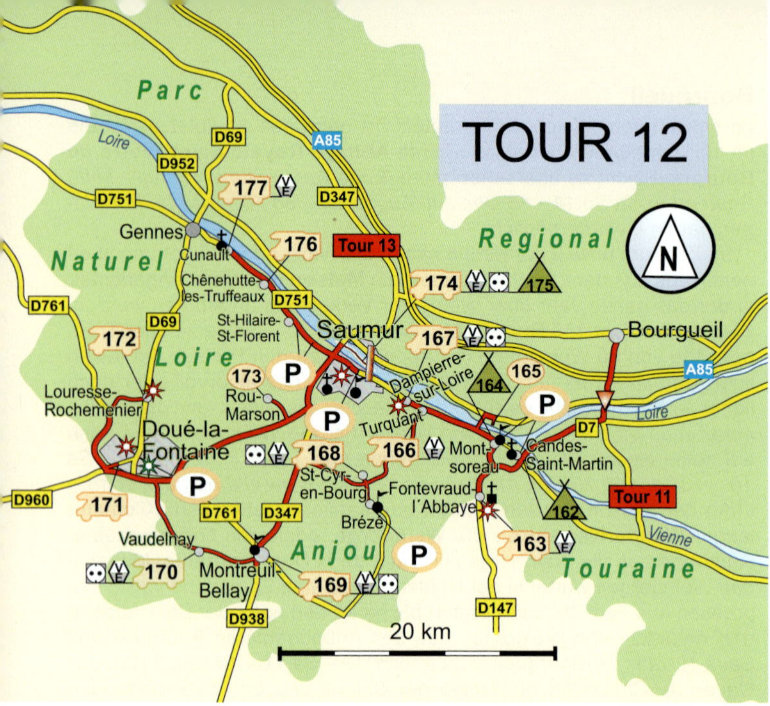

Tour 12 — 150 km

Montsoreau – Doué-la-Fontaine – Saumur

Stellplätze: Fontevraud-l´Abbaye, Varennes-sur-Loire, Turquant, Dampierre-sur-Loire, Saint-Cyr-en-Bourg, Montreuil-Bellay, Vaudelnay, Doué-la-Fontaine, Louresse-Rochemenier, Rou-Marson, Saumur, Chênehutte-les-Tuffeaux, Trèves-Cunault.

Campingplätze: Candes-Saint-Martin Camping Les Terres de Belle Rives, Montsoreau Camping L'Isle Verte, Saumur Camping l'Île d'Offard.

Besichtigen: Candes-Saint-Martin Église Saint-Martin; Fontevraud Abbaye Royale de Fontevraud, Musée d'Art Moderne; Montsoreau Musée d'Art Contemporain, Le Saut aux Loups; Turquant Les Pommes Tapées du Val de Loire, La Troglothèque; Brézé Château; Montreuil-Bellay Château; Doué-la-FontaineLes Chemin de la Rose, Musée Aux Anciens Commerces, Les Mystère des Falun, Bioparc Zoo; Louresse-Rochemenier Musée Troglodytique; Saumur Château mit Kunst- und Kunsthandwerksausstellung, Église Saint Pierre, Notre-Dame-des-Ardilliers, Notre-Dame-de-Nantilly, Musée de la Cavalerie, Musée des Blindés, Cadre Noir de Saumur, Maison Bouvet-Ladubay, Musée du Champignons, Parc Troglodyte Pierre et Lumière; Trèves-Cunault Église Notre-Dame, La Cave aux Moines.

Märkte: Fontevraud-l´Abbaye Mi, Montsoreau So, Varennes-sur-Loire Sa, Turquant Fr, Montreuil-Bellay Di, Doué-la-Fontaine Mo, Saumur Mi/Do/Fr/Sa.

Essen:	Montsoreau Restaurant Ververt, Le Saut aux Loups; Turquant Museum Les Pomme Tapées du Val de Loire; Louresse-Rochemenier Restaurant Les Caves de la Genevraie; Rou-Marson Restaurant Les Caves de Marson; Saumur Bistro Le Terrier du Château, Restaurant Le Boeuf Noisette; Trèves-Cunault Restaurant Les Pieds Bleus.

*Wir wechseln ab hier nicht nur in das **Département Maine-et-Loire** und damit auch in das Gebiet des Anjou, sondern ebenso in die Region **Pays de la Loire**. Die weiten Ebenen der Landschaft werden im Norden von Flüssen wie der Sarthe, der Mayenne und dem uns schon bekannten Loir durchflossen, die sich nördlich von Angers zur Maine vereinen und später der Loire zufließen. Die Loire scheint sich auszubreiten und bei Saumur bezaubert sie uns durch ihre Weite und Wildheit mit eingesprenkelten Inseln sowie Sandbänken. Auch hier wurde an ihren Ufern der Kalktuff abgebaut, der zum Bau der Schlösser verwandt wurde, und in den hübschen Ortschaften und an den Steilhängen sehen wir die Tore der Weinkeller, die sich tief in die großen Kalksteinhöhlen dahinter erstrecken. Auf den südlichen Plateaus oberhalb der Flusses tauchen wir in die unterirdische Welt der Troglodyten ein, um abschließend die Reitkünste der Schwarzen Reiter zu bewundern.*

Zunächst widmen wir uns allerdings der Vienne, die im Zentralmassiv entspringt und nach 363 Kilometern bei **Candes-Saint-Martin**, einem der **schönsten Dörfer Frankreichs**, in die Loire mündet. Wer sich hier etwas länger aufhalten möchte, um beispielsweise an beiden Flüssen ein wenig Rad zu fahren, dem empfehlen wir den einfachen, kleinen **Camping Les Terres de Belle Rives** am Ufer der Loire [**162:** N47°12'26.6 E 00°04'51.3", Route de Chinon, Telefon 0637466186, www.camping-candes.fr, April – September, €€].

Für den Tagesbesuch muss das Wohnmobil auf dem obligatorischen Parkplatz am südöstlichen Ortseingang geparkt werden (N 47°12'34.0" E 00°04'38.1", D751).

Im ehemaligen Fischerei- und Binnenschifffahrtshafen bestechen die weißen Tuffsteinmauern und dunklen Schieferdächer der Häuser und die festungsartige **Église Saint-Martin**, die im 12. Jahrhundert zu Ehren des hier im Jahr 397 verstorbenen Heiligen Martin, dem Bischof von Tours, errichtet wurde. Rechts vom Parkplatz, aber auch von der Kirche auf ausgeschildertem Pfad, führt ein Fußweg hinauf zu einer Aussicht, von der das **Zweiflüsse-Panorama** von Loire und Vienne besonders schön ist. Von hier ist der Weg nach **Fontevraud** mit einem der größten mittelalterlichen Klosterkomplexe gar nicht zu verfehlen. Das Wohnmobil sollte auf dem schrägen **offiziellen WOMO-Stellplatz P3** in einem Wohngebiet geparkt werden, da die Zufahrt am Klosterparkplatz sehr eng ist [**163:** N 47°11'04.4" E 00°02'57.8", Allée des Bruyère, V/E].

Abbaye Royale de Fontevraud

Ausgerechnet in einem Kloster begegnen wir der für die damalige Zeit ausgesprochen ungewöhnlichen Gleichberechtigung zwischen Frau und Mann. *Königliche Grablege*

Wir schreiben das Jahr 1101, als der ebenso ungewöhnliche Wanderprediger Robert d'Arbrissel die Abtei als gemischtes Kloster gründete. Die Leitung des neuen Ordens von Fontevraud wurde einer Frau übertragen, der weitere 35 Äbtissinnen und kein Abt folgen sollten. Mönche und Nonnen wohnten in verschiedenen Häusern und kamen nur in der Kirche zusammen. Das Kloster *Le Grand Moûtier* wurde für die Ordensschwestern errichtet, in *Sainte-Marie-Madeleine* lebten Frauen, die sich von der Welt zurückzogen, *Saint-Jean-de-l'Habit* war für die Mönche gedacht und in *Saint-Lazare* befand sich eine Krankenstation.

Durch die Verbindung einer Äbtissin zu den Grafen von Anjou und besonders zu Henri II. Plantagenet und seiner Gemahlin Eleonore von Aquitanien erhielt das Kloster große Schenkungen. Als Henri im Jahr 1189 starb, entschied die Königin, ihren verstorbenen Gatten in Fontevraud beisetzen zu lassen. Sie selbst ruht seit ihrem Tod im Jahr 1204 zur Rechten des Königs und auch der Königssohn Richard Löwenherz sowie Isabella von Angoulême, die Witwe von Richards Bruder Johann Ohneland, finden sich in der **königlichen Grablege** wieder. Die Grabfiguren finden sich im 90 Meter langen und durch seine Schlichtheit beeindruckenden **Kirchenschiff**. Die farbenfrohe Bemalung der Sarkophage steht im Kontrast zu den hellen Kalksteinmauern und nur die Grabstätte Isabellas unterscheidet sich von den andern, da sie aus Holz gefertigt ist.

Im Hundertjährigen Krieg wurde der religiöse Orden deutlich geschwächt, doch im 15. Jahrhundert war es Marie de Bretagne, die im Verbund mit Louis XI. Reformen vorantrieb. Noch im 16. Jahrhundert wurden der architektonisch ansprechende **Kapitelsaal** und im 17. Jahrhundert der **Kreuzgang** sowie weitere umliegende Gebäude errichtet. Eines der ungewöhnlichsten Gebäude der Anlage ist aber die mit Steinschindeln gedeckte romanische **Klosterküche**, die ursprünglich aus dem 12. Jahrhundert stammt. Im Inneren wirkt die Küche eher wie eine Kapelle und erst auf den zweiten Blick ist zu erkennen, dass es sich bei den zapfenartigen, von der Decke kommenden Gebilden um Abzugsschlote der einstigen Feuerstellen handelt (Foto unten).

Im Jahr 1792 wurde der Orden aufgelöst und während der Revolution das Kloster teilweise zerstört und geplündert. Im Jahr 1804 verwandelte Napoléon Bonaparte die Abtei in ein gefürchtetes Gefängnis, das bis ins Jahr 1963 betrieben wurde.

Nach umfangreichen Restaurierungsarbeiten zählt die Abtei seit dem Jahr 2000 zum UNESCO-Welterbe und zieht jedes Jahr rund 200.000 Besucher an. In der einstigen Krankenstation Saint-Lazare ist ein Designerhotel samt einem weit über die Grenzen der Abteimauern hinaus bekannten **Sternerestaurant** eingezogen. Zudem sorgt das **Musée d'Art Moderne** für eine neue und ausgesprochen reizvolle Nutzung der jahrhundertealten Räumlichkeiten.

Die außergewöhnliche Architektur der Anlage fasziniert uns bei jedem Besuch aufs Neue und gehört zu unseren persönlichen **Top Ten.**

Nicht versäumen sollte man einen Besuch der verschiedenen Gärten auf dem Klostergelände und wer es zu Fuß bis zu einem Picknickplatz an der D947auf einer Anhöhe südwestlich der Abtei schafft, der erhält eine schöne Sicht auf die gesamte Anlage *(Anfang Januar – Anfang April Mi – Mo 10 – 18 Uhr, Anfang November – Mitte Dezember Mi – Mo 10 – 18 Uhr, Anfang April – Anfang Juli/ Ende August – Anfang November Mitte Dezember – Anfang Januar 10 – 19 Uhr, Juli/August 10 – 20 Uhr, Eintritt, www.fontevraud.fr).*

Bald sind wir wieder an der Loire und in **Montsoreau** gelandet, das, genau wie seine Nachbargemeinde Candes-Saint-Martin zu den **schönsten Dörfern Frankreichs** zählt (N 47°12'54.4" E 00°03'14.0", D947/Rue des Mazières).

Das **Château de Montsoreau** (Foto unten) aus dem 15. Jahrhundert zeigte sich als erstes der Loire-Schlösser im Renaissance-Look und spiegelt sich so schön im Fluss, dass Künstler wie Alexandre Dumas und auch Gustave Flaubert in Romanen, aber auch Auguste Rodin sowie William Turner in der bildenden Kunst Motive für ihre Werke fanden. Heute können sich Besucher im dortigen **Musée d'Art Contemporain** beim Betrachten moderner Konzeptkunst möglicherweise inspirieren lassen *(Januar – März/Oktober – Dezember 12 – 18 Uhr, April/Juni - September 10 – 19 Uhr, Mai 10 – 18 Uhr, Eintritt, www.chateau-montsoreau.com).*

Nach dem Museumsbesuch kann das **Restaurant Ververt** die Anlaufadresse für eine traditionelle Küche in modernem Interieur zu vernünftigen Preisen sein *(Mittags- und Abendmenü Mo/Do – So, 7 Place du Mail, Telefon 0241523489, www.ververt.com).*

Oder man entscheidet sich für ein Abendessen auf einem der **Ausflugsboote**, die von Montsoreau oder Candes zu Fahrten auf der Loire und der Vienne aufbrechen *(www.bateauamarante.com)*. In diesem Fall mietet man sich am besten am Flussufer in der Nähe der Anlagestelle auf dem **Camping L'Isle Verte****** ein, der für einen entsprechenden Preis kaum Wünsche offenlässt [**164:** N 47°13'05.0" E 00°03'09.5", Avenue de la Loire, Telefon 0241517660, www.campingisleverte.com, €€ – €€€].

Eine weitere Möglichkeit für ein Mittagsmahl, verbunden mit einem Museumsbesuch bietet sich im **Höhlensystem Le Saut aux Loups** (N 47°13'12.3" E 00°02'44.9"). Wo ab dem 15. Jahrhundert Steine geklopft wurden, gedeihen seit über 100 Jahren Champignons und andere Pilze, über deren Geschichte und Wachstum das **Pilzmuseum** informiert, bevor sie in der Küche des Restaurants zu köstlichen Speisen verarbeitet werden. **Unser Tipp:** Die *Galipettes*, große gefüllte Champignons, sind der Hit *(Mitte Februar – Mitte November 10 – 18 Uhr, in der Hauptsaison bis 19 Uhr, Restaurant 12 – 14.30 Uhr, Avenue de la Loire, Telefon 0241517030, www.troglo-sautauxloups.com).*

Auf der rechten Loire-Seite und mit schöner Aussicht übers Wasser findet sich ebenfalls ein hübsches Plätzchen für die Nacht.

(165) WOMO-Parkplatz: Varennes-sur-Loire, Vieux Port

GPS: N 47°13 22.9" E 00°03'34.9", Le Petit Port. **Max. WOMOs:** 5.

Ausstattung: Tische und Bänke, Müllbehälter.

Beschreibung: Außerorts gelegener, teils schattiger Parkplatz auf befestigtem Untergrund neben Feldern und knapp 200 Meter von einem Picknickplatz am Loire-Ufer entfernt.

Zufahrt: Nach der Überquerung der Loire-Brücke (3,5 Meter Höhe und bei Gegenverkehr kann es eng werden!) rechts Richtung Langeais und etwas später den Hinweisen zum Picknickplatz Port de Varennes folgen.

Wir befinden uns wieder auf der linken Seite des Flusses und das Steilufer zwischen **Turquant** und **Dampierre-sur-Loire** ist nur so von Höhlenwohnungen, den *Maisons Troglodytes*, durchlöchert. Teilweise sind die Höhlen wieder bewohnt oder werden als Weinkeller genutzt.

(166) Offizieller WOMO-Stellplatz: Turquant Aire de Camping-Car

GPS: N 47 13'25.7" E 00°01'43.6", 1 Rue des Martyrs. **Max. WOMOs:** 15.
Öffnungszeit: Ganzjährig.
Ausstattung: V/E, Tische und Bänke, Infotafel, Spielplatz auf der gegenüberliegenden Straßenseite, Müllbehälter.
Beschreibung: Der Platz auf befestigtem Untergrund mit wenig Schatten, der auch gerne von Pkws genutzt wird, liegt am Ortsrand und nur wenige Gehminuten vom Ort und Restaurants entfernt.
Etwa 100 m entfernt befindet sich ein weiterer, teils schattiger Stellplatz auf Wiese, der uns besser gefallen hat (Parking Ombragé, siehe Foto).
Zufahrt: Von der D947 in den Ort fahren. Der Stellplatz liegt an der nächsten Kreuzung.

(167) Offizieller WOMO-Stellplatz: Dampierre-sur-Loire – Aire de Camping-Car

GPS: N 47°14'27.1" W 00°01'21.2", 495 Route de Montsoreau.

Max. WOMOs: 40.
Öffnungszeit: April/Mai – Oktober/November.
Ausstattung: V/E, Strom, WC, Duschen, Müllbehälter.
Beschreibung: Der Stellplatz am Ortsrand liegt auf Wiese unter Bäumen, ist teilweise uneben und nah an der Durchgangsstraße sowie einer Gaststätte. Von hier kann man prima mit dem Rad nach Saumur fahren und hat nach rund 5 km das Zentrum erreicht.
Preise: €.
Zufahrt: Im Ort dem WOMO-Piktogramm folgen.

Die Kulisse der Kalksteinhöhlen mit ihren in den hellen Tuff gebauten Häusern bietet sich für einen Spaziergang, eine Wanderung oder eine Radtour durch die verschachtelten Dörfer an. Dabei kann man der Geschichte der dehydrierten, geklopften Äpfel im **Musée Les Pommes Tapées du Val de Loire** auf den Grund gehen und im angeschlossenen **Restaurant** den Geschmack der süßen Früchtchen testen *(Februar/März Mi – So, April/Mai Di – So, Juni – November täglich 10 – 18 Uhr, Führungen möglich, Eintritt, www.pommes-tapees.fr)*.

Vergrößert sich der Radius bis nach Souzay-Champigny, dann erweitert sich das Höhlenvergnügen auf dem **Parcours Troglodytique**. Schautafeln informieren über die Besonderheiten am Wegesrand und der Weg führt in die unterirdischen Straßen, die die Häuser miteinander verbinden. Ein tolles Erlebnis, das allerdings nur an bestimmten Tagen im Jahr möglich ist *(Info in der Mairie, 52 Rue des Ducs d'Anjou, oder im Office de Tourisme Saumur)*.

Zurück in Turquant kann dann noch die unterirdische Welt **La Troglothèque** im Verbund mit wechselnden Ausstellungen im Herzen des Dorfes besucht werden *(Mi – So 14 – 18 Uhr, Eintritt, Rue Château Gaillard, www.troglotheque.com).*

Auf den Plateaus oberhalb der Loire gedeihen die Weine der **Region Anjou-Saumur,** die immerhin **30 Appellationen** von trockenen oder likörartigen Weißweinen über Rot- und Roséweine bis hin zu hochwertigen Schaumweinen zu bieten haben. Weingüter und Winzer bieten die Verkostung der AOC-prämierten Saumur-Weine entlang der **Route Touristique du Vignobles** fast überall an. Wir lieben die trocknen Weißweine der Rebsorte Chenin, aber auch die Rotweine aus den Cabernet-Franc-, Cabernet-Sauvignon- und Gamay-Trauben lassen die Geschmacksknospen schon einmal jubilieren.

(168) Offizieller WOMO-Stellplatz: Saint-Cyr-en-Bourg – Cave de Saumur

GPS: N 47°11'49.0" W 00°04'24.7". **Max. WOMOs:** 5.
Öffnungszeit: Ganzjährig.
Ausstattung: V/E, Strom hinter dem Gebäude links, Infotafel.
Beschreibung: Ebener, zweckmäßiger, befestigter Stellplatz neben einem Winzerbetrieb mit schöner Aussicht. Von hier aus kann man zu Wander- und Radtouren aufbrechen oder die nicht weit entfernten **Cave Robert & Marcel** einschließlich einer Verkostung besichtigen *(April – September täglich 11/15 Uhr in englischer Sprache, Eintritt. www.robertetmarcel.com).*
Zufahrt: Im Ort den Hinweisen zur Cave des Saumur Robert & Marcel folgen und am Betrieb vorbei den Berg hinauffahren. An der nächsten Kreuzung dem WOMO-Piktogramm folgen.

Eine Besonderheit ist das Schloss von **Brézé**, das zunächst wie eines der vielen Loire-Schlösser daherkommt (N 47°10'30.7" W 00°03'35.9", Rue de l'Amiral Maillé Brézé).

Château de Brézé

Die wechselvolle Geschichte begann im 11. Jahrhundert, als die Gutsherren von Brézé zu den großzügigen Spendern der Abtei Fontevraud gehörten.

Im 14. Jahrhundert ging das Anwesen in den Besitz der Familie Maillé-Brézé über. Damals gab es bereits unterirdische Gänge, in denen sich die Bevölkerung im Fall eines Angriffs in Sicherheit brachte, die im 15. Jahrhundert zu einer unterirdischen Festung mit 12 Meter tiefen Trockengräben und ersten Räumen ausgebaut wurden. Ein Jahrhundert später wurden die Gräben bis in 18 Meter Tiefe ausgebaut. Noch heute ist der Gang durch die Gräben mit dem aus dieser Perspektive übergroß wirkenden Schloss beeindruckend. In den unterirdischen Räumlichkeiten entstand eine Seidenraupenzucht, und der Höhlenbackofen, zu seiner Zeit der größte seiner Art in Frankreich, hat all die Jahrhunderte überdauert. Das geheimnisvolle Labyrinth erstreckt sich zum

Kelter- und Fassraum, in dem Wein hergestellt wurde, und weiter zu einem Wehrgang sowie den früheren Pferdeställen. Durch diese Unterkellerung entstand die größte unterirdische Festung Europas.

Doch auch der überirdische Teil des Schlosses, ein Schmuckstück der Renaissance und Neugotik, darf nicht unerwähnt bleiben, und die Besichtigung der Räumlichkeiten führt unter anderem in das ganz in Rot gehaltene Richelieu-Zimmer. Die Schwester des Kardinals war aus politischem Kalkül heraus mit einem der Hausherrn verheiratet worden und sorgte wohl mit diesem Zimmer für die adäquate Unterkunft, falls der Bruder zum Familientreffen kam *(Februar/März/Oktober – Dezember 9.30 – 18 Uhr, April – Juni/September 9.30 – 18.30 Uhr, Juli/August 9.30 – 19 Uhr, letzter Einlass 1 ½ Stunden vor Schließung, Eintritt. Die Temperatur in den unterirdischen Gängen beträgt das ganze Jahr über 12 Grad. Es besteht die Möglichkeit zur Verkostung der schlosseigenen Weine, die aus einem der ältesten Anbaugebiete für Saumur-Weine stammen. www.chateaudebreze.com).*

Die **Route Touristique du Vignobles** führt nun weiter durch die weite, liebliche Landschaft des Anjou. Wir streifen Wälder, blühende Gärten in hübschen Weindörfern und erreichen zwischen Weingärten und Feldern das mittelalterliche Städtchen **Montreuil-Bellay**.

(169) Offizieller WOMO-Stellplatz: Montreuil-Bellay – Aire de Camping-Car

GPS: N 47°07'52.2" W 00°09'38.0", Rue Georges Girouy. **Max. WOMOs:** 15.
Öffnungszeit: Ganzjährig.
Ausstattung: V/E, Strom, Infotafel, Müllbehälter.
Beschreibung: Der geschotterte Stellplatz liegt am Ortsrand neben dem Schwimmbad sowie dem **Campingplatz** *(April – September, www.campinglesnobis.com).* Der Ort mit Geschäften, Restaurants und Schloss liegt ca. 600 m entfernt. Am Platz sind Rad- und Wandertouren ausgeschildert und ein Spaziergang am Thouet ist schon fast romantisch zu nennen.

Zufahrt: Möglichst nicht durch den teils engen Ort fahren und am besten zunächst der Lkw-Strecke und dann den Hinweisen zum Campingplatz bzw. dem WOMO-Piktogramm folgen.

Das im 13. Jahrhundert erbaute **Château Montreuil-Bellay** weist mit der 650 Meter langen Wehrmauer und seinen 13 Verteidigungstürmen typische mittelalterliche Merkmale auf und ist vollständig möbliert. Nach der Besichtigung sollte man mit der Entdeckung der Gärten fortfahren *(April – Juni/September/Allerheiligenferien Mi – Mo 10 – 12/14 – 18 Uhr, Juli/August täglich 10 – 13/14 – 18.30 Uhr, Oktober – November Mi – Mo 14 – 18 Uhr, letzter Einlass ½ Stunde vor Schließung, Eintritt. Es besteht die Möglichkeit zur Verkostung der schlosseigenen Weine, www.chateau-de-montreuil-bellay.fr).*

Château de Montreuil-Bellay

In einer der bekanntesten Weinanbaugebiete an der Loire fehlt jetzt nur noch ein Weingut, auf dem wir uns unbesorgt einer ausgedehnten Weinprobe hingeben können und zusätzlich einen Stellplatz in schöner Umgebung finden.

(170) Offizieller WOMO-Winzer-Stellplatz: Vaudelnay – Domaine du Relais

GPS/Kontakt: N 47°08'14.1" W 00°11'31.2", 389 Rue de Chanteloup, Telefon 0241522018, www.domainedurelais.fr. **Max. WOMOs:** 20.
Öffnungszeit: Ganzjährig.
Ausstattung: V/E, Strom, Dusche, WC, Müllbehälter.
Beschreibung: Die parzellierten Plätze auf Wiese bieten keinen Schatten und liegen hinter der Domaine direkt an den Weinbergen und Feldern mit schöner Aussicht. Eine Weinprobe ist möglich, verpflichtet aber nicht zum Kauf. Auf dem Gelände werden Weinfässer zur Übernachtung angeboten und die freundliche Winzerfamilie bietet Fahrten mit einem Bähnchen in die Weinberge an. Von hier sind wir zu Wander- und Radtouren aufgebrochen, waren beim Tag des offenen Weinguts dabei und haben uns bei jedem unserer Aufenthalte so wohl gefühlt, sodass es der Stellplatz der Jolys in unsere **Top Ten** schafft.

Preise: €€.
Zufahrt: Von der D77 östlich des Ortes den Hinweisen nach Chanteloup und zur Domaine du Relais folgen. Die Domäne liegt gleich rechts des Ortseingangs.

Auf dem von weitläufigen Höhlensystemen durchlöcherten Kalkplateau steuern wir **Doué-la-Fontaine** an.

Doué-la-Fontaine

Hier dreht sich irgendwie fast alles um die **Troglos**, wie alle sagen, denen das Wort Troglodytique zu lang ist. Gemeint sind je nach Definition in beiden Fällen die Höhlenbewohner oder das Höhlendasein.

Aber auch duftende Rosen, die in der Umgebung seit über 200 Jahren gezüchtet werden, sind ein großes Thema (N 47°11'07.9" W 00°18'51.6", D960). Durch den vier Hektar großen Rosengarten **Les Chemin de la Rose** führt ein berauschender Spaziergang entlang Alleen und Teichen vorbei an 13.000 Rosensträuchern (*Anfang März – Ende April, Mo – Fr 10 – 12.30/14 – 18 Uhr, Sa/So 10 – 12.30 Uhr, 30. April/01. Mai 10 – 12.30/14 – 18 Uhr, 2. Mai – Juli 10 – 19 Uhr, August – 25. September 10 – 12.30/14 – 18 Uhr, 26. September – 27. November Mo – Fr 10 – 12.30/14 – 17.30 Uhr, Sa/So 10 – 12.30 Uhr, Eintritt, Hunde an der Leine gestattet. www.lescheminsdelarose.com*).

Das **Musée Aux Anciens Commerces** bietet ebenfalls eine Abwechslung (N 47°11'49.7" W 00°17'58.5", Chemin du Lavoir). Der Rundgang durch rekonstruierte Läden und Handwerksbetriebe von 1850 bis 1950 versetzt in eine längst vergangene Zeit *(Februar/März/Oktober – 6. November Mi – Fr 14 – 18 Uhr, Sa/So 10 -12/14 – 19 Uhr, April – September Di – So 10 – 12/14 – 19 Uhr, 7. November – Dezember Fr 14 – 18 Uhr, Sa/So 10 – 12/14 – 18 Uhr, Eintritt, www.anciens-commerces.fr)*.

Mit der dritten und vierten Attraktion des Ortes nähern wir uns wieder den Troglodytes an, die in diesen Fällen den Rahmen für aufregende und spannende Einblick in Welten bilden, die die ganze Familie ansprechen.

Zum einen darf der Besuch in der Höhlenwelt Les Perrières auf gar keinen Fall auf dem Programm fehlen (N 47°11'25.2" W 00°15'39.2", Les Perrières). Dort tauchen wir in der Welt **Les Mystère des Faluns** (Foto rechts) tief in den zehn Millionen alten Muschelsandstein ab. Dort wandern wir durch Keller und Gänge, begegnen einem Walfischskelett, das durch Lichtstrahlen beeindruckend in Szene gesetzt wird oder Ballett tanzenden Meeresquallen. Videokünstler, bildende Künstler und Musiker sorgen für weitere Überraschungen. Eine tolle Kombination, die auf einem ein Kilometer langen Rundweg märchenhaft und zugleich wissenschaftlich fundiert über die Geschichte der Höhlen berichtet *(Anfang Februar – Mitte Juni/Mitte September – Mitte November Di – So 10 – 12.30/14 – 18 Uhr, Mitte Juni – Mitte September 10 – 19 Uhr, letzter Einlass eine Stunde vor Schließung, Eintritt. www.le-mystere-des-faluns.com)*.

Bioparc-Zoo

Zum anderen ist es der einzigartige **Bioparc-Zoo**, der ausgewiesene WOMO-Stellplätze auf seinem Parkplatz bereithält **[171:** N 47°11'26.9" W 00°18'00.9", Rue de Cholet. V/E beim Super U]. In einem ehemaligen riesigen Steinbruch mit vielen Höhlen leben wohlbehütet 1.200 Tierarten in für sie angepasster, natürlicher Kulisse. Der Bioparc widmet sich insbesondere dem Schutz bedrohter Tierarten. Der stundenfüllende Besuch kann an Picknickbänken oder in diversen gastronomischen Bereichen unterbrochen werden *(Februar/März 10 – 18 Uhr, April – Juni/September 9 – 19 Uhr, Juli/August 9 – 19.30 Uhr, Oktober/ November 10 – 18.30 Uhr, letzter Einlass zwei Stunden vor Schließung, Eintritt, Hunde nicht gestattet. www.bioparc-zoo.fr).*

Im wenige Kilometer entfernten **Louresse-Rochemenier** ist die größte Höhlenanlage des gesamten Loire-Tals erreicht und mit ihr ein geschotterter, schattenloser, einfacher, **offizieller WOMO-Stellplatz** **[172:** N 47°13'56.0" W 00°17'36.4", Rue du Musée. WC].

Musée Troglodytique in Louresse-Rochemenier

Musée Troglodytique – Village Troglo

Als Dorf im Dorf könnte man das Höhlendorf wohl nennen, in dem zwei, von ehemals 40, vollständig restaurierte Bauernhöfe mit Wohnungen und Nebengebäuden das Höhlenleben dokumentieren.

Seit dem 13. Jahrhundert lebte hier die Bevölkerung in Kälte, Feuchtigkeit und teilweise Finsternis. Nur wer im Freien etwas zu tun hatte, konnte diesen miserablen Zuständen entfliehen, und es ist fast verwunderlich, dass die Höfe bis in die 1960er-Jahre bewohnt waren.

Fröstelnd begeben wir uns in den Muschelkalkstein und die Wohnräume, sehen Möbel, Werkzeuge für die Feldarbeit, den Weinbau und die Weinherstellung. Betrachten Fotos, inspizieren zwei unterirdische Kapellen und einen Hühnerstall und sind froh, als wir wieder ins wärmenden Tageslicht entkommen können *(Februar – April/Mitte September – Mitte November Mi – So 10 – 17 Uhr, Mai – Mitte September täglich 9.30 – 18 Uhr, Eintritt. Für den Besuch ist eine Broschüre in deutscher Sprache erhältlich. www.troglodyte.fr).*

Im nahen **Restaurant Les Caves de la Genevraie** kann man in einem ehemaligen Höhlenbauernhof zuschauen, wie knusprige Brotfladen aus dem Steinofen kommen, und sie mit Appetit und deftigen Beilagen genussvoll mit den Fingern verspeisen *(Mittags- und Abendmenü täglich Juli/August, Mo Abend geschlossen, in der übrigen Jahreszeit Fr Abend, Sa Mittag und Abend, So Mittag, Telefon 0241593422, www.caves-genevraie.fr).*

Wer eine Mahlzeit im feineren Höhlenambiente bevorzugt, findet in **Rou-Marson** das **Restaurant Les Caves de Marson** *(Öffnungszeiten laut Homepage www.cavesdemarson.com oder Telefon 0241505005).* Ein passender WOMO-Parkplatz liegt oberhalb des Ortes am Tennisplatz [**173:** N 47°15'04.7" W 00°08'37.9", Mnt. du Château].

Von nun an geht‘s bergab, und zwar wieder an den Fluss und hinein nach **Saumur**. Bevor wir uns der Stadt zuwenden, ein Wort zu den tagsüber von 8 bis 22 Uhr gratis zu nutzenden Parkplätzen für Wohnmobile.

Parkplätze in Saumur

Place du Chardonnet N 47°15'41.4" W 00°05'03.4" – perfekt, um die Stadt und das Musée de la Cavalerie zu besichtigen.
Château N 47°15'19.8" W 00°04'21.3" – super, um das Schloss zu besichtigen.
Place de Ardilliers N 47°15'13.0" W 00°03'50.0" – Ausweichparkplatz oder zum Besuch der Wallfahrtskirche.

(174) Offizieller WOMO-Stellplatz: Saumur Camping-Car Park

GPS: N 47°15'36.4" W 00°03'53.9, Rue de Verden. **Max. WOMOs:** 35.
Öffnungszeit: Ganzjährig.
Ausstattung: V/E, Strom, Tische und Bänke, Infotafel, Müllbehälter.
Beschreibung: Der mit Schranke gesicherte Stellplatz befindet sich auf einer Loire-Insel vor dem Camping-

platz und gegenüber dem Stadion. Die Stellflächen liegen auf befestigtem Untergrund unter Bäumen. Die Stadt wird über die Loire-Brücke nach etwa 1,5 km und das Schloss nach rund 2 km erreicht. **Preise:** €€ – €€€.
Zufahrt: Im Ort den Hinweisen zum Campingplatz und dem WOMO-Piktogramm folgen.

(175) WOMO-Campingplatz: Saumur – Camping l'Île d'Offard****

GPS/Kontakt: N 47°15'35.7" W 00°03'54.0", Rue de Verden, Telefon 0241403000, www.saumur-camping.com.
Öffnungszeit: April – Anfang Oktober.
Ausstattung: Beheizter Außenpool, Wellnessbereich, Waschmaschine, Wäschetrockner, Restaurant mit Frühstücksmöglichkeit und Weinverkostung, Épicerie, WiFi, Kinderspielplatz und Animation, Fahrradvermietung.
Beschreibung: Auf der Loire-Insel gelegener, beliebter Campingplatz mit Wiesenstellplätzen, die durch Hecken getrennt sind und durch die umstehenden Bäume meist im Schatten liegen. Die Stadt wird über die Loire-Brücke nach etwa 1,5 km und das Schloss nach rund 2 km erreicht.
Preise: €€ - €€€.
Zufahrt: Im Ort den Hinweisen zum Campingplatz folgen.

Saumur

Wer heute in die am linken Loire-Ufer gelegene Stadt kommt, denkt vermutlich an das Schloss oberhalb des Flusses, an Museen, Schaumweine, Pilze und Pferde mit schwarzgekleideten Reitern. Im 16. und 17. Jahrhundert war das ganz anders, denn Saumur galt als Zentrum protestantischer Gelehrsamkeit, bis die Aufhebung des Edikt von Nantes im Jahr 1685 die meisten Hugenotten vertrieb und die Stadt ihre kulturelle und wirtschaftliche Blüte verlor. Erst im Jahr 1815 gewann

sie wieder an Bedeutung, als Napoléon bei Waterloo unterlag und die Kavalleriereitschule in Saumur reformiert wurde. Zivilisten übernahmen das Kommando über Pferd und Reiter und trugen im Gegensatz zu den Offizieren schwarze Uniformen – die Cadre Noir, die schwarzen Reiter, waren geboren.

Doch beginnen wir im 11. Jahrhundert, als Fulko Nerra, der angriffslustige und gefürchtete Herzog von Anjou, den Felsen über dem Zusammenfluss des Thouet und der Loire aus strategischen Gründen befestigen ließ. Im 14. Jahrhundert war die Burg dann schon Hauptsitz der mächtigen Herzöge. Etliche Schornsteine, Giebel und Türmchen prägen noch heute die Schloss-Silhouette und tragen zur Eleganz sowie zum Ruf als Märchenschloss bei. Nach umfangreichen Restaurierungsmaßnahmen wird das **Château de Saumur** seit dem Jahr 2015 mit einem vergoldeten Dachreiter in Form einer französischen Lilie gekrönt. Im Inneren zeigt das Städtische Museum eine **Kunst- und Kunsthandwerksausstellung** mit einer der schönsten Keramiksammlungen Frankreichs und bemerkenswerten Wandbehänge aus dem 15. bis 18. Jahrhundert sowie Emailkunst und antiken Möbeln. Ein weiterer Themenschwerpunkt liegt auf der **Geschichte der Reiterei**. Im Außenbereich lohnt sich von den Terrassen ein Blick über die Festungsmauern hinab zur Stadt und über das Tal der Loire *(Anfang Februar – März/Oktober – Dezember Di – So 10 – 13/14 – 17.30 Uhr, April – Juni/September Di – So/Feiertage 10 – 18 Uhr, Juli/August täglich 10 – 19 Uhr, Eintritt, www.chateau-saumur.fr)*. Eine superschöne Aussicht auf das Schloss bietet sich hingegen direkt gegenüber von der Terrasse des **Bistro Le Terrier du Château** *(Di – So 10 – 22 Uhr)*.

In der reizvollen **Altstadt** zu Füßen des Schlosses hat sich an der **Église Saint-Pierre** mit romanischem Südportal, gotischem Schiff und

barocker Fassade ein wenig Fachwerk erhalten. Ansonsten dominieren helle Kalksteingebäude mit schwarzen Schieferdächern, die an die Zeit erinnern, als Saumur zur Sicherheitszone für Hugenotten erklärt wurde und der Theologe und Stadtgouverneur Philippe Duplessis-Mornay eine protestantische Akademie gründen konnte. Wer am Ufer der Loire flussaufwärts spaziert, kommt unweigerlich zur Wallfahrtskirche **Notre-Dame-des-Ardilliers**, die über einer auf wundersame Weise entdeckten Pietá im 15./16. Jahrhundert errichtet und im 17. Jahrhundert mit der damals größten Kirchenkuppel Frankreichs ausgestattet wurde. Südlich der Altstadt sollte in diesem Zusammenhang die älteste Kirche von Saumur **Notre-Dame-de-Nantilly** nicht unerwähnt bleiben, die im 7. Jahrhundert gegründet wurde und eine der ältesten Marienwallfahrtsstätten im Anjou ist. Louis XI., der oft in einer der Seitenkapellen betete, ließ die Anbauten im Flamboyant-Stil errichten.

Bevor wir unser Besichtigungsprogramm fortsetzen, gönnen wir uns ganz in der Nähe der Loire-Brücke *Pont Cessart* eine Pause. In direkter Nachbarschaft des großen klassizistischen Baus des nach dem Vorbild des Pariser Odéon im 19. Jahrhundert gebauten Theaters lassen wir uns im **Restaurant Le Boeuf Noisette** nieder und gönnen uns die zwar teure, aber gute Rumpsteak-Spezialität des Hauses *(Mittags- und Abendmenü Di – Sa, 29 Rue Molière, Telefon 0981737310, www.leboeufnoisette.fr)*.

Vorführung Cadre Noir

Danach schlendern wir flussabwärts und treffen auf das **Office de Tourisme** *(Anfang Januar – Mitte Juni/Anfang September – Dezember 9.30 – 12.30/14 – 18 Uhr, einige So/Feiertage 10 – 13 Uhr, Mitte Juni – Anfang September 9.30 – 19 Uhr, einige So/Feiertage 10 – 17 Uhr, 8 Quai Carnot, Telefon 0241402060, www.ot-saumur.fr)* und erreichen bald das **Musée de la Cavalerie**, in dem die Geschichte der französischen Kavallerie von 1445, als Charles VII. die Ordonnanzkompanien gründete, bis in die heutige Zeit beleuchtet wird *(Anfang April – Juni/September – Mitte November Sa – Mi 10 – 13/14 – 17.30 Uhr, Juli/August täglich 10 – 13/14 – 18 Uhr, Place Charles de Foucauld, Eintritt, www.musee-cavalerie.fr)*.

Wenn wir schon beim Militär gelandet sind, dann sei an dieser Stelle auch auf das überall in der Stadt ausgeschilderte **Musée des Blindés** hingewiesen, das in einer wohl europaweit einzigartigen Ausstellung eine Sammlung von 800 gepanzerten Fahrzeugen zeigt, von welchen fast 200 funktionsfähig sind und die Geschichte als auch die technische Entwicklung ab 1917 darstellt *(Anfang April – Juni/September – Anfang November 10 – 18 Uhr, Juli/August 9.30 – 18.30 Uhr, Anfang Januar – Anfang April Mo – Fr 10 – 17 Uhr, Anfang November – Dezember Sa/So 11 – 18 Uhr, 1043 Route de Fontevraud, Eintritt, www.museedesblindes.fr).*

Das Kavalleriemuseum ist in einem Gebäude der ehemaligen städtischen Stallungen des Cadre Noir untergebracht, während das seit dem Jahr 1972 rein zivil ausgerichtete **Cadre Noir de Saumur** auf dem Gelände der École Nationale d'Équitation im nordwestlich der Stadt gelegenen Saint-Hilaire-Saint-Florent zu finden ist. Nicht nur Pferdefreunde werden ihre Freude an den öffentlichen Auftritten und Galas der schwarz gekleideten Reiter haben, die die traditionelle französische Reitkunst auf höchstem Niveau vermitteln. Das Können und die Weitergabe dieser Disziplin wurde von der UNESCO im Jahr 2011 zum immateriellen Kulturerbe der Menschheit erklärt. Neben anderen Vorführungen erscheinen uns die **Matinals du Cadre Noir** am Vormittag, bei der die Arbeit mit jungen Pferden vorgestellt und erklärt wird, und die großen, meist abends stattfindenden **Galas** für einen Besuch am besten geeignet. Die Matinals können übrigens auch mit den klassischen Führungen am Nachmittag kombiniert werden, bei denen ein Blick hinter die Kulissen des Cadre Noir ermöglicht wird *(Das Programm, die Öffnungszeiten und die Preise sind so umfangreich, dass wir hierfür auf die Webseite verweisen: www.ifce.fr/cadre-noir).*

Wir wollen noch einmal in die Unterwelt starten und fangen in **Saint-Hilaire-Saint-Florent** bei kleinen, perlenden Bläschen an.

Crémant de Loire

Die perfekten klimatischen Bedingungen in den einstigen Steinbrüchen um Saumur gefielen Jean-Baptiste Ackerman, als er, im Jahr 1811 aus der Champagne kommend, in den stillgelegten Kalksteinhöhlen die erste Kellerei gründete.

Aus seiner Heimat war ihm der teure Champagner bekannt und hier an der Loire wollte er seine eigene Marke produzieren. Nun ist die Schaumwein-Herstellung in Frankreich überall ähnlich und die Winzer aus der Champagne ließen sich ihre Form der Flaschengärung als *méthode champenoise* schützen, während die *méthode traditionelle* auf die Flaschen von der Loire verweist. 1990 wurde zusätzlich der Begriff *Champagne* geschützt und im Gegenzug wurde die Verwendung des Begriffs *Crémant* der Loire zugesprochen. Als Crémant bezeichnete man früher in der Champagne die Schaumweine, die einen leichteren Kohlensäureanteil hatten und dadurch eine besonders feinperlige *Mousse* (Schaum) erzeugen.

Nun war also der Crémant endgültig an der Loire angekommen und Ackerman gründete die erste *Maison des Bulles* (Schaumweinkellerei). Seitdem werden die Trauben gelesen und aus 150 Kilogramm Beeren entstehen 100 Liter Saft, der seine erste Fermentierung im Alutank oder Holzfass erfährt. Die zweite Gärung erfolgt in der Flasche in Verbindung mit Hefe, die für die Umwandlung von Zucker in Alkohol und Kohlensäure sorgt. Wenn nach einigen Monaten die Gärung beginnt, werden die Flaschen täglich kopfüber in Rüttelpulten in einem bestimmten Rhythmus und in einer bestimmten Neigung gerüttelt. Auf diese Weise

sammeln sich sämtliche Heferückstände im Flaschenhals und werden später mit Druck herausgepresst.

Wie das alles genau geschieht und was es mit den Bezeichnungen *brut*, *sec* und *demi-sec* auf sich hat, wird in den vielen Sektkellereien bei diversen Führungen vermittelt, denn längst haben sich viele Konkurrenten neben Ackerman angesiedelt und die Loire gehört nach der Champagne zu den bedeutendsten Erzeugerregionen edler Schaumweine in Frankreich.

Im Jahr 1851 gründete die **Maison Bouvet Ladubay** ihre Kellerei und hat wohl bei einer Besichtigung im Gegensatz zu ihren Konkurrenten die meisten Attraktionen zu bieten. Hierzu gehören die klassische Führung, eine Kunstsammlung und ein Theater, vor allen Dingen aber kann man hier mit einem Vintage-Fahrrad durch die Keller sausen. Dabei entdeckt man auf einer Strecke von acht Kilometern unterirdische Galerien, Kathedralen ähnelnde Höhlen und man wird natürlich in die traditionelle Herstellung des Crémant eingeweiht. Selbstverständlich gehört auch die Verkostung eines perlenden Schaumweins dazu und, da der Crémant gern als Champagner für die Armen bezeichnet wird, erwerben wir zum Abschluss der Besichtigung ein, zwei Fläschchen für die WOMO-Bar (10 – 18 Uhr, die Führungen dauern zwischen 1 und 1 ¾ Stunden, sind in deutscher Sprache möglich und sollten frühzeitig reserviert werden, Eintritt, Telefon 0241838383, www.bouvet-ladubay.fr).

Das Anjou liefert ungefähr Dreiviertel der französischen Zuchtpilze, über die wir im **Musée du Champignons** mehr erfahren (N 47°16'55.6" W 00°07'20.6", D 751). Die feuchten und dunklen Tuffsteinhöhlen schaffen ideale Bedingungen für die *Champignons de Paris*, die nach den ersten Zuchterfolgen in stillgelegten Pariser Steinbrüchen so genannt werden. Bereits im späten 19. Jahrhundert wurden diese im Loire-Tal kultiviert und mittlerweile gedeihen sie zusammen mit Shiitake- und Austernpilzen auf Säcken oder in Kisten mit Kompost bei gleichmäßiger Temperatur in den Höhlen *(Februar/März, Oktober/November 10 – 18 Uhr, April – September 10 – 19 Uhr, Eintritt, www.musee-du-champignon.com)*. Im Kombipaket ist die nächste Höhle zu besichtigen, in deren Inneren sich etwas ganz Anderes verbirgt (N 47°17'07.8" W 00°07'38.9", D 751).

Im **Parc Troglodyte Pierre et Lumière** sehen wir auf rund

200 Metern Länge maßstabsgerechte und ins rechte Licht gerückte Miniaturmodelle von Städten, Monumenten und Dörfern entlang der Loire *(Februar/März, Oktober/November 10 – 18 Uhr, April – September 10 – 19 Uhr, Eintritt, www.pierre-et-lumiere.com).*

Im weiteren Verlauf der Straße werfen wir immer wieder Blicke auf die weite Flusslandschaft mit grünen Inseln und vorgelagerten Sandbänken, die sich durch das fließende Wasser immer wieder neu formieren, und erreichen **Chênehutte-les-Tuffeaux** mit einem einfachen **offiziellen WOMO-Stellplatz** gegenüber der Mairie am Ufer der Loire [**176:** N 47°18'42.5" W 00°09 30.5", Rue des Ducs d´Anjou]. Doch nur wenige Kilometer weiter gefällt es uns viel besser.

(177) Offizieller WOMO-Stellplatz: Trèves-Cunault – Aire de Camping-Car

GPS: N 47°19'36.9" W 00°11'41.0", Rue de Beauregard. **Max. WOMOs:** 20.
Öffnungszeit: Ganzjährig. **Ausstattung:** V/E, Müllbehälter.
Beschreibung: Außerorts auf Wiese gelegener einfacher Stellplatz mit wenig Schatten zwischen Loire und Straße, daher ist eine Geräuschbelästigung durch den Straßenverkehr möglich. Idealer Ausgangspunkt, um mit dem Fahrrad ins etwa 12 km entfernte Saumur zu radeln. Etwa 1,5 km flussaufwärts kann man in der **Cave aux Moines** eine Höhle mit Champignonzucht besichtigen und im dazugehörigen Höhlenrestaurant recht gut essen *(Mitte Juni – Mitte September 10 – 18.30 Uhr, Mitte September bis Mitte Juni Sa/So/Feiertage zu den Öffnungszeiten des Restaurants.* **Restaurant Les Pieds Bleus** *Mitte Juni – Mitte September Mittags- und Abendmenüs, Mitte September – Mitte Juni Fr Abend – So Abend, 20 Rue Foulques Nerra, Telefon 0241679564, cave-aux-moines.com).*
Zufahrt: Von der D751 dem WOMO-Piktogramm folgen.
Hinweis: Maximaler Aufenthalt 72 Stunden.

Ein Stück flussabwärts lohnt sich der Besuch der Hallenkirche **Église Notre-Dame** aus dem 12. Jahrhundert mit drei gleich breiten Längsschiffen. Sie ist eine der schönsten und längsten romanischen Sakralbauten an der Loire und der bereits im 11. Jahrhundert entstandene Glockenturm zählt zu den **ältesten** im Anjou. Der sonst schlicht gehaltene Innenraum besticht durch 223 Säulen, die so hoch sind, dass man die sakralen Motive, Fabeltiere und Dämonen an ihren Kapitellen nur mit dem Fernglas betrachten kann. Erwähnenswert ist das Eichen- und Eschenholzmobiliar und ein kostbarer geschnitzter Reliquienschrein aus dem 13. Jahrhundert.

Tour 13 120 km

Baugé-en-Anjou – Le Lude – La Flèche – Durtal

Stellplätze: Longué-Jumelles, Baugé-en-Anjou, Le Lude, Luché-Pringé, La Flèche, Bazouges-sur-le-Loir.

Campingplätze: La Flèche Camping de la Route d'Or, Durtal Camping Les Portes de l'Anjou.

Besichtigen: Baugé-en-Anjou Manoir de Clairefontaine, Château de Baugé, Hôtel-Dieu et Apothicairerie de Baugé; Le Lude Château, Ausgrabungen; La Flèche Zoo de La Flèche.

Wandern/Radfahren: Le Lude Wandern auf dem Circuit de Cherré, Radweg Voie Verte entlang des Loir.

Märkte: Longué-Jumelles Do, Baugé-en-Anjou Mo/Sa, Le Lude Do, Luché-Pringé Di, La Flèche Mi/So, Durtal Di.

Essen: La Flèche Pâ tissier Chocolatier Guillemard, Restaurant Le Moulin des Quatre Saisons; Bazouges-sur-le-Loir Restaurant Au Garde Manger.

*In dieser Tour gehen wir einen großen Schritt in das nördlich der Loire gelegene Grenzgebiet im **Département Sarthe**, in dem wir auch dem Loir wiederbegegnen. Die Städte und Dörfer haben historisch wenig miteinander zu tun und die Schlösserdichte nimmt ab. Hier steht mehr die Landschaft mit Flüssen, Wäldern und Feldern im Mittelpunkt, die zum Angeln, Paddeln, Radfahren und Wandern einladen.*

Rechts der Loire führt uns die D347 zunächst an **Longué-Jumelles** mit einem einfachen **offiziellen WOMO-Stellplatz** vorbei [**178:** N 47°22'51.7" W 00°06'44.5", Rue du Pré des Grilles, V/E etwas entfernt].

Dort wechseln wir auf die D938 und erreichen vor **Baugé-en-Anjou** das **Manoir de Clairefontaine** [N 47°31'37.0" W 00°05'57.2"]. Das wenig bekannte Herrenhaus vom Anfang des 15. Jahrhunderts ist originalgetreu restauriert und bei einer Führung, für Kinder wird ein mittelalterliches Kostüm bereitgestellt, durchstreift man das üppig möblierte Gemäuer. Beim anschließenden Spaziergang durch den 50 Hektar großen Landschaftspark trifft man auf blühende Staudengärten, Gemüse- und Heilpflanzen, aber auch auf Lamas, Ponys und Ziegen. Ein Picknickplatz lädt zum Verweilen ein und die Zeit an diesem ruhigen Fleckchen vergeht wie im Flug *(Mitte Juli – Ende August Mo – So, Sa geschlossen, Besichtigung nachmittags nur mit Führung 14/15.30/17 Uhr, der Park ist von 12.30 – 18.30 Uhr für Besucher mit Ticket geöffnet, Eintritt. www.manoirdeclairefontaine.com).*

(179) Offizieller WOMO-Stellplatz:
Baugé-en-Anjou – Aire de Camping-Car

GPS: N 47°32'21.4" W 00°05'46.0", Rue du Pont des Fées. **Max. WOMOs:** 10.
Öffnungszeit: Ganzjährig.

Ausstattung: V/E, Strom, Müllbehälter,
Beschreibung: Der geschotterte Stellplatz liegt am Ortsrand an den Tennisplätzen, neben dem **Campingplatz** *(April – September, www.camping-bauge.fr)* und dem Freibad. Zentrum und Schloss sind etwa 500 m entfernt.
Preise: € – €€.
Zufahrt: Im Ort den Hinweisen zum Campingplatz und dem WOMO-Piktogramm folgen.

Baugé-en-Anjou

An zentraler Stelle des hübschen Provinzstädtchens erhebt sich **Château de Baugé**, dessen Vorgängerbau im 11. Jahrhundert von Foulgues Nerra errichtet wurde. Von diesem Bau ist allerdings nichts mehr vorhanden und auch die Nachfolgeburg erlitt vermutlich durch einen Brand während des Hundertjährigen Krieges dasselbe Schicksal.

Im 15. Jahrhundert war es dann René I. von Anjou, aufgrund seiner Bildung und wenig kämpferischen Natur „der Gute“ genannt, der die Grundlage für das heutige im Stil der Vorrenaissance gehaltene Schloss legte. Als Hologramm empfängt seine Majestät höchstselbst die Besucher der Gegenwart, die anschließend bei einem multimedialen Rundgang durch den Bankettsaal, die Kleiderkammer, die Kapelle sowie das Königszimmer geführt werden und einem Ritter in voller Rüstung begegnen.

Nur wenige Minuten entfernt befindet sich das **Hôtel-Dieu et Apothicairerie de Baugé**. Hier kann man der Geschichte des Krankenhauses aus der Zeit unter Louis XIV., während der Revolution, vor dem Ersten Weltkrieg und bis in die 1960er-Jahre nachspüren und anschließend unbedingt einen Blick in die denkmalgeschützte und wohl schönste Apotheke Europas werfen. Im Jahr 1675 eröffnet, birgt sie eine Sammlung von über 650 Töpfen und Dosen. Die geheimnisvollen Namen der

Apothicairerie de Baugé

Inhalte wie *sang de dragon* (Drachenblut), *poudre de cloportes* (Kellerasselpulver) oder *yeux d'écrevisses* (Flusskrebsaugen) sorgen für Erheiterung und Verwunderung *(Château und Hôtel-Dieu 5. – 20. Februar Mi – So 14 – 18 Uhr, Anfang April – Mitte Juni/Mitte September – Anfang November täglich 14 – 18 Uhr, Mitte Juni – Mitte September täglich 10 – 12.30/13.30 – 18.30 Uhr, letzter Einlass eine Stunde vor Schließung, Eintritt, www.chateau-bauge.fr).*

Im Schloss befindet sich aber auch das **Office de Tourisme**, in dem umfassende Informationen zur Umgebung und den von uns in dieser Tour besuchten Orten bereitgehalten werden (Mitte Juni – Mitte September Mo – So 10 – 12.30/13.30 – 18.30 Uhr, Mitte September – Oktober Mo – Sa 10 – 12.30/13.30 – 18.00, Fr bis 17.30 Uhr, Anfang November – Dezember Sa – Mi 11.30 – 12.30/13.30 – 18 Uhr, Fr 13.30 – 17.30 Uhr, Do/So geschlossen, Place de l'Europe, Telefon 0241891807, www.anjou-tourisme.com).

Aus der D817 wird mit Überschreiten der unsichtbaren Grenze zwischen den Départements Maine-et-Loire und Sarthe die D305 und schon sind wir in **Le Lude** gelandet.

(180) Offizieller WOMO-Stellplatz: Le Lude – Camping-Car Park du Lude

GPS: N 47°39'03.6 E 00°09'45.5", Route de Mans. **Max. WOMOs:** 20.
Öffnungszeit: Ganzjährig.
Ausstattung: V/E, Strom.
Beschreibung: Der einfache Stellplatz befindet sich auf Asphalt am Ortsrand direkt neben dem Campingplatz, den Tennisplätzen und dem Freibad am Ortsrand. Er ist mit einer Schranke gesichert und bei unserem Besuch bieten die angepflanzten Bäume noch keinen Schatten. Der **Campingplatz** bietet hingegen Schattenplätze und ist nur unwesentlich teurer *(Anfang April – Anfang Oktober, www.camping-lelude.com).* Von hier kann man sehr schön zu Radtouren aufbrechen und das Schloss liegt etwa 600 m entfernt. Der Campingplatz ist auch Anlaufstelle, wenn man ein Kanu oder Kajak entleihen möchte.
Preise: €€ – €€€.
Zufahrt: Im Ort den Hinweisen zum Campingplatz und dem WOMO-Piktogramm folgen.

Château du Lude

Die Ursprünge des Schlosses reichen bis ins 10. Jahrhundert zurück. Aus der mittelalterlichen *Motte* auf einem Hügel wurde vom 13. bis 15. Jahrhundert eine riesige Festung mit mächtigen Türmen, breiten Gräben und unterirdischen Gängen.

In der Zeit als alles von Rang und Namen von Paris ins königliche Flusstal zog, wurde Le Lude das nördlichste der großen Renaissanceschlösser im Einzugsbereich der Loire. Die raue Festung bekam zunächst die italienische Renaissance zu spüren, unter deren Einfluss aus den Schießscharten lichtdurchflutete Sprossenfenster und große geschnitzte Medaillons an den Fassaden und Türmen angebracht wurden. Unter der französischen Renaissance im 17. Jahrhundert entstand der symmetrische Ehrenhof mit schlichten Linien, deren barocke Giebel bereits den Übergang zum Klassizismus markieren. Später wurde der Ostflügel eingefügt und die Fassaden spiegeln den Neoklassizismus des 18. Jahrhunderts wider, während das 19. Jahrhundert insbesondere an der Nordfassade abzulesen ist. Die Gärten passten sich den Moden und Epochen an und der Rosengarten nahe der Schlossterrassen entstand erst vor knapp 20 Jahren.

Die französische Einrichtungs- und Lebenskunst der Innenräume ist ein Zusammenschnitt aus vier Jahrhunderten und doch ist die Gegenwart allgegenwärtig, da das Schloss zu den wenigen bis heute bewohnten Anwesen gehört.

Für den Unterhalt der kostspieligen Immobilie dürfen die Besucher das Schloss von der Dachspitze bis zu den Gewölben und den Stallungen durchstreifen. Zudem gibt es diverse Veranstaltungen und ein im Juni stattfindendes großes Gartenfest (***Schloss:** April – August täglich, September Do – Di 11 – 12.30/14.30 – 18 Uhr, Oktober Sa/So 14.30 – 17.30 Uhr, Allerheiligenferien täglich 14.30 – 18 Uhr. **Gärten:** April – Juni/September 10 – 12.30/14 – 18 Uhr, Juli/August 10 – 18.30 Uhr, ab Oktober 14 – 17.30 Uhr, Eintritt. www.lelude.com*).

Vom Stell- oder Campingplatz kann man zu einer **17,5 Kilometer langen Wanderung** mit dem Namen **Circuit de Cherré** aufbrechen. Der Weg ist gelb markiert und der GPX-Track wie auch eine Broschüre mit Zeichnung und Wegbeschreibung kann auf der Tourismusseite heruntergeladen werden *(www.vallee-du-loir.com)*.

Archäologische Ausgrabungen

Der abwechslungsreiche Weg führt unter anderem zu **archäologischen Ausgrabungen** aus der gallo-römischen Vergangenheit der Gegend, die jedoch auch mit dem Wohnmobil angefahren werden können. Der Komplex aus dem 1. bis 3. Jahrhundert nach Christus erstreckt sich auf einer Fläche von 20 Hektar (N 47°39'46.3" E 00°14'07.7", An der D305).

Radfahren zwischen Le Lude und La Flèche

Radfahrer finden eine einladende, mittelschwere Route auf der **Voie Verte**, einem Teilstück des Radwanderwegs im Tal des Loir, die auf einer alten Eisenbahntrasse von Le Lude über Luché-Pringé (einfache Strecke 10 Kilometer) bis nach La Flèche führt. Die Tour hat eine

Moulin de Mervé in Luché-Pringé

Gesamtlänge von 43 Kilometern hin und zurück, von denen knapp 3 Kilometer auf Verkehrsstraßen verlaufen.

Wir starten im Zentrum von Le Lude am Kreisverkehr und folgen dort dem ausgeschilderten Radweg nach La Flèche in nordwestliche Richtung und parallel zur D306. Bald wird die Straße überquert und entlang des Loir nähern wir uns **Luché-Pringé**. Bei Erreichen des alten Bahnhofsgebäudes führt ein Abstecher in den kleinen, freundlichen Doppelort am Ufer des Loir, der an einer Nebenroute des Pilgerwegs nach Santiago de Compostela liegt und eine romanische Kirche sowie die befestigte **Moulin de Mervé** vorzuweisen hat.

Wieder zurück am Hauptradweg radeln wir entlang von Teichen bis zur D306 und hinein nach **La Fléche**, wo wir am Campingplatz den Endpunkt unserer Radtour erreicht haben und auf gleichem Weg zurückradeln.

(181) Offizieller WOMO-Stellplatz: Luché-Pringé – Camping-Car Park

GPS: N 47°42'04.9" E 00°04'08.2", Rue de Prés **Max. WOMOs:** 16.

Öffnungszeit: Ganzjährig.
Ausstattung: V/E, Strom, Müllbehälter.
Beschreibung: Der terrassierte Stellplatz mit recht großzügig bemessenen Parzellen ist teils schattig und liegt mit schöner Aussicht in das Loir-Tal am Ortsrand. Im etwa 500 m entfernten kleinen Ortskern gibt es eine Bäckerei und von hier findet man einen guten Einstieg in die oben beschriebene Radtour oder auch in Wanderungen entlang des Loir. In der Nähe liegt das Freibad und der ordentliche **Campingplatz** *(April – September, www.lachabotiere.com)*. An der Base de Loisirs kann man Kajaks und Fahrräder ausleihen und insgesamt hat es uns in diesem kleinen, freundlichen Ort prima gefallen.
Preise: €€ – €€€.
Zufahrt: Im Ort den Hinweisen zum Campingplatz und dem WOMO-Piktogramm folgen.

In **La Flèche** erwartet uns der **Camping de la Route d'Or****** am südlichen Ortsrand [**182:** N 47°41'42.0" W 00°04'46.6", Allée du Camping, Telefon 0243945590, www.camping-lafleche.com, März – Ende Oktober/Anfang November, €€ – €€€]. Östlich des Zentrums sei ein schattenloser, wenig anheimelnder weiterer **offizieller WOMO-Stellplatz** der Betreibergesellschaft Camping-Car Park am Lac de la Monnerie erwähnt [**183:** N 47°41'56.4" W 00°03'10.7, Allée des Fromentaux, V/E, Strom, €€ – €€€].

Boule de fort oder das Spiel mit der starken Kugel

Im Anjou und insbesondere zwischen Saumur und Angers treffen sich vorwiegend Männer zum Boule-Spiel.

Nun ist diese Tatsache an sich nicht ungewöhnlich in Frankreich, aber wenn sich die Herren in Filzpantoffeln in einer Halle um eine etwa 18 bis 24 Meter lange und fünf bis sechs Meter breite Spielbahn ver-

sammeln, die an den langen Seiten wie ein Schiffsrumpf nach oben gebogen ist, dann handelt es sich um die besondere Art des Boule de fort.

Zeitlupengleich rollen die Männer nacheinander die etwa 12,3 bis 12,7 Zentimeter runden sowie 10 Zentimeter starken und etwa 1,2 bis 1,5 Kilogramm schweren „Kugeln" über die Betonbahn, um so nah wie möglich an eine kleine, weiße Kugel zu gelangen. Die Besonderheit der Kugeln besteht darin, dass sie abgeflacht sind und eine „schwache", zur Gewichtsreduzierung ausgehöhlte Seite und eine schwere (*fort*) Seite haben. Die ursprünglichen Kugeln wurden aus Holz hergestellt, die von den meisten Spielern auch heute noch bevorzugt werden, aber mittlerweile werden auch Kunststoffkugeln angefertigt. Die Spielregeln sind ähnlich wie beim uns bekannten Pétanque- oder Boulespiel und lediglich die Roll- oder Wurftechniken werden der gebogenen Bahnseite angepasst. Praktischerweise ist die Spielbahn von einem Geländer eingefasst, an dem man angelehnt, mit einem Glas Wein in der Hand dem Spiel der Langsamkeit entspannt und entschleunigt folgen kann.

Die Herkunft des Spiels ist nicht geklärt. Eine der vielen Geschichten verlagert die Entstehung in die Schiffsrümpfe der Loire-Schiffe, in denen die Seeleute auch auf dem Wasser ihrem geliebten Boulespiel nachgehen konnten. Eindeutig ist hingegen, dass das Spiel anfänglich den Herren vorbehalten war, erst seit dem Jahr 1970 dürfen Frauen und Kinder dem Spiel mit der starken Kugel, dem Boule de fort, nachgehen.

La Flèche

Das Städtchen verdankt seine Bekanntheit dem im Jahr 1604 von Henri IV. gegründeten Jesuitenstift, das Napoléon 1808 in die bis heute bestehende Militärakademie **Prytanée National Militaire** umwandelte.

Ein Bummel rund um die Grande Rue fällt recht erfreulich aus und die Konditoreierzeugnisse, besonders die feinen Macarons, bei **Pâtissier Chocolatier Guillemard** zergehen auf der Zunge *(Mo 15 – 19 Uhr, Di – Sa 9 – 19 Uhr, So 9 – 13 Uhr, 24 Grande Rue, www.guillemard-patisserie.fr).* Nicht unbedingt günstig, aber ausgesprochen gut speisen wir in der alten Mühle am Loir-Ufer im **Restaurant Le Moulin des Quatre Saisons** *(Mittags- und Abendmenü Di – Sa, So Mittag, 14 Rue du Général Gallieni, Telefon 0242451212, www.moulindes4saisons.fr).*

An der **Base de Canoë Kayak,** unmittelbar neben dem Campingplatz, können Kanus, Kajaks und SUPs für eine Fahrt auf dem Loir stundenweise, für einen halben oder einen ganzen Tag einschließlich Rücktransport entliehen werden. Das ultimative Abenteuer ist jedoch eine Kanufahrt mit Schatzsuche auf einem zwei Kilometer langen Parcours mit Hürden und einem Rätseln, das zu lösen ist *(www.canoe-kayak-lafleche.fr).*

Fahrradfahrer finden eine beschilderte Route ins etwa zehn Kilometer entfernte Bazouges-sur-le-Loir und Informationen hierzu beziehungsweise viele weitere Tipps sind im **Office de Tourisme** erhältlich *(Januar – März/Oktober – Dezember Mo – Mi/Fr 9.30 – 12.30/14 – 17 Uhr, Do 9.30 – 12.30 Uhr, Sa 9.30 – 13/14 – 16.30 Uhr, April – Juni/September Mo – Sa 10 – 12.30/14 – 18 Uhr, Juli/August Mo – Fr 9.30 – 18 Uhr, Sa 9.30 – 13/14 – 18 Uhr, So/Feiertage 10 – 14.40 Uhr, Boulevard de Montréal/D323, www.vallee-du-loir.com).*

Besonders Kinder, aber auch alle Zoo-Liebhaber werden möglicherweise dem südöstlich der Stadt gelegenen **Zoo de La Flèche** einen Besuch abstatten wollen. 160, vorwiegend exotische, Tierarten haben hier auf 18 Hektar auf grünen Inseln zwischen Wassergräben eine Heimstatt gefunden und wer das etwas fragwürdige Vergnügen haben möchte, mit Raubkatzen, Bären oder Wölfen Auge in Auge und nur durch Panzerglas getrennt ins Bett zu steigen, der sollte sich eine der rasch ausgebuchten Lodges im Voraus reservieren lassen *(April – Juni/September/Oktober 9.30 – 18 Uhr, Sa/So bis 19 Uhr, Juli/August 9.30 – 19.30 Uhr November – März 10 – 17.30 Uhr, Eintritt. Hunde nicht gestattet. www.zoo-la-fleche.com).*

Alte Loir-Brücke in Bazouges-sur-Loire

Wir sind mittlerweile auf dem Weg nach **Bazouges-sur-le-Loir**, das ein nicht zu besichtigendes Schloss vorzuweisen hat und an der **Fahrradroute Voie Verte** liegt.

(184) Offizieller WOMO-Stellplatz: Bazouges-sur-le-Loir Camping-Car Park Le Vieux Pont

GPS: N 47°41'12.5" W 00°10'12.0", Route de Cré. **Max. WOMOs:** 27.
Öffnungszeit: Ganzjährig.
Ausstattung: V/E, Strom, Tische und Bänke, Infotafel, Müllbehälter.
Beschreibung: Der am Ortsrand gelegene, mit einer Schranke gesicherte Platz verfügt über befestigte Parzellen auf Wiese, die teils schattig sind und unmittelbar am Loir liegen. Die nahe Straße stört kaum. Direkt am Platz verläuft der Fahrradweg. Im Ort an der Kirche befindet sich eine Épicerie und eine Bäckerei und einige Meter weiter an der Hauptstraße haben wir im **Restaurant Au Garde Manger** gut gegessen *(Mo/Do/Fr/So 12 – 14 Uhr, Fr/Sa 19 – 22.30 Uhr, 79 Rue du Maine, Telefon 0243454912).*

Preise: €€ – €€€. **Zufahrt:** Im Ort dem WOMO-Piktogramm folgen.

Bevor wir uns vom Loir endgültig verabschieden und unsere Reise durch das Anjou fortsetzen, schauen wir in **Durtal** vom **Camping Les Portes de l'Anjou***** noch einmal auf den träge dahinziehenden Fluss [**185:** N 47°40'16.5" W 00°14'10.2", 9 Rue du Camping, Telefon 0241763180, www.lesportesdelanjou.com, Anfang April – Oktober, €€].

Im nahen **Château de Durtal** (Foto unten), das mittlerweile als Hotel fungiert, können einige Räumlichkeiten besichtigt werden und der Radwanderweg durch das Tal des Loir in Form der **Voie Verte** verläuft direkt durch den Ort.

Tour 14 — 180 km

Montreuil-Juingé – Angers – Brissac-Quincé Saint-Georges-sur-Loire

Stellplätze: Montreuil-Juigné, Feneu, Grez-Neuville, Le Plessis-Macé, Angers, Bouchemaine, Brissac-Quincé, Île de Béhuard, Saint-Aubin-de-Luigné, Saint-Georges-sur-Loire.

Campingplätze: Angers Camping d'Angers Lac de Maine, Les Ponts-de-Cé Slow Village, Rochefort-sur-Loire Camping Seasonova Les Plages de Loire.

Besichtigen: Écuillé Château du Plessis-Bourré; Le Plessis-Macé Château; Angers Château d'Angers, Tapisserie de l'Apo calypse, Cathédrale Saint-Maurice, Musée Pincé, Musée des Beaux-Arts, Galerie David d'Angers, Musée Jean Lurçat et de la Tapisserie Contemporaine, Terra Botanica, Carré Cointreau; Brissac-Quincé Château, Île de Béhuard Église de Notre-Dame; Saint-Georges-sur-Loire Château de Serrant.

Märkte: Montreuil-Juigné Fr, Angers Di/Mi/Fr/Do/Sa/So, Bouchemaine So, Les Ponts-de-Cé Fr, Brissac-Quincé Di, Rochefort-sur-Loire Mi.

Essen: Angers Gupta's, Restaurant Chez Rémi; Brissac-Quincé Boulanger-Patissier L'Abre à Pain, Restaurant Aux 2 Terrasses; Île de Béhuard Restaurant L'Audacieuse.

Nachdem wir in der letzten Tour einen großen Schritt nach Norden an den Loir getan haben, vollführen wir nun einen ebenso großen Schritt nach Südwesten, genauer gesagt an die **Mayenne**, die in der südlichen Normandie entspringt und nach etwa 203 Kilometern kurz vor Angers mit der Sarthe zusammenfließt und als Maine in die Loire mündet.

Vom beinahe schattenlosen, einfachen **offiziellen WOMO-Stellplatz** im freundlichen **Montreuil-Juigné** kann man zu schönen Radtouren entlang des Flusses aufbrechen oder die Flusslandschaft mit einem gemieteten Kanu erkunden **[186:** N 47°32'29.3" W 00°36'55.2", Rue St Jean-Baptiste, V/E, Jetons für Wasser auf dem nahen **Campingplatz** *(Mai – September)*, sonstige Zeit kostenlos, maximaler Aufenthalt 72 Stunden].

Flussaufwärts gibt es in **Feneu** einen weiteren, einfachen, leicht schrägen **offiziellen WOMO-Stellplatz** am Port Albert nahe dem Wasser zu nennen **[187:** N 47°33'57.9" W 00°36'33.5", Clos du Port Albert].

Rund acht Kilometer nordöstlich liegt inmitten stiller Flussauen und ländlicher Idylle in **Écuillé** ein märchenhaftes Schloss, das schon in so manchem Filmklassiker ein Rolle übernahm und noch heute immer wieder als dekorative Kulisse dient (N 47°36'06.4" W 00°32'32.5").

Château du Plessis-Bourrée

Château du Plessis-Bourré

Der Graben des bewohnten Schloses ist so breit, dass die wehrhaften Mauern mit glatten Türmen und der Zugbrücke einer Festungsinsel in einem stillen See gleichen.

Ein durchaus romantischer Anblick, den wir Jean Bourré, Schatzmeister unter Louis XI., Charles VIII. und Louis XII., zu verdanken haben, der in der Touraine in Langeais bereits ein ähnliches Schloss besaß und hier eines seiner am wenigsten veränderten Anwesen hinterlassen hat, das zwischen den Jahren 1468 und 1473 erbaut wurde.

Das komfortable Schloss ist im Inneren hell und mit bemerkenswerten Verzierungen ausgestattet, die auf die Frührenaissance hindeuten. Um den großen Innenhof sammeln sich luftige, große Räumlichkeiten und im Salle des Gardes sollte der Blick unbedingt an die Holzdecke gehen, die aus dem 15. Jahrhundert stammt und mit bebilderten Kassetten auffällt *(Februar/März/Oktober/November Mi – So 14 – 17 Uhr, April – Juni/September Di – So 10 – 18 Uhr, Juli/August täglich 10 – 18 Uhr, letzter Einlass jeweils ¾ Stunde vor Schließung, Führungen möglich, Eintritt, Hunde im Außengelände gestattet. www.plessis-bourre.com).*

Westlich des Schlosses wird der kleine Doppelort **Grez-Neuville** durch die Mayenne getrennt und erhält durch den Flusstourismus ein ganz besonderes Flair.

(188) Offizieller WOMO-Stellplatz: Grez-Neuville Aire de Camping-Car

GPS: N 47°36'04.6" W 00°41'04.9", Rue de Port. **Max. WOMOs:** 15.
Öffnungszeit: Ganzjährig.
Ausstattung: Wasser, Tische und Bänke, Müllbehälter.
Beschreibung: Der Platz liegt auf Schotter und Gras unter Bäumen am Ortsrand direkt an der Mayenne. In unmittelbarer Nähe gibt es einen Baguette-Automaten und am gegenüberliegenden Ufer zwei ordentliche Gaststätten. Auf einem rund 2 km langen ausgeschilderten Rundweg ist der Ort zu erkunden und auf dem Fahrradweg *Vélo Francette* ist das Ufer der Mayenne in beide Richtungen zu entdecken. Bootstouren möglich. **V/E** am Super U (N 47°36'49.6" W 00°42'26.2").
Zufahrt: Im Ort dem WOMO-Piktogramm folgen.
Hinweis: Maximaler Aufenthalt 72 Stunden.

(189) WOMO-Parkplatz: Le Plessis-Macé – Parking Château

GPS: N 47°32'37.1" W 00°40'38.0", Rue de Bretagne. **Max. WOMOs:** 2 – 3.
Ausstattung: Tische und Bänke, Müllbehälter.

Beschreibung: Der einfache Parkplatz liegt am Ortsrand an den Feldern und bietet kaum Schatten. In der Nähe befindet sich ein kleine Épicerie mit frischem Morgengebäck. Die Gegend lädt zu Radtouren ein und der ausgeschilderte kurze Rundwanderweg *Sentier de la chevêche* führt in die ländliche Umgebung.
Zufahrt: Im Ort den Hinweisen zum Schloss und zum Parkplatz folgen.
Hinweis: Möglicherweise ist das Parken während diverser Veranstaltungen eingeschränkt oder nicht möglich.

Das einst ungemütliche **Château du Plessis-Macé** wurde im 13. Jahrhundert aus schwarzem Schieferstein errichtet und im 15. Jahrhundert zu einem prächtigen Anwesen der Flamboyant-Gotik umgebaut. Das elegante Herrenhaus steht im Kontrast zum Rest der mittelalterlichen Festung und der Anblick auf die Anlage von außen scheint uns am reizvollsten.

(September – Anfang November Mi/Sa/So 14 – 18.30 Uhr, Eintritt. www.chateau-plessis-mace.fr).

Der direkte Weg führt uns mitten in die charmante wie auch liebenswerte Hauptstadt des Anjou. In **Angers** treffen Tradition und Moderne aufeinander und für die Leichtigkeit des Lebens sorgen möglicherweise die Studenten der im Jahr 1875 gegründeten Universität. In der Nähe der Altstadt und des Schlosses bietet sich der ausgeschilderte, einfache Parkplatz an der Place la Rochefoucauld am Musée Jean Lurçat mit markierten WOMO-Parkplätzen für den Tagesbesuch an. Im Office de Tourisme teilte man uns mit, dass eine Übernachtung toleriert wird (N 47°28'38.0" W 00°33'24.7", Boulevard Arago). Für die Übernachtung oder einen längeren Aufenthalt empfehlen wir die folgenden Möglichkeiten.

Sonnenaufgang an der Maine am Stellplatz in Bouchemaine

(190) Offizieller WOMO-Stellplatz: Angers – Aire de Camping-Car

GPS: N 47°27'59.2" W 00°33'56.6", Boulevard Olivier Couffon.
Max. WOMOs: 30.
Öffnungszeit: Ganzjährig.
Ausstattung: V/E, Müllbehälter, Infotafel.
Beschreibung: Der an den Stadien gelegene, schattenlose, einfache, geteerte Parkplatz, auf dem auch Busse abgestellt werden, ist mit einem Tor und einem Zaun gesichert. Dort befindet sich eine Klingel und nach telefonischer Anmeldung erhält man einen Code zum Öffnen des Tores. Dieser Code ist auch beim Office de Tourisme erhältlich, falls das WOMO zuerst auf dem Parkplatz Rochefoucauld oder auf einem anderen Parkplatz geparkt wurde. Die frei zugängliche **V/E** befindet sich vor dem Stellplatz. Das Schloss ist nach etwa 800 m Fußweg flussaufwärts erreicht.

Preise: Zum Zeitpunkt der Recherche war das Parken kostenfrei. Laut Auskunft des Office de Tourisme ist es möglich, dass der Parkplatz ab 2023 gebührenpflichtig ist.
Zufahrt: Im Ort den Hinweisen zum Centre Sportif/Parking Bus und dem WOMO-Piktogramm folgen.

(191) WOMO-Campingplatz: Angers – Camping d'Angers Lac de Maine

GPS/Kontakt: N 47°27'16.3" W 00°35'47.2", Avenue du Lac de Maine, Telefon 0241819737, www.campingangers.com.
Öffnungszeit: Anfang April – Anfang November.
Ausstattung: Beheizter Außenpool, Whirlpool, Bar-Restaurant, Bäckerei und Möglichkeit zum Frühstücken, WiFi, Wachmaschine, Wäschetrockner, Fahrradvermietung.
Beschreibung: Der Platz liegt am Ortsrand an einem See. Die Wiesenparzellen sind durch Hecken getrennt und liegen teils unter Bäumen. Es gibt einen Weitwanderweg und auf dem Fahrradweg ist Angers nach etwa 5 km erreicht. Das Château d´Angers und die Innenstadt sind auch mit dem Bus gut zu erreichen (Linie 6 oder 15, etwa ½ Stunde Fahrt bis zum Château, Haltestelle ca. 500 m entfernt an der D111 Richtung Angers, www.irigo.fr).
Preise: €€ – €€€.
Zufahrt: Rechts der Maine auf der D111 Richtung Bouchemaine fahren und den Hinweisen zum Campingplatz folgen.

(192) Offizieller WOMO-Stellplatz: Bouchemaine – Aire de Camping-Car

GPS: N 47°25'09.1" W 00°36'40.6", Rue de Chevrière. **Max. WOMOs:** 45.
Öffnungszeit: März – November.

Ausstattung: V/E, Strom, Duschen, Toiletten, Tisch und Bänke, WiFi, Infotafel Müllbehälter.
Beschreibung: Der im Ort gelegene Stellplatz auf dem Gelände eines ehemaligen Campingplatzes ist durch eine Schranke gesichert. Er hat einen befestigten Untergrund und liegt meist unter Bäumen unweit der Straße und ist nur durch den Radweg vom Ufer der Maine getrennt. Vor dem Stellplatz befindet sich eine Bushaltestelle mit Verbindung nach Angers (Linie 6 oder 15, gute ½ Stunde Fahrt bis zum Château, www.irigo.fr). Auf dem Fahrradweg ist Angers nach etwa 8 km erreicht.
Preise: €€ – €€€. **Zufahrt:** Rechts der Maine auf der D111 nach Bouchemaine fahren und dem WOMO-Piktogramm folgen.

Angers

Einmal mehr haben wir eine der typischen Stadtkulissen am Fluss vor uns, doch diesmal ist es nicht die Loire, über der das Schloss mit seinen beeindruckenden, festungsartigen Türmen wacht. Angers liegt an der nur elf Kilometer langen **Maine**, die nördlich der Stadt durch den Zusammenfluss der beiden Flüsse Sarthe und Mayenne entsteht und südlich bei Bouchemaine in die Loire mündet. Dahinter lädt das sehr dynamische Stadtzentrum mit sehr viel Kultur, aber mit mindestens genauso viel Lebensart zum Erleben, Schauen, Flanieren und Verweilen ein.

Die klassische Entstehungsgeschichte der Stadt ist schnell erzählt. Im 5. Jahrhundert vor Christus siedelte zunächst der keltische Stamm der Andes am Fluss, nach denen die gesamte Provinz Anjou benannt ist. Dann kamen die Römer und im Jahr 372 wurde Angers erstmals als Bistum erwähnt. Danach traten die Grafen von Anjou und mit ihnen Fulko Nerra auf den Plan. Die Blütezeit der Stadt begann jedoch erst mit seinen Nachfolgern, den Plantagenets, die es bis auf den englischen Königsthron schafften und ein riesiges Reich regierten. Gegen Ende des 11. Jahrhunderts eroberte Philipp II. August die Grafschaft und im Jahr 1230 erbaute Blanca von Kastilien die mächtige Burg, die bis heute Bestand hat. Louis XI. gliederte das Anjou und damit auch Angers in das französische Königreich ein und verlieh den Bürgern zum Ausgleich 1497 die Stadtrechte. Gut 100 Jahre später zog es zahlreiche humanistische Gelehrte an die Maine, doch mit den Religionskriegen begann der Niedergang der Stadt, die auch von den beiden Weltkriegen des 20. Jahrhunderts schwer getroffen wurde. Glücklicherweise ging die historische Bausubstanz nicht verloren und die Ansiedlung verschiedener Industriesparten sowie die Herstellung des weltweit berühmten Likörs Cointreau, aber auch die Gründung der Universität sorgten für erneuten Aufschwung in der Stadt.

Beginnen wir am **Château d'Angers** mit unserem Stadtrundgang, der anfänglich durch den Anblick der eher abweisenden hohen Mauern zur Flussseite hin, nicht gerade fotogene Motive bietet. Spätestens bei Erreichen der Place du Président Kennedy, einem Blick in den fantasievoll bepflanzten Burggraben und der Umrundung des Schlosses mit seinen 17 bis zu 40 Meter hohen, kraftvollen Rundtürmen gewinnen wir Gefallen an einer der eindrucksvollsten Befestigungsbauten Westeuropas. Nachdem wir die Zugbrücke überschritten haben, verfestigt sich der Eindruck im Inneren. Auf dem Felssporn über der Maine, hinter den dicken Mauern und beinahe ohne die Geräusche der Straße, empfängt uns eine Oase der Ruhe und des Grüns. Wir spazieren durch die Gärten und über die Wehrmauern, von denen wir eine wunderbare Aussicht auf die Stadt haben. Die **Chapelle Saint-Geneviève** und die **Logis de Royal** sind schön anzusehen, doch der größte Schatz des Schlosses ist ein monumentaler Wandteppich Die **Tapisserie de l'Apocalypse** wurde um das Jahr 1375 von Louis I. in Auftrag gegeben und wird zur besseren Erhaltung der Öffentlichkeit im Halbdunkel präsentiert. Mit einer Länge von 103 Metern, einer durchschnittlichen Höhe von 4,5 Metern und mit 71 Szenen ist er der größte mittelalterliche Wandteppich weltweit. Das Kunstwerk basiert auf der Offenbarung des Johannes und illustriert den historischen, sozialen und politischen Hintergrund Frankreichs im 14. Jahrhundert, in dem der Hundertjährige Krieg, Epidemien und Hungersnöte einem Comic ähnlich

Château d'Angers

Cathédrale Saint-Maurice

an den Besuchern vorbeiziehen. Im 18. und 19. Jahrhundert wurden Teile des Teppichs auseinandergerissen oder gingen verloren und kehrten erst 1954 in restaurierter Form ins Schloss zurück *(Anfang Mai – Anfang September 10 – 18.30 Uhr, Anfang September – Ende April 10 – 17.30 Uhr, Eintritt. Für die Besichtigung stehen eine Broschüre oder ein Audioguide in deutscher Sprache zur Verfügung, www.chateau-angers.fr).*

Wenn noch nicht geschehen, ist jetzt ein geeigneter Zeitpunkt, um im nahen **Office de Tourisme** vorbeizuschauen und sich mit einem Stadtplan, der auch in deutscher Sprache erhältlich ist, einzudecken. Hier sind natürlich jede Menge weitere Informationen über die Region erhältlich und von hier startet auch der **Train Touristique**, der in etwa 40 Minuten zu den Sehenswürdigkeiten der Stadt fährt. Zusätzlich ist der **City-Pass** käuflich zu erwerben, der den Zugang zu verschiedenen Sehenswürdigkeiten zu einem reduzierten Preis ermöglicht und der für 24 Stunden/16 €, 48 Stunden/15 € und 72 Stunden/33 € (Stand 2022) ausgestellt wird *(April – August 9.30 – 18.30 Uhr, September Mo – Sa 9.30 – 18.30 Uhr, 1. Mo im Monat ab 11 Uhr, So/Feiertage 9 – 17.30 Uhr, Oktober – März Mo 14 – 17.30 Uhr, Di – Sa 10 – 17.30 Uhr, 7 Place du Président Kennedy, Telefon 0242345000, www.tourisme.destination-angers.com).* Hier und an vielen anderen Plätzen der Stadt gibt es unzählige Cafés, Restaurants, Bars, Bistros und Kneipen, die nach oder während des Besichtigungsprogramms oder der Shoppingtour für eine abwechslungsreiche und für jeden Geldbeutel geeignete Unterbrechung sorgen. Einen Logenplatz haben wir beispielsweise auf der Terrasse des **Gupta's** mit Aussicht aufs Schloss gefunden. Vom Frühstück bis zum abendlichen Cocktail ist hier alles möglich *(Mo – So ab 9 Uhr, 23 Rue Saint-Evroult, Telefon 0252757575, www.guptas.fr).*

Direkt gegenüber dem Schloss beginnt das historische Zentrum der Stadt und wer möchte, kann sich nun auf dem Straßenpflaster einer blauen Linie anvertrauen, die zu einem etwa 90-minütigen Rundgang animiert und zu den wichtigsten Sehenswürdigkeiten führt. Selbstverständlich können jederzeit Erweiterungen oder eine Pause eingefügt werden und ein Abbruch liegt sowieso im eigenen Ermessen. Wir schauen auf diesem Weg in der Rue Saint-Aignan vorbei, die von herrlichen Fachwerkbauten meist aus dem 15. Jahrhundert geprägt ist und erreichen den Stufenweg, der zur **Cathédrale Saint-Maurice** aus der zweiten Hälfte des 12. Jahr-

Maison d´Adam an der Place Saint-Croix

hunderts hinaufführt. Der Mittelturm wurde erst während der Renaissance ergänzt, die acht Skulpturen an der Westfassade beeindrucken in schönster Gotik und im Inneren des Gotteshauses ist es das Kreuzrippengewölbe, das den Blick in die Höhe zieht, während die bunten Bleiglasfenster des Querschiffs den domartigen Bau in ein warmes Licht tauchen.

Wenn wir anschließend östlich der Kathedrale auf der Place Sainte-Croix angekommen sind, entdecken wir die **Maison d'Adam** aus dem 15.Jahrhundert. Das reich mit Schnitzereien verzierte sechsstöckige Haus wurde für einen Apotheker gebaut, gilt bei vielen als das schönste Bauwerk Angers und im Erdgeschoss ist das Warenangebot diverser Kunsthandwerker zu finden. Wer genau hinschaut, wird bestimmt die geschnitzte Figur des *Tricouillard* entdecken, der mit entblößtem Hinterteil und übergroßem Gemächt in einer Hausecke klemmt.

Auf dem weiteren Weg streifen wir das **Musée Pincé**, das in einem Renaissancebauwerk untergebracht ist und ungewöhnliche, wechselnde Sammlung aus fernen Ländern präsentiert *(Februar – Anfang Juli/Oktober – Dezember Sa/So 10 – 18 Uhr, Anfang Juli – August Di – So 10 – 18 Uhr, Eintritt. www.musees.angers.fr)*. An der zentralen **Place du Ralliement** liegt das Theater, auf dessen Fassade vier Statuen die Poesie, Tragödie, Komödie und die Musik darstellen. In einer der abgehenden Seiten-

Place du Ralliement

Place Saint-Éloi

straßen ergattern wir mittags zwischen den hungrigen Einheimischen aus den umliegenden Büros und Geschäften einen Platz im **Restaurant Chez Rémi**, in dem in angenehmer Bistro-Atmosphäre eine frische Hausmannsküche zu zivilen Stadtpreisen auf den Tisch kommt *(Mittags- und Abendmenü Di – Fr, 5 Rue des 2 Haies, Telefon 0241249544, www.chez-remi.fr)*.

Nach dieser willkommenen Pause schlendern wir die Rue d'Alsace bis zum Boulevard du Maréchal Foch hinauf und bewundern besonders im oberen Bereich die blauen Mosaike am Art Déco-Gebäude **Maison Bleue**. Wir folgen dem Boulevard rechts bis zur Rue Saint-Aubin, um uns dort zur **Collégiale Saint-Martin**, einem der besterhaltenen karolingischen Bauwerke Frankreichs, führen zu lassen. In der Sakristei kann man sich über die Baugeschichte informieren, die archäologisch bedeutende Krypta und eine Sammlung sakraler Statuen anschauen *(variierende Öffnungszeiten, Eintritt, www.collegiale-saint-martin.fr)*.

Dann steuern wir direkt auf den **Tour Saint-Aubin** zu. Im 54 Meter hohen ehemaligen und aus dem 12. Jahrhundert stammenden Abteikirchturm werden regelmäßig Ausstellungen gezeigt. Links am Turm vorbei wird das **Musée des Beaux-Arts** erreicht, das sich seit 1796 an einem schönen gepflasterten Platz im Stadtpalais Logis Barrault aus dem

Galerie David d'Angers

Terra Botanica

15. Jahrhundert befindet *(Di–So 10–18 Uhr, Eintritt, www.musee.angers.fr).* Noch ein paar Meter weiter durch die Rue du Musée und schon führt links der Weg in den **Jardin du Musée des Beaux-Arts**, der ursprünglich zur Abtei Saint-Aubin gehörte und dessen Geschichte bis ins Jahr 356 zurückreicht. Durch den Kreuzgang der **Abbaye Toussaint** gelangen wir zur Rue Toussaint und zum Eingang der **Galerie David d'Angers**, die in der im 13. Jahrhundert erbauten Abteikirche Toussaint untergebracht ist. Der Bildhauer David d'Angers (1788 – 1856) hätte sich keinen schöneren Ausstellungsraum wünschen können, denn das Glasdach sorgt für geradezu magische Lichtverhältnisse und versorgt die Ausstellungsstücke mit einem vorteilhaften Weichzeichner *(Di – So 10 – 18 Uhr, Eintritt, www. musee.angers.fr).*

Über die Pont Verdun aus dem 19. Jahrhundert gelangen wir auf die andere Seite der Maine und in das **Stadtviertel La Doutre**. Wir befinden uns jetzt bereits auf der nächsten (Stadtführungs-) Linie, die uns in oranger Farbe und in etwa 60 Minuten zu den rechts des Flusses gelegenen Sehenswürdigkeiten bringt, die vorwiegend aus erholsamen Grünanlagen und an der Place de la Paix aus Häusern aus dem 15. Jahrhundert bestehen. Die Hauptanziehungskraft auf dieser Uferseite liegt im ehemaligen Hospital Saint-Jean aus dem 12. Jahrhundert. Im **Musée Jean Lurçat et de la Tapisserie Contemporaine** finden wir, salopp ausgedrückt, das moderne Pendant des mittelalterlichen Wandteppichs aus dem Schloss. 1937 entdeckte der Künstler Jean Lurçat (1892 – 1966) die Tapisserien von Angers als Inspirationsquelle für seine Arbeit und fertigte seinerseits den aus zehn Tapisserien bestehenden Wandbehang *Le Chant du Monde*, der als Lurçats Meisterwerk gilt. Er definiert darin den Platz des Menschen innerhalb des Universums und thematisiert die Hoffnung auf Frieden unter dem Eindruck der Bedrohung durch den Kalten Krieg und der Atombombe. In einem benachbarten Gebäude werden Sammlungen des Künstlers von den 1930er-Jahren bis zu den zeitgenössischen Ansätzen des Textildesigns gezeigt *(Di – So 10 – 18 Uhr, Eintritt, www. musée.angers.fr).*

Nördlich von Angers dreht sich im Freizeitpark **Terra Botanica** alles um Pflanzen (N 47°29'55.8" W 00°34'11.0"). Neben der einheimischen Flora des Anjou werden auch Pflanzen aus vielen anderen Ländern und Kontinenten vorgestellt. Insgesamt wachsen in den Gärten 275.000 Bäume sowie Pflanzen und während im Nebelhaus eine Sammlung von rund 2.000 Orchideen gezeigt wird, beherbergt das Wüsten-Gewächs-

Carré Cointreau

haus zahlreiche Kakteen. Weitere Attraktionen sprechen besonders Kinder an, die sich auf eine botanische Odyssee begeben oder an Bord von Walnussschalen gehen können *(variierende Öffnungszeiten, Eintritt, www.terrabotanica.fr)*.

Vom mit Orangenschalen aromatisierten Likör war bereits zu Beginn unseres Besuchs in Angers die Rede und zum Abschluss wollen wir noch verraten, dass man sich im **Carré Cointreau** in die Geheimnisse dessen Herstellung einweihen lassen kann. Der Orangenlikör wird nur in Angers hergestellt und nach der Führung kann man an der Bar einen der köstlichen Cocktails probieren *(Di – Sa 10 – 18 Uhr, Reservierung und Informationen unter Telefon 0241315050, www.cointreau.com)*.

Nach unserem dreitägigen Aufenthalt in Angers sind wir mittlerweile in Bouchemaine gelandet und überqueren die Maine, die wenig später in die Loire mündet. Durch die von Gartenbaubetrieben mit ihren kleinen Verkaufsständen geprägte Landschaft fahren wir bis **Les Ponts-de-Cé**.

(193) WOMO-Campingplatz: Les Ponts-de-Cé – Slow Village

GPS/Kontakt: N 47°25'28.0" W 00°31'44.9", Avenue de la Boire Salée, Telefon 0285359747, www.slow-village.fr/loire-vallee.
Öffnungszeit: April – Anfang November.
Ausstattung: Waschmaschine, Wäschetrockner, Épicerie, Guinguette.
Beschreibung: Der Campingplatz verfügt über durch Hecken abgetrennte Parzellen, die teils schattig sind. Das öffentliche Schwimmbad kann kostenfrei genutzt werden. Die Sanitäranlagen sind bei Jahren, aber sauber. Auch von hier kann man mit dem Fahrrad nach etwa 6 km zum Schloss nach Angers gelangen. In der Nähe des Campingplatzes befindet sich eine Bushaltestelle mit Verbindung nach Angers (Linie 3 oder 8, etwa ½ Stunde Fahrt bis zum Château, www.irigo.fr).
Preise: €€ – €€€.
Zufahrt: Im Ort den Hinweisen zum Campingplatz folgen.

Wer aufgrund der Schlösser an die Loire gekommen ist, der sollte das folgende Schloss unbedingt auf seiner Road Map notieren und einen Besuch in **Brissac-Quincé** einplanen.

(194) Offizieller WOMO-Stellplatz: Brissac-Quincé Aire de Camping-Car

GPS: N 47°21'17.9" W 00°26 45.5", Rue de l'Aubance.
Max. WOMOs: 10.
Öffnungszeit: Ganzjährig.
Ausstattung: V/E, Tisch und Bänke, Infotafel Müllbehälter. Rad- und Wanderwege, MTB.
Beschreibung: Der teils schattige, aber meist sonnige einfache Parkplatz wird mit Pkw geteilt. Abends ist jedoch genug Platz, um sich ein geeignetes Plätzchen zu suchen. Direkt hinter dem Platz gurgelt die Aubance und mit dem Rad oder zu Fuß kann man prima die Umgegend erkunden. Das Schloss ist rund 500 m entfernt und ebenso weit ist es in den Ort, in dem der **Boulanger-Patissier L'Abre à Pain** (Mo geschlossen) zu empfehlen ist. Für den größeren Hunger bietet sich das **Restaurant Aux 2 Terrasses** oberhalb des Stellplatzes an der D55 an *(Mittags- und Abendmenü Fr – So, Mo/Mi Abend, 8 Place du Tertre Telefon 0241684987)*. Für den längeren Aufenthalt oder wenn man ein Plätzchen im Grünen sucht, dann ist **Camping l'Etang****** genau die richtige Adresse *(Anfang/Mitte April – Mitte September, www.campingetang.com)*.
Zufahrt: Im Ort dem WOMO-Piktogramm folgen.

Château de Brissac

Anfänglich verbirgt sich das Schloss bescheiden zwischen Weinbergen und hinter Bäumen, doch je näher wir kommen, desto überwältigender ist der Eindruck.

Dem Stammsitz der Ducs de Brissac, der einmal mehr auf einer alten Festung im 15. Jahrhundert von Pierre de Brézé, Minister unter Charles VII., neu errichtet wurde, besitzt 204 Räume auf sieben Etagen und bringt es auf die für Loire-Schlösser ungewöhnliche Höhe von 48 Meter. Durch den 70 Hektar großen **Schlosspark** verlaufen fünf **Themenspaziergänge**, auf denen Rosensträucher, Weinberge, alte Bäume und zahlreiche Wasserspiele die Wege säumen und die imposante Architektur des Schlosses deutlich wird. Je näher wir dem Gebäude von der Gartenseite kommen und je höher das Schloss zwischen Strenge und gotischer

Le Grand Salon Doré

Eleganz, mit unzähligen verzierten Oberlichtern und zwei imposanten, mittelalterlich anmutenden Türmen vor uns aufragt, desto verständlicher wird uns, warum das Schloss auch als *Géant du Val de Loire,* Riese des Loiretals, bezeichnet wird.

Im Jahr 1502 wurde das Schloss von Réne de Cossé, Gouverneur von Maine und Anjou unter François I., gekauft, ist seitdem im Besitz der Familie Brissac und wird von dieser bis heute bewohnt. Gerade deshalb haben wir vermutlich das Gefühl, dass dieses Haus atmet, und trotz seiner Größe scheint es zu leben. Wenn auch noch Duc de Brissac durch die Säle eilt, nach dem Rechten sieht, eine der vielen Veranstaltung plant und uns freundlich lächelnd grüßt, spätestens dann bestätigt sich der Eindruck.

Während der Besichtigung staunen wir über wertvolle Tapisserien, blattvergoldete Decken und kostbare Möbel, schauen im Schlafgemach von Louis XIII. vorbei und bewundern die geschickt angeordneten Fenster im Salles des Gardes. Nicht unerwähnt bleiben darf das kleine, prachtvolle Theater aus der *Belle Époque*, das 1890 von Jeanne Say, Opernsängerin und Madame la Duchesse, eingerichtet wurde, damit sie sich ihrer Gesangskunst hingeben konnte. In der Gemäldegalerie findet sich das Gemälde von Madame Clicquot, Vorfahrin des Schlossherrn und Namensgeberin des bekannten Champagners Veuve-Clicquot, die nicht nur das markante Rüttelpult für Schaumweine erfand, sondern auch in Wilhelm Buschs „Die fromme Helene“ Erwähnung fand „Wie lieb und luftig perlt die Blase/Der Witwe Klicko in dem Glase.“

Obwohl wir nur 15 der 204 Räume besichtigt haben, überwiegt der Eindruck, dass es viel mehr waren – vielleicht ist dies aber auch nur der Weinprobe im Weinkeller des Schlosses am Ende einer extra zubuchbaren Führung geschuldet.

Uns hat das „Gesamterlebnis Brissac“ aus Größe, Eleganz, Weitläufigkeit und Schönheit von Schloss und Park beeindruckt, sodass der Riese des Loiretals zum Coverheld wurde *(19. März – Juni/September Mi – Mo 10 – 13/14 – 18 Uhr, Juli/August täglich 10 – 18 Uhr, Oktober – Mitte November Mi – Mo 10.30 – 13/14 – 17.30 Uhr, Bis März nur während der Schulferien Mi – Mo nur mit Führung, letzter Einlass 1 Stunde vor Schließung, für die Besichtigung ist eine Broschüre in deutscher Sprache erhältlich, Führungen möglich, Eintritt. Hunde sind weder im Schloss noch im Park gestattet. www.brissac.net).*

Le Théatre

Die Loire hat uns wieder und damit auch ein Eiland inmitten der wilden Flusslandschaft. Die **Île de Béhuard** ist vom Frühjahr bis zum Herbst ein kleines, von der Loire sanft umspültes Schmuckstück, das im Winter allerdings schon mal vom Hochwasser überspült werden kann (N 47°22'43.2" W 00°38'43.3", Rue de Chevalier Buhard).

Das gleichnamige Dorf ist mit dem Prädikat *Petite Cité de Caractère* (Kleiner Ort mit Charakter) ausgezeichnet und es fällt wirklich nicht schwer, vom Charme der Mini-Inselgemeinde

gefangen zu werden. Viel kann man hier nicht besehen, aber der kurze Spaziergang durch den Ort kann im **Café de la Place** bei einem Espresso oder einem Glas Wein mit der Aussicht auf den mitten im Ort gelegenen Felsen enden. Schon in vorchristlicher Zeit beteten hier die Schiffer, um für die Fahrten durch die tückischen Wasser der Loire den Segen einer Schutzgöttin zu erbitten. Louis XI., der beinahe vor Béhuard ertrunken wäre, finanzierte schließlich im 15. Jahrhundert den Bau der **Église de Notre-Dame** auf dem Felsen vor uns (Foto oben).

Wir sind ob der Idylle und der Einkehr nahe der Kirche im **Restaurant L'Audacieuse** mit einer der Jahreszeit angepassten Küche *(Mittags- und Abendmenü Mi – So Mittag, Telefon 0241314962, www.restaurantlaudacieuse.com)* einmal auf der Insel hängen geblieben und haben auf einem zweiten Parkplatz auf einer Wiese ruhig genächtigt [**195:** N 47°22'44.5" W 00°38'44.4", Le Verger].

Auf dem „Festland" notieren wir in **Rochefort-sur-Loire** den **Camping Seasonova Les Plages de Loire***** mit einer freizugängliche **V/E-Station** [**196:** N 47°21'37.1" W 00°39'22.6", Route de Savennières, Telefon 0241685591, vacances-seasonova.com, April – Oktober, €€ – €€€].

Ein wenig südlich verstecken sich freundliche Winzerdörfer zwischen den sanften Hügel des Anjou, die von Weinreben überzogen sind und vom Fluss Layon durchflossen werden. Hier sind auf dem 1.500 Hektar großen **AOC-Weinbaugebiet Anjou-Coteaux-de-la-Loire** der Coteaux-du-Layon, der Cabernet d'Anjou und etliche Crémants de Loire zu Hause. Besonders der weiße, süßlich schmeckende Coteaux hat es uns angetan, der durch die spezifischen Bedingungen von morgendlicher Feuchtigkeit und Nachmittagssonne entsteht. Jetzt benötigen wir nur noch einen Platz, auf dem wir das Terroir genießen und die Weine verkosten können.

(197) Offizieller WOMO-Stellplatz: Saint-Aubin-de-Luigné – Domaine Tremblay

GPS/Kontakt: N 47°19'52.2" W 00°40'16.8", Rue des Coteaux, Telefon 0241783304, domainetremblay.com. **Max. WOMOs:** 2 – 3.

Öffnungszeit: Ganzjährig.

Ausstattung: Weinprobe.

Beschreibung: Der schattenlose, befestigte Stellplatz auf Wiese liegt außerorts, oberhalb der Straße am bewirtschafteten Weingut. Nach der Weinprobe mit der sehr freundlichen Winzerin fiel es uns nicht schwer, einige Flaschen käuflich zu erwerben. **Unser Tipp:** Coteaux du Layon „Coteau Roule Cul" aus der Chenin-Traube passt wunderbar zur Foie Gras.

Preise: Die Übernachtung ist kostenfrei, aber der Weinkauf ist erwünscht!

Zufahrt: Von der D751 nach Saint-Aubin-de-Luigné abbiegen und zunächst dem WOMO-Piktogramm, dann dem Hinweis zur Domaine folgen.

Ein weiterer **offizieller WOMO-Stellplatz** der Betreibergesellschaft Camping-Car Park befindet sich im Ort und ist ausgeschildert **[198:** N47°19'40.9" W 00°40'17.1", Rue Jean de Pontoise, ganzjährig geöffnet, €€€].

Bei der Weiterfahrt auf der D751 werden wir nach nur kurzer Zeit stutzig. Neben der schönen Weinbaulandschaft zieht ein hölzerner Förderturm unsere Aufmerksamkeit auf sich (N 47°20'30.7" W 00°42'13.8", An der D751). Bis ins Jahr1964 wurde im **Bergwerk Sainte-Barbe-des-Mines** Kohle abgebaut. Die Mine mit der Nachbildung des Förderturms von Schacht 2 war die letzte Förderstätte an der unteren Loire.

Seit Rochefort-sur-Loire befinden wir uns mit der D751 auf der **Corniche Angevine**, die zu einer der malerischsten Routen der Region zählt. Sie windet sich über die Felsen der südlichen Loire-Hänge und lässt manch hübschen Blick auf die Flussinseln und das gegenüberliegende Ufer der Loire zu. Dort, wo der durch das beschauliche Tal mäandernde Louet in die Loire mündet, endet die Corniche und wir queren den königlichen Fluss hinüber nach **Saint-Georges-sur-Loire**, um das westlichste der großen Loire-Schlösser zu besuchen.

(199) Offizieller WOMO-Stellplatz: Saint-Georges-sur-Loire – Aire de Camping-Car

GPS: N 47°24'21.9" W 00°45'46.0", Rue de l'Abbaye. **Max. WOMOs:** 15.

Ausstattung: V/E, Tisch und Bänke, Müllbehälter.

Beschreibung: Der einfach beinahe schattenlose Parkplatz liegt am Ortsrand an einem Feld, von dem man zu Fuß oder mit dem Fahrrad nach etwa 300 Metern das Ortszentrum mit Bäckerei, Épicerie und Gaststätte erreicht. Das Schloss ist knapp 2 Kilometer entfernt.

Zufahrt: Im Ort dem WOMO-Piktogramm folgen.

Hinweis: Maximaler Aufenthalt 72 Stunden.

Château de Serrant

Im 14. Jahrhundert prägte noch die mittelalterliche Silhouette einer Festungsanlage mit Zugbrücke, Burggraben und massiven Ecktürmen das Landschaftsbild.

Ab Mitte des 16. Jahrhunderts sollte die gesamte Anlage umgebaut werden, doch aufgrund finanzieller Schwierigkeiten wurden lediglich der Nordturm, eine Hälfte des zentralen Wohntraktes und die Treppe errichtet. Die Besitzer wechselten und erst im Jahr 1636 wurde beschlossen, die Arbeiten nach den ursprünglichen Plänen fortzusetzen. Nicht nur heute stockt so mancher Bau und wird teurer, auch damals war dies bereits üblich und so entstand als letzter Teil Ende des 17. Jahrhunderts die Kapelle, die von Jules Hardouin-Mansart entworfen wurde.

Im Jahr 1749 kam das Anwesen in den Besitz der Reederfamilie Walsh, die aus Treue zum entthronten britischen Stuart-König Bonnie Prince Charlie freiwillig ins Exil nach Frankreich gegangen war. Nachdem das Schloss die Französische Revolution unbeschadet überstanden hatte, legten die Walshs einen Park im englischen Stil an und viele große Persönlichkeiten

Salle à Manger

wie beispielsweise Napoléon I. und Kaiserin Josephine beehrten Serrant. Im Jahr 1830 kam das Schloss durch Heirat in den Besitz der Familie wLa Trémoille, eine der einflussreichsten Familie Frankreichs, die für die Restaurierung und Modernisierung des Schlosses sorgten.

Heute ist die Anlage immer noch im Besitz eines Familienzweigs und bewohnt. Im Schloss finden Hochzeiten und andere Veranstaltungen statt und wir können die Gänge sowie die Gärten durchstreifen. In 15 Räumen findet sich eine außergewöhnliche Sammlung von Möbeln wie auch Kunstgegenständen und das Empire-Zimmer erinnert an den Aufenthalt von Josephine de Beauharnais. Beeindruckend sind weiterhin die Bibliothek mit 12.000 Werken, die Küche mit 200 Kupferkesseln und einem gigantischen zentralen Herd sowie die architektonische Meisterleistung der Kapelle. In den Kinderzimmern ist ein fröhliches Lachen zu hören und die Renaissancetreppe sowie die geschnitzten Decken sind ein perfektes Beispiel für den italienischen Einfluss in der Architektur des 16. Jahrhunderts. Es gibt noch sehr viel mehr zu sehen und obwohl wir manchmal das Gefühl haben, dass alles ein wenig in die Jahre gekommen ist, ist es eine Freude, den Prunk der vergangenen Jahrhunderte auf sich wirken zu lassen.

Beim Spaziergang durch den Park treffen wir auf die rund 1,5 Kilometer lange *Promenade de la Duchesse*, die über die Alleen des Landschaftsparks zwischen exotischen Bäumen und romantischen Wasserspielen führt *(ab Mitte März öffnet das Schloss um 9.45 Uhr, die Schließtage – meist Mo/Di – und die Öffnungszeiten variieren jedoch stark und ein Blick auf die Homepage verschafft Sicherheit, Führungen möglich, Eintritt. Für die Besichtigung ist eine Broschüre in deutscher Sprache erhältlich. Hunde im Innen- und Außenbereich gestattet, www.chateau-serrant.net).*

TOUR 15
20 km
N
Tour 14
Tour 16
St-Georges-sur-Loire
Champtoceau-sur-Loire
Chalonnes-sur-Loire
Montjean-sur-Loire
Ingrandes-le-Fresne-sur-Loire
St-Florent-le-Vieil
La-Chapelle-St-Florent
Beaupréau
Villedieu-la-Blouère
Ancenis
Champtoceaux
Clisson
Château Thébaud
Nantes
Loire
Èvre
Moine
Sèvre
Maine
Erdre
A11
A87
D723
D751
D752
D763
N249
N137
200
201
202
203
204
205
206
207
208
209

Tour 15 150 km

Ingrandes-le-Fresne-sur-Loire – St-Florent-le-Vieil Clisson – Nantes

Stellplätze:	Ingrandes-le-Fresne-sur-Loire, La Chapelle-Saint-Florent, Villedieu-la-Blouère, La Pallet, Maisdon-sur-Sèvre, Vertou, Nantes.
Campingplätze:	Varades Camping Ecoloire, Clisson Camping du Moulin, Nantes Nantes Camping.
Besichtigen:	Champtocé-sur-Loire Schlossruine; Saint-Florent-le-Vieil Abbatiale Saint-Florent du Mont-Glonne; Clisson Église Notre-Dame, Château de Clisson, Domaine de la Garenne-Lemot, La Pallet Musée du Vignoble Nantais; Château-Thébaud Porte-Vue; Nantes Cathédrale Saint-Pierre-et-Saint-Paul Château des Ducs de Bretagne, Musée d'Histoire de Nantes, Église Sainte-Croix, Passage Pommeraye, Cours Cambronne, Machines de l'Île, Musée Jules Verne, Muséum d'Histoire Naturelle, Musée des Beaux-Arts de Nantes, Planétarium, Jardin des Plantes, Estuaire.
Wandern:	Ingrandes-le-Fresne-sur-Loire, Courossé.
Märkte:	Varades Mi, Villedieu-la-Blouère Do, Maisdon-sur-Sèvre Fr, Vertou Sa/So, Nantes Di/Mi/Do/Fr/Sa/So.
Essen:	Ingrandnes-le-Fresne-sur-Loire Bistro-Guinguette Le Marie-Louise, Restaurant Au Poisson d'Argent; Varades Restaurant La Closerie des Roses; La Chapelle-Saint-Florent Restaurant Le Moulin de l'Epinay; Clisson Restaurant de La Vallée; Nantes Restaurant Lamaccotte, Brasserie La Cigale.

In dieser Tour werden wir das Anjou und zusätzlich das Département Maine-et-Loire verlassen und bis zum Ende unserer Reise im ***Département Loire-Atlantique*** *unterwegs sein. Historisch betrachtet gehörte der Bezirk bis 1790 zur Bretagne, deren damalige Hauptstadt Nantes hieß. Der einstige bretonische Kulturbereich ist bis heute spürbar, denn erst die Gebietsreform in den 1960er-Jahren ordnete das Département einschließlich Nantes aus ökonomischen Erwägungen der Region Pays de la Loire zu. Nach wie vor sind die historischen Verknüpfungen so eng, dass sich viele Einwohner wünschen, wieder der Bretagne zugeteilt zu werden. Bevor sich die Landschaft spürbar verändern wird, werden wir die italienische*

Fliesenboden im Château de Langeais bretonischer Hermelin und französische Lilie

Seite der Region in der Nähe von Nantes kennenlernen und der sympathischen Hauptstadt des Départements mit ihren eleganten, lebendigen Vierteln, interessanten Museen und dem verspielten mechanischen Rieseneleganten einen Besuch abstatten. Anschließend scheint alles dem Meer entgegenzustreben, die Hügellandschaft geht in ausgedehnte, wasserreiche Marschgebiete über, die Luft schmeckt salziger und der königlich-wilde Fluss, den wir so lang zwischen Weinbergen und herrschaftlichen Parks begleiten durften, weitet sich und ergießt sich in den Atlantik.

Noch haben wir aber die Loire an unserer rechten Seite und fahren seit **Montjean-sur-Loire** direkt am Fluss entlang. Kurz hinter dem Ort vermerken wir einen **Campingplatz** *(Anfang April – September, www.campinglapromenade.com)*, um nur wenig später **Ingrandes-le-Fresne-sur-Loire** anzusteuern.

(200) Offizieller WOMO-Stellplatz: Ingrandes-le-Fresne-sur-Loire – Camping de mon Village

GPS: N 47°23'55.4" W 00°54'59.6", Le Port. **Max. WOMOs:** 50
Öffnungszeit: Ganzjährig.
Ausstattung: V/E, Strom, Duschen, WC, Infotafel, Tisch und Bänke.
Beschreibung: Der ehemalige Campingplatz wird von der Betreibergesellschaft Camping-Car Park betrieben und ist mit einer Schranke gesichert. Die Stellplätze liegen meist unter Bäumen auf Wiese und direkt oberhalb der Loire

Die Loire bei Ingrandes-le-Fresne-sur-Loire

mit ihren Sandbänken. Die Gegend bietet sich für Radtouren geradezu an und man kann während einer Rast im **Bistro-Guinguette Le Marie-Louise** an der Straße zwischen Stellplatz und Montjean-sur-Loire einkehren *(Di/Mi/So 9 – 15 Uhr, Do – Sa 9 – 15/18 – 23 Uhr, Telefon 0241390700, www.le-marie-louise.fr)* oder im **Restaurant Au Poisson d'Argent** *(Mittags- und Abendmenü Di – Sa, So Mittag, Le Port, Telefon 0241789612, www.aupoissondargent.com)* nahe dem Stellplatz gediegener speisen.
Preise: €€€. **Zufahrt:** Im Ort dem WOMO-Piktogramm folgen.

Zwischen Ingrandes-le-Fresne-sur-Loire und Champtocé-sur-Loire

Vom Stellplatz gehen wir über die Loire-Brücke zum jenseitigen Loire-Ufer, halten uns sofort rechts und folgen der rot-weißen Markierung des GRe3-Weges parallel zum Fluss, bis wir in einer Kurve eine Wandertafel an der Hauswand entdecken. Wir werden dem vorgegebenen Rundweg zu einem großen Teil folgen, aber bereits in Champtocé den Rückweg antreten.

Mit der kleinen, handgezogenen Fähre überqueren wir den Boire de Champtocé und folgen dem Wanderweg durch die Felder entlang der Loire bis zur D15. Dieser folgen wir links, schwenken nochmals links auf die D219 und können auf dieser in den Ort hineinwandern, um am östlichen Ortsausgang die mächtige **Schlossruine** anzuschauen.

Auf gleichem Weg marschieren wir auf der D219 zurück und wenden uns hinter der Bahnunterführung rechts, um zwischen der Bahnlinie sowie den Teichen westwärts und zurück nach Ingrandes-le-Fresne-sur-Loire zu gehen. Der Weg führt uns ein weiteres Mal unter der Bahn hindurch und nach einem Knick nach rechts und gleich wieder nach links sowie über ein Bächlein wandern wir nun rechts der Bahnlinie auf einem asphaltierten Weg in den Ort hinein. An der D6 finden wir den Hinweis zum Stell- beziehungsweise Campingplatz du Port, queren die Loire und sind nach rund 14 Kilometern am Ausgangspunkt unserer Wanderung angekommen.

Bei der Weiterfahrt notieren wir den einfachen **Camping Ecoloire**** in **Varades** auf einer der Loire-Inseln [**201:** N 47°21'59.8" W 01°00'49.0", 3 Île Batailleuse, Telefon 0240967020, www.naxiresa.inaxel.com, Mitte April – Mitte/Ende September, €].

Wer noch ein wenig weiterfährt findet am linken Loire-Ufer das sehr gute, wenn auch nicht ganz günstige **Restaurant La Closerie des Roses** (N 47°22'19.5" W 01°01'24.8", 455 Rue de la Haute-Meilleraie). Die lokalen Fische, aber auch andere Gerichte stehen hier auf der Karte und garantieren eine köstliche regionale Küche *(Mittags- und Abendmenü Do – Sa, So – Di Mittag, Telefon 0240983330, www.lacloseriedesroses.com).*

Aus dem Panoramasaal oder von der Terrasse bietet sich ein wunderschöner Blick hinüber nach **Saint-Florent-le-Vieil** und seiner Altstadt mit aus dem 16. bis 18. Jahrhundert stammenden schmalen Häusern. Alles scheint nach oben auf den Hügel zu streben, auf dem die Abteikirche aus dem 18.Jahrhundert thront (N 47°21'46.5" W 01°01'22.8", Parking Les Coteaux).

Abbatiale Saint-Florent du Mont-Glonne

Die Kirche ist ein architektonisches Juwel mit beachtenswerten Bleiglasfenstern im Chor und einem aus weißem Marmor gefertigten Grabmal.

Im März des Jahres 1793 gab es auf dem Kirchplatz einen Volksprotest gegen die Zwangsrekrutierungen, mit denen die Vendeé-Kriege der Royalisten gegen die Republikaner begannen. Sieben Monate später überquerte die geschlagene royalistische Armee die Loire und wollte die in der Kirche gefangenen Republikaner töten. Doch der Marquis de Bonchamps flehte auf dem Totenlager um das Leben der Gefangenen und wurde tatsächlich erhöht. Auch der uns bereits aus Angers bekannte Bildhauer David D'Angers gehörte zu den Geretteten und schuf aus Dankbarkeit das Grabmal des Marquis.

Sogar aus der Entfernung hat die Abteikirche etwas Erhabenes und wer weite Blicke ins Umland liebt, wird im folgenden Ort fündig.

(202) Offizieller WOMO-Stellplatz: La Chapelle-Saint-Florent – Moulin de l´Epinay

GPS: N 47°20'02.8" W 01°03'03.8", Rue de l'Evre. **Max. WOMOs:** 5.
Öffnungszeit: Ganzjährig.

Ausstattung: V/E, Tische und Bänke, Infotafel, Müllbehälter.
Beschreibung: Der einfache, asphaltierte, schattenlose Parkplatz befindet sich am Ortsrand neben dem **Restaurant Le Moulin de l'Epinay** *(Mittags- und Abendmenü So/Mo Abend, Mi geschlossen, Hunde nicht gestattet, Telefon 0241727070, restomoulinepinay.com)*. Von hier ist nach etwa 800 m hinab ins Évre-Tal ein Picknickplatz erreicht und wer auf längere Wander- oder Radtouren aus ist, dem werden unterschiedlich lange Wege auf einer Karte angezeigt.
Zufahrt: Im Ort den Hinweisen Moulin l'Epinay folgen.

Eine der ausgeschilderten Wanderungen führt nach **Courossé**, das wir über eine Art Hochplateau und dann dem Hinweis **Site de Courossé** folgend auf schmaler Straße mit dem Wohnmobil erreichen können (N 47°19'14.5" W 01°02'07.9").

Von hier startet die etwa **7 Kilometer lange Wanderung Cirque de Courossé**, die abwechslungsreich, aber auch recht anspruchsvoll teils über Treppen, aber mit traumhaften Aussichten über das Évre-Tal mit Felsen, kleinen Kaskaden und Brückchen durch eine unter Naturschutz stehende Landschaft führt.

Durch die von großen Obstplantagen geprägte Landschaft, die zur Baumblüte ein rosa-weißes Gewand trägt, bewegen wir uns zunächst südlich Richtung Beaupréau-en-Mauges mit einer von der D752 ausgeschilderten **V/E-Station** und dann westwärts.

Auf dem Weg nach Clisson möchten wir einen abseits der Touristenströme gelegenen Platz in **Villedieu-la-Blouère** nicht unerwähnt lassen.

(203) WOMO-Parkplatz: Villedieu-la-Blouère – Plan d'Eau

GPS: N 47°11'35.9" W 00°59'21.4", Allee des Perrières. **Max. WOMOs:** 3.
Ausstattung: Tische und Bänke, Infotafel, Müllbehälter.

Beschreibung: Einfacher geschotterter Parkplatz am Ortsrand in der Nähe von Häusern. Um den See führt ein kurzer Rundweg und eine Bäckerei befindet sich ca. 500 m entfernt im Ort an der Kirche. Morgens und abends wimmelt es von Spaziergängern mit Hunden und nicht nur am Wochenende scheint hier auch tagsüber ein beliebter Treffpunkt zu sein.
Zufahrt: Im Ort den Hinweisen zum Plan d'Eau bis zum Parkplatz folgen.
Hinweis: Bitte rücksichtsvoll auftreten, kein Campingverhalten.

Es nur noch ein kurzes Stück zu einem unserer persönlichen Highlights dieser Reise. **Clisson** nimmt zwei Hügel rechts und links des Flusses Sèvre Nantaise in Beschlag und wir möchten Eignern großer Reisemobile dringend empfehlen, nicht hinab ins Flusstal zu fahren. Wir richten uns nach den Hinweisen *Gare SNCF* und parken unser Fahrzeug auf dem Parkplatz an der Nordseite des Bahnhofs (N 47°05'12.2" W 01°17'13.0", Place de la Gare, Fußweg zur alten Flussbrücke etwa 700 Meter).

(204) WOMO-Campingplatz:
Clisson – Camping du Moulin***

GPS/Kontakt: N 47°05'44.7" W 01°16'58.4", Route de Nantes, Telefon 0240544448, www.onlycamp.fr/camping-du-moulin-clisson.

Öffnungszeit: Mitte März – Anfang November.
Ausstattung: Waschmaschine, Wäschetrockner, Kinderspielplatz, Épicerie, Grillmöglichkeit, Fahrradverleih, WiFi.
Beschreibung: Der einfache Campingplatz am Ortsrand verfügt über befestigte Parzellen, die durch Hecken getrennt sind und teils unter Bäumen liegen. Der Fußweg beträgt etwa 1,5 Kilometer hinab zur alten Flussbrücke. In der Nähe befindet sich ein Lidl- und ein E. Leclerc-Supermarkt.
Zufahrt: Von der D149 Richtung Mortagne-sur-Sèvre den Hinweisen zum nördlich der Stadt gelegenen Campingplatz folgen.

Clisson

Am Bahnhofsvorplatz halten wir uns rechts, überqueren einen links gelegenen Parkplatz, halten uns an dessen Ende einfach rechts und landen am **Office de Tourisme** *(Juli/August täglich 10 – 12.30/14 – 18 Uhr, März – Juni/September -Dezember Di – Sa 10 – 12.30/14 -18 Uhr, Place du Minage, Telefon 0240540295, www.levignobledenantes-tourisme.com).*

Auch wenn Clisson anfänglich wie eine normale französische Stadt wirkt, wird spätestens auf den zweiten Blick deutlich, dass etwas anders ist. Die südländisch wirkenden Häuser in den gepflasterten Gassen könnte man noch mit der Nähe zum Atlantik erklären, das steinerne Tor zur ansonsten hölzernen Markthalle wirkt allerdings bereits wie der Eingangsbereich eines römischen Kastells und bei weiteren Bauten wird der italienische Einfluss immer deutlicher.

Nachdem Ende des Vendée-Krieges, den die Royalisten während der Revolutionszeiten gegen die Republikaner führten, war Clisson im Jahr 1794 völlig zerstört worden. Ihren Aufbau verdankt sie vor allem den Brüdern Cacault und dem Bildhauer François-Frédéric Lemot, die stark von der italienischen Kultur und Architektur beeinflusst, mit dem Wiederaufbau der Stadt im toskanischen Vorbild beauftragt wurden. Flache Terracottadächer, Backsteine und Rundbogenöffnungen zieren nicht nur die Wohnhäuser, sondern auch Fabriken, Gerbereien und Mühlen an den Ufern der Sèvre Nantaise, die von einer mittelalterlichen Steinbogenbrücke überspannt wird. Schaut man vom rechtsseitigen

Quartier Saint-Antoine

Flussufer hinüber, überragt das mächtige Schloss die kleinen Gassen, die mit ihren Häusern aus roten Ziegeln, der **Église Notre-Dame** mit wunderschönen Fresken, den Villen und kleinen schattigen Gärten tatsächlich an Italien erinnern.

Doch noch sind wir linksseitig des Flusses und stehen vor den immer noch eindrucksvollen Ruinen des **Château de Clisson** aus dem 12.–16. Jahrhundert, das mit seinen dicken Mauern eine wichtige Bastion der bretonischen Herzöge war *(Februar/März/Oktober–Dezember Mi–Mo 14 – 17.30 Uhr, April – September Mi – Mo 10.30 – 13/14 – 18 Uhr, letzter Einlass ½ Stunde vor Schließung, Eintritt. Hunde an der Leine gestattet, www.chateau-clisson.fr)*. Über die Treppen der malerischen Rue de l'Échelle du Château gehen wir hinab zum Fluss, halten uns hinter der Brücke rechts, überqueren die Moine, die sich mit der Sèvre vereinigt, und gelangen wenig später über die Passage Raymond Leray in den Park der **Domaine de la Garenne-Lemot**. Durch den romantischen Garten am Ufer der Sèvre mit antiken Statuen und Tempelchen gelangen wir hinauf zum herrschaftlich und ganz im italienischen Look gehaltenen Anwesen Lemots, das heute für Veranstaltungen genutzt wird. Die Liebe zur italienischen Architektur entsprach dem damaligen Zeitgeist und so entstand am anderen Ufer der Moine die Villa Valentin. Besonders fotogen vom Viadukt zu betrachten, das durchaus ebenfalls von unten betrachtet werden sollte. Der Blick durch die schlanken Bögen offenbart nämlich das Werk eines Street-Art-Künstlers.

Nach unserem Rundgang kehren wir an der alten Sèvre-Brücke im **Restaurant de La Vallée** ein *(September – Juni Mi – So Mittag, Fr/Sa Abend, Juli/August Di – Sa Mittags- und Abendmenü, 1 Rue de la Vallée, Telefon 0240543623, www.restaurant-delavallee.com).*

Von hier schauen wir durch die Panoramascheiben hinüber auf die bezaubernde Silhouette von Clisson und genießen an einem frühlingshaften Märztag die italienische Leichtigkeit des Seins gepaart mit einem wunderbaren französischen *savoir vivre*. Alljährlich an einem Juniwochenende offenbart das eher verträumte Clisson aber eine ganz andere Seite, wenn hier zum kultigen **Hellfest** bis zu 200.000 Besucher anreisen, um Death Metal, Hardcore, Punk und andere extreme Musikrichtungen zu hören *(www.hellfest.fr)*.

Wir befinden uns im **Pays Nantais**, dem westlichsten Bereich der Weinbauregion an der Loire, das sich mit rund 16.500 Hektar Rebfläche östlich und südöstlich der namensgebenden Stadt Nantes liegt. Hier ist die Heimat der **Appellation Muscadet Sèvre et Maine**, benannt nach den beiden Flüssen, die sie durchfließen. Es handelt sich um das größte reinsortige weiße Weinanbaugebiet Frankreichs, dessen Weine aus der Rebsorte

Château de Clisson und die alte Sèvre-Brücke

Melon de Bourgogne gewonnen werden. Auch die Herstellungsmethode ist einzigartig und beruht auf seiner typischen Reife auf Hefe (*sur lie*). Über dieses Prozedere und die Geschichte des Weinbaus von der Rebe bis zum Wein vom 16. Jahrhundert bis heute informiert das **Musée du Vignoble Nantais** in **La Pallet** *(April – Juni/September – Mitte November So – Fr 14 – 18 Uhr, Juli/August 10 – 13/14 – 18 Uhr, Schulferien Februar Mo – Fr 14 – 18 Uhr, Führungen möglich, Eintritt. www.musee-vignoble-nantais.eu)*. Nach einer Weinprobe in der dazugehörigen Boutique können die örtlichen Weine verkostet sowie natürlich auch erworben werden und wer sich danach nicht mehr fahrtauglich fühlt, darf auf dem nahen Parkplatz sein Haupt betten [**205:** N 47°08'06.0" W 01°19'48.2", Rue Pierre Abélard. V/E].

Inmitten der Weingärten des Nantais besteht auch in **Maisdon-sur-Sèvre** die Möglichkeit zur Weinverkostung.

(206) Offizieller WOMO-Stellplatz: Maisdon-sur-Sèvre – Domaine des Croix

GPS/Kontakt: N 47°06'28.8" W 01°23'16.3", 23 Les Croix, www.domainedescroix.fr.
Max. WOMOs: 10.
Öffnungszeit: Ganzjährig.
Ausstattung: V/E, Strom, Dusche.
Beschreibung: Der einfache, geschotterte und schattenlose Parkplatz liegt in den Weingärten an der Straße und in unmittelbarer Nähe der Domaine. Dort sind Weinproben möglich. **Unser Tipp:** Muscadet Sèvre et Maine sur lie!
Von hier kann man zu Rad- sowie Wandertouren aufbrechen und nach etwa 5 Kilometer auf ruhigen Straßen oder durch die Weingärten den **Porte-Vue** in Château-Thébaud erreichen.
Zufahrt: Im Ort dem WOMO-Piktogramm folgen.
Hinweis: Maximaler Aufenthalt 72 Stunden.

Nachdem wir den **Porte-Vue** in **Château-Thébaud** gerade erwähnt haben, nähern wir uns diesem jetzt mit dem Wohnmobil, das am besten auf dem folgenden Parkplatz einen vorübergehenden Platz findet (N 47°07'31.0" W 01°25'20.8", Rue du Prieuré). Von hier ist der Fußweg zum Aussichtspunkt beschildert.

Der Belvédère ist nur etwas für Schwindelfreie und bietet

Porte-Vue in Château-Thébaud

von seiner freischwebenden Aussichtsplattform 43 Meter über der Maine einen Panoramablick über das Flusstal hinüber zu den Rebflächen von Maisdon-sur Sèvre.

In **La Haie-Fouassière** registrieren wir im Vorüberfahren eine **V/E-Station** an einem **offiziellen WOMO-Stellplatz** am Straßenrand, der aber so schräg ist, dass wir ihn tatsächlich nur der guten Ordnung halber erwähnen. Eine wesentlich schönere Alternative befindet sich auf der Strecke nach Nantes in **Vertou**.

(207) Offizieller WOMO-Stellplatz: Vertou – Domaine de la Chevrue

GPS/Kontakt: N 47°10'44.1" W 01°26'02.1", Rue de la Chevrue. Telefon 0240066507, www.muscadet-la-chevrue.fr. **Max. WOMOs:** 8.
Öffnungszeit: Ganzjährig.
Ausstattung: V/E, Strom, Dusche.
Beschreibung: Die Stellplätze auf der bewirtschafteten Domaine bieten keinen Schatten und sind vorwiegend auf Wiese. Die Weinprobe wird gegen 17.30/18 Uhr täglich angeboten. **Unser Tipp:** Auch dieser Muscadet sur lie ist einfach lecker!
Zufahrt: Im Ort den Hinweisen zur Domaine folgen.
Hinweis: Für die Anmeldung bitte neben dem Eingang zum Weinkeller klingeln. Keine Anreise nach 20.30 Uhr.

Mit der nächsten Station wechseln wir vom beschaulichen Landleben ins abenteuerliche Stadtleben. Die alte Hafenstadt **Nantes** war 600 Jahre Sitz der Herzöge der Bretagne, sammelte später riesige Profite aus dem Seehandel mit Schiffszubehör, Zucker und Baumwolle und hat den Sprung in die Neuzeit mit Bravour geschafft.

Im Jahr 2013 wurde Nantes als bisher einzige Stadt Frankreichs für ihre Umweltpolitik mit dem Titel *Grüne Hauptstadt Europas* ausgezeichnet. Die Verleihung des französischen Labels *Climat – Air – Energie 5 étoiles* im Jahr 2021 steht für die ambitionierten Ziele und der Einrichtung einer Klima- und Energiepolitik. In diesem Zusammenhang verwundert es nicht, dass die Stadt zu einer der fahrradfreundlichsten Städte

Mietstation für Fahrräder

der Welt gehört, die auch per Vélo besichtigt werden kann.

Für Wohnmobile und selbst für Kastenwagen kann es im städtischen Parkraum hingegen eng werden. Wir haben mit viel Glück einen Parkplatz auf dem zentral gelegenen **Parking Gloriette-Petit Hollande** gefunden (N 47°12'36.9" W 01°33'42.0", Rue Gaston Michel/ Quai de la Fosse). Unsere erste Wahl für Reisemobile sind jedoch die folgenden Plätze.

(208) Offizieller WOMO-Stellplatz: Nantes – Camping-Car Park de Nantes, Petit Port

GPS N 47°14'35.9" W 01°33'26.0", 21 Boulevard du Petit Port.
Max. WOMOs: 15.
Öffnungszeit: Ganzjährig.
Ausstattung: V/E, Strom.
Beschreibung: Der Platz liegt unmittelbar neben dem Campingplatz, ist mit einer Schranke gesichert und die relativ großen Parzellen liegen unter Bäumen. Obwohl zentral gelegen, ist die Nacht erstaunlich ruhig. Eine Bäckerei befindet sich etwa 500 m die Straße Richtung Süden hinunter und dann rechts. Mit dem Fahrrad ist das Stadtzentrum nach etwa 5 km erreicht. Der Höhenunterschied beträgt 70 m, die nach einer Stadtbesichtigung bei der Rückfahrt mit dem E-Bike gut zu bewältigen waren. In unmittelbarer Nähe befindet sich die Haltestelle der Linie 2, die z. B. die Haltestelle Commerce im Zentrum in 20 Minuten anfährt und auch die Île de Nantes bedient *(www.tan.fr)*.
Preise: €€ – €€€.
Zufahrt: Die N844 im Norden von Nantes an der Ausfahrt 39/*Porte de la Chapelle* Richtung Nantes-Centre verlassen. Am folgenden Kreisverkehr weiter Richtung Centre und den Hinweisen Nantes Camping folgen.

(209) WOMO-Campingplatz: Nantes – Nantes Camping*****

GPS/Kontakt: N 47°14'34.4" W 01°33'26.2", 21 Boulevard du Petit Port, Telefon: 0240744794, www.nantes-camping.fr
Öffnungszeit: Ganzjährig.
Ausstattung: Waschmaschine, Wäschetrockner, Kinderspielplatz, Épicerie, WiFi, Restaurant während der Saison, Minigolfplatz, der überdachte und beheizte Aquapark gegenüber dem Campingplatz kann benutzt werden, Animation während der Saison
Beschreibung: Der Campingplatz befindet sich auf einem 7 Hektar großen Gelände mit altem Baumbestand. Dazwischen gibt es befestigte Plätze und größere Rasenparzellen für Wohnmobile. Mit dem Fahrrad ist das Stadtzentrum nach etwa 5 km erreicht. Der Höhenunterschied beträgt 70 m, die nach einer Stadtbesichtigung bei der Rückfahrt mit dem E-Bike gut zu bewältigen waren. In unmittelbarer Nähe befindet sich die Haltestelle der Linie 2, die z. B. die Haltestelle Commerce im Zentrum in 20 Minuten anfährt und auch die Île de Nantes bedient *(www.tan.fr)*.
Zufahrt: Die N844 im Norden von Nantes an der Ausfahrt 39/*Porte de la Chapelle* Richtung Nantes-Centre verlassen. Am folgenden Kreisverkehr weiter Richtung Centre und den Hinweisen Nantes Camping folgen.

Nantes

Wer das erste Mal in der Stadt ist und umfassende Informationen sucht, sollte zuerst das **Office de Tourisme** in unmittelbarer Nähe des Schlosses aufsuchen *(September – Juni täglich 10 – 18 Uhr, Do ab 11 Uhr außer in den kurzen Schulferien, So/Feiertage 10 – 17 Uhr, Juli/August täglich 9 – 19 Uhr, 9 Rue des États, Telefon 0272640479, www.levoyageanantes.fr).*

Hier ist auch der **Pass Nantes** erhältlich, der den Zugang zu 50 Orten und Aktivitäten in Nantes, Saint-Nazaire und im Weinanbaugebiet einschließlich einiger Museen, der Galerie des Machines und des Carrousel des Mondes Marins sowie der Nutzung des ÖPNV bietet (24 Stunden/26 €, 48 Stunden/35 €, 72 Stunden/45 €, 7 Tage/90 €, Rabatte möglich, Stand 2022).

Nantes ist in vielerlei Hinsicht eine Reise wert und es ist uns unmöglich allen Sehenswürdigkeiten, kulturellen Highlights und dem Mix aus historischem, künstlerischem und architektonischem Kulturerbe gerecht zu werden. Zusätzlich ist das Zusammenspiel aus Vergangenheit, Gegenwart und Zukunft, gepaart mit dem unvergleichlichen Charme dieser Stadt, so spannend, vielfältig und faszinierend, sodass man all das am besten bei einem Aufenthalt selbst erspüren muss.

Den Touristikern der Stadt, die unter der Bezeichnung *Le Voyages à Nantes* aktiv sind, ist dieses Problem natürlich nicht unbekannt und sie führen Touristen wie uns an einer **grünen Linie auf rund 15 Kilometern zu historischen Sehenswürdigkeiten und Kunstwerken oder Kunstinstallationen durch ihre Stadt**. Wie gut, dass fast alle Attraktionen und Höhepunkte zentral liegen und daher gut zu Fuß beziehungsweise mit öffentlichen Verkehrsmitteln zu erreichen sind. Die grüne Linie führt auch am Office de Tourisme vorbei, aber früher oder später trifft man so oder so auf sie und wir werden uns bei unserem Stadtrundgang mehr oder weniger an ihr orientieren.

Quai Turenne

Anne de Bretagne

Die ersten Siedler an der Loire waren die Namneten, an die heute noch der Name der Stadt erinnert, die einen ersten Hafen gründeten, den wiederum die Römer später befestigten. Dann kamen die Normannen, denen der bretonische Häuptling Alain-*Barbe-Torte* (Schiefbart) im Jahr 937 zum Verhängnis wurde, als er sie erfolgreich vertrieb, und zum ersten Herzog der Bretagne wurde. Im 13. Jahrhundert wird die Stadt zu einem wichtigen Handelshafen und mit Ende des Bretonischen Erbfolgekriegs sowie der folgenden Auseinandersetzungen (1341 – 1381) beginnt eine Phase bedeutender Bauaktivitäten. Der Grundstein für die **Cathédrale Saint-Pierre-et-Saint-Paul** wird 1434 gelegt und glänzt noch heute mit ihrer gotischen Fassade, den beiden Türmen und einer Säulenhöhe von beinahe 40 Metern. Im Jahr 1891 war das Meisterwerk der Renaissance fertiggestellt, doch seit einem Brand 2020 ist das Gotteshaus leider geschlossen (Stand 2022).

Im Jahr 1466 wurde das **Château des Ducs de Bretagne** von François II. über der Loire errichtet, das gleichzeitig Herzogenpalast und Militärfestung war. 1477 wurde hier des Königs Tochter **Anne de Bretagne** (1477 – 1544) geboren, die mit elf Jahren Herzogin der Bretagne wurde und 1491, im Alter von 14 Jahren, den französischen König Charles VIII. ehelichen musste und französische Königin wird. Nach dem Tod des Königs wird sie dritte Ehefrau von Louis XII. und damit erneut Königin

Château des Ducs de Bretagne

Château des Ducs de Bretagne – Innenhof

von Frankreich. Durch diese Ehen endet die Bretagne als unabhängiges Herzogtum und wird vollständig ins französische Königreich integriert. Anne setzt jedoch auch die Bauarbeiten ihres Vaters fort und heute zeigt sich der herzogliche Wohnsitz und das westlichste und dem Atlantik am nächsten gelegene der Loire-Schlösser mit einer bereits von der Renaissance beeinflussten Architektur sowie einer Fassade aus hellem Tuffstein. Seit dem Jahr 2007 befindet sich das **Musée d'Histoire de Nantes** im Schloss *(Hof, Stadtmauern und der Garten des Burggrabens sind frei zugänglich, täglich 8.30 – 19 Uhr, Juli/August 8.30 – 20 Uhr, Innenräume des Schlosses, Museum und Ausstellungen Di – So 10 – 18 Uhr, Juli/August täglich 10 – 19 Uhr, letzter Einlass ½ Stunde vor Schließung, Eintritt, www.chateaunantes.fr).*

Éloge du pas de côté

Im **Quartier Bouffay** nördlich und westlich des Schlosses lässt sich die mittelalterliche Stadt noch an den kleinen Gässchen mit den Namen alter Zünfte und den Fassaden weniger Fachwerkhäuser ablesen. Das Viertel ist Ausgehmeile, Treffpunkt, Shopping- und Schlenderviertel und ein Restaurant liegt am anderen. Wir haben mittags nahe der Kathedrale im **Restaurant Lamaccotte** mit trendigem Dekor eine originell frische Küche erlebt *(Mittags- und Abendmenü Di – Sa, Do nur mittags, 7 Rue Saint-Denis, Telefon 0285374230, www.lamaccotte-restaurant-nantes.com).*

Gut gestärkt bummeln wir südwestlich, erspähen an der **Place du Bouffay** (jeden Vormittag außer Mo Gemüsemarkt) die ungewöhnliche Bronzeskulptur *Éloge du pas de côté* und im Hintergrund den eindrucksvollen Glockenturm der **Église Saint-Croix**. Nur rasch über die Straßenbahnschienen gehüpft und schon erreichen wir das **Quartier Feydeau**, ein Stadtviertel, das aus der Vogelperspektive betrachtet, wie ein großes steinernes Schiff wirkt. Auf der ehemaligen Loire-Insel werden die städtebaulichen Veränderungen des 18. Jahrhunderts deutlich, als der Höhepunkt des Seehandels erreicht war und zum Wohlstand der Stadt beitrug. Gut zu erkennen an den mit *mascarons* (Fratzengesichtern) und geschwungenen schmiedeeisernen Balkonen verzierten Fassaden. An einem der Häuser erinnert eine Plakette daran, dass Jules Verne in dieser „schwimmenden Stadt" geboren wurde.

Über die Place de Commerce und die Rue des Gorges gelangen wir zur **Place Royale.** Den Mittelpunkt bildet ein Brunnen mit vier halb liegenden Statuen, die die vier Nebenflüsse Sèvre, Erdre, Cher und Loiret der Loire darstellen. Die sitzende Frauengestalt symbolisiert hingegen die Loire, die ihrerseits von einer marmornen Allegorie der Stadt Nantes gekrönt wird.

Hier beginnt die **Rue de Crébillon**, die mit eleganten Geschäften und Boutiquen gesäumt, direkt ins **Quartier Graslin** führt. Das Viertel zeigt sich im Zeichen des 19. Jahrhunderts, in der sich die Stadt weiter verschönerte und mit der **Passage Pommeraye** in der damaligen Zeit ein für Europa einmaliges Bauwerk schuf. Drei Etagen werden von einer monumentalen geschmiedeten Treppe verbunden, Statuen und Säulen verzieren die Zwischengeschosse und ein Glasdach erhellt das zwischen Neo-Klassizismus und anderer Baustile angesiedelte Ensemble, das zu den Vorläufern moderner Einkaufspassagen gehört.

Die schnurgerade Fußgängerstraße mündet auf der **Place Graslin** mit neoklassizistischen Bau des **Theâtre Graslin** (Foto unten). Gegenüber zog eine der ältesten Brasserien im Art-Nouveau-Stil Frank-

reichs seit dem Jahr 1895 erst die Surrealisten und heute alles, was gesehen werden möchte, aber auch Jung und Alt, Nantaiser sowie Touristen gleichermaßen an. Zwischen denkmalgeschützten, bunten Fliesen, funkelnden Spiegeln, verspielten Skulpturen und viel Stuck der Belle-Époque lässt man sich in der **Brasserie La Cigale** Frühstück, dreistöckige Meeresfrüchteplatten, am Tisch frisch angemachtes Tartare de boeuf oder nur eine Kleinigkeit vom gut gelaunten Personal servieren *(täglich 7.30 – 0.00 Uhr, 4 Place Graslin, Telefon 0251849494, www.lacigale.com)*.

Nur einige Schritte weiter bezaubert der **Cours Cambronne**, eine öffentliche Promenade und vornehme Wohnstraße, die die Gärten des Palais Royale in Paris zum Vorbild hat und im 19. Jahrhundert entstand. Zwischen hohen, schmiedeeisernen Gittern mit goldenen Spitzen, betritt man die Anlage durch ein Tor, das abends verschlossen wird, und spaziert entlang klassizistischer, gleichartiger Fassaden unter einer Platanenallee. Namengebend ist Pierre Cambronne, General und treuer Gefolgsmann Napoléons, der von seinem Denkmal auf die auf den Bänken und dem Rasen sitzenden Menschen hinabsieht.

Südlich erreichen wir den Parking Gloriette–Petit Hollande sowie die Loire. Die grüne Linie führt uns über die Passerelle Victor-Schoelcher und auf die **Île de Nantes**. Anstelle von Werften und Wohnsilos entstand und entsteht seit der Jahrtausendwende ein attraktiver, fröhlich skurriler Mix aus Wohnen, Arbeiten und Freizeit zwischen den Machines de l'Île sowie den Kunstwerken des Kunstparcours Nantes Estuaire.

Die **Machines de l'Île** ist ein Projekt der Künstler François Delarozière und Pierre Orefice, die mit viel Fantasie den erfundenen Welten von Jules Verne, dem mechanischen Universum von Leonardo da Vinci und der Industriegeschichte Nantes nacheifern. Der fantastische, lebendige Tierpark ist ein absoluter Touristenmagnet, den sich Jung und

Place Royal mit Brunnen

Alt auf gar keinen Fall entgehen lassen sollten! In der **Galerie des Machines** wird der gesamte Herstellungsprozess von der Skizze bis zur fertigen Maschine gezeigt. Hier sind unterschiedlichste Tiere in Szene gesetzt und so wandern Riesenameisen hin und her, eine mechanische Spinne klettert ihre Fäden empor, ein Reiher mit acht Metern Spannweite erhebt sich in die Luft und ein Chamäleon lässt seine Zunge hervorschnellen, um ein Insekt zu verspeisen. Zwischen mechanischen und natürlichen Pflanzen taucht man in eine abenteuerliche Welt ein, in der das Publikum mithilfe der Maschinisten das Steuer übernehmen dürfen. Am Ende des Projekts ist geplant, im Jahr 2027 den sogenannten gigantischen Reiherbaum auf dem Gelände zu installieren, damit darin zwei riesige Reiher ihren Platz finden, in denen Besucher für einen Rundflug Platz nehmen können. Das übrige Getier soll den Baum dann zusätzlich bevölkern. Wir sind gespannt! Das **Carrousel des Mondes Marins** erinnert an die traditionellen Karussells des 19. Jahrhunderts und ist dem Meer und seinen Bewohnern gewidmet. Auf drei Ebenen, Meeresboden, Tiefseegraben und Meeresoberfläche, tummeln sich 36 bewegliche Meeres-

Brasserie La Cigale

kreaturen und warten auf ihre Lenker. Kaum zu übersehen ist der **Grand Éléphant**, der auf den Kais bei einem 30-minütigen Rundgang an der Loire entlangspaziert. Er sieht einem lebenden Tier sehr ähnlich, misst 12 Meter in der Höhe und wiegt 48,4 Tonnen. Bis zu 50 Personen können sich in seinem Bauch und auf seinem Rücken bis zum Karussell transportieren lassen und es ist ein Spektakel, wenn sich die Metallkonstruktion in Bewegung setzt. Der Gigant trompetet und spritzt zur Freude des Publikums Wasser aus seinem Rüssel. Aber Achtung! Wer dem Elefant zu nahe kommt und nicht aufpasst, der bekommt eine ordentliche Dusche ab *(Februar/März/November – Mitte Dezember 14 – 18/19 Uhr, Mitte April – Juni/September/Oktober 10 – 18/19 Uhr, Juli/August 10 – 20 Uhr, Mitte – Ende Dezember 14 – 19 Uhr und 10 – 13/14 – 18/19 Uhr, Eintritt, www.lesmachines-nantes.fr).*

Passage Pommeraye

Für diese zusammengefasste Besichtigung von Nantes sind wir drei Tage durch die Stadt gebummelt und haben dabei nur einen Bruchteil dieser faszinierenden Stadt gesehen und erlebt. Wir sind weder im höher gelegenen **Quartier Chantenay**, das einen einmaligen Blick über die Île de Nantes sowie das **Musée Jules Verne** und zahlreiche Künstler-Ateliers zu bie-

Cours Cambronne

ten hat, gewesen, und auch das charmante **Trentemoult** am linken Loire-Ufer ließen wir außen vor. Das farbenfrohe, einstige Fischerdorf gegenüber dem Hafen von Nantes ist mit seinen engen Gassen und vielen Ausflugslokalen ein Treffpunkt der Nanteser und vom Gare Maritime am Quai Ernest Renaud mit dem Navibus in zehn Minuten zu erreichen.

Zudem warten etliche Museen wie das **Muséum d'Histoire Naturelle**, das **Musée des Beaux-Arts de Nantes**, das **Planétarium**, der **Jardin des Plantes** und viele weitere Sehenswürdigkeiten auf ihre Entdeckung. Selbstverständlich kann man sich bei einer Stadtrundfahrt per Bus oder mit dem Touristenbähnchen einen Überblick verschaffen, und wir möchten an dieser Stelle noch einmal auf das Office de Tourisme verweisen, in dem jede Menge Möglichkeiten zur Erkundung dieser facettenreichen, schillernden Stadt vermittelt werden. Nantes hat sich in unsere Herzen geschmuggelt und damit auch einen Platz in unserern persönlichen **Top Ten** erobert – hier wird es garantiert nie langweilig!

Wir nähern uns der letzten Etappe unserer Reise, die Loire wird peu à peu breiter werden, bis sich hinter Saint-Nazaire ihr Süßwasser im Wechsel von Ebbe und Flut mit dem Salzwasser des Atlantiks in einem großen Flussdelta vermischt. Diese Art der Mündungsbereiche werden als Ästuare bezeichnet. Meist sind diese Zonen von einer besonderen Flora und Fauna geprägt und auch der Mensch passt sich den Umständen an.

Estuaire – der besondere Kunstparcours am Fluss

Auf den letzten 60 Kilometern der Loire begegnen wir einer Mischung aus wilder Natur, aber auch aus Industrieanlagen. Letztere sind nicht besonders ansehnlich und das seit 2007 entstandene **Kunstprojekt L'Estuaire** hat nicht nur den passenden Namen, sondern kommt gerade recht, um davon abzulenken. So sorgen am Abend die beleuchteten Ringe der *Les Anneaux* von Daniel Burens auf der Île des Nantes links der Loire oder der *Belvédère de l'Hermitage* von Tadashi Kawamata nahe dem Musée Jules Verne rechts der Loire für erstaunliche An- sowie Ausblicke in Nantes und andere verschmelzen mit ihrer besonderen Umgebung.

Entlang beider Loire-Ufer ist auf diese Weise ein abwechslungsreicher wie auch spannender Kunstparcours von bisher 33 großdimensionierten Werken, Skulpturen und verblüffender Architektur internationaler Künstler entstanden, die das ganze Jahr über an für sie untypischen Orten oder an besonderen Stellen des Mündungsdeltas frei zugänglich sind. Die Kunstinstallationen werden an den jeweiligen Orten hergestellt und sind für Interessierte zu Fuß, mit dem Fahrrad, dem Auto und teilweise auch mit dem Wohnmobil erreichbar.

Von April bis Oktober finden Estuaire-Flusskreuzfahrten statt und im Rahmen von Spaziergängen kann man sich in Begleitung eines Stadtführers zur Entdeckung eines Teils der in Nantes vorhandenen Werke aufmachen *(www.estuaire.info)*.

Grand Éléphant und Carrousel des Mondes Marins

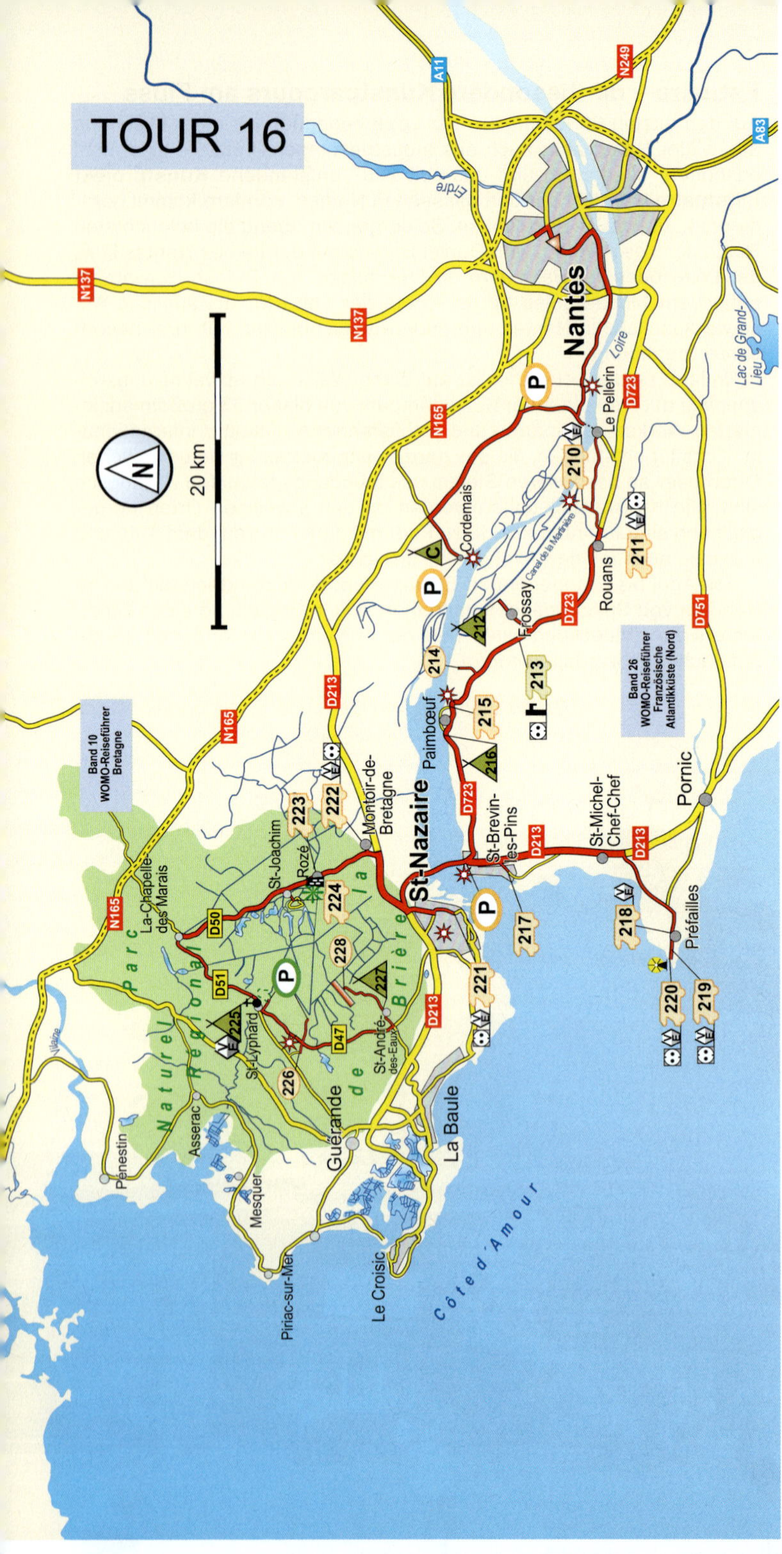
TOUR 16
20 km
N
Nantes
Loire
Erdre
Lac de Grand-Lieu
Le Pellerin
Cordemais
Canal de la Martinière
Rouans
Frossay
Paimbœuf
St-Nazaire
Montoir-de-Bretagne
St-Brevin-les-Pins
St-Michel-Chef-Chef
Pornic
Préfailles
La Baule
Guérande
Le Croisic
Piriac-sur-Mer
Mesquer
Asserac
Pénestin
St-Lyphard
St-André-des-Eaux
La-Chapelle-des Marais
St-Joachim
Rozé
Parc Naturel Régional de la Brière
Côte d'Amour
Band 10 WOMO-Reiseführer Bretagne
Band 26 WOMO-Reiseführer Französische Atlantikküste (Nord)
A11
N249
A83
N137
N165
D723
D751
D213
D50
D51
D47
210
211
212
213
214
215
216
217
218
219
220
221
222
223
224
225
226
227
228

Tour 16 — 240 km

Le Pellerin – Paimbœuf – Préfailles – Saint-Nazaire Saint-André-des-Eaux

Stellplätze: Le Pellerin, Rouans, Frossay, Paimbœuf, Saint-Brevin-les-Pins, Préfailles, Saint-Nazaire, Montoir-de-Bretagne, Rozé, Saint-Joachim, Kerhinet, Saint-André-des-Eaux.

Campingplätze: FrossayCampingduMigron,PaimbœufCampingL´Estuaire, Saint-Lyphard Camping Fleur de Brière, Saint-André-des-Eaux Camping Les Chalands Fleuris.

Besichtigen: Couëron, Cordemais, Le Pellerin, Paimbœuf, Saint-Brevin-les-Pins Saint-Nazaire Kunstparcours Estuaire; Le Pellerin Musée La Machinerie, Saint-Brevin-les-Pins Musée de la Marine; Saint-Nazaire U-Boot Espadon, Escal'Atlantic, EOL Centre Éolien, Écomusée, Schiffswerft, Airbus; Saint-Joachim Maison de la Mariée;Kerhinet Museumsdorf.

Märkte: Couëron Do/Sa, Le Pellerin Sa, Saint-Brevin-les-Pins Mi/Do/Sa, Saint-Nazaire Di/Mi/Fr/Sa/So, Montoir-de-Bretagne Mi, Saint-Joachim Sa.

Essen: Rouans Restaurant Le Grand Chemin; Saint-Nazaire Restaurants Le 16, Le No. 6, Bréca Restaurant Auberge de Bréca, Crêperie; Saint-André-des-Eaux Restaurant La Loge Briéronne.

Auf dem Weg zum Meer sind wir also nun rechts der Loire ein Stück auf dem **Kunstparcours L´Estuaire** unterwegs und erblicken über uns den **Belvédère de l'Hermitage** des Japaners Kawamata, der in einem chaotischen Durcheinander von Balken freischwebend über eine Klippe ragt und dem Besucher von oben den freien Blick auf die Stadt und den Fluss ermöglicht.

Wie bereits erwähnt, kann der Kunstparcours auch zu Fuß oder mit Fahrrad auf ausgeschilderter Strecke erkundet werden, wir sind allerdings wieder mit dem Wohnmobil unterwegs und parken es kurzfristig in **Couëron** (N 47°12'30.1" W 01°42'58.8", Quai Jean-Pierre-Fougerat). Am gegenüberliegenden Loire-Ufer steht ein Haus schief und bis zum ersten Stock vom Wasser umspült im Fluss. Jean-Luc Courcoult hat sich bei seinem **Le Maison dans la Loire** vorgestellt, dass dessen Fundament bewegungslos im Schlamm steckt und leicht kippt. Der Künstler erhofft sich einen „imaginären Realismus", bei dem die Menschen ins Träumen geraten.

Wir folgen dem Fluss bis **Cordemais**, erspähen als erstes die hohen Türme und Schornsteine des Elektrizitätswerks und in unmittelbarer Nähe sogar einen recht grünen **Campingplatz** *(ganzjährig geöffnet, www.camping-gite-les-salorges.fr)*. Der Gegensatz zwischen Industrie und Natur wird aber noch deutlicher, als wir bis zur Westspitze des bebauten Loire-Inselchens fahren (N 47°16'53.0" W01°53'45.7", Le Grand Quartier). Hier hat der Künstler Tatzu Nishi mit der **Villa Cheminée** eine 15 Meter hohe Kopie eines der Kraftwerktürme am Flussufer geschaffen.

Auf dessen Spitze kann man sich in einem kleinen Gärtchen ausruhen oder die Aussicht über die Flusslandschaft genießen und sich überlegen, woher das Haus kommt, in dessen Schatten man sich gerade aufhält, und ob man nicht vielleicht sogar eine Nacht darin verbringen möchte *(Sa/So 14 – 17.15 Uhr).*

Zurück in **Couëron** haben wir Glück und werden, nachdem wir wegen des Überhangs des Wohnmobils vorsichtig auf die kostenfreie Fähre gelotst wurden, zum linksseitigen Ufer der Loire nach **Le Pellerin** übergesetzt. Wenn das Manöver nicht geklappt hätte, wären wir zurück Richtung Nantes gefahren und hätten die Loire auf der N844 und der Pont de Cheviré überquert.

(210) Offizieller WOMO-Stellplatz: Le Pellerin – Écluse de la Martinière

GPS: N 47°12'22.8" W 01°47'07.5", Rue du Canal. **Max. WOMOs:** 10
Ausstattung: V/E, WC, Infotafel, Spielplatz, Tisch und Bänke.
Beschreibung: Es gibt eine offizielle Parkmöglichkeit auf dem ersten Parkplatz links vor dem Kanal und drei weitere Parkplätze auf beiden Seiten des Kanals, die geschottert oder anders befestigt sind. Sie sind teils schattig und insbesondere am Wochenende sehr gut besucht. Gegen Abend wird es rund um das beliebte Freizeitareal ruhiger. Spätestens morgens um 7 Uhr beginnt allerdings der Berufsverkehr. Man kann hier wunderbar am Kanal Rad fahren oder spazieren gehen (nach ca. 3 km kommt eine Kanalbrücke und man kann den Weg auf der anderen Kanalseite zurückgehen oder fahren) und das kleine **Musée La Machinerie** besuchen.

Zufahrt: Im Ort dem Hinweis Parcours Estuaire folgen.

Am Beginn des Kanals wölbt sich der Bug einer Yacht über den Kai und scheint magisch vom Wasser angezogen zu werden. Der Österreicher Erwin Wurm hat mit seinem Kunstwerk **Misconceivable** (*Unvorstellbar/Méconcevable*) einen gewöhnlichen Moment in ein absurdes Universum transformiert und damit eines der beliebtesten Werke des *Estuaires* geschaffen.

(211) Offizieller WOMO-Stellplatz: Rouans – Camping-Car Park

GPS: N 47°11'36.6" W 01°51'16.0", Messan. **Max. WOMOs:** 20.
Öffnungszeit: Ganzjährig.
Ausstattung: V/E, Strom, WC, WiFi.
Beschreibung: Die Plätze liegen hinter einer Schranke am Canal de Buzay sowie am Ortsrand nahe der Straße. Von hier bietet sich eine gute Voraussetzung zum Radfahren und Wandern. In unmittelbarer Nähe befindet sich das **Restaurant Le Grand Chemin** *(Mittags- und Abendmenü Do – Fr, Mo – Mi mittags, Sa abends, Telefon 0240641610, restaurant-legrandchemin.fr)*. Nach ungefähr 1 km Fußweg durch das Marais nach Süden ist der Hauptort mit Bäckerei und kleinem Supermarkt erreicht.
Preise: €€ – €€€.
Zufahrt: Im Ort dem WOMO-Piktogramm folgen.
Hinweis: Durch den Kanal und das nahe Marais ist zur entsprechenden Jahreszeit unter Umständen mit Mücken zu rechnen.

Während wir durch die wenig spektakuläre Landschaft fahren, wird uns die bretonische Vergangenheit mit verwitterten Wegekreuzen und meist im 15. und 16. Jahrhundert errichteten Calvaires immer wieder vor Augen geführt.

In **Frossay** ist der sehr einfache **Camping du Migron** auf Wiese teils unter Bäumen am Canal de la Martinière zu nennen, der als perfektes Ausgangsquartier für Fahrradtouren auf den Routen des **Loire-Radwegs** oder der **Vélodyssée** *(Radroute am Atlantik, www.lavelodyssee.com)* und dem **Eurovélo 6** *(www.de.eurovelo.com)* dienen kann

Calvaire in der Nähe von Frossay

[**212:** N 47°15'27.4" W 01°54'49.9", Square de la Chaussée, Telefon 0952383558, www.campingdumigron.wixsite.com. Anfang April – Anfang Oktober, €€].

In unmittelbarer Nähe befindet sich der **Quai Vert**, ein Treffpunkt für Einheimische und Touristen. Neben verschiedenen Ausstellungen werden zahlreiche Möglichkeiten zur Erkundung des Vogelschutzgebietes sowie der Feuchtgebiete an der Loire-Mündung angeboten und das Entleihen von Kajaks, SUP sowie Tretbooten ist möglich *(Nebensaison Mi/Sa/So/ Schulferien 11 – 18 Uhr, Mai/September Mo – Fr 10 – 18 Uhr, Sa/So/Feiertage 10 – 19 Uhr, Juli/August täglich 10 – 19 Uhr, www.quai-vert.com).*

(213) Offizieller WOMO-Stellplatz: Frossay – Welcome

GPS/Kontakt: N 47°14'35.3" W 01°57'13.7", 7 Le Pré Macé, Telefon 0647588794. **Max. WOMOs:** 5.
Öffnungszeit: Ganzjährig.
Ausstattung: Wasser, Strom, WC, Dusche, Bouleplatz, Grillmöglichkeit, Aufenthaltsraum mit Herd, Mikrowelle und Kühlschrank, Tisch und Bänke, Müllbehälter.
Beschreibung: Ein sehr schöner Platz in ländlicher Umgebung mit teils schattigen Bereichen und einem freundlichen Betreiber. Von hier kann man zu Fahrradtouren oder Wanderungen aufbrechen oder einfach nur relaxen.
Preise: €€, Kinder unter 5 Jahren frei.
Zufahrt: Von der D723 Richtung Le Morandaise und gleich wieder rechts abbiegen.

Canal de la Martinière

Wir befinden uns am Canal de la Martinière, der auch als Canal Maritime de la Basse-Loire bezeichnet wird.

Der Kanal erstreckt sich von der Écluse du Carnet bis zur Écluse de la Martinière, die wir bereits kennen. Ende des 19. Jahrhunderts bestand die Loire-Mündung aus mehreren unabhängigen Inseln, die die Schiffe daran hinderten, bis nach Nantes zu fahren. Im Jahr 1882 beschloss man daher, einen Kanal zur Umfahrung der Inseln sowie zur Aufrechterhaltung des Handels anzulegen und damit letztlich zum Wohlstand von Nantes beizutragen. Nachdem der Kanal 1892 eröffnet wurde, sollte die Befahrung mit großen Schiffen nur 20 Jahre nötig sein, denn die technologische Weiterentwicklung machte ein Ausbaggern der Loire-Mündung möglich und den Kanal überflüssig.

Am Canal de la Matinière

Heute ist der Kanal ein wichtiges Instrument zur Regulierung des Wassers im Marais des Golfe du Tenu, des Bassin de Grandlieu und der Baie de Bourgneuf und bietet einen perfekten Rahmen für Freizeitaktivitäten.

Zwischen der Brière, in dem unsere Reise später ihren Abschluss finden wird, und dem Lac de Grand Lieu befinden sich die Naturschutzgebiete Massereau und Migron, die als Ruhegebiete für Wildtiere gedacht sind. Dort sind die Jagd und der Zugang für die Öffentlichkeit streng geregelt . Die Gebiete bestehen hauptsächlich aus überschwemmbaren Mähwiesen, Gehölzhecken und Schilfgürteln, in denen viele Vogelarten zu Hause sind.

(214) WOMO-Parkplatz: Frossay – Écluse de Carnet

GPS: N 47°16'04.5" W 01°56'53.0". **Max. WOMOs:** 3

Ausstattung: Aussicht auf die Schleuse.

Beschreibung: Der einfache, befestigte und schattenlose Parkplatz liegt außerhalb des Ortes an der Schleuse. In der Nähe gibt es einige Häuser und doch scheint hier ein beliebter abendlicher Treffpunkt zu sein. Tagsüber bietet sich hier der Einstieg in die oben genannten Radwege an und der ausgeschilderte **Circuit du Carnet** führt Wanderer wie auch Radfahrer auf ca. 9 Kilometern entlang des Kanals bis zum Quai Vert und über Frossay zurück zum Ausgangspunkt.

Zufahrt: Von der D723 Richtung Le Migron/Campingplatz abbiegen und nach etwa 300 m dem Hinweis Carnet folgen.

Ein Leuchtturm, eine neobyzantinische Kirche und einige nette, bunte Häuserfronten warten zwischen Loire und Ozean in **Paimbœuf** auf uns. Im Vorhafen von Nantes werden wie in vergangenen Zeiten Schiffe mit großem Tiefgang umgeladen, damit sie unbeschadet die Loire aufwärts fahren können. Hier kann man aber auch im **Jardin Étoilé** des Landschaftsdesigners Kinya Maruyama spazieren gehen, auf den Fluss schauen und in dem nach vier Himmelsrichtungen ausgerichteten sowie in dem aus einheimischen Materialien geschaffenen Garten entspannen. Der Estuaire-Parcours wird hier mit einem verwinkelten Durcheinander für Kinder zum tollen Abenteuerspielplatz am Flussufer.

In unmittelbarer Nähe befindet sich ein **offizieller WOMO-Stellplatz** [**215:** N 47°17'11.0" W 02°00'58.1", 4 Quai Edmond Libert] und am westlichen Ortseingang der **Camping Estuaire***** [**216:** N 47°17'20.4" W 02°02'23.9", Quai Éole, Telefon 0240278453, www.campinglestuaire.fr, Anfang April – Anfang September, €€].

Bei der Anfahrt von **Saint-Brevin-les-Pins** können wir in der Ferne schon die 60 Meter hohe **Pont de Saint-Nazaire** sehen, die in kühnem Bogen die Loire-Mündung überspannt, peilen jedoch zunächst einen Parkplatz am südwestlichsten Zipfel des Flusses an (N 47°16'05.1" W 02°10'04.2", Place Bougainville).

Zum einen ist in der alten Festung das **Musée de la Marine** untergebracht, in dem anhand von alten Karten, zahlreichen Schiffsmodellen und anderen Gegenständen einiges über die Schifffahrts- und Marinegeschichte zu erfahren ist *(Mitte April – Juni*

Di – So 14.30 – 19 Uhr, Juli – Anfang September täglich 14.30 – 19 Uhr, Anfang September – Mitte Oktober 14.30/ 15 – 18 Uhr, Place Bougainville, www.museemarinemindin.fr).

Zum anderen zieht es Einheimische wie Besucher an den Strand, um die Aussicht auf das Mündungsdelta zu werfen, aber auch, um das letzte Kunstwerk des Parcours Estuaire zu bewundern. Die **Serpent d'Océan** des chinesischen Künstlers Huang Yong Ping nimmt den Schwung der Saint-Nazaire-Brücke auf und ihre Stelzenfüße erinnern an die typischen Fischerhütten, die man entlang der französischen Atlantikküste findet. Die 130 Meter lange Aluminiumschlange markiert den Übergang der Loire in den Atlantik und das immerwährende Spiel von Ebbe und Flut lässt sie beinahe lebendig aussehen, fast so, als ob sie gerade an den Strand gespült worden wäre.

Wer an dieser Stelle Lust auf einige Tage Strandurlaub verspürt, dem sei verraten, dass Saint-Brevin-les-Pins über insgesamt acht Kilometer lange, von Pinien gesäumte Strände mit feinem Sand verfügt. Für Wanderer, Badegäste sowie Wassersportler ein Paradies und insbesondere für Strandsegler und Kitesurfer ein idealer Spot *(www.saint-brevin.com)*.

Es gibt mehrere Campingplätze und einen **offiziellen WOMO-Stellplatz** [**217:** N 47°14'35.0" W 02°09'50.0", Avenue de la Saulzaie], die uns von der Lage alle nicht wirklich ansprechen. Alle anderen vorhandenen Parkplätze sind für Wohnmobile gesperrt oder verboten und wenn überhaupt, dann nur tagsüber zu nutzen.

Erst weiter südlich, nahe der Pointe Saint Gildas und schon am Atlantik gelegen, erwähnen wir der Vollständigkeit halber drei Stellplätze in **Préfailles**. Wen es weiter in den Süden der Atlantikküste treibt, dem legen wir den **Band 26** der **WOMO-Reiseführer** ans Herz.

(218) Offizieller WOMO-Stellplatz:
Préfailles – Camping-Car Park Biochon

GPS: N 47°07'47.3" W 02°11'25.8",
Chemin de Levertie à La Plaine-sur-Mer. **Max. WOMOs:** 50
Öffnungszeit: Ganzjährig.

Ausstattung: V/E am nördlichen Orteingang von La Plaine-sur-Mer, Müllbehälter.
Beschreibung: Der einfache mit Schranke gesicherte Strandparkplatz ist schattenlos und liegt außerhalb des Ortes zwischen den Feldern. In der Saison kommt ab und zu der Bäcker morgens vorbei, ansonsten sollte man vor der Anreise Kühlschrank und Vorräte auffüllen. Von hier kann man zu Radtouren und zu Wanderungen auf dem Küstenpfad aufbrechen. Bei Ebbe sind die recht schönen Sandstrände nach 800 bis 1.000 Metern fußläufig zu erreichen. **Preise:** €€.
Zufahrt: In La Plaine-sur-Mer Richtung Préfailles fahren und an einem Kreisverkehr auf die D313 Richtung Pornic wechseln, anschließend dem WOMO-Piktogramm folgen.

(219) Offizieller WOMO-Stellplatz: Préfailles – Camping-Car Park La Pointe

GPS: N 47°08'19.3" W 02°13'19.1", Chemin du Port aux Anes.
Max. WOMOs: 49

Öffnungszeit: Ganzjährig.
Ausstattung: V/E, Strom, WiFi, Müllbehälter.
Beschreibung: Der mit einer Schranke gesicherte Platz befindet sich neben einem Campingplatz, dessen Pool gegen Gebühr benutzt werden kann. Der Platz bietet wenig Schatten, ist aber ansonsten recht schön angelegt. Der Strand und Restaurants liegen 1,5 bis 2,5 Kilometer entfernt und es empfiehlt sich, ein Fahrrad dabei zu haben.
Preise: €€€.
Zufahrt: Auf der D313 Richtung Préfailles und Pointe Saint-Gildas fahren. Rechts den Hinweisen zum Campingplatz Saint-Gildas und dem WOMO-Piktogramm folgen.

(220) Offizieller WOMO-Stellplatz: Préfailles – Camping-Car Park Le Pinettes

GPS: N 47°08'11.8" W 02°14'18.0", Chemin des Pinettes. **Max. WOMOs:** 38
Öffnungszeit: Ganzjährig.

Ausstattung: V/E, Strom, WiFi, Müllbehälter.
Beschreibung: Der mit einer Schranke gesicherte, schräge Platz liegt in einem schattigen Wäldchen nur 150 Meter vom Strand entfernt. Der kleine Hafen mit Bars und Restaurants befindet sich in etwa 500 Meter Entfernung. Von hier kann man auf dem Küstenpfad wandern oder zu Fahrradtouren starten.
Preise: €€ – €€€.
Zufahrt: Wie zum vorherigen Stellplatz, jedoch weiter Richtung Pointe Sainte-Gildas fahren und dann rechts dem WOMO-Piktogramm folgen.

Wir machen uns noch einmal zurück auf den Weg zur Loire, denn uns fehlt zum Abschluss unserer Loire-Reise der Besuch der Hafenstadt **Saint-Nazaire**, die gerne als Eingangstor zur Halbinsel Guérande und der Bucht von La Baule genannt wird.

(221) Offizieller WOMO-Stellplatz: Saint-Nazaire Parking du Theâtre

GPS: N 47°16'45.3" W 02°12'12.3", Boulevard Paul Leferme.
Max. WOMOs: 25.
Öffnungszeit: Ganzjährig.
Ausstattung: V/E, Strom, Müllbehälter.
Beschreibung: Der gesichtslose, einfache Parkplatz mit dem Charme eines Industriegebietes ist schattenlos und mit Schranke gesichert. Der Vorteil besteht in der zentralen Lage, denn die Museen sind nur wenige Minuten entfernt. Direkt vor dem Stellplatz kann man von der Haltestelle mit der kostenlosen Navette in die Stadt fahren. Nachts ist es ruhig, allerdings sollte man sich auf ein permanent brummendes Geräusch durch die Industrieanlagen einstellen. Inwiefern das alternative Parken an der alten Mole nahe dem Leuchtturm noch gestattet ist, entzieht sich unserer Kenntnis.
Preise: €€.
Zufahrt: Von der Brücke kommend die D213 Richtung Port de Saint Nazaire verlassen und später den Hinweisen Office de Tourisme/Centre bis zum ausgeschilderten Parkplatz folgen.

Saint-Nazaire

Aus den Werften der Hafenstadt kommen riesige Schiffe wie die Queen Mary 2, aber als Schönheit kann die viertgrößte Hafenstadt nicht bezeichnet werden. Dies hat sicher viel mit dem Zweiten Weltkrieg zu tun, an dessen Ende Saint-Nazaire zu 80 Prozent zerstört war, und doch hat es die Stadt geschafft, einen positiven Schritt in die Gegenwart zu wagen.

Von der ehemaligen starken U-Boot-Basis ist ein gewaltiger Betonbunker erhalten, in dem sich heute ein facettenreiches Erlebnismuseum befindet, das sich zum absoluten Besuchermagnet entwickelt hat. Zum einen ist das französische **U-Boot Espadon**, das im Mai 1964 zu einer Fahrt unter dem Packeis aufbrach und als erstes französisches U-Boot

nördlich des Polarkreises an die Oberfläche kam, zu besichtigen. Zum anderen vermittelt das **Escal'Atlantic** das Gefühl einer Transatlantiküberquerung auf einem der legendären Ozeandampfer. Ist erstmal die Gangway überwunden, können die Besucher von der Brücke über das Promenadendeck und die Kabinen bis zum Maschinenraum alles auf eigene Faust und im eigenen Rhythmus erkunden. Multimediale Darstellungen, Inszenierungen sowie eigenes Agieren lassen Illusion und Wirklichkeit verschwimmen und sorgen für ein großes Abenteuer. Im **EOL Centre Éolien** gegenüber dem Hauptgebäude der U-Bootbasis dreht sich dann alles lebendig und interaktiv um die Offshore-Windenergie. Auch das am Stadthafen gelegene **Écomusée** gehört zum Museumsverbund und informiert über Stadt, Industrie und Hafen *(Anfang Februar/März/September – Oktober, einige Tage im November/ Dezember Di – So 10 – 13/14 – 18 Uhr, April – Mitte Juli, außer drei Mo im Juni täglich 10 – 13/14 – 18 Uhr, Mitte Juli/August 10 – 20 Uhr, letzter Einlass ½ – ¾ Stunde vor Schließung, Kombitickets erhältlich, Eintritt. Eine Besichtigung mit einem Audioguide in deutscher Sprache ist möglich. Der Besuch im EOL ist reservierungspflichtig und wird nur in französischer und englischer Sprache erläutert. www.saint-nazaire-tourisme.com).*

Von den **Dachterrassen** des U-Boot-Bunkers, eröffnet sich eine grandiose 360°-Aussicht, und von einem der Aussichtpunkte ist ein weiteres Estuaire-Kunstwerk zu sehen. Die Schweizer Künstlerin Felice Varini zeichnet ihre **Suite de Triangles**, die Suite der Dreiecke, als moderne Illusionsmalerei.

In der Stadt der Werften kann natürlich auch die Besichtigung einer der weltgrößten und modernsten **Schiffswerft** auf dem Programm stehen, die bei einer zweistündigen Busfahrt und mit einem Audioguide in deutscher Sprache zu allen Stationen des Schiffsbaus führt. Eine ebenfalls zweistündige Veranstaltung führt in französischer Sprache durch die Werkshallen von **Airbus**. Beide Führungen müssen reserviert werden, Airbus sogar zwei Arbeitstage im Voraus. Über weitere Besonderheiten und noch viel mehr informiert das **Office de Tourisme**, das sich ebenfalls im U-Bootbunker befindet *(Mo – So 9.30 – 12/*

13.30 – 18 Uhr, 3 Boulevard de la Légion d'Honneur, Telefon 0240224065, www.saint-nazaire-tourisme.com).

Ein ganz anderes Bild von Saint-Nazaire erhalten wir, wenn wir von der alten Mole mit ihren Fischerhütten nahe dem Leuchtturm durch das lebendige Stadtviertel **Petit Maroc** westwärts bummeln. Vermutlich stammt der Name von den entfernten Fanggründen der Fischer, und von den Terrassen der Kneipen und Restaurants am Boulevard de Verdun kann über die Grande Plage übers Meer geschaut werden. Die Sitzplätze sind meist sehr begehrt und so möchten wir die beiden zusammengehörenden **Restaurants Le 16** *(Mittags- und Abendmenü Di – Sa, 16 Boulevard de Verdun, Telefon 0240154189, www.restaurant-le-16.fr)* und das in der zweiten Reihe befindliche **Le No. 6** *(Mittags- und Abendmenü Di – Sa, 6 Place du Commando, Telefon 0983891491, www.restaurantnumero6.fr)* zur Auswahl anbieten. Beide Küchen offerieren eine frische, von Land und Meer bestimmte Mahlzeiten zu moderaten Preisen.

Wir schlendern bis zum Denkmal der Marinesoldaten weiter und gelangen in das Viertel der reichen Kaufleute, Kapitäns- und Lotsenfamilien. Die Straßen wurden nach den Anlaufhäfen des 19. Jahrhunderts benannt und noch heute sehen die Hausfassaden in der Rue Havanna oder der Avenue de Vera Cruz so aus wie im späten 19. Jahrhundert.

Nördlich gelangen wir zum Hôtel de Ville und damit in die moderne Welt von Saint-Nazaire. Auf der schnurgeraden Avenue de la Republique und ihren Nebenstraßen kann nach Herzenslust geshoppt, gegessen und getrunken werden, bevor wir über eine der Querstraßen hinab zum Hafen und zum Stellplatz zurückgehen.

An dieser Stelle sind wir genau genommen am Ende unserer Reise entlang der Loire und ihrer Nebenflüsse angekommen. Uns erscheint jedoch der Abschluss auf dem eher unscheinbaren, vielleicht sogar hässlichen Stellplatz im Hafengebiet schlichtweg nicht passend dafür. Schauen wir uns also nach etwas Schönerem um und verlassen Saint-Nazaire auf der N171 Richtung Nantes, aber nur, um wenig später **Montoir-sur-Bretagne** anzusteuern.

(222) Offizieller WOMO-Stellplatz: Montoir-de-Bretagne – Parking Hôtel de Ville

GPS: N 47°19'40.0" W 02°08'58.4", Rue da la Normandie. **Max. WOMOs:** 10.
Öffnungszeit: Ganzjährig.
Ausstattung: Strom, V/E bei N 47°19'33.8" W 02°08'53.7", Super U.
Beschreibung: Einfacher, schattenloser Parkplatz im Wohngebiet mit engen Parkbuchten und nahe dem Hôtel de Ville. In der Nähe befinden zudem sich einige gastronomische Betriebe und das **Musée de la Marine en Bois du Brivet**. Das Museum zeigt die vier Jahrhunderte lange Tradition des Schiffsbaus im Mündungsgebiet des Flusses Brivet und der Brière-Region *(Mitte/Ende Juni – Anfang September 10 – 12/14 – 18 Uhr, 6 Rue Chateaubriand, www.marineenboisdubrivet.fr).*
Preise: €, zahlbar im Hôtel de Ville.
Zufahrt: Im Ort den WOMO-Piktogrammen folgen.

Unser eigentliches Ziel ist aber der **Parc Naturel Régional de Brière**, der nordöstlich der Stadt zum Naturerbe von Saint-Nazaire gehört. Eine einmalige Landschaft, in der Land,

Wasser und Schilf allgegenwärtig sind und die mit dem Fahrrad, zu Fuß oder bei einer Kahnfahrt erkundet werden möchte.

Selbstverständlich gibt es auf den folgenden Kilometern einige übernachtungstaugliche Parkplätze. Da sie jedoch alle im Naturpark mit einer außergewöhnlichen Flora und Fauna liegen, nennen wir zum Übernachten nur die von offizieller Seite freigegebenen Stellplätze. Bei den übrigen Parkplätzen appellieren wir an unsere Leserinnen und Leser, damit sie von Fall zu Fall selbst entscheiden, ob ein längeres Verweilen, selbstverständlich ohne Campingverhalten, tatsächlich angebracht ist.

Als Ausgangspunkt für Ausflüge in die Brière eignen sich die Parkplätze jedoch allemal und die genannten Restaurants bieten eine gepflegte Einkehr. Vom **Bélvèdere de Rozé**, dem Aussichtsturm in **Rozé** bietet sich ein erster Ausblick über die Weite der Brière an.

(223) Offizieller WOMO-Stellplatz: Rozé – Port de Rozé
GPS: N 47°21'36.0" W 02°11'09.0", An der D50. **Max. WOMOs:** 2.
Öffnungszeit: Ganzjährig.
Ausstattung: Tisch und Bänke, Müllbehälter.
Beschreibung: Die beiden ausgewiesenen Stellplätze liegen am Rand eines Parkplatzes am Ortsrand und sind meist sonnig. Die nahe Straße sorgt für Unruhe, die abends lang anhält und morgens früh beginnt. Von hier kann man zu Rad- und Wandertouren aufbrechen. Auf der anderen Straßenseite können Fahrräder entliehen oder zu einer Kahnfahrt durch die Sümpfe abgelegt werden. Etwa 1 Kilometer entfernt befindet sich die Vogelbeobachtungsstation Pierre-Constant.
Zufahrt: Der Parkplatz ist am Kreisverkehr/D50 in Rozé nicht zu verfehlen.
Hinweis: Maximaler Aufenthalt 24 Stunden.

(224) Offizieller WOMO-Stellplatz: Saint-Joachim – Île de Fédrun

GPS: N 47°22'29.0" W 02°12'35.2", Fedrun. **Max. WOMOs:** 3.
Öffnungszeit: Ganzjährig.
Ausstattung: Infotafel, Tische und Bänke, WC, Info-Point La Chaumière Brièronne, Müllbehälter.
Beschreibung: Der einfache geschotterte Parkplatz ist meist sonnig und wird auch als Buswendeschleife genutzt. Er liegt am Ortsrand und ist ein prima Ausgangspunkt für Rad- und Wandertouren.
Zufahrt: Von der D50 zur Île de Fédrun abbiegen und bis zum ausgeschilderten Parkplatz fahren.
Hinweis: Auch wenn der Parkplatz nicht als offizieller Stellplatz markiert ist, wird er auf der Seite des Office de Tourisme von Saint-Nazaire als solcher geführt (Stand 2022).

(225) WOMO-Campingplatz: Saint-Lyphard – Camping Fleur de Brière***

GPS/Kontakt: N 47°23'48.3" W 02°18'05.7" Route d'Herbignac, Telefon 0687107616, www.campingfleurdebriere.com.
Öffnungszeit: Mitte März – Mitte November.
Ausstattung: Grillmöglichkeit, Bouleplatz, Spielplatz, Tischtennis, Pool (Mitte Juni – Mitte September), Snackbar.
Beschreibung: Der einfache, freundliche Campingplatz liegt am Ortsrand unter Bäumen und die recht großen Parzellen sind von Hecken getrennt. In der Nähe gibt es einen Supermarkt und im wenige Minuten entfernten Ortszentrum eine Bäckerei. Von hier sind Rad- und Wandertouren möglich.
Preise: €€.
Zufahrt: Von der D47 den Hinweisen zum Campingplatz folgen.
Hinweis: Vor dem Campingplatz liegt eine freizugänglich **V/E-Station**.

WOMO-Parkplatz: Saint-Lyphard – Port de la Pierre Fendue

GPS: N 47°23'22.4" W 02°17'46.7", Le Clos d'Orange.
Ausstattung: Müllbehälter.
Beschreibung: Hier findet man einen wunderbaren Einstieg in Rad- sowie Wandertouren und während der Saison werden Boots- und Kutschtouren ins Marais angeboten *(www.briereevasion.wixsite.com)*. Von hier sind wir zur weiter unten beschriebenen Kurzwanderung aufgebrochen.
Zufahrt: Von der D47 an einem Kreisel zum Port de la Pierre Fendue abbiegen

(226) WOMO-Parkplatz: Kerhinet – Maison du Parc

GPS: N 47°21'47.1" W 02°21'02.4", La Petite Île. **Max. WOMOs:** 2 – 3
Ausstattung: Infotafeln, Müllbehälter.
Beschreibung: Der einfache, teils schattige Parkplatz ist asphaltiert und ein perfekter Ausgangspunkt zum Besuch des Museumsdorfes sowie für Rad- und Wandertouren.
Zufahrt: Von der D47 den Hinweisen nach Kerhinet folgen
Hinweis: Die Übernachtung wird bisher auf dem Parkplatz toleriert – bitte kein Campingverhalten!

WOMO-Parkplatz: Bréca – Port de Bréca

GPS: N 47°21'43.2" W 02°18'56.3", Bréca.
Ausstattung: Tische und Bänke, WC in der Nähe, Müllbehälter.
Beschreibung: Hier findet sich ein wunderbarer Einstieg in Rad- sowie Wandertouren und während der Saison werden Boots- und Kutschtouren ins Marais angeboten *(www.faunebrieronne.fr)*. Im **Restaurant Auberge de Bréca** kann man hervorragend in gediegener und freundlicher Atmosphäre

und jedoch nicht günstig speisen *(Di - Sa 12 - 14/19 - 21 Uhr, So nur mittags, www.auberge-breca.com)*, während in der nahen **Crêperie** Altbewährtes lecker und kostengünstiger auf den Teller kommt.
Zufahrt: Von der D47 dem Hinweis nach Bréca folgen

(227) WOMO-Campingplatz: Saint-André-des-Eaux Camping Les Chalands Fleuris***

GPS/Kontakt: N 47°19'15.4" W 02°18'28.7", Rue du Stade, Telefon 0240012140, www.leschalandsfleuris.com.
Öffnungszeit: Anfang April – Mitte/Ende September.
Ausstattung/Lage: Snackbar, im Juli/August werden Backwaren angeboten, Supermarkt und Bäckerei etwa 1 Kilometer entfernt, In- und Outdoor-Pool, Waschmaschine, Wäschetrockner, WiFi, Basketballplatz, Animationsprogramm, Streichelzoo, Kinderspielplatz.
Beschreibung: Die recht groß bemessenen Parzellen auf Wiese sind teils schattig und der gepflegte Campingplatz ist bei Familien mit Kindern sehr beliebt.
Preise: €€ – €€€.
Zufahrt: Im Ort den Hinweisen zum Campingplatz folgen.

(228) WOMO-Parkplatz: Saint-André-des-Eaux Port de la Chaussée Neuve

GPS: N 47°20'21.7" W 02°17'12.3", La Chau Neuve. **Max. WOMOs:** 5.
Öffnungszeit: Nur während der Zeiten der Boots- und Kutschfahrten!
Ausstattung: Infotafeln, Müllbehälter.
Beschreibung: Der einfache, meist schattenlose Wiesenparkplatz liegt außerhalb des Ortes und muss mit Pferden und Gänsen geteilt werden. Von hier kann man zu Rad- und Wandertouren aufbrechen. Es ist selbstverständlich, dass die Wiese nur zur Übernachtung genutzt wird, wenn man mit dem Eigentümer der Wiese auch zur Boots- oder Kutschfahrt aufbricht *(www.promenade-briere.com)*. Kinder werden sich über das angebotene Ponyreiten freuen. In unmittelbarer Nähe befindet sich das **Restaurant La Loge Briéronne** *(Mittags- und Abendmenü, Mi/Do/So nur bis 17 Uhr)*, weiteres Restaurant ca. 1 km vorher an der Zufahrt.
Preise: €.
Zufahrt: Im Ort den Hinweisen zum Port de la Chaussée Neuve folgen.
Hinweis: Bitte unbedingt am Kassenhäuschen Promenades en Brière bei J.S. Crusson vorher nachfragen, ob eine Übernachtung gestattet ist! Eventuell kann man außerhalb der Saison auf dem befestigten Parkplatz parken.

Parc Naturel Régional de Brière

Nach der Camargue ist La Grand Brière mit 50.000 Hektar Ausdehnung die **zweitgrößte Sumpflandschaft Frankreichs**. Um die einzigartige Natur und die traditionellen Dörfer mit reetgedeckten Häusern zu erhalten, wurde das Gebiet im Jahr 1970 zum **Parc Naturel** erklärt.

Schon früh erkannten die Menschen den wirtschaftlichen Nutzen des Sumpfes, legten ihn trocken und begannen Torf zu stechen, der als Brennmaterial und Düngemittel zu einem lukrativen Geschäft wurde. Daneben lebten die Bewohner vom Fischfang sowie der Jagd und heute ist es der Tourismus, der als Haupterwerbszweig angesehen werden kann. Die landschaftlichen Schönheiten auf den Kanälen des „Schwarzen Landes“, wie das Hochmoor gern genannt wird, lässt sich am besten mit dem Boot entdecken. An diversen Stationen warten *Chalands* (Bootsfahrten), schmale Boote mit Außenbordmotor, oder *Blins*, flache Kähne, die mit einer Stange durchs Wasser gestakt werden, auf Besucher, die dann zwischen weißen Seerosen, gelben Iris und durch unendlich viele verschiedene Grüntöne der übrigen Pflanzenwelt gleiten.

Bei den **ruhigen Kahnfahrten**, aber auch bei **ausgedehnten Wanderungen oder Radtouren** verschiedener Längen auf gut markierten Wegen lassen sich zahlreiche Vogelarten sowie die übrige und sehr spezifische Fauna und Flora beobachten. Zudem werden **Kutschfahrten** oder Kombinationen von allem angeboten und es können Fahrräder sowie Kanus zum eigenständigen Erkunden des Gebietes gemietet werden. Einzigartig wie die Landschaft, ist bis heute der rechtliche Status der Brière, der aus dem 15. Jahrhundert stammt und besagt, dass das Gebiet unteilbares Eigentum aller 21 Gemeinden samt deren Bewohner ist und von diesen gemeinsam verwaltet wird. Eine tolle Übersicht mit allen Freizeitmöglichkeiten, von der Kahnfahrt, über teilweise auch geführte

Wandervorschläge bis hin zu Rad- sowie MTB-Runden, bietet die Internetseite *www.parc-naturel-briere.com.*

Unsere Wohnmobilreise führt entgegen dem Uhrzeigersinn um das Sumpfgebiet und berührt einige, ausgeschilderte Kahn- sowie Bootsablegestellen.

Île de Fedrun

Vom Stellplatz in **Rozé** ist das Vogelreservat Pierre-Constant leicht zu Fuß zu erreichen. Im Sommer werden hier Führungen angeboten und je nach Jahres- oder Tageszeit können von der Aussichtsterrasse und mehreren Beobachtungsstationen Enten, Reiher, Bachstelzen und Sumpfammern beobachtet werden.

In **Saint-Joachim**, dem größten Ort des Sumpflandes, steuern wir die zur Gemeinde gehörende **Île de Fedrun** an, die ihre traditionell runde Anlage erhalten hat. Bei einem Spaziergang entlang der Dorfstraße kommen wir an etlichen reetgedeckten, meist weiß gekalkten Katen vorbei. Dahinter schließen sich Obst- und Gemüsegärten an, die an den ringförmig umfließenden Kanal stoßen. Über diesen wird die Fracht transportiert und Ziegen sowie Schafe aus den Ställen auf die trockenen Weideflächen im Torfmoor „verschifft“.

Museumsdorf Kerhinet

In der **Maison de la Mariée** (Haus der Braut) sind typische Brautgeschenke und Brautschmuck der Region aus den Jahren um 1900 ausgestellt. Zum Schmuck gehören beispielsweise Wachsblumen, die in Saint-Joachim bis in die 1980er-Jahre hergestellt wurden, und Hochzeits-Glasglocken. Diese dienten zur Aufbewahrung des Brautkranzes und im Laufe der Jahre kamen andere Erinnerungsstücke dazu *(Führungen müssen über den Regionalpark gebucht werden).*

Auch wenn auf der Île de Fedrun immer mehr der reetgedeckten *Chaumières* restauriert werden, denken wir, dass in den kleinen Orten am westlichen Rand des Sumpflandes nach unserem Empfinden viel mehr dieser wunderschönen traditionellen Reetdachhäuser in blühenden Gärten zu finden sind. Das ursprünglich bescheidene Haus wurde aus Stein, Holz, Erde und Stroh gebaut. Seine Strohdeckung ist mit Sumpfpflanzen durchmischt und etwa 35 Zentimeter dick. Seit der Zunahme von Zweitwohnsitzen wandelt sich die einfache Kate zur luxuriösen Residenz, die allerdings nicht minder reizvoll wirkt.

Nach einer Kurve von der D50 über die D51 zur D47 erreichen wir **Saint-Lyphard**. Im dortigen **Office de Tourisme** erhält man jede Menge Informationen über die nahe Umgebung wie auch über die in nur kurzer Zeit zu erreichenden Salzgärten von Guérande und die Badeorte im nördlichen Verlauf der Atlantikküste *(April – Okt. Mo – Sa 10 – 12.30/ 14 – 18 Uhr, So/Feiertage 10 – 13 Uhr, Juli/August. Mo – Sa 9.30 – 13/ 14.30 – 18.30 Uhr, So/Feiertage 10 – 13 Uhr, November – März Di – Sa 10 – 12.30/14 – 17 Uhr, Place de l'Église, Telefon 0240243444, www.saint-lyphard.com).* Nahe der Tourist-Info können nach der dortigen Anmeldung rund 130 Stufen bis zur Aussichtsplattform des rosafarbenen Kirchturms erklommen werden, um aus luftiger Höhe einen Blick über die Umgebung bis nach Guérande zu riskieren.

Im Weiler **Kerhinet** darf der Besuch des ganzjährig geöffneten und freizugänglichen **Museumsdorfs** nicht fehlen. Fürs leibliche Wohl sorgt die **Auberge de Kerhinet** mit Spezialitäten wie beispielsweise frische Aale oder Froschschenkel aus der Brière *(Di - Sa 12 - 22 Uhr, So 12 - 18 Uhr, Telefon 0240913236, www.aubergedekerhinet.com).* Achtzehn Chaumières wurden vom Naturpark erworben und im Stil der früheren Dörfer in Kerhinet aufgebaut und restauriert. Zwischen den Scheunen und Stallgebäuden, die zum Teil besichtigt werden können, befindet sich das Infozentrum **Maison du Parc** *(Führungen auch in deutscher Sprache, im Sommer Do Markt mit lokalen Produkten).* Viele der

Kahnfahrt in Saint-André-des-Eaux

Wander-und Radtouren durch die Brière starten hier und es gibt ausführliche Wegbeschreibungen und Kartenmaterial.

Von unserem Wiesenstellplatz in **Saint-André-des-Eaux** sind wir zu einer **Kahnfahrt** gestartet, konnten unsere bootserfahrenen Hunde mitnehmen und blicken auch im Nachhinein auf ein ganz besonderes Naturerlebnis zurück.

Grand Brière im Zeitraffer

Vom Parkplatz am Port de la Pierre Fendue gehen wir ein Stück zurück und folgen dem nächsten Radweg rechts auf einer asphaltierten Straße. In der Verlängerung sowie einem großen Rechtsbogen wechseln wir auf einen Wiesenpfad, der nach rechts biegt, und über eine Weide mit friedlichen Pferden und Kühen wandern wir zwischen Hecken und dem Sumpfland zur Linken bis zurück zum Parkplatz. In knapp einer Stunde haben wir die Brière *en miniature* von einer ihrer schönsten Seiten erleben dürfen.

Am Abend sitzen wir gemütlich vor dem Wohnmobil, schauen den Pferden beim Grasen zu und öffnen eine Flasche des gut gekühlten Crémant de Loire. Mit einem Glas perlendem Schaumwein in der Hand blicken wir auf eine abwechslungsreiche Reise entlang der von Schlössern, Höhlen, charmanten Dörfern und pulsierenden Städten gesäumten Loire und ihrer Nebenflüsse zurück.

Die Sterne funkeln herrlich am dunklen Nachthimmel über der Brière und wir beschließen spontan, dass unsere Heimreise über Paris, *ville lumière*, die Stadt der Lichter, führen wird.

Wir verabschieden uns deshalb nun von Ihnen und hoffen, dass es Ihnen mit uns gefallen hat. Falls Sie weiter nach Norden in die **Bretagne** reisen sollten, legen wir Ihnen gern den **WOMO-Reiseführer Band 10 mit unseren Entdeckertouren im Wohnmobil** ans Herz und wünschen Ihnen eine gute Weiterreise.

Auf Wiedersehen und bis bald! – Au revoir et à bientôt!

Adressen und Telefonnummern für den Notfall

Für den Fall, dass Ihnen Ihre Ausweispapiere verloren gegangen sind, Sie bestohlen wurden oder Sie aus irgendwelchen anderen Gründen in Frankreich in eine Notsituation geraten, helfen Ihnen die diplomatischen Vertretungen weiter. Bei Pannen, Unfällen und Erkrankungen können die unten angegebenen Telefonnummern hilfreich sein.

- **Botschaft der Bundesrepublik Deutschland**
13/15 Avenue Franklin D. Roosevelt, 75008 Paris,
Telefon +33 1 53 83 45 00, www.allemagneenfrance.diplo.de

Das **Auswärtige Amt Berlin** bietet Ihnen zusätzlich die Möglichkeit, vor Reiseantritt oder während der Reise aktuelle Informationen über Ihr Urlaubsland in Erfahrung zu bringen. Alle Infos für eine sichere Auslandsreise sind auch in der **Reise-App** des Auswärtigen Amtes für Android Smartphones und Tablets sowie für iPhone und iPad zusammengefasst. Weitere Infos unter www.auswaertiges-amt.de.

- **Botschaft der Republik Österreich**
6 Rue Fabert, 75007 Paris, Telefon +33 1 40 63 30-63
www.amb-autriche.fr
- **Ambassade de Suisse**
142 Rue de Grenelle, 75007 Paris, Telefon +33 1 49 55 67 00
www.eda.admin.ch
- **Notrufe und Notfallnummern:**
Notruf Auswärtiges Amt Deutschland Telefon +49 (0) 30 5000-0.
Allgemeiner Notruf 112
Polizei (*police secours*) 17
Feuerwehr (*sapeurs-pompiers*) 18
Rettungsdienst 15
AIT-Assistance (Pannenhilfedienst) 00145004295
ADAC-Auslandsnotruf, München +49 (0) 89222222 (bei Fahrzeugschaden) oder +49 (0) 89767676 (bei Erkrankung/Verletzung)
ÖAMTC-Schutzbrief-Nothilfe +43 (1) 2512000 (bei Fahrzeugschaden) oder + 41 (1) 2512020 (Medizinische Notfälle)
ACS-Assistance-Nummer +41 (0) 442833377

Ärztliche Versorgung/Apotheken

Wir empfehlen dringend eine günstige Auslandskrankenversicherung abzuschließen, die für jeden Wohnmobilreisenden eine Selbstverständlichkeit sein sollte.

Wer sich dazu nicht entschließen kann, benötigt für Frankreich eine europäische **Krankenversichertenkarte** (EHIC). Diese kann direkt bei Ärzten und in Kliniken vorgelegt werden. Die Ausstellung der Karte ist kostenfrei und muss, falls nicht sowieso vorhanden, bei der eigenen Krankenkasse beantragt werden. Gewährt werden bei Vorlage alle notwendigen Leistungen allerdings zu den Bedingungen, die vor Ort gültig sind. Wer die EHIC nicht vorweisen kann, wird zu entsprechenden Tarifen als Privatpatient behandelt und muss in Vorleistung treten. Gegen Rechnungsvorlage wird in der Heimat möglicherweise ein Teil wiedererstattet. Adressen deutschsprachiger **Ärzte** erhält man bei den Konsulaten oder beispielsweise vom ADAC, München (Telefon +49 (0) 89222222), aber auch in den örtlichen Touristenbüros oder beim Campingplatzverwalter.

Wenn Sie einen Arzt benötigen, fragen Sie nach einem *Docteur* oder *Médicin*, der Zahnarzt heißt *Dentiste*.

Im schlimmsten aller schlimmen Fälle werden Sie, Ihre Familie und das

Wohnmobil, wenn Sie einen Auslandsschutzbrief haben, kostenlos nach Hause transportiert.

Französische **Apotheken** (*Pharmacies*) erkennen Sie an einem blinkenden grünen Kreuz. Sie haben nicht einheitlich geöffnet, vor allem montags sind die meisten Apotheken geschlossen. Normalerweise müsste dann ein gut sichtbares Schild auf die diensthabende Apotheke hinweisen (*Pharmacie de Garde*).

Baden/Wassersport

Baden:

Sandburgen bauen und im Wasser toben sind eher etwas für den Strandurlaub am Meer. Trotzdem gibt es neben den öffentlichen Freibädern einige Wasserfläche und Seen, an denen man entspannen kann und Kinder ihren Spaß haben.

Auf der Île Millocheau nahe dem Camping- und Stellplatz in Saumur kann man zwar nicht in der Loire planschen und schwimmen, aber am nordwestlichen Inselrand gibt es einen bewachten Badesee. In Saint-Jean-le-Blanc am südlichen Loire-Ufer bei Orléans gibt es eine 70 Hektar große Wassersportanlage mit der Möglichkeit zum Baden, Kanu fahren, Windsurfen und für viele andere Outdoor-Sportarten. In Ingrandes entsteht jeden Sommer ein bewachtes Naturbecken und der breite Sandstrand bietet viel Platz für ein Bad in der Sonne, ein Picknick oder Spiele mit der Familie. In Chemillé-sur-Indrois bietet die Freizeitanlage ebenfalls einen idealen Ort, um zu baden oder zu entspannen.

Sonst sollte man aufgrund der nicht zu unterschätzenden Strömung des letzten wilden Stroms Europas und des Treibsandes an den Ufern vorsichtig mit dem Baden sein und nur dann ins kühle Nass abtauchen, wenn die Bereiche zum Schwimmen freigegeben sind. Zusätzlich ist gerade im Sommer mit starker Algenbildung in den Flüssen und der damit einhergehenden Belastung durch Bakterien zu rechnen!

Kanu/Kajak/Schiffs- und Bootsfahrten:

Strömung, Treibsand und Algenwachstum können auch bei der Erkundung der Loire mit dem Kanu oder Kajak gefährlich und in trockenen Sommern ohnehin schwierig werden.

Die Nebenflüsse wie der Loir, der Cher oder die Vienne bieten sich eher für Bootsfahrten an. Wer nicht mit dem eigenen Boot unterwegs ist, kann an einer der zahlreichen Verleihstationen ein Kajak mieten und geruhsam über die stillen Flüsse paddeln. Neben den großen Ausflugsschiffen bieten die alten Lastenkähne bei organisierten Fahrten eine tolle Möglichkeit, die Landschaft vom Fluss aus kennenzulernen.

Angeln und Fischen:

Wer seine Angel in der Loire oder einem ihrer zahlreichen Nebenflüsse auswerfen möchte, der muss bei den Gemeinden oder der „Association de Pêche et Pisciculture" des jeweiligen Départements einen Angelschein erwerben. Auch hierbei sei auf die Tücken der Strömung und des Treibsandes hingewiesen *(www.federationpeche.fr oder de.cartedepeche.fr)*.

Campingplätze/Offizielle Wohnmobil-Stellplätze

Campingplätze:

Wir haben zahlreiche Campingplätze beschrieben und weisen in den Tourenkarten und im Tourentext auf weitere hin. Die in ihrer Qualität sehr unterschiedlichen Plätze eignen sich für einen längeren Aufenthalt und bieten teilweise viele Freizeitangebote an.

Oft verfügen sie über separate Stellplätze für Reisemobile, immer über eine Ver- und Entsorgungsmöglichkeit. Da wir an den Strecken jedoch ausreichend Stationen zum Ver- und Entsorgen aufführen, dürfte es in diesem Punkt ohnehin keine Defizite geben.

Wer häufig Campingplätze anfährt, kann sich den grünen Michelin-Führer, Camping Caravaning France oder den ADAC-Campingführer in gebundener Form oder als App zulegen. Alternativ ist www.campingfrance.com, auf der registrierte Campingplätze aufgeführt sind, zu nennen.

Die französischen Campingplätze sind mittels Sternchen in Kategorien eingeteilt. Die Anzahl der Symbole kennzeichnet den Standard der Ausstattung und sagt nichts über Flair oder Lage des jeweiligen Platzes aus.

Die sanitären Ausstattungen sind unterschiedlich. Am einfachsten sind sie in der Regel auf den städtischen Plätzen (*Camping Municipal*), die aber auch wiederum die preiswertesten sind und meist recht zentral liegen. Größere und private Campingplätze haben dagegen mehr Komfort, eine aufwändigere Ausstattung, verfügen teils über ein Schwimmbad und bieten ein Animationsprogramm. Hier gilt: Je aufwändiger und komfortabler, desto teurer. Grundsätzlich kann davon ausgegangen werden, dass die Preise in der Hochsaison emporschnellen, während sie in der Nebensaison deutlich darunterliegen. Oft gibt es Pauschaltarife für Wohnmobile einschließlich zwei Personen.

Meist verfügen die Plätze über Waschmaschinen und Wäschetrockner. Sollte das nicht der Fall sein und Ihr Vorrat an sauberer Wäsche geht zur Neige, dann bieten sich die **Waschmaschinen und Trockner an den Supermärkten** für die notwenige Auffrischung an. Meist befinden sie sich auf dem Supermarktparkplatz in der Nähe der Tankstellen und sind nicht zu übersehen.

Mit einem Reisemobil schätzen wir wohl alle unsere Flexibilität, doch während der Hauptsaison empfehlen wir Ihnen dringend, den gewünschten Campingplatz vorab zu reservieren. Für diesen Fall geben wir im Text die Telefonnummern sowie in den meisten Fällen die Webseite an, auf der Sie einen Platz per E-Mail vorbestellen können. Sinnvoll ist das Mitführen des Campingausweises *Camping Card International*, der eine Camping-Haftpflichtversicherung einschließt. Auf Vorlage der *ADAC Camp Card* oder der *ACSI Card* werden auf etlichen Campingplätzen, meist außerhalb der Hauptsaison, Nachlässe gewährt.

Je früher am Tag Sie den Campingplatz anfahren, umso größer sind die Chancen auf Einlass. **Die beste Zeit ist vormittags zwischen 11 und 12 Uhr, wenn andere Leute gerade aufgebrochen sind.** Während der Mittagszeit ist vielerorts eine Anmeldung auf dem Campingplatz nicht möglich und Sie müssen warten, bis die Rezeption wieder geöffnet ist. Da die Ruhezeiten variieren, haben wir auf diese Angabe verzichtet.

Die meisten Campingplätze sind von Ende März/Anfang April bis September/Oktober geöffnet, in der Nähe von großen Städten meist das ganze Jahr. Wir haben die aktuellen Öffnungszeiten für Sie notiert, können jedoch nicht garantieren, ob diese sich nicht verändern. Manchmal kommt es auch vor, dass ein Platz in der Nebensaison mangels Nachfrage vorzeitig schließt. Viele Campingplätze bieten behindertengerechte Einrichtungen und auf offiziellen Stellplätzen stehen gelegentlich ausgewiesene, breitere Parkbuchten für Wohnmobile von Menschen mit Handicap zur Verfügung.

Hunde sind im Allgemeinen an der Leine erlaubt, doch auch in diesem Fall hat der Platzbetreiber das letzte Wort und kann beispielsweise in der Hauptsaison ein Hundeverbot beschließen. Manche Campingplätze akzeptieren nur einen Hund pro Fahrzeug, auf anderen Campingplätzen sind zwei und mehr Hunde gestattet. Im Zweifelsfall sollte man vor der Anreise telefonisch nachfragen oder sich auf der Internetseite informieren.

In Zeiten, in denen die internationale Reisemobil-Flotte immer größer wird, freie Stellplätze zunehmend gesperrt werden oder aus anderen Gründen wegfallen und man sich auf offiziellen Stellplätzen dicht an dicht auf Asphalt oder im staubigen Schotter drängelt, präferieren wir die von den Gemeinden betriebenen **Camping Municipal**. Meist haben diese eine wunderbare Lage, sind oft naturbelassen und verfügen über ausreichend Platz. Auch wenn die Plätze sehr einfach ausgestattet sind, werden sie unseren persönlichen Ansprüchen als Wohnmobilisten (wir haben schließlich WC und Dusche an Bord) gerecht und sind zudem preisgünstig beziehungsweise nur wenig oder gar nicht teurer als ein Stellplatz. Leider trennen sich mittlerweile viele Gemeinden von ihren Anlagen und Stellplatz-Gesellschaften werden in diesem Bereich zunehmend aktiv. Wer also keinen besonderen Luxus sucht und enge, Sardinendosen gleichende Stellplätze scheut, für den stellen die Camping Municipal eine Alternative dar *(www.camping-municipal.org).*

Offizielle Stellplätze:
Unser Reisegebiet ist auf Wohnmobilreisende eingerichtet und heißt sie willkommen! Allerdings sind die Park- und Übernachtungsmöglichkeiten oft reglementiert. Dies bedeutet nicht, dass Wohnmobile verboten sind, sondern dass diese an den dafür vorgesehenen Stellen abgestellt werden müssen.

Wenn wir im Text die Zufahrten zu Stellplätzen beschreiben, benutzen wir häufig die Formulierung „WOMO-Piktogramm“. Dieses kann sehr unterschiedlich ausfallen. Vom bekannten WOMO-Symbol mit oder ohne Ver- beziehungsweise Entsorgungszeichen über Schriftzüge von *Camping-Cars* bis *Aire de Camping* oder *Aire de Service* in unterschiedlichen Farben und Formen auf Holz- oder Blechschildern.

Die offiziellen Wohnmobil-Stellplätze reichen vom separaten Wohnmobil-Bereich auf einem profanen, wir bezeichnen dies als „einfachen“, Parkplatz bis zum voll ausgestatteten Stellplatz mit Ver- und Entsorgung, Strom, Sanitärbereich, Abfallbehälter und meist Platz für Tisch und Stühle (klappstuhlgeeignet) vor oder neben dem WOMO.

Die **kommunalen Stellplätze** sind zumeist kostenlos, für die Ver- und Entsorgung sowie Strom müssen Sie jedoch in den meisten Fällen bezahlen. Die Gebühren hierfür (1 – 5 €) sind genauso unterschiedlich wie die Art der Bezahlung, und man sollte immer etwas Bargeld wie auch eine Kredit- oder EC-Karte mit sich führen.

Das gilt auch für **privat betriebene Stellplätze**, deren Gesamtkosten ebenfalls in der Höhe sehr unterschiedlich ausfallen.

Manche Stellplätze setzen auf Jetons, die man in nahen Geschäften oder dem Office de Tourisme erwerben kann, oder favorisieren den Einwurf von Euromünzen, andere sind nur per Kreditkarte zahlbar. Auf einigen, mittlerweile sehr wenigen Plätzen erscheint der Platzwart zum Kassieren, bei den nächsten gibt es einen schlichten Parkscheinautomat, der entweder mit Münzen gefüttert werden möchte oder nur die Kreditkartenzahlung akzeptiert. Es gibt Schranken, freie Zufahrten, Ketten zum Ab- und wieder Einhängen und Poller, die nach Bezahlung und Einfahrt im Boden versinken und wieder hochfahren. Alle genannten Möglichkeiten sind zudem variabel, sodass wir darauf verzichtet haben, sie für die jeweiligen Stellplätze anzugeben. Letztendlich können wir Ihnen nur empfehlen, immer 1- und 2-Euro-

Münzen und ggf. etwas Bargeld in Form von Scheinen sowie unbedingt eine Kredit- und EC/Maestrokarte dabei zu haben.

Zusätzlich gilt, wie bei den Campingplätzen in der Hauptsaison, den gewünschten Stellplatz nie zu spät anzufahren, damit tatsächlich noch ein Plätzchen für Sie frei ist.

Immer häufiger werden Sie WOMO-Stellplätze der Betreibergesellschaft **Camping Car-Park** vorfinden. Dort muss man bei der Einfahrt auf die mit einer Schranke gesicherten Stellplätze zusätzlich zur Stellplatzgebühr einmalig eine aufladbare Zugangskarte *Carte PASS'ÉTAPES* für 5 € (Stand 2022) erwerben. Dafür sind jedoch Handynummer, Vor- und Nachname und gegebenenfalls die Email-Adresse anzugeben. Die Karte gilt lebenslang, ist in der App, am heimischen Computer oder vor Ort am Automaten aufladbar, berechtigt den Inhaber zur Nutzung etlicher über ganz Frankreich verteilter Stellplätze dieses Betreibers und inkludiert in den meisten Fällen die Ver- und Entsorgung wie auch den Strom – ein entsprechendes Kartenguthaben vorausgesetzt. Die Menüführung der Automaten wird auch in deutscher Sprache angeboten und über die Internetseite/App kann man sich vorab über freie Kapazitäten des jeweiligen Stellplatzes informieren und ihn gegebenenfalls reservieren *(www.camping-car-park.com)*.

Während der sehr frühen oder sehr späten Nebensaison, aber auch in den Wintermonaten kann die Ver- und Entsorgung schwierig werden, da V/E-Anlagen möglicherweise geschlossen sind. Zusätzlich möchten wir darauf hinweisen, dass einige der beschriebenen Stell- und Parkplätze bei Veranstaltungen und Festen gesperrt sein können, ohne dass wir dafür einen Hinweis an Sie weitergeben können.

Ungewöhnliche Stromverteilung

Häufig gibt es auf den Stellplätzen nur einen Stromanschluss direkt an der V/E-Station, der zudem nicht mit Bargeld, sondern mit Jetons betrieben wird. **Zur Stromversorgung sollte immer ein ausreichend langes Kabel dabei sein**, das unter Umständen über den halben Platz zum Wohnmobil verlegt werden muss. Wer besonders viel Pech hat, der wird die wenigen verfügbaren Steckdosen belegt vorfinden. Außerdem gibt es auf **Stell- und Campingplätzen** hin und wieder immer noch **Stromanschlüsse**, in die nicht die dicken, blauen CE-Stecker passen, sondern haushaltsübliche Stecker, die in Frankreich allerdings mit einem Loch ausgestattet sein müssen, da das Gegenstück für den Schutzleiter einen Stift entgegenstreckt. Diese Stecker erhält man bei uns in jedem Baumarkt. Notfalls funktionieren auch – allerdings ohne Schutzleiter – sogenannte Reisestecker, die gegebenenfalls auch auf einem Campingplatz notwendig sind.

Einreise- und Zollbestimmungen

Frankreich ist Mitglied des Europäischen Union, sodass Bürger aus der Bundesrepublik Deutschland, aus Österreich und aus der Schweiz für die Einreise einen gültigen Reisepass oder Personalausweis beziehungsweise eine Identitätskarte benötigen. Kinder müssen ein eigenes Ausweisdokument vorweisen. Für Aufenthalte über drei Monate ist eine Aufenthaltsgenehmigung zu beantragen.

Als Wohnmobilfahrer haben Sie natürlich einen europäischen Führerschein und den Fahrzeugschein dabei. Zu erwähnen ist, dass die deutsche Fahrerlaubnis mit 17 Jahren in Frankreich nicht gilt.

Angesichts der weltweiten **COVID-19-Pandemie** ändern sich die Einreisebestimmungen mit der Pandemielage gegebenenfalls. Bitte informieren Sie sich über die aktuellen Bestimmungen auf den Seiten des Auswärtigen Amts der Bundesrepublik Deutschland und zusätzlich auf der Webseite des französischen Außenministeriums *(www.auswaertiges-amt.de oder www.diplomatie.gouv.fr/de/neuigkeiten/coronavirus-covid-19/)*

EU-Bürger dürfen Gegenstände und Güter auf Reisen und für den privaten Gebrauch so viel einkaufen und mitnehmen wie sie möchten, sofern die Waren für den persönlichen Bedarf und nicht für den Weiterverkauf bestimmt sind. Einschränkungen gibt es bei folgenden Produkten: 800 Zigaretten oder 400 Zigarillos oder 200 Zigarren oder 1 Kilogramm Rauchtabak, 10 Liter hochprozentige Spirituosen, 20 Liter mit Alkohol angereicherter Wein, 90 Liter Wein (davon höchstens 60 Liter Schaumwein), 110 Liter Bier, 10 Kilogramm Kaffee, 20 Liter Treibstoff im Ersatzkanister *(www.europa.eu, Stand 2022).*

Essen und Trinken/Restaurants

Zunächst sei erwähnt, dass Frankreich als Land der Gourmets bekannt ist!

Diese Erkenntnis beinhaltet, dass in Lebensmittelgeschäften, Bäckereien, auf Märkten und in großen Supermärkten alles angeboten wird, was der Mensch zum Überleben benötigt, und alles, was Herz, Seele und Magen zusätzlich begehren.

Es gibt fast nichts, was es nicht gibt, und das Preisgefüge ähnelt dem in Deutschland, vielleicht liegt es in den Tourismushochburgen und in der Hauptsaison geringfügig höher.

Außer in den großen **Supermärkten**, die meist an den Ortsrändern der Ortschaften zu finden sind, erhält man Backwaren und feine Konditoreierzeugnisse in der ***Boulangerie-Pâtisserie***, Fleisch- und Wurstwaren in der ***Boucherie/Charcuterie***, Meeresprodukte in der ***Poissonerie*** und das mit der Bezeichnung ***Épicerie*** geführte Geschäft lässt sich am besten mit einem minimalistischen „Tante-Emma-Laden“ vergleichen.

Ein besonderes Einkaufsvergnügen bieten natürlich die ***Marchés*** (Wochenmärkte), die sowohl in der Stadt als auch auf dem Land zu finden sind. Kleinere Märkte bestehen manchmal nur aus einer Handvoll weißer Transportwagen, aus denen die Waren, meist Lebensmittel regionaler Anbieter, heraus verkauft werden. Größere Märkte finden unter vielen bunten Marktschirmen oder noch in mittelalterlichen Markthallen statt und es wird so ziemlich alles für den täglichen Bedarf angeboten: Obst, Gemüse, Fleisch, Käse, Fisch, Blumen, Haushaltsartikel, Kleintiere und Kleidung. Traditionell hält jede kleinere oder größere Stadt wenigstens einmal in der Woche einen Markttag ab und es ist immer wieder ein wunderbares Erlebnis, wenn uns die Düfte von reifen Käsesorten, Kräutern sowie frischem Brot in die Nase steigen oder der Anblick von Meeres-

früchten einem das Wasser im Munde zusammenlaufen lässt. Zu Beginn unserer Touren haben wir jeweils eine Auswahl von Märkten an der betreffenden Reisestrecke angegeben. Die Aufzählung hat keinen Anspruch auf Vollständigkeit, doch bei den örtlichen Office de Tourisme oder unter *www.jours-de-marche.fr* (nach Départements und Postleitzahlen geordnet) sind ziemlich umfassende Verzeichnisse erhältlich.

Haben wir früher noch Vollkornbrot auf Reisen mitgenommen, so versorgen wir uns heute damit ab und zu auf den Märkten, um eine zusätzliche Abwechslung zum ansonsten großen Angebot der verschiedensten Brotsorten zu erhalten. Dabei geht nach wie vor nichts über ein frisches französisches Baguette oder herrlich luftige und trotzdem vor Butter strotzende Croissants!

Im Val de Loire wachsen in den Gemüse- und Obstgärten köstliche Produkte wie Spargel *(Asperge)* aus der Sologne oder Feldsalat aus Nantes *(Mâche Nantaise)*, der sogar über die geschützte geografische Herkunftsbezeichnung *Le bassin de l'Estuaire de la Loire,* das Becken der Loire-Mündung, verfügt. Aber auch andere Gemüsesorten wie Lauch *(Poireaux)*, Rote Beete *(Betteraves)*, Zwiebeln *(Oignons)* und Rübchen *(Navets)* und viele Obstsorten, in erster Linie Äpfel *(Pommes)* und Birnen *(Poires)*, gedeihen hier. Zum feinen Gemüse passt zum Beispiel Geflügel *(Volailles)* aus dem Orléanais, Fleisch *(Viande)* von der Rinderrasse *Rouge des Prés* oder Lamm *(Agneau)* aus der Touraine. Auch Schnecken *(Escargot)* finden den Weg in die Küche und werden frisch, als Terrine oder als Cassolette verspeist. Erwähnung müssen die *Fouaces*, kleine garnierte, im Ofen gebackene Brote, und die überall und immer wieder anders zubereiteten *Rillettes* aus Schweinefleisch ebenso finden, wie die *Crémet d'Anjou*, eine leichte Creme aus Quark und Schlagsahne, oder der *Gâteau Nantais* aus Mandeln, Butter und Rum wie auch die *Quernon d'Ardoise*, die süßen Schoko-Krokant-Täfelchen aus Angers. Die berühmte *Sauce au beurre blanc* passt perfekt zu Loire-Fischen wie Zander *(Sandre)* und Hecht *(Brochet),* aber auch zu fangfrischen Forellen (*Truite)* und je näher wir dem Meer kommen, desto umfangreicher wird das Angebot an Meeresfrüchten. Dazu gehören Austern (*Huîtres)*, die meist mit einer Sauce aus Schalotten und Apfelessig oder mit Zitrone gereicht werden, aber auch Miesmuscheln (*Moules)*, Garnelen (*Crevettes)*, Taschenkrebse (*Tourteaux)*, Jakobsmuscheln (*Coquilles Saint-Jacques)*, Hummer (*Homard)* und andere Schalentiere.

In den meisten Restaurants steht mindestens ein vegetarisches Gericht auf der Karte. Besonders in den größeren Städten finden sich Restaurants mit internationaler Küche und die Einkehr in Crêperien oder Bistros enttäuscht fast nie. Wen zwischendurch der kleine Hunger überkommt, der findet Sandwiches im Supermarkt, Pizza oder Quiche aus der Bäckerei, Kuchen und kleine Gerichte wie *Croque Monsieur*, überbackenes Weißbrot mit gekochtem Schinken und Käse, im Salon de Thé.

Seit 2010 gehört die französische Küche zum **immateriellen Weltkulturerbe** der UNESCO. Dabei ist nicht die Küche pauschal beurteilt worden, sondern unter anderem die Verwendung von vorzugsweise lokalen Produkten, die gekonnte Auswahl der Speisen, die die Vielfalt der französischen Regionen widerspiegelt, die Ästhetik der Tafel und die Speisefolge.

Diese besteht aus einem Ritual, das mit einem Aperitif beginnt und mit einem Digestif endet. Dazwischen gibt es mindestens drei oder vier Gänge: Vorspeise (*Entrée)*, Hauptspeise (*Plat)*, Käse (*Fromage)*, Dessert (*Dessert)*. Natürlich gehört in einer der bekanntesten französischen Weingegenden wie der Loire ein Glas Wein zu einem guten Essen. Wer möchte, kann natürlich auch ein Bier oder etwas Antialkoholisches ordern.

Bei einem **Restaurantbesuch** schlägt ein durchschnittliches 3-Gänge-Menü mit mindestens 15 – 35 Euro pro Nase zu Buche. Hierbei ist zu erwähnen, dass diese Angabe in den meisten Fällen für ein Mittagsmenü gilt. Im Allgemeinen ist das abendliche Menü teurer und ein edleres Ambiente sorgt für einen weiteren Preisaufschlag. Dann können Sie locker das Doppelte und in Gourmetrestaurants mit einer nach oben fast offenen Preisskala rechnen. Das Preisgefüge liegt in den touristisch gut erschlossenen Orten erwartungsgemäß insgesamt höher als in den ruhigeren Regionen oder aber auch in den größeren Städten, in denen mittags von den Büroangestellten bis zu den Studierenden viele außer Haus essen gehen. Zusätzlich möchten wir erwähnen, dass auch auf dem Land viele Einheimische oftmals während der Mittagszeit in Gaststätten einkehren. Dort, wo beispielsweise viele Handwerkerwagen vorzufinden sind, wird im Allgemeinen eine preiswerte Hausmannskost angeboten. Schrauben Sie Ihre Ansprüche allerdings nicht zu hoch, denn manchmal kann das Mittagsmahl auch zum wenig ansprechenden *menu surprise* werden.

Selbstverständlich wird kein Gast zu einem Menü gezwungen, doch ein À-la-carte-Essen lohnt nur, wenn es unter dem Strich tatsächlich günstiger als ein vollständiges Menü ausfällt und das passiert äußerst selten. Eine „abgespeckte“ und entsprechend leicht günstigere Menü-Alternative bieten viele Lokale zur Mittagszeit, in dem zum Beispiel Vorspeise und Hauptgericht oder Hauptgericht und Nachspeise kombinierbar sind.

Wir möchten darauf hinweisen, dass unsere Restaurantempfehlungen nicht unbedingt die günstigsten Angebote beinhalten oder auf die größten Mengen auf dem Teller hinweisen, sondern vielmehr die Qualität der angebotenen Speisen beurteilen. Vermutlich gibt es preisgünstigere Einkehrmöglichkeiten, aber wir gehen lieber einmal weniger essen und geben dafür etwas mehr Geld aus, können uns aber dafür ziemlich sicher sein, dass wir eine vernünftige und vor allen Dingen dem Preis angemessene Mahlzeit in einer angenehmen Atmosphäre erhalten.

Ein wenig sparen können Sie, wenn Sie es den Franzosen nachmachen und anstatt einer Flasche Mineralwasser einfach eine Karaffe Wasser ordern (*une carafe d'eau, s'il vous plaît*). Sie bekommen dann lediglich das örtliche Leitungswasser kredenzt, schonen jedoch je nach persönlichem Konsum und Mineralwassermarke Ihre Urlaubskasse beträchtlich.

Ein richtiger Lichtblick ist die Kinderfreundlichkeit, denn viele Gastronomen bieten ein günstiges Menü für Kinder an, wenn diese gerade mal nicht auf Pommes oder Crêpes stehen.

Sollten Sie nicht gleich mit Öffnung des Restaurants am Tisch sitzen wollen, dann empfiehlt sich unbedingt eine **Reservierung**. Wenn Sie der französischen Sprache nicht mächtig sind, dann reservieren Sie einfach über die Webseite der entsprechenden Lokalität. Die Internetadressen der von uns genannten Restaurants haben wir, soweit sie uns bekannt sind, angegeben, oder Sie nutzen die Möglichkeit die Michelin-App. Diese, alternativ ist der rote Michelin-Restaurantführer in gebundener Form zu nennen, kann auch offline genutzt werden und im online-Modus den Weg zum gewünschten Restaurant aufzeigen sowie eine Tischreservierung aus dem Programm heraus möglich machen.

In Frankreich ist die Bedienung im Preis inbegriffen, doch zwischen fünf und zehn Prozent Trinkgeld sind je nach Zufriedenheit durchaus angemessen. Wir haben dies nach unseren Restaurantbesuchen gern zurückgelassen, wurden wir doch in unseren Erwartungen an Küche und Service meist nicht enttäuscht. Bis auf wenige Ausnahmen hat uns alles geschmeckt, aber die unglaubliche Vielfalt der Zubereitungsarten und das Arrangement der Speisen hat uns jedes Mal überrascht.

Fest- und Feiertage

Banken, Behörden und die meisten Geschäfte, aber auch fast alle Sehenswürdigkeiten und Museen haben an lokalen Festtagen sowie an folgenden Tagen geschlossen:

1. Januar Neujahr *(Jour de l'an)*, Ostermontag *(Lundi de Pâques)*, 1. Mai Tag der Arbeit *(Fête du travail)*, 8. Mai Tag des Waffenstillstandes 1945 *(Armistice 1945)*, Christi Himmelfahrt *(Ascension)*, Pfingstsonntag und -montag *(Dimanche-/ Lundi de Pentecôte)*, 14. Juli Nationalfeiertag *(Fête Nationale)*,15. August Maria Himmelfahrt *(Assomption)*, 1. November Allerheiligen *(Toussaint)*, 11. November Tag des Waffenstillstandes 1918 *(Armistice 1918)*, 25. Dezember 1. Weihnachtsfeiertag *(Noël)*.
Karfreitag und der 2. Weihnachtsfeiertag gehören nur im Elsass zu den Feiertagen, der 6. Januar (Heilige Drei Könige) und Fronleichnam sind in Frankreich keine Feiertage.

Freies Übernachten/Parken

Das einmalige Übernachten auf öffentlichen Plätzen ist in Frankreich erlaubt.

Natürlich sind örtliche Einschränkungen zu beachten und ein campingähnliches Verhalten, wie beispielsweise Markise ausfahren, Tisch und Stühle aufstellen, Grillen und Wäsche aufhängen, zu unterlassen.

Soweit die Theorie – in der Praxis stellt sich eher die Frage, ob Sie von der örtlichen Obrigkeit behelligt oder gar zur Kasse gebeten werden. Uns ist das allerdings nicht ein einziges Mal passiert! Die generelle Legalität spielt in der Praxis also keine Rolle. Nach unseren Erfahrungen kann man mit etwas Sensibilität dort stehen, wo es nicht ausdrücklich verboten ist
Die Thematik der klassischen **freien (kostenfreien) Stellplätze**, die in diesem Reiseführer als WOMO-Parkplätze bezeichnet werden, wird allerdings in Zeiten zunehmender Wohnmobilkolonnen immer schwieriger und man sollte bei der Auswahl „seines" Platzes schon ein gewisses Maß an Fingerspitzengefühl an den Tag legen! So kann es vorkommen, dass einige der von uns genannten Parkplätze an Sehenswürdigkeiten oder in Städten je nach aktueller Situation nicht nur zum Parken, sondern gegebenenfalls durchaus auch einmal zum Übernachten, also als WOMO-Parkplatz, geeignet sind. Sollten Sie unsicher sein oder sich der Parkplatz zum Beispiel auf privatem oder kommunalem Grund befinden, dann sorgt eine kurze Nachfrage vor Ort meist für Klarheit.

Wir haben bei der Angabe von **Max. WOMOs** bei den freien Plätzen stets die Anzahl angegeben, die wir für verträglich halten, um niemanden durch eine zu große Ansammlung von Reisemobilen zu verärgern oder zu stören. Nichtsdestotrotz werden sie auf Örtlichkeiten treffen, wo gerade in der Hauptsaison sehr viel mehr Wohnmobile anzutreffen sind, weil die Aussicht, der Strand und das übrige Drumherum einfach zu schön sind.

Aber mal ganz ehrlich, wenn wir uns jetzt einfach dazustellen, womöglich auch noch in zweiter Reihe oder dicht an den Nachbarn gequetscht, dann ist der Sinn und vor allem der Reiz des freien Stellplatzes nun wirklich verschwunden und noch schlimmer, die favorisierte Stellplatzmöglichkeit wird über kurz oder lang von offizieller Stelle verboten werden! In solchen Fällen fahren wir weiter und suchen den nächsten Stell- oder Campingplatz auf. **Für längere Aufenthalte über zwei Nächte empfehlen wir ohnehin die offiziellen Stell- und Campingplätze.**

Fahren Sie nach einer oder mehrerer der inzwischen fast obligatorischen Stellplatz-Apps? Wir tun das selbstverständlich ebenfalls und orientieren uns an dem schier unerschöpflich erscheinenden Angebot. Wir studieren Fotos, Koordinaten und die Kommentare der Nutzer – vermutlich genau wie Sie. Aber wir wählen zusätzlich für Sie aus! Wir trennen die Spreu vom Weizen, schauen nach, ob es nicht vielleicht doch eine Höhenbarriere gibt oder die Zufahrt zu eng, zu lang, zu schlecht und schlammig sein könnte. Passt das Umfeld, wie ist der Untergrund oder gibt es vielleicht doch eine unerwähnte Einschränkung? Soweit es sich um anderweitig veröffentlichte Plätze geht, haben wir nur diejenigen in dieses Buch aufgenommen, die wir tatsächlich für geeignet halten, und warnen Sie gegebenenfalls auch einmal vor einem bestimmten Platz. Nichtdestotrotz können auch diese Angaben bei der nächsten Reise schon wieder überholt sein. Zudem gibt es, zumindest vorübergehend, noch Plätze, die Sie nur bei uns finden.

Wir haben die Plätze im Allgemeinen sauber sowie ordentlich vorgefunden und diese auch so wieder verlassen. Es wäre schön, wenn das so bliebe und wir bitten deshalb alle Leser und vor allen Dingen die Nutzer der freien Stellplätze ganz herzlich, sich so zu verhalten, dass niemand uns Alt- und Neucampern, Vanlifern, Kastenwagenfahrern, Pkw-Fahrern mit Zeltdach, kurz gesagt, der gesamten Wohnmobilisten-Community mit und ohne Klo von ganz kleinen bis ganz großen Fahrzeugen zürnen kann! Es wäre schade, wenn Reisemobile jeglicher Couleur in Zukunft auf freien Stellplätzen an der Loire und in allen anderen Regionen nicht mehr gern gesehen würden.

Manchmal sind wir auf Schilder mit der Aufschrift *Camping interdit* (Camping verboten), *Camping et caravaning interdit* (Camping und Caravaning verboten) oder *Camping sauvage interdit* (Wildes Camping verboten) gestoßen und sind uns nicht sicher, ob damit auch Wohnmobile gemeint sind und/oder lediglich die Nutzung von Sitzmöbeln, Markisen, Keilen, Grillen gemeint ist. Französische Reisemobilisten ignorieren oft dieses Verbot im Allgemeinen, von dem sie meinen, dass es nur Zelte beträfe, und scheinen damit Erfolg zu haben. Wir haben es ihnen von Zeit zu Zeit in der Nebensaison und mit einem kleinen schlechten Gewissen nachgemacht, müssen aber auch eindeutig sagen, dass wir ein leider immer häufiger anzutreffendes Verbot für Wohnmobile (*Camping-Cars interdit*) immer akzeptiert haben.

Bei einigen der genannten Parkplätze werden Sie bemerken, dass das Parken nur für Pkw zulässig beziehungsweise für Lkw verboten ist. Auf Nachfrage bei den zuständigen Stellen haben wir regelmäßig die Auskunft erhalten, dass mit den jeweiligen Schildern lediglich das Abstellen von Lkw unterbunden werden soll und Wohnmobile dort parken dürfen (siehe auch unter „Straßenverkehr"). Das beruhigte uns sehr, denn sonst hätten wir den einen oder anderen Ort mit dem Wohnmobil gar nicht besuchen können! Wir empfehlen denjenigen, die diese Auskunft als zu vage oder nicht gesetzeskonform ansehen, bei den entsprechenden Fremdenverkehrsbüros gezielt nachzufragen und sich zu vergewissern, ob das Parken mit dem Wohnmobil erlaubt ist.

Generell sollten Sie an allen Orten (auch auf offiziellen Stell- und Campingplätzen sowie Parkplätzen) so einparken, dass Sie nicht zugeparkt werden und den Parkplatz ohne Rangiermanöver und im besten Fall vorwärts verlassen können.

Diesen Hinweis möchten wir Ihnen insbesondere nach den **Wald- und Flächenbränden** im Jahr 2022 in allen Teilen Frankreichs und Europas unbedingt ans Herz legen. Die Polizei schreitet in feuergefährdeten Bezirken ohnehin gegen „wildes" Campieren ein. Aber auch wenn Sie nicht vertrieben werden, stellen Sie sich niemals so, dass sie keine Fluchtmöglichkeit haben. Aus eigener leidvoller Erfahrung wissen wir, wie schnell ein

Wohnmobil nur durch die immense Hitzeentwicklung eines nahen Flammenherdes in Brand geraten kann und wie schnell vom mobilen zweiten Zuhause nichts mehr übrig ist. Sollten Sie während extremer Trocken- oder Regenperioden in der Nähe der Flussufer parken, achten Sie bitte auf heranziehende Unwetter, damit sie nicht von eventuell auftretenden **Überschwemmungen** überrascht werden.

Es kann sein, dass sich ein Stellplatz im Sommer anders darstellt als in den übrigen Jahreszeiten. Da wir uns in der freien Natur aufhalten, **sind Unterlegkeile zum Ausgleich von Bodenunebenheiten hilfreich!**

Lassen Sie sich nicht von der Nähe einiger unserer Plätze zu den Straßen abschrecken! Meist ruht der Straßenverkehr nachts völlig und wir haben dort störungsfreie Nächte verbringen können. Sollte eine Geräusch- oder Geruchsbelästigung soweit uns bekannt nicht auszuschließen sein, weisen wir im Text gesondert darauf hin.

Gas/Tanken

Mittlerweile verfügen fast alle Wohnmobile über zwei 11 kg-Gasflaschen, mit denen man, ohne zu heizen beinahe einen ganzen Sommer lang verreisen kann.

Bei Gasknappheit hilft eine französische Gasflasche. Der einfache Tausch einer deutschen Gasflasche, wie wir ihn in Deutschland beispielsweise bei einem Camping-Zubehörgeschäft regelmäßig vornehmen, gegen eine französische Flasche ist nicht möglich.

Stattdessen haben wir, nachdem uns bei längeren Frankreich-Aufenthalten das Gas ausging, verschiedene Gasflaschen von verschiedenen Anbietern ausprobiert und möchten Sie an unseren Erfahrungen teilhaben lassen. In den Gasflaschenauszug unseres vorherigen Wohnmobils passten **silber-blaue 13 kg-Gasflaschen** der Firma Butagaz als auch **lilafarbene 11 kg-Gasflaschen** der Firma Clairgaz, die nicht häufig und wenn, dann vorwiegend bei E. Leclerc angeboten werden (Stand Mitte 2022 etwa 32 €). Bei der lilafarbenen Flasche ist unter Umständen der Umfang des Metallkragens am oberen Ende der Flasche zu berücksichtigen. Die Flaschen enthalten Propangas und sind beispielsweise an den Tankstellen vieler Supermärkte zu finden. Zur Nutzung der **silber-blauen Flasche wird auf jeden Fall der Euro-Adapter Nr. 4**, ein spezielles Anschlussstück, benötigt. **Die lilafarbene Flasche ist ohne Adapter** zu nutzen.

Am besten erwirbt man ein Euro-Adapter-Set schon zu Hause, da es in Frankreich nicht immer vorrätig ist und man sich zusätzlich bereits vor Antritt der Reise mit der Handhabung vertraut machen kann. Da das Set aus mehreren Adaptern besteht, deckt man gleich noch die Anschlussfrage für andere europäische Länder ab. Wenn die französische Gasflasche leer ist, kann sie innerhalb Frankreichs, wie auch bei unserem deutschen Tauschsystem, gegen eine volle Flasche getauscht werden, oder man gibt sie überall dort ab, wo die Marke der zuvor erworbenen Flasche angeboten wird. Nach dieser positiven Erfahrung fahren wir auch in der kühleren Jahreszeit sehr viel entspannter nach Frankreich!

Außerdem gibt es die blauen 2,75 und 5 kg-Gas Campingaz Flaschen, die auf vielen Campingplätzen sowie in Supermärkten erhältlich sind und in Ihren Gasflaschenkasten passen sollten. Zudem ist an fast allen Tankstellen, in Supermärkten und in Baumärkten eine große Auswahl weiterer Gasflaschen erhältlich. In diesem Fall können wir Ihnen jedoch nicht mit eigenen Erfahrungen behilflich sein und müssen uns auf „Hörensagen" beschränken. Danach benötigen auch all diese Flaschen einen entsprechenden Adapter und man sollte bei der Rückgabe der Flaschen aufpassen, da angeblich nicht jede Supermarktkette die Gasflaschen der anderen Kette zurücknimmt oder tauscht. Auf jeden Fall sollten der Kassenbeleg für die Füllung und das Flaschenpfand gut aufgehoben werden, da ohne den Bon bei der Rückgabe gar nichts laufen soll.

Zu erwähnen ist, dass viele Flaschen mit Butangas (zum Beispiel rotfarbene Flasche von Clairgaz butane) gefüllt sind, während wir im Sommer in Deutschland meist Propangas verwenden.

Besitzer von Wohnmobilen mit festem **Gastank** oder mit **Gastankflasche** sind in Frankreich vergleichsweise gut dran, da das Gas-Tankstellennetz relativ dicht ist. Auch hier ist für das Betanken ein Adapter notwendig, der bereits zu Hause im Campingfachhandel erworben werden kann. Gas-Tankstellen sind am Schild G. L. P. zu erkennen.

Nach dem 1.1.2007 erstmals zugelassene Fahrzeuge müssen in der EU mit einer Schlauchbruchsicherung oder dem Strömungswächter Monocontrol oder Duocontrol CS, beide von Truma und Nachfolger von SecuMotion, ausgerüstet sein und serienmäßig eine Schlauchbruchsicherung beziehungsweise einen Crashsensor enthalten. Dieser Regler ist am Fahrzeug montiert, und Sie benötigen, falls Sie eine ausländische Gasflasche einsetzen, passende Anschlussschläuche *(www.truma.com)*.

Das französische **Tankstellennetz** ist unterschiedlich dicht. Beachten sollte man, dass viele Tankstellen an Sonn- und Feiertagen geschlossen haben und an denen mit dem „24/24"- Zeichen nur per Automat und mit Kreditkarte getankt werden kann. Häufig werden EC/Maestro-, aber hin- und wieder auch Kreditkarten nicht akzeptiert (siehe auch unter „Geld") und allein schon deswegen, sollte man nie „mit dem letzten Tropfen" zur Tankstelle fahren!

Das Preisgefüge zwischen einzelnen Tankstellen schwankt gewaltig. So ist das Tanken an der Autobahn am teuersten, während die normalen Tankstellen im Schnitt zehn Cent günstiger sind und die Zapfsäulen an großen Supermärkten den Dieselpreis (*gazole*) nochmals um rund zehn Cent unterbieten.

Geld

Offizielles Zahlungsmittel in Frankreich ist der Euro. Es gibt überall Geldautomaten, an denen Sie, unter Umständen gegen eine Gebühr, mit der Giro- (auch V-Pay) oder Kreditkarte Bargeld abheben können. In Frankreich ist es üblich, auch kleinere Geldbeträge mit der Kreditkarte zu zahlen, vorwiegend mit der VISA-Card, da diese die größte Akzeptanz besitzt.

Vorsicht ist bei dem Begriff *carte bancaire* geboten, denn oft meinen die Franzosen mit dieser Bezeichnung die Kreditkarte und nicht die GiroCard. Ein weiterer Unterschied besteht darin, dass französische Kreditkarten mit einem Chip versehen sind (so wie die GiroCard). Eigentlich sollten mittlerweile alle deutschen Kreditkarten auf dieses System umgestellt worden sein, doch einige besitzen diesen Chip noch immer nicht und daher können beim Zahlen mit Kreditkarte ohne Chip Probleme auftreten. Wir haben schon an Tankstellen die Kredit- und Girokarten aller Mitfahrenden ausprobiert, bis schließlich eine den ersehnten Diesel in den Tank sprudeln ließ.

Mit der GiroCard können Sie inzwischen auch häufig Ihre Zeche im Restaurant oder Ihren Einkauf in verschiedenen Geschäften begleichen, Ihren Dieseltank füllen und in seltenen Fällen sogar die Autobahnmaut bezahlen.

Dummerweise funktioniert sie aber nicht flächendeckend, weshalb wir Ihnen unbedingt zu einer VISA-Karte raten.

Streng genommen ist die VISA-Card für Frankreich unverzichtbar, weil Sie zahlreiche Zahlungsvorgänge sonst gar nicht (beispielsweise an Stellplätzen) oder nur schlecht (an Autobahnen) vornehmen können!

In der Regel werden beim Abheben von Bargeld am Automaten zwei Prozent des Betrages beziehungsweise mindestens fünf Euro Gebühr berechnet. Genauere Auskünfte erhalten Sie bei Ihrem Kreditinstitut.

Für den Fall, dass Ihre Giro- oder Kreditkarte abhandenkommt, melden Sie den Verlust umgehend telefonisch bei der kartenausgebenden Bank und lassen Sie die Karte sperren. In Deutschland gibt es zudem für Kartensperrungen eine zentrale **Sperrhotline**, die für fast alle deutschen Banken zuständig ist. Unter der Telefonnummer +49 116116 können Sie Tag und Nacht anrufen und den Verlust somit umgehend melden. Das ist insofern wichtig, weil nur dann die im Kredit- oder Giro-Kartenvertrag enthaltene Versicherung zahlt, falls ein Spitzbube mit ihrer Karte Missbrauch betreibt *(www.sperr-notruf.de)*.

Geschichte

Auf unserer Reise über Paris und entlang der Loire werden wir oft genug an Frankreichs Geschichte erinnert. Für den besseren Überblick führen wir nachstehend die wichtigsten Daten und Ereignisse auf:

Um 1000 v. Chr. Erste Ansiedlungen durch die Kelten.
58 – 52 v. Chr. Eroberung durch die Römer. Die Herrschaft dauerte gut 300 Jahre an.
5. – Anfang 9. Jh. Die Franken breiten sich aus, gründen das Fränkische Reich, das unter Karl dem Großen über ganz Westeuropa reicht.
843 Das Fränkische Reich zerfällt in drei Teile. Westfrankreich entspricht in etwa dem heutigen Frankreich.
9. Jh. Die Normannen kommen die Loire hinauf und verwüsten das Land.
Um 1000 Frankreich ist in zahlreiche Fürstentümer zersplittert. Die Krondomäne, der Landbesitz des Königs, umfasst lediglich die Île de France. Die Kapetinger machen neben Paris und Chartes auch Orléans zur Hauptstadt.
987 – 1040 Fulko Nerra ist Graf von Anjou.
1137 – 1180 Regierungszeit Louis VII.
1137 Hochzeit Louis VII. mit Eleonore von Aquitanien, die Krondomäne reicht nun bis zu den Pyrenäen.
1152 Annullierung der Ehe zwischen Louis VII. und Eleonore, die Henri II. Plantagenet, Herzog der Normandie, Graf von Anjou und später König von England heiratet.
1189 – 1199 Henri II. Plantagenet stirbt in Chinon und sein Sohn Richard Löwenherz tritt die Nachfolge an. Eleonore regiert während des Kreuzzuges und der Gefangenschaft ihres Sohnes.
1180 – 1223 Regierungszeit Philipp II. Auguste, der das Anjou für die Krone erobert.
1226 – 1270 Regierungszeit Louis IX., während seines Kreuzzugs regiert Blanca von Kastilien.
1285 – 1328 Nach dem Tod Philipp IV., dem letzten Kapetingerkönig, stürzt das Reich in eine Krise, mehrere Thronfolger wechseln sich ab und auch Charles IV. bleibt ohne männliche Nachkommen. Thronfolger wird Philipp VI. aus dem Hause Valois.
1337 Edward III. von England, Enkel Phillip IV., beansprucht die Krone ebenfalls und erklärt Philipp VI. den Krieg, der unter anderem für den Hundertjährigen Krieg (1339 – 1453) zwischen Frankreich und England verantwortlich war. Die Region Anjou wird zum Kriegsschauplatz.

1359 Aquitanien und die Normandie werden an Eduard von England abgetreten und Frankreich wird in die Grenzen der alten Kapetinger-Monarchie gedrängt.

1417/18 Die Engländer erobern die Normandie.

1422 – 1461 Regierungszeit Charles VII. Die Engländer sind in Paris, der Thronfolger hat die Stadt verlassen und regiert von Loches und Chinon aus.

1429 Jeanne d'Arc befreit Orléans von der englischen Besatzung und führt Charles VII. zur Krönung nach Reims.

1431 Prozess und Hinrichtung von Jeanne d'Arc in Rouen.

1437 Charles VII. zieht feierlich in Paris ein, residiert jedoch weiter an der Loire.

1461 – 1483 Regierungszeit Louis XI. aus dem Hause Valois, regiert vorwiegend aus einem Château bei Tours.

1483 – 1498 Regierungszeit Charles VIII., der in Amboise residiert.

1491 Charles VIII. heiratet Anne de Bretagne in Langeais. Das letzte selbstständige Herzogtum, die Bretagne, gehört nun zu Frankreich.

1498 – 1515 Regierungszeit Louis XII., der die Witwe seines Vorgängers, Anne de Bretagne, heiratet und in Blois residiert.

1515 – 1547 Während der Renaissance folgt Leonardo da Vinci der Einladung François I. nach Blois, die Schlösser in Blois, Chambord und Fontainebleau, entstehen. François I. unterliegt Karl V. bei der Kaiserwahl.

1547 – 1598 Regierungszeit Henri II., Thronfolger wird François II., der 15-jährige Ehemann von Maria Stuart. Deren Onkel, die Herzöge von Guise, regieren das Land und leiten Repressionen gegen die Hugenotten ein. Während der gescheiterten Verschwörung von Amboise versuchen die Hugenotten, den König zu entführen, um den Einfluss der Herzöge zu brechen. Die Verschwörer werden in einem Blutbad niedergemetzelt. Nach dem Tod François II. besteigt sein Bruder Charles IX. den Thron. Die Regierung übernimmt die Mutter Katharina von Medici. Zwischen Katholiken, Hugenotten und Königshaus, die wechselnde Bündnisse eingehen, wüten acht Hugenottenkriege.

1572 Am 22. August sind die Führer der Hugenotten samt Gefolge anlässlich der Hochzeit Margarete von Valois mit dem Protestanten Heinrich von Navarra in Paris zu Gast. In dieser als Bartholomäusnacht in die Geschichte eingegangen Nacht werden 3.000 Hugenotten in Paris und 10.000 weitere in den Provinzen ermordet.

1574 Henri III. flieht vor dem mächtigen Herzog von Guise aus dem Louvre nach Blois und lässt den Rivalen 1588 in Blois ermorden. Zwischenzeitlich sammeln sich die Hugenotten unter dem nächsten Thronanwärter Heinrich von Navarra und 1589 vereinen Henri III. und Heinrich ihre Truppen gegen Philipp von Spanien, der die Hugenotten besiegen will.

1589 – 1610 Regierungszeit Henri IV, den wir eben noch als Heinrich von Navarra kannten, eint das Reich. 1593 tritt er zum Katholizismus über, erreicht 1598 einen Friedensvertrag zwischen Spanien und Frankreich und gewährt mit dem Edikt von Nantes den Hugenotten begrenzte Religionsfreiheit.

1610 – 1643 Louis XIII. aus dem Haus der Bourbonen und Kardinal Richelieu setzen die absolute Monarchie durch.

1643 – 1715 Regierungszeit Louis XIV., der Sonnenkönig. In diese Zeit fällt die absolutistische Herrschaft und Prunkentfaltung.

1685 Aufhebung des Edikts von Nantes, das die Flucht der Hugenotten aus Frankreich bewirkt und damit den wirtschaftlichen und kulturellen Niedergang von Saumur, Blois und Tours einläutet.

1789 – 1799 Französische Revolution, in deren Verlauf das Bürgertum zur größten politischen Macht wird. An der mittleren Loire bleibt es verhältnismäßig ruhig, doch in Nantes wütet der Terror umso mehr. Die Hin-

richtung des Königs in Paris erregt die Royalisten und 1793 – 1795 besetzen sie während der Vendée-Kriege das Anjou, sie werden jedoch bei Saint-Nazaire vernichtend geschlagen.
1804 – 1815 Erstes Kaiserreich unter Napoléon Bonaparte.
1815 – 1940 In dieser Zeit wird die Monarchie wiederhergestellt, durch die Juli-Revolution abgeschafft und durch die bürgerliche Monarchie ersetzt. Es entsteht die Zweite Republik und danach das Zweite Kaiserreich, das nach dem Deutsch-Französischen Krieg mit der Gefangenschaft des Kaisers und mit dem Ausrufen der Dritten Republik endet.
1914 – 1918 Erster Weltkrieg.
1939 – 1945 Zweiter Weltkrieg, in dem die Städte an der Loire verwüstet werden.
1946 Vierte Republik.
1958 Fünfte Republik.
1963 Das erste französische Atomkraftwerk geht in Chinon ans Netz.
1972 Frankreich wird in 27 Regionen gegliedert. Das östliche Loire-Tal gehört zur Region Centre und das westliche Loire-Tal zur Region Pays de la Loire.
2000 Die Loire wird zum UNESCO-Welterbe erklärt.

GPS/Navigation

Die Navigation per GPS-Gerät gehört zum Alltag und wird nahezu in jedem Wohnmobil genutzt. Auf unseren Recherchetouren haben uns zum einen die Garmin-Navigationsgeräte, aber auch das im Wohnmobil festverbaute Radio-Navigationsgerät sicher zu unseren Zielen geführt, zum anderen nutzen wir vermehrt ein Android-Tablet und navigieren beispielsweise mit **Google-Maps** oder **VIAMICHELIN** online. Dies hat den Vorteil, dass bei entsprechender Einstellung aktuelle Straßen- und Verkehrsverhältnisse sofort sichtbar sind oder wir zum Beispiel auf Sehenswürdigkeiten hingewiesen werden können.

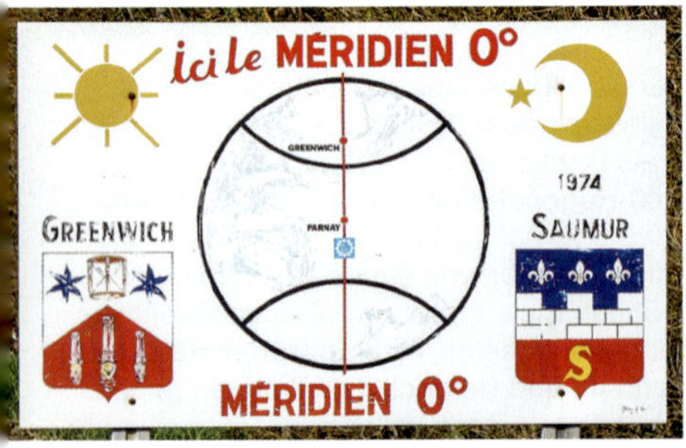

Beachten Sie bitte bei der Eingabe der Koordinaten in Ihr Navigationsgerät, dass der **Nullmeridian** durch unser Reisegebiet verläuft. Aus diesem Grund wechseln die Längenangaben der Stellplatz-Koordinaten von E (East) auf W (West).

Wenn wir unterwegs nicht online sein können oder sein möchten, dann leistet uns die App von **OsmAnd** im Offline-Modus gute Dienste. Mit dem für alle gängigen und GPS-fähigen Smartphones und Tablets kostenlosen Programm **maps.me**, für das Sie kostenfreie Karten downloaden können, besteht die Möglichkeit, nach Eingabe von Koordinaten beziehungsweise Adressen offline zu navigieren.

Im Internet-Shop des WOMO-Verlags können Sie unter dem Titel dieses WOMO-Reiseführers Band 64 „Tal der Loire und Paris“ die passenden **POIs** (**P**oints **o**f **I**nterest) herunterladen und Sie im kml- und gpx- Format auf den Geräten einlesen. In der App klickt man in der Rubrik „Lesezeichen“ auf das gewünschte Ziel und startet die Navigation. Die Kartendarstellung ist etwas verzögert, und die Navigation funktioniert ohne Ton, aber nach unseren bisherigen Erfahrungen recht zuverlässig *(www.maps.me/de)*.

Wir empfehlen trotz aller Technik, bei der gelegentliche Ungenauigkeiten einkalkuliert werden müssen, die Mitnahme einer guten Straßenkarte oder bei Bedarf einer Wanderkarte.

Die GPS-Koordinaten aller Plätze haben wir in der Schreibweise Grad° Minuten' und Sekunden", z. B. N 50°36'38.2" E 10°07'55.6" angegeben und Sie können sie manuell in jedwede Art von Navigationsgerät und -möglichkeit eingeben. Gegebenenfalls muss das Eingabeformat in den Grundeinstellungen Ihres Gerätes verändert werden, sonst weicht die anvisierte Örtlichkeit deutlich vom eigentlichen Ziel ab.

Haustiere

Wenn Ihr Hund oder Ihre Katze Sie in den Urlaub begleiten sollen, beachten Sie bitte, dass diese vor allem wegen des Impfstatus nicht jünger als drei Monate sein dürfen, mittels eines Mikrochips und durch einen Europäischen Heimtierausweis (Ausstellung bis zum 29.12.2014 gem. EU-Entscheidung Nr. 2003/803 – Ausstellung nach dem 28.12.2014 gem. EU-Verordnung Nr. 577/2013) identifizierbar sein müssen. Vor dem 3.7.2011 tätowierte Tiere dürfen auch weiterhin einreisen. Die 3 Jahre gültige Tollwutimpfung wird auch in Frankreich, soweit der Impfstoff explizit angegeben ist, anerkannt. Ansonsten gelten die für Deutschland gesetzlich vorgeschriebenen Impfregelungen.

Sowohl die Mitnahme als auch die reine Durchreise von Kampfhunden der 1. Kategorie ist verboten und wird als Straftat bewertet. Gleiches gilt für Hunde der 2. Kategorie (hierzu zählen auch Rottweiler), bei deren Einreise zahlreiche Bedingungen erforderlich sind , die einen kurzen Aufenthalt in Frankreich quasi unmöglich machen, da Hund und Halter die verschiedenen Eignungsnachweise, Verhaltensbegutachtungen und Besitzgenehmigungen (diese sind mit einem Wohnsitz in Frankreich verbunden) in Frankreich erwerben müssen. Hunde der Rassen (und nicht des Typs) Dobermann, Deutsche Dogge und Staffordshire Bull Terrier gehören nicht zu der 1. oder 2. Kategorie und ihre Mitnahme ist erlaubt.

Das Tragen eines Maulkorbes und die Leinenführung durch eine volljährige Person werden aber empfohlen. Hunde der 1. und 2. Kategorie sind auf den meisten Campingplätzen nicht erlaubt! Für alle anderen Rassen wird unter Umständen die Vorlage des Heimtier-Ausweises verlangt.

In öffentlichen Verkehrsmitteln müssen Hunde angeleint sein und man sollte einen Maulkorb für Hunde dabeihaben. Je nach Größe des Tieres muss ein Ticket zum halben Preis gelöst werden.

Alle Katzen und Hunde, die länger als drei Monate in Frankreich bleiben, müssen identifiziert und in ein innerstaatliches Register (I-CAD) eingetragen werden.

Erfreulicherweise gestatten zunehmend immer mehr Schlösser nicht nur den Besuch von Hunden in ihren Gärten oder Parks, sondern sogar in den Innenräumen. Selbstverständlich sollten die Vierbeiner immer an der Leine, in den Innenräumen an der kurzen Leine, geführt werden. Manche Schlösser gestatten die Mitnahme nur,

wenn es sich um kleine Hunde handelt, die in einer Tasche oder einem Korb getragen werden können. Unsere beiden Golden Retriever Hündinnen sind auch schon im Elektroboot auf dem Cher unter den Bögen von Chenonceau hindurchgefahren und haben uns bei einer Kahnfahrt durch die Brière oder bei einer Kutschfahrt begleitet.

Grundsätzlich dürfen Hunde in Frankreich überall dort frei laufen, wo es nicht explizit verboten ist, solange der Hund abrufbar ist und in der Nähe bleibt. Sollte er eine Distanz von 100 Meter überschreiten, handelt es sich um eine Ordnungswidrigkeit und er darf von öffentlicher Stelle eingesammelt und in eine Auffangstation gebracht werden. Ähnliches gilt für Herumstreunen. Während der Brut- und Setzzeit vom 15. April bis 30. Juni muss der Hund in Feld, Wald und Flur an der Leine bleiben und zudem dürfen wir gemeinsam noch nicht einmal den Weg verlassen. Bei Nichteinhaltung droht in allen Fällen eine nicht unerhebliche Geldstrafe. In Natur- und Vogelschutzgebieten herrscht ohnehin Leinenpflicht.

Im Allgemeinen haben wir im Text erwähnt, wenn die Mitnahme von Hunden gestattet ist. Im Zweifelsfall sollten Sie sich beim Office de Tourisme oder am Eingang einer Sehenswürdigkeit erkundigen.

Unsere Hunde haben in Frankreich immer ausreichend Auslauf gehabt, aber immer dann, wenn sich andere Menschen oder Tiere durch die beiden hätten belästigt fühlen können, haben wir sie angeleint. Für die Hinterlassenschaften der Hunde gibt es zahlreiche „Beutel-Spender" und ansonsten hat man so ein Beutelchen eigentlich immer in der Hosen- oder Jackentasche dabei – aber das wissen Sie als erfahrener Hundebesitzer schließlich selbst!

Insgesamt haben wir festgestellt, dass die Franzosen Hunden in der Regel aufgeschlossen begegnen und auch die Mitnahme unserer vierbeinigen, wohlerzogenen Begleiterinnen in ein Restaurant bis auf wenige Ausnahmen nicht verwehrt wurde *(www.ambafrance-de.org/Haustiere-Einreisebestimmungen)*.

Internet/Telefon

Internet:

Für eine zeitweilige Nutzung Ihrer SIM-Karte im europäischen Ausland informieren Sie sich bitte bei Ihrem Mobilfunkanbieter über aktuelle Gebühren beziehungsweise spezielle Auslandspakete. Dies wird insbesondere wichtig, falls Sie sich länger im EU-Ausland aufhalten und Ihr Datenverbrauch nicht ausreichend durch Roaming abgedeckt ist. In diesem Fall bietet sich aber auch der Kauf einer günstigen Prepaid-Karte im Ausland an. Diese werden beispielsweise von den französischen Providern free *(www.mobile.free.fr)* und Réglo Mobile *(www.reglomobile.de.fr)* angeboten und sind im Allgemeinen in den Supermärkten von E. Leclerc oder in den Bar-Tabac-Läden erhältlich. Dort wird die SIM-Karte an einem Automaten gezogen, registriert und freigeschaltet.

In Frankreich spricht man übrigens nicht von WLAN, sondern von WiFi. Dieses bieten viele Restaurants, Cafés, Fast-Food-Ketten sowie Fremdenverkehrsbüros oft kostenlos an. Auf Campingplätzen kann ebenfalls ggf. kostenlos in der Nähe der Rezeption gesurft werden. Auf Plätzen, die mit ihrem WiFi auch die hinterste Nische versorgen, ist die Nutzung meist kostenpflichtig.

Telefon:

Für **Anrufe nach Frankreich** wählen Sie bitte die Auslandsvorwahl 0033 und die 9-stellige Nummer Ihres Gesprächspartners (ohne die 0 am Anfang). **Innerhalb Frankreichs** wählen Sie – auch mit Mobiltelefon – die 10-stellige Rufnummer, die stets mit einer 0 beginnt. Sie müssen im französischen Netz keine Ländervorwahl verwenden.

Für **Anrufe aus Frankreich** nach Deutschland wählen Sie die Auslandsvorwahl 0049, für Österreich die 0043 und für die Schweiz die 0041 und dann die Nummer Ihres Gesprächspartners.

Kartenmaterial/Literatur/Informationen

Die unseren Touren vorangestellten Karten ersetzen keine Straßen- oder Wanderkarten und sollen Ihnen lediglich bei der Orientierung helfen.

Dieser WOMO-Reiseführer kann zudem keinen umfassenden Reiseführer für die gesamte Region ersetzen, zu verschieden sind die Interessen und Ambitionen hinsichtlich Kultur, Architektur, Freizeitaktivitäten und vieler weiterer Interessen eines jeden Einzelnen.

Für Ihre Planung zu Hause oder für die Reise empfehlen wir Ihnen folgende Karten und Lektüren:
Je nach Umfang Ihrer Reise kommen eine oder mehrere der folgenden **Michelin-Karten** für Sie infrage: Nr. 311, 316, 317, 318, 319, 323 jeweils im Maßstab 1:150.000. Ausreichen können unter Umständen aber auch die Michelin Karten Nr. 517 und 518 jeweils im Maßstab 1:200.00.
Die Michelin-Karte Nr. 116 enthält eine Liste der Loire-Schlösser im Maßstab 1:150.000.
Institut Géographique National: Wanderkarten 1:25.000
Michael Müller Verlag: Paris-Reiseführer von Ralf Nestmeyer
DuMont Reiseverlag: Tal der Loire von Manfred Görgens

Für speziell auf Frankreich abgestimmte Informationen greifen wir zusätzlich gerne auf die in Buchform unter dem Titel **Frankreich-Mobil-Erleben** erhältlichen oder online abrufbaren, zuverlässig zusammengestellten Tipps und Anleitungen von Claus Schöttle zurück *(www.frankreich-mobil-erleben.de)*.

Damit Sie die Reiselust auf Frankreich und insbesondere auf die Loire richtig erwischt, nutzen Sie dafür doch einfach die anregende und reizvolle Möglichkeit auf der Webseite **Mein Frankreich** von Hilke Maunder *(www.meinfrankreich.com)*.

Für unterwegs empfiehlt sich die App von **VIAMICHELIN** und für die Planung zu Hause die klassische Webseite *(www.viamichelin.de)*.

Bei der Desktop-Ansicht der Anwendung kann die Kartendarstellung Schritt für Schritt vergrößert werden, bis am rechten Bildrand ein kleines viereckiges Feld mit der Aufschrift *Michelin Karte* erscheint, gleichzeitig zeigt der auf den Karten links unten befindliche Maßstab 5, 3 oder 1 km an. Klickt man auf dieses Feld, öffnet sich ein weiteres Fenster mit der Michelin-Karte, wie wir sie auch in Papierform kennen. Sie darf jedoch nicht zu stark vergrößert werden, da sich sonst die Darstellung verändert. Auf diese Art planen wir mittlerweile jede unserer Reisen, zumal auf der klassischen Karte die Entfernungsangaben sofort ersichtlich sind.

In den **Offices de Tourisme** (Fremdenverkehrsbüros) vor Ort und auf den entsprechenden Internetseiten gibt es zusätzlich eine Fülle von Broschüren, Prospekten und Vorschlägen für die Freizeitgestaltung. Besonders erfreulich fanden wir den Download-Bereich, in dem wir uns die gpx-Tracks der vorgeschlagenen Fahrradtouren herunterladen konnten.
Nachstehend einige Tourismusverbände und Web-Adressen, die zum Teil auch in deutscher Sprache informieren.
Atout France – Französische Zentrale für Tourismus
Deutschland: Postfach 100128, D-60001 Frankfurt am Main, *www.de.france.fr/de.*
Österreich: Prinz-Eugen-Straße 72/2.3 1040 Wien, *www.at.france.fr.*
Schweiz: *www.ch.france.fr/de.*

Überregionale und regionale Websites mit Broschüren zum Download:

www.france.fr/de | *de.parisinfo.com*

www.loiretal-frankreich.de (Centre Val de Loire und Pays de la Loire)

www.berryprovince.com | *www.solognetourisme.fr*

www.tourismeloiret.com | *www.touraineloirevalley.com*

de.vallee-du-loir.com | *www.anjou-tourisme.com*

www.levoyageanantes.fr | *www.saint-nazaire-tourisme.de*

www.tourisme-loireatlantique.com | *www.loiretal-atlantik.com*

Für Smartphone-Nutzer werden für verschiedene Regionen und Aktivitäten nützliche Apps im Apple- oder Android-Store angeboten.
Weitere Internetauftritte sind im Text zu finden.

Reisezeit/Klima

Paris ist sicher zu jeder Jahreszeit eine Reise wert, doch aus klimatischen Gründen kommen die meisten Besucher zwischen Ende März und Oktober an die Seine. Ostern und Pfingsten sind sehr beliebte Reisezeiten und überhaupt taucht das Frühjahr die Stadt in ein mildes Licht. Im meist heißen Juli und August zieht es die Pariser zur Hauptferienzeit hinaus aus der Stadt an die Küste und es kann vorkommen, dass einige Geschäfte und Restaurants schon einmal geschlossen haben. Die Museen sind allerdings nicht ganz so gefüllt und der Aufenthalt im Freien ist gerade am Abend besonders anregend.

Das **Tal der Loire** ist für sein mildes Klima bekannt. Das Frühjahr zeichnet helle, zarte Himmel, frisches Grün sprießt aller Orten und die Loire sowie ihre Nebenflüsse führen reichlich Wasser. Ab April und Mai blüht es in den Parks der Schlösser und bis Juli hüllen die Rosen ihr Umfeld in einen betörenden Duft. Im Hochsommer liegt unter Umständen eine schwüle Hitze über den Flusstälern und der majestätische Fluss kann zu einem dünnen Rinnsal werden. Trotz dieses Umstandes herrscht in Schlössern, Restaurants wie auch auf Stell- und Campingplätze wie auch zu Ostern, Pfingsten, Allerheiligen und anderen Feiertagen Hochbetrieb. Im Herbst werden die Temperaturen angenehmer, die Besucher meist weniger, nur in den Weinbergen herrscht rege Betriebsamkeit. Die Temperaturen fallen in den kühleren Jahreszeiten selten unter zehn Grad. Im Winter hat mittlerweile ein Run auf die Schlossweihnacht eingesetzt, denn viele Schlösser verfügen über ein besonderes Veranstaltungsrepertoire.

Sehenswürdigkeiten/Öffnungszeiten

Wir bringen Sie zu einer Vielzahl von Sehenswürdigkeiten, deren Öffnungszeiten wir genannt haben. Trotzdem kann es sein, dass sich die Zeiten verändern oder einzelne Abteilungen der Museen vorübergehend geschlossen sind.

In den **Schlössern** und **Museen** haben meist alle Personen unter 18 Jahren sowie alle EU-Bürger unter 26 Jahren freien Eintritt. Viele Schlösser und Museen haben an einem Tag der Woche, meist Montag oder Dienstag, aber auch manchmal an Feiertagen geschlossen. .

Es gibt eine Vielzahl an **Pässen und Kombitickets**, die eine Ermäßigung des Eintritts beim Besuch mehrerer Schlösser, Museen oder bei Schifffahrten in unterschiedlicher Zusammenstellung ermöglichen. Sie können meist vor Ort bei einer der entsprechenden Liegenschaften oder in den örtlichen Offices de Tourisme erworben werden. Die Variationen sind so umfangreich und abwechslungsreich, dass wir darauf verzichtet haben, sie in aller Ausführlichkeit aufzuschreiben. Sie werden sehen, dass die Vergünstigungen meist im Kassenbereich der Sehenswürdigkeiten durch einen Aushang ersichtlich sind und nach Ihren persönlichen Vorlieben zusammengestellt werden können. In den größeren Städten verweisen wir auf die **City-Pässe**, deren Erwerb tatsächlich lohnenswert ist, sobald man mehrere Sehenswürdigkeiten besuchen und zusätzlich den öffentlichen Nahverkehr nutzen möchte.

Ein besonderes Erlebnis sind die Veranstaltungen unter dem Begriff ***Son et Lumiére*** (Ton- und Lichtshows), die meist in den Sommermonaten an Schlössern und öffentlichen Gebäuden für eine wunderschöne und feierliche Atmosphäre sorgen. Manchmal werden in diesem Zusammenhang Picknicks, Konzerte, nächtliche Besichtigungen im Kerzenschein oder Kostümdarbietungen angeboten. Auch in diesem Fall weisen wir an dieser Stelle nur auf die vielen Angebote hin und möchten Sie bitten, sich direkt vor Ort zu informieren. Das Gleiche gilt für die ungeheuer vielen **Feste, Festivals und Veranstaltungen**, deren Aufzählung den Rahmen dieses Buches sprengen würden.

In vielen Schlössern werden die in den letzten Jahren immer beliebter werdenden **Espace Games** meist in französischer und englischer Sprache angeboten. Hierbei stürzen sich die Teilnehmer gemeinsam in ein spannendes Abenteuer, um die Lösung eines Rätsels und den Ausweg aus einem geschlossenen Raum in einem bestimmten Szenario und einer bestimmten Umgebung zu finden. Dabei werden die Mitspieler häufig mithilfe von Dekorationen, Klanginstallationen und Kostümen in die Vergangenheit „gebeamt“.

In Frankreich gibt es kein Ladenschlussgesetz wie in Deutschland. Man kann jedoch davon ausgehen, dass die meisten **Geschäfte** zwischen 9 und 12 Uhr sowie zwischen 14.30 und 19 Uhr geöffnet haben. Die Mittagspause wird strikt eingehalten. In größeren Städten sind die Läden in der Regel von 9 – 19 Uhr geöffnet und die großen Supermärkte schließen teilweise erst um 21 oder 22 Uhr. Manche Geschäfte haben montags ganz oder am Vormittag geschlossen, aber dafür am Sonntagvormittag geöffnet. Dies gilt besonders für Bäckereien, die häufig sieben Tage in der Woche öffnen.

Einige **Banken** sind ganztägig geöffnet, viele schließen in der Mittagszeit. Allgemein ist zu sagen, dass sie von montags bis freitags von 9 – 12 und von 14 – 17 Uhr geöffnet sind. Ähnlich verhält es sich mit den **Postämtern**.

Sicherheit

Wir haben uns bisher in Paris und an der Loire sowie ihren Nebenflüssen immer sicher gefühlt. Aber wie überall auf der Welt ist man besonders in Großstädten nie vor bösen Buben gefeit, die es auf Geld, Kreditkarten, Mobiltelefone oder anderes abgesehen haben. Bewahren Sie diese Dinge so am Körper oder in einer Tasche auf, dass sie vor einem schnellen, unbefugten Zugriff sicher verwahrt sind.

Grundsätzlich gilt, dass man sein Wohnmobil niemals nur mit dem Autoschlüssel in der Hand für längere Zeit oder auch nur für einen kurzen Einkauf, verlassen sollte. Womöglich beobachtet gerade das der potenzielle Dieb und vermutet fette Beute im Reisemobil.

Das Wohnmobil kann mit einer Alarmanlage gesichert werden, die einen Höllenkrach macht und den Einbrecher beim Eindringen zumindest erst einmal stört und im besten Fall verscheucht. Einfache Wohnmobilschlösser knackt jeder Einbruchwillige in Sekunden – zusätzliche Aufbauzylinderschlösser, Zusatzbügel über den Türen oder andere mechanische Hürden sind eine Hemmschwelle und erschweren den Zugriff. Der WOMO-Verlag bietet beispielsweise den WOMO-Knacker-Schreck an, der in die Vordertüren eingehakt wird und diese zusätzlich verriegelt (funktioniert jedoch nicht bei vollintegrierten Mobilen).

Wenn es Sie trotz aller Vorsichtsmaßnahmen doch einmal erwischt haben sollte und Ihr Fahrzeug aufgebrochen wurde, benötigen Sie unbedingt eine polizeiliche Bestätigung der Anzeige, damit Ihre Kaskoversicherung und gegebenenfalls auch die Reisegepäck- oder Inhaltsversicherung bezahlen.

Souvenirs

Erinnerungen an die Loire-Reise werden meist in flüssiger Form mitgebracht. Dazu gehören die Weine und Crémants, aber auch die Trauben-, Apfel- oder Birnensäfte aus der Region. Kulinarische Mitbringsel können aber auch Ziegenkäse aus der Touraine oder der feine Chavignol aus Sancerre sein. Konfitüren, Gelees, Rillettes und die Pomme oder Poire Tapées gehören ebenfalls dazu.

Sprache

Paris und die Loire samt ihrer Nebenflüsse liegen in Frankreich und somit ist die Amtssprache Französisch.

Deutsch wird bis auf Ausnahmen eher nicht gesprochen, in den Schlössern und Museen, in Restaurants und an der Campingplatzrezeption Englisch hingegen häufiger. Speisekarten sind oft zweisprachig in Englisch und Französisch und Audioguides wie auch Broschüren werden immer öfter in deutscher Sprache für die Besichtigung angeboten.

Ein paar Worte Französisch können niemals schaden und die Franzosen freuen sich, wenn sie in ihrer Landessprache mit einem freundlichen *Bonjour* (Guten Tag) begrüßt werden.

Außerdem erleichtert ein gewisses Maß an Grundwortschatz den Einkauf in der Bäckerei oder in anderen Geschäften. Pluspunkte sammelt man auch, wenn man der Begrüßung oder der Verabschiedung *au revoir* (Auf Wiedersehen) ein *Madame* (Frau) oder *Monsieur* (Herr) folgen lässt und häufig die Vokabeln *Merci* (Danke) und *S'il vous plaît* (Bitte) benutzt. Wer eine Auskunft erhalten möchte, sollte höflichkeitshalber ein *pardon* (Entschuldigung) nicht vergessen. Mit dem Satz *Parlez-vous anglais/allemand?* (Sprechen Sie Englisch/Deutsch?) kann man schnell herausfinden, ob sein Gegenüber Englisch oder Deutsch spricht. Es kommt durchaus vor, dass man auf Franzosen trifft, die Deutsch sprechen. Sie sind jedoch meist sehr zurückhaltend, was nicht boshaft gemeint ist, sondern sie eher vor der eigenen Blamage schützen soll.

In den Fremdenverkehrsbüros gibt es (immer mehr) deutschsprachige Berater und häufig sind Internetpräsenzen auch in deutscher Sprache abrufbar.

Eine gute sprachliche Unterstützung samt Aussprachenhilfe erhält man beispielsweise durch die Apps LEO Wörterbuch oder Google Übersetzer.

Wenn es mit der Sprache überhaupt nicht klappen sollte, gibt es immer noch Mimik sowie Gestik und das eigene Lächeln, das bekanntlich mehr als tausend Worte sagt!

Straßenverhältnisse/Verkehr/Umweltzone

Frankreich verfügt über ein gut ausgebautes Straßennetz. Die Straßen im ländlichen Bereich sind häufig schmal und kurvig, aber fast ausnahmslos auch für breite Wohnmobile passierbar. Neben dem Navigationsgerät sollte auf aktuelles Kartenmaterial nicht verzichtet werden.

Nationalstraßen, die *Routes Nationales*, ähneln unseren Bundesstraßen. **D**épartementstraßen sind oft gut ausgebaut, können aber auch nur als schmales Sträßchen das Land durchziehen. Kommunalstraßen *Routes Communales* verbinden meist Orts- oder Stadtteile und sind mit einem **C** sowie der Straßennummerierung gekennzeichnet.

Wenn einmal ein Verkehrsschild das Befahren einer Straße für Wohnmobile generell verbietet, können Sie sicher sein, dass dies seinen Grund hat. Mit dem Aufstellen von Verbotsschildern ist man in Frankreich in diesem Fall zurückhaltender als bei uns und sie können davon ausgehen, dass die Straßen dann tatsächlich zu eng sind oder es eine andere Einschränkung gibt.

Vornehmlich in Ortschaften sind Strecken für Fahrzeuge mit einem Gesamtgewicht von mehr als 3,5 Tonnen gesperrt. Das hat meist nichts mit der Straßenbreite oder dem Straßenzustand zu tun, sondern soll Lkw fernhalten. Wohnmobile über 3,5 Tonnen Gesamtgewicht sind unabhängig ihrer sonstigen Größe trotzdem davon betroffen, obwohl die Durchfahrt physikalisch möglich wäre, häufig praktiziert und so gut wie nie kontrolliert wird. Auf Nachfrage erhielten wir bei den Fremdenverkehrsbüros regelmäßig die Auskunft, dass wir mit unserem über 3,5 Tonnen schweren Wohnmobil selbstverständlich die Ortsdurchfahrten nutzen dürfen und die Verbotsschilder gegen Lkw im Transitverkehr gerichtet sind. Wir beschreiben hier allerdings keine juristisch fundierte Aussage, für die wir haftbar sind. Wem das also alles zu wage erscheint, möge diese Strecken meiden oder selbst bei den entsprechenden Stellen nachfragen.

Entgegen der deutschen Straßenverkehrsordnung gelten in Frankreich die Schilder, die das Überholen durch Lkw oder die Durchfahrt von Lkw verbieten, nicht für Wohnmobile. Voraussetzung ist natürlich, dass kein zusätzlicher Vermerk das Fahrverhalten von Wohnmobilen beschränkt.

Wenn wir eine Durchfahrt im Hinblick auf die Unversehrtheit des Wohnmobils und seiner Insassen tatsächlich für bedenklich halten, dann raten wir Ihnen im Tourentext vom Befahren der Strecke ab.

Wohnmobile **über 3,5 Tonnen Gesamtgewicht** benötigen drei (magnetisch oder klebende) Warntafeln, die Zweiradfahrer und Fußgänger vor den Toten Winkeln (***Angles morts***) warnen sollen. Eine Tafel wird rechts am Heck (Höhe zwischen 90 Zentimeter und 150 Zentimeter) und je eine auf den beiden Seiten im Bereich der Türen (Höhe wie am Heck, 100 Zentimeter von der Vorderfront entfernt) angebracht.

In Deutschland besteht bei unserer Anreise derzeit in **Aachen** eine **Umweltzone** und für die Zufahrt zum Stellplatz wird die grüne Umweltplakette benötigt. Zusätzlich verweisen wir auf die aktuellen Entwicklungen in Deutschland, die unter *www.umweltbundesamt.de* nachzulesen sind.

Anfang Juli 2016 wurden in Frankreich Umweltzonen und die dazugehörige **Umwelt- oder Feinstaub-Plakette Crit'Air** eingeführt. Auch Fahrzeuge, die nicht in Frankreich zugelassen sind, das heißt Fahrzeuge von Touristen, müssen diese Plakette ab dem 1. April 2017 vorweisen.

Es gibt insgesamt sechs verschiedene Kategorien, dargestellt durch sechs verschiedenfarbige Plaketten, in die die Fahrzeuge je nach Abgaswerten (nach europäischer Abgasnorm EURO) oder Jahr der Erstzulassung eingeteilt werden. Wohnmobile unter 3,5 Tonnen zulässigem Gesamtgewicht werden als Pkw eingestuft, Wohnmobile mit einem zulässigen Gesamtgewicht von mehr als 3,5 Tonnen gelten als Lkw.

Umweltzonen gibt es mittlerweile in vielen französischen Städten, Regionen und Départements. Dabei wird nach permanenten Umweltzonen **ZFE** *(zone à faible emmision)*, **ZCR** *(zone de circulation retrainte)*, temporären Umweltzonen **ZPA** *(zone de protection de l'air)* und **ZPAd** *(zone de protection de l'air departementale)* unterschieden.

Alle Umweltzonen können je nach Luftverschmutzung kurzfristig in Kraft gesetzt werden. Dies bedeutet, dass unter Umständen zuvor einfahrberechtigte Vignettenkategorien plötzlich (innerhalb von 24 Stunden) nicht mehr einfahren dürfen.

Da auch weiterhin mit einer Ausweitung der Umweltzonen und einer Verschärfung der Regelungen zu rechnen ist und wir im Vorfeld nicht wissen, welche unserer Reiserouten durch Frankreich für uns von Fahrverboten betroffen sein könnten, haben wir uns zum Kauf einer Vignette entschlossen. Damit wissen wir genau, in welche Kategorie unser Wohnmobil eingestuft wird und nach welchen Kriterien wir uns zu richten haben.

Der **Erwerb einer Vignette ist bisher nicht zwingend erforderlich**, gestaltet sich jedoch recht einfach und strapaziert das Urlaubsbudget für Bürger der EU und der Schweiz mit einmalig 4,51 € (Stand 2022) nicht wesentlich.

Auf der Internetpräsenz **www.certificat-air.gouv.fr/de** wird man deutschsprachig durch das Menü bis zum Absenden der Bestellung geführt und etwa zehn Tage später – in der Hauptreisezeit möglicherweise länger – liegt die Plakette im heimischen Briefkasten.

Achtung: Bitte nutzen Sie nur die gerade von uns genannte Internetadresse, da es andere Webseiten gibt, auf denen die Vignetten zu einem wesentlich höheren Preis als in den Vorschriften vorgeschrieben ausgestellt werden!

Über tägliche und aktuelle Veränderungen sowie Einfahrbestimmungen informiert im Web die Seite **Green-Zones** *(www.green-zones.eu)* beziehungsweise die entsprechende App für das Smartphone.

Besonderheiten für Paris:

Innerhalb des Stadtautobahnrings und in Paris ist die Umweltplakette ein Muss!

Fahrzeuge mit der Crit'Air Vignette der **Kategorie 4, 5 und Fahrzeuge ohne Vignette** dürfen von Montag bis Freitag von 8 bis 20 Uhr **NICHT** mehr ins Stadtzentrum fahren. Für Lkw (also auch Wohnmobile über 3,5 Tonnen Gesamtgewicht) der Kategorien 4, 5 und ohne Vignette gilt diese Regelung 7 Tage die Woche. Nur Fahrzeuge der Kategorie 1 bis 3 können uneingeschränkt ins Stadtzentrum fahren. Es ist im Gespräch, dass alle Dieselfahrzeuge bis 2024, egal welche Plakette sie haben, vom Fahrverbot betroffen sind. Innerhalb des Autobahnrings A86 befindet sich eine wetterbedingte Umweltzone. Eine alles umfassende Umweltzone **ZFE**, in der ständige, feste Regeln gelten, befindet sich im Großraum Paris.

In Frankreich müssen **Warnweste** und **Warndreieck** mitgeführt werden. Bei einem Unfall auf Autobahnen, kann auf das Aufstellen des Warndreiecks verzichtet werden, wenn sich der Fahrer dadurch in Gefahr begibt. Auf Landstraßen und innerorts ist das Aufstellen jedoch Pflicht! Fahrzeuge **über 3,5 Tonnen Gesamtgewicht** benötigen zwei Warndreiecke.

Ein **Alkoholtestgerät** muss auf Verlangen vorgezeigt werden, das Nichtmitführen wird jedoch nicht bestraft. Im Zweifelsfall sind Alkohol-Einwegtests in Frankreich in Apotheken oder an Autobahn-Raststätten erhältlich.

Die **Promillegrenze** liegt bei 0,5 mg/ml und bei 0,2 mg/ml für Fahranfänger (bis 3 Jahre nach Erhalt des vorläufigen Führerscheins oder bis 2 Jahre auf das begleitete Fahren).

Das **Telefonieren** ist nur unter Verwendung einer Freisprecheinrichtung erlaubt. Kopfhörer, Ohrstöpsel oder Headsets sind verboten.

Für das Fahren in Frankreich benötigen Sie einen gültigen **EU-Führerschein**. Führerscheine, die in Deutschland bereits mit 16 oder 17 Jahren erworben wurden, werden in Frankreich nicht anerkannt.

Eine **grüne Versicherungskarte** ist für Frankreich wie auch für die Transitländer nicht erforderlich, sie wird aber allgemein empfohlen.

Die **Höchstgeschwindigkeit** beträgt in Frankreich innerorts 50 km/h.

Auf **Straßen außerorts ohne bauliche Trennung der Gegenspuren** (insbesondere durch Mittelleitplanken – ein weißer Strich reicht nicht) gilt seit Juli 2018 ein Tempolimit von 80 km/h. In einigen Départements ist diese Regelung wieder zurückgenommen worden. Achten Sie bitte auf die entsprechende Beschilderung.

Bei **zwei in jeder Richtung und baulich durch Mittelstreifen getrennten Fahrbahnen** gilt ein Limit von 110 km/h.

Auf **Autobahnen** gelten 130 km/h (110 km/h bei Nässe) und bei Fahrzeugen **über 3,5 Tonnen Gesamtgewicht** immer 110 km/h.

Winterreifenpflicht besteht für unser Reisegebiet nicht, kann aber bei entsprechenden Witterungsverhältnissen kurzfristig durch Beschilderung vorgeschrieben werden.

Fahrzeuge **über 3,5 Tonnen Gesamtgewicht oder 7 Meter Länge** dürfen im **Kreisverkehr** nur die rechte Spur benutzen. Wir empfehlen, bei einem Verbleiben im Kreisverkehr zusätzlich links zu blinken, um den übrigen Verkehrsteilnehmern dies Vorhaben zu signalisieren.

Um Raser auszubremsen, greifen viele Gemeinden auf **Bodenschwellen** zurück. Diese sind manchmal erst auf den letzten Metern oder überhaupt nicht zu erkennen und zudem unter Umständen sehr hoch. Fahren Sie vorsichtig – Ihr Geschirr in den Schränken und die Unterbodenwanne oder sonstiges tiefhängendes Zubehör Ihres Wohnmobils werden es Ihnen danken!

Folgende französische **Verkehrsregeln** sind für uns ungewohnt:

- **Gelbe Randsteine oder Linien** bedeuten Halte- (bei durchgezogener Farbe) oder Parkverbot (bei unterbrochenem gelben Strich).
- In der *Zone Bleue* oder im Bereich **blauer Linien am Randstein** darf man nur mit Parkscheibe parken.
- **Absolutes Parkverbot** besteht vor Krankenhäusern, Polizeistationen und Postämtern. Parken auf oder teilweise auf dem Bürgersteig ist verboten,sofern keine Markierung auf eine Parkfläche hinweist.
- **Vorfahrtstraßen** enden an den Ortsschildern.

- Häufiger als bei uns gilt **rechts vor links**.
- Ein **gelber blinkender Pfeil** erlaubt bei Ampeln das Abbiegen in Pfeilrichtung, der Querverkehr hat aber trotzdem Vorfahrt!!
- Ein **Rotlicht in Kreuzform** auf der gegenüberliegenden Straßenseite bedeutet, dass der entgegenkommende Verkehr „rot“ hat.
- In Frankreich müssen alle **Radfahrer** außerhalb geschlossener Ortschaften bei Nacht, in der Dämmerung sowie auch tagsüber bei schlechten Sichtverhältnissen (Nebel, Regen) eine **Warnweste in Neongelb** tragen, sonst droht ein Bußgeld.

Die in Deutschland bekannten Verkehrsschilder gelten auch in Frankreich. Zusätzlich sind folgende Schilder erwähnenswert:

- **Blaue Richtungsschilder** führen zur Autobahn, **grüne** zu Fernstraßen.
- ***Déviation*** = Umleitung. Oft mit dem Zusatz **P.L.** (*Poid Lourd*) für den Schwerverkehr mit Angabe des zulässigen Gesamtgewichts oder mit dem Zusatz **V.L.** (*Véhicule Léger*) für den Leichtverkehr.
- ***Toutes (Autres) Directions*** = alle (anderen) Richtungen
- ***Sortie*** = Ausfahrt
- ***Chaussée Deformée*** = schlechte Fahrbahn
- ***Ralentir*** = langsam Fahren
- ***Rappel*** = Wiederholung, Erinnerung
- ***Sauf Camping-Car*** = ausgenommen Wohnmobile

Alle Angaben ohne Gewähr, Änderungen sind möglich. In Frankreich sind die Geldbußen bei Geschwindigkeitsüberschreitungen saftig und meist sehr viel höher als in Deutschland!

Unfall/Panne

Bei einer Panne können Sie den Pannenhilfedienst oder über den Polizeinotruf und die Notrufsäulen an den Autobahnen Hilfe anfordern (Telefonnummern siehe oben).

Sollte eine Reparatur Ihres Wohnmobils notwendig sein, schauen Sie bitte im internationalen Kundendienstverzeichnis Ihres Fahrzeug- und Aufbauherstellers nach. Dort werden Ihnen im Allgemeinen örtliche Vertragswerkstätten genannt. Hilfreich kann auch hier ein Auslandsschutzbrief sein. Nach einer Panne und damit verbundener Reparatur wurden in unserem Fall die anfallenden Kosten für Übernachtung im Hotel sowie für einen gemieteten Pkw während des Werkstattaufenthaltes unseres Wohnmobils übernommen. Hierzu haben wir nach der Rückkehr nach Deutschland die entsprechenden Rechnungsbelege beim Aussteller des Schutzbriefs eingereicht.

Wenn Sie das Schicksal ereilt und Sie trotz aller Vorsicht in einen Unfall verwickelt worden sind, bewahren Sie als erstes so viel Ruhe wie möglich! Dann denken Sie daran, dass Sie vorerst auf sich allein gestellt sind und rufen Sie, falls ein Personenschaden eingetreten ist, den Notarzt!

Wenn Sie einen Unfallgegner haben, notieren Sie sich Versicherungsgesellschaft und Versicherungsnummer. Diese sind meist auf einer Plakette an der Windschutzscheibe französischer Autos angebracht (bei Motorrädern am vorderen Schutzblech). Es ist schwierig, nur anhand des Kennzeichens den Haftpflichtversicherer zu ermitteln.

Dokumentieren Sie das Unfallgeschehen so präzise wie möglich. Machen Sie Fotos von Kennzeichen und Versicherungsplakette, den Unfallendständen, den Verkehrszeichen, Spuren und der Gesamtsituation. Achten Sie darauf, dass in den Unfallbogen, dem sogenannten *Constat amiable*, den fast alle Franzosen haben, nur solche Daten aufgenommen werden, die unstreitig sind.

Unterschreiben Sie auf gar keinen Fall einen Text, den Sie nicht verstehen. Schon gar nicht eventuelle Schadenszusagen!

Formblätter für die Unfallaufnahme gibt es auch bei den Automobilklubs ADAC, ÖAMTC und ACS. Lassen Sie sich bei größeren Unfällen von Ihrer Rechtsschutzversicherungsgesellschaft sofort einen deutschsprachigen Anwalt nennen.

Die Polizei kommt im Allgemeinen nur bei schweren Sachschäden oder wenn Personen verletzt wurden hinzu.

Falls der Unfallgegner keine Polizei möchte und Sie eindeutig schuld sind (die Verkehrsregeln sind im Wesentlichen die gleichen wie bei uns), falls niemand schwer verletzt worden ist, können Sie auch mit Ihrem Kontrahenten Formalitäten austauschen, ohne die Polizei zu rufen. Dann ersparen Sie sich mit hoher Wahrscheinlichkeit ein nicht geringes Bußgeld oder gar eine Kautionszahlung. Ihr Haftpflichtversicherer wird den Schaden auch regulieren, wenn Sie ohne Zuhilfenahme der Polizei über den Unfall wahrheitsgemäß berichten. Nur unverzüglich, das heißt so schnell Sie können, also spätestens am nächsten Tag, sollten Sie die Haftpflichtversicherung telefonisch informieren und Weisungen zu weiteren Verhaltensmaßnahmen entgegennehmen. Einzelheiten können Sie meistens in der Heimat nach der Rückkehr aus dem Urlaub nachreichen.

Auch wenn wir uns wiederholen: Unterschreiben Sie nichts, was Sie nicht verstehen und lassen Sie sich nicht von gegnerischen Mitfahrern oder Passanten beeinflussen!

Der EU-Gesetzgeber hat Ihnen die Regulierung von Unfallschäden leicht gemacht: Wenn sich der Schaden in einem EU-Staat ereignet hat oder wenn der Unfallgegner aus der EU stammt, kann der Schaden von zu Hause aus in deutscher Sprache reguliert werden.

Beim Zentralruf der Autoversicherer nennt man Ihnen (Telefon 0800 250260 0 innerhalb Deutschlands, +49 (0) 40 300 330 00 aus dem Ausland), falls Sie das Kfz-Kennzeichen und möglichst auch die Versicherung des Unfallverursachers angegeben haben, einen Regulierungsbeauftragten, meist ein anderes Versicherungsunternehmen (leider wissen wir nicht, ob es eine entsprechende Stelle auch für unsere Leserinnen und Leser aus Österreich oder aus der Schweiz gibt). Dort melden Sie Ihre Ansprüche an. Es gilt aber das Schadensrecht des Unfallortes (also die dortigen Verkehrsregeln und auch die dortige Gesetzgebung über Schmerzensgeld, Rentenansprüche etc.). Informationen finden Sie auch unter *www.adac.de/Auslandsunfall*.

Inzwischen können deutsche Bürger Schadensersatzansprüche aus einem in Frankreich von einem Franzosen verursachten Verkehrsunfall auch in Deutschland vor deutschen Gerichten, aber nach französischem Recht, einklagen. Das ist wesentlich besser als früher, aber immer noch so kompliziert, dass wir Ihnen weiterhin eine Rechtsschutzversicherung dringend empfehlen.

Da Sie für Ihr Wohnmobil vermutlich sowieso eine Vollkaskoversicherung abgeschlossen haben, müssen wir diese Empfehlung für den Auslandsaufenthalt nicht gesondert erwähnen.

Sie haben ein Wohnmobil gemietet? Fragen Sie Ihren Vermieter vor Abschluss des Mietvertrages, ob das Fahrzeug vollkaskoversichert ist und eine Rechtsschutzversicherung besteht. Prüfen Sie, ob eine Ihrer eigenen Versicherungen bei einem eventuellen Schaden eintritt.

Zum Abschluss dieses Kapitels wünschen wir Ihnen, dass Sie die genannten Ratschläge niemals anwenden müssen!

Ver- und Entsorgung

Das **Ver- und Entsorgen** gestaltet sich grundsätzlich problemlos. Anlagen finden sich an den ausgewiesenen Wohnmobilstellplätzen und sind in den meisten Fällen frei zugänglich. Wenn nicht, weisen wir im Text daraufhin.

Wenn wir **öffentliche Toiletten** nennen, geschieht das nicht, um Ihnen einen Tipp zur Entleerung der Bordkassette zu geben, sondern es dient vielmehr als Hinweis an die Leser, die ihren Bedürfnissen nicht in den eigenen vier WOMO-Wänden nachgehen. Sie werden sehen, es gibt genug Möglichkeiten, um die Chemietoilette an den dafür vorgesehenen Stellen zu entleeren.

Die **Wasseraufnahme** gestaltet sich mithilfe eines 10 Meter langen Schlauchs im Allgemeinen problemlos, denn die meisten Wasserhähne sind mit 1/2 Zoll und 3/4 Zoll Schlauchanschlüssen ausgestattet. Für diese und andere Größen führen wir eine Reihe von Steckanschlüssen mit unterschiedlichen Gewindegrößen und Adapter mit uns.

Wenn es mal nicht passen sollte, bedienen wir uns einer sauberen Gießkanne oder eines Wasserkanisters, mit denen wir das Wasser ins Wohnmobil befördern. Auch wenn wir das Trinkwasser natürlich nicht auf seine Qualität hin überprüft haben, ist es als gut einzustufen. Trotzdem kann es bei Bedarf sinnvoll sein, das Wasser mit einem im Handel erhältlichen Zusatz zu konservieren.

Wandern, Radfahren und weitere Sportarten

Ballonfahren:
Mit der Mongolfiere über die Loire gleiten und die Schlösser aus der Vogelperspektive wahrnehmen. Ein teures, aber auch unvergessliches Vergnügen *(www.aerocom.fr oder www.franceballoons.com oder www.compagnons-du-vent.fr).*

Wandern:
Als Wandergebiete empfehlen sich vor allem die Wald- und Heidelandschaften in der Sologne, die besonders im Herbst ein reizvolles Farbenspiel bieten. Die meisten Wanderstrecken entlang der Loire sind nicht sonderlich anspruchsvoll, aber durch die Weinberge kann es schon einmal die eine oder andere moderate Steigung geben. Der Fernwanderweg GR3 entlang der Loire oder der GR 31 von der Sologne ins Gebiet um Sancerre sind etwas für Weitwanderer, aber auch sonst sind Wanderwege hinreichend markiert. Anregungen für weitere Wandervorschläge sind vor Ort bei den Offices de Tourisme erhältlich und können teilweise von den entsprechenden Seiten als GPX-Track aufs Handy geladen werden. Hilfreich können auch die **blauen Wanderkarten des *Institut Géographique National*** (IGN) sein. Sie haben einen Maßstab von 1:25.000 und es sind sogar kleinere Trampelpfade eingezeichnet. Die Kartenlegende ist in französischer und englischer Sprache abgefasst. Man kann diese Karten in Frankreich in jedem Buchladen, oft auch in Tabak- oder Souvenirläden, erstehen oder bereits zu Hause im Buchhandel oder über das Internet erwerben.

Wir bestellen unsere Karten, auch die zuvor genannten Michelin-Karten, portofrei und immer zuverlässig innerhalb Deutschlands beim **Reisebuchladen Heidelberg/Karlsruhe** *(www.reisebuchladen-heidelberg.de).* Übrigens ist diese Adresse auch für uns die erste Wahl, wenn wir neue Reiseliteratur benötigen.

Es gibt mittlerweile eine große Anzahl von **Wanderapps** für den mobilen Gebrauch. Nicht jede hat sich für uns persönlich als nutzerfreundlich erwiesen und da wir annehmen, dass es Ihnen ähnlich ergehen könnte, möchten wir Sie in diesem Fall auf die jeweiligen Angebote in den Shops Ihrer Smartphone-Systeme verweisen.

Die von uns ausgesuchten Wanderungen sind meist als Rundwege konzipiert und im Allgemeinen ohne besondere Anstrengungen mit der gesamten Familie zu bewältigen.

Wenn wir zum Wandern gehen, achten wir auch im Herzen Frankreichs darauf, dass neben einer der Witterung angepassten Kleidung, festes Schuhwerk nie fehlt.

Radfahren:
Radtouren an der Loire und ihren Nebenflüssen mit meist nur sanften Steigungen sind eine angenehme Art, die Landschaft kennenzulernen. Der bekannteste Radweg ist der Loire-Radweg zwischen Sancerre und Nantes, der Familien, Senioren und trainierte Radler auf einer Länge von insgesamt 900 Kilometer anspricht. Die Strecke ist an beiden Loire-Ufern ausgeschildert und im Allgemeinen von all unseren Stell- und Campingplätzen in Flussnähe schnell zu erreichen *(www.loire-radweg.org oder de.vallee-du-loir.com).*

Reiten:
Saumur, die Heimat der Cadre Noir, ist das Pferdeparadies schlechthin, doch auch an anderen Orten entlang unseres Reisegebietes existieren Reitställe, die Pferde vermieten, Reitunterricht oder geführte Touren anbieten. Der Naturpark Brenne ist für Reitsportbegeisterte eine reizvolle Gegend für Ausritte *(www.parc-naturel-brenne.fr).*

Über viele andere angebotenen Sportarten wie beispielsweise **Golf** oder **Tennis** und weitere Freizeitaktivitäten informieren die Fremdenverkehrsbüros.

Sie werden viel unterwegs sein und reichlich Programm haben, bis Sie alle Sport- und Freizeitvorschläge „abgearbeitet" haben. Viel Vergnügen!

Wein

Die Weinberge des Weinanbaugebiets *Val de Loire* erstrecken sich an unserer Reiseroute von Sancerre bis zum Atlantischen Ozean und sind aufgrund der besseren geografischen Übersicht in vier Weinanbauregionen unterteilt: Die Region *Centre* vom Oberlauf der Loire mit Pouilly-sur-Loire, Sancerre und Menetou Salon, die Region *Touraine* von Vierzon bis Chinon, das Gebiet *Anjou-Saumur* mit Angers im Norden und Thouars im Süden sowie das *Pays Nantais* als westlichen Teil.

Es vergeht kaum ein Tag, an dem wir nicht einen anderen regionalen Wein zum Mittag- oder Abendessen verkosten können und so, wie die Schlösser von der Geschichte Frankreichs erzählen, so spiegeln die Weine die Vielfalt und die Leichtigkeit der Landschaft unseres Reisegebietes wider. Grund genug, um die gesamte Weinpalette von der Loire und ihren Nebenflüssen in unsere **Top Ten** zu heben!

Das Weinanbaugebiet ist mit rund 70.000 Hektar das vielgestaltigste Frankreichs und umfasst die unterschiedlichsten Sorten von Rot-, Rosé-, Weiß- und Schaumweinen, halbtrockenen, lieblichen oder likörartigen Weinen. Die Weine werden in Appellationen erzeugt, wie man in Frankreich die Herkunft der Weine in klar definierten geografischen Grenzen innerhalb eines Weinanbaugebiets bezeichnet. Darüber hinaus werden die zugelassenen Rebsorten, der Anbau, der Ertrag, die Lese und der Ausbau kontrolliert. Erfüllt ein Wein diese Qualitätsmerkmale, wird er mit der geschützten Auszeichnung AOP *Appellation d'Origine Protégée* oder mit der bis zur EU-Weinmarktreform geläufigen Auszeichnung AOC *Appellation d'Origine Contrôlée* ausgezeichnet.

Da die Klimaverhältnisse teils atlantischen, teils kontinentalen Einflüssen ausgesetzt sind und die Rebstöcke ihre Wurzeln in kreidehaltige, sandige, tonige oder leichte bis schwere Böden, aber auch Schieferböden schlagen, ergibt sich eine enorme Vielzahl an Weinen an der Loire und ihren Nebenflüssen.

Ein Besuch bei den Winzern (*viticulteur*) oder in den *Maisons des Vins* entlang unserer Strecke kann immer wieder zu einem überraschenden, spannenden Erlebnis werden, wenn man die Weine der renommierten Appellationen oder kleinerer, neuerer und weniger bekannter Anbaugebiete verkostet. Nicht immer sind es die teuersten AOP- oder AOC-Weine und -Schaumweine, die die Gaumen erfreuen, sondern auch manch guter Landwein (*vin de pays*) lässt die Geschmacksknospen jubilieren.

Einen guten Überblick über die Lagen von Sancerre bis ins Pays Nantais samt interaktiver Karte vermittelt die Webseite von *www.vinsvaldeloire.fr*.

Bildnachweise:

alisonhancock-stock.adobe.com S. 32; BRIAN_KINNEY-stock.adobe.com S. 61; Philippe-stock.adobe.com S. 63; Disneyland® Paris S. 64; wjarek-stock.adobe.com S.94 oben; Uwalthie PicProject-stock.adobe.com S. 163; Chateau de Cheverny S. 178/179 unten; Zoo Parc de Beauval S. 191 oben; Jürgen Rode S.204/205 unten, S. 205 oben, S. 210, S. 238 oben, S. 238/239 unten, S. 239 oben; Jean-Philippe Berlose/Loir-Tourisme S. 219 Mitte; Mathieu Genon/AnjouTourisme S. 5 oberstes Foto, S.229; Château de l´Islette S. 236 oben und unten; David Darrault/Château RIveau S. 248 unten; Benoit Martin/Anjou Tourisme S. 261 oben; Mathieu Génon/Anjou Tourisme S. 264 unten, S. 267 unten; Pierre Chabot/Bioparc-Zoo Seite 268 oben; Benoit Lemaire/Cadre noir S. 272; Sebastien Gaudard/Anjou-Tourisme S. 279 oben; Jean-Philippe Berlose/Anjou Tourime S. 280, S. 281 unten; Hilde Vander Linden/AllwriteAnjou Tourisme S. 284 unten; Stevan Lira/Anjou Tourisme S. 285 unten; Bertrand Bechard/AnjouTourisme S. 296; Amelie Mortreau/AnjouTourisme S. 297; Speedklown/Wikimedia S. 309 unten.
Bei den vorstehenden Fotos wurde der Bildinhalt nicht verändert.
Alle anderen Fotos von den Autoren.

Unser Dank gilt den verantwortlichen Personen der von uns besuchten Sehenswürdigkeiten und den Mitarbeiterinnen und Mitarbeitern der Fremdenverkehrsbüros.
Insbesondere bedanken wir uns bei Estelle Vandenbroucque, Comité Régional du Tourisme Centre-Val de Loire und Vanessa Monfort, L'Agence régionale de Développement économique des Pays de la Loire.

B

C

D

E

F

G

H

I

K

L

M

N

O

P

R

S

T

V

Alle WOMO® Reiseführer auf einen Blick

Albanien, Ulrike und Frank Staub
Allgäu, Heiner Newe
Andalusien, Christina und Christian Winkler
Auvergne, Esther Vergenz
Baden-Württemberg, Heiner Newe
Baltikum, Stefanie Holtkamp und Andrea Bergmann
Bayern Der Nordosten, Heiner Newe
Bayern Der Südosten, Christina und Christian Winkler
Bayern Der Nordwesten, Heiner Newe
Belgien/Luxemburg, Ulrike und Frank Staub
Bretagne, Anette Scharla-Dey und Franz Peter Tschauner (Neu 2023)
Burgund, Ralf Gréus
Dänemark, Anke Globi
Elsass, Ralf Gréus
England Der Süden, Christina und Christian Winkler
England Der Norden, Christina und Christian Winkler
Finnland, Uwe und Annegret Rohland
Französische Alpen, Heiner Newe (Neu 2023)
Französische Atlantikküste Der Norden, Esther Vergenz
Französischer Jura, Heiner Newe
Griechenland, Waltraud Roth-Schulz und Reinhard Schulz (Neu 2023)
Harz, Heiner Newe
Hessen Der Norden, Anette Scharla-Dey und Franz Peter Tschauner
Hessen Mitte und Süden, Anette Scharla-Dey und Franz Peter Tschauner
Hunsrück/Mosel/Eifel, Anette Scharla-Dey und Franz Peter Tschauner
Irland, Uwe und Annegret Rohland
Island, Jutta und Alexander Ramin (Neu 2023)
Korsika, Waltraud Roth-Schulz und Reinhard Schulz
Kroatien, Silvia Sussmann und Peter Simm
Languedoc-Roussillon, Ralf Gréus
Ligurien, Ralf Gréus (Neu 2023)
Lothringen, Friedrich Riehl
Lüneburger Heide, Heiner Newe
Marokko, Ulrike und Frank Staub
Mecklenburg-Vorpommern Teil 1, Stefanie Holtkamp und Andrea Bergmann
Mecklenburg-Vorpommern Teil 2, Stefanie Holtkamp und Andrea Bergmann
Mittel-Italien, Friedrich Riehl
Münsterland, Regina Stockmann
Namibia, Ute Nast-Linke und Frank Linke
Neuseeland Der Norden, Andrea Lossen und Dieter Giesen
Neuseeland Der Süden, Andrea Lossen und Dieter Giesen
Niederlande, Friedrich Riehl
Normandie, Anette Scharla-Dey und Franz Peter Tschauner
Norwegen Der Süden, Waltraud Roth-Schulz und Reinhard Schulz
Norwegen Der Norden, Waltraud Roth-Schulz und Reinhard Schulz
Österreich Der Osten, Christina und Christian Winkler
Österreich Der Westen, Christina und Christian Winkler

Weitere Infos unter **www.womo.de**

Ostfriesland, Heiner Newe
Pfalz, Ralf Gréus
Piemont und Aostatal, Ralf Gréus
Peloponnes, Waltraud Roth-Schulz und Reinhard Schulz
Polen Der Norden, Nicola Kluftinger
Portugal Der Norden, Stephanie Seufert
Portugal Der Süden, Stephanie Seufert
Provence Der Westen, Ralf Gréus
Provence Der Osten, Ralf Gréus
Pyrenäen, Stefanie Holtkamp und Andrea Bergmann Neu 2023
Rumänien, Christina und Christian Winkler
Sachsen, Anette Scharla-Dey und Franz Peter Tschauner
Sardinien, Waltraud Roth-Schulz und Reinhard Schulz
Schleswig-Holstein und Hamburg, Heiner Newe
Schottland, Uwe und Annegret Rohland
Schwarzwald, Ralf Gréus
Schweden Der Norden, Uwe und Annegret Rohland Neu 2023
Schweden Der Süden, Waltraud Roth-Schulz und Reinhard Schulz
Schweiz Der Osten, Stefanie Holtkamp und Andrea Bergmann
Schweiz Der Westen, Stefanie Holtkamp und Andrea Bergmann
Sizilien, Christina und Christian Winkler
Slowakei, Ulrike und Frank Staub
Slowenien, Silvia Sussmann und Peter Simm
Spanien Der Norden, Waltraud Roth-Schulz und Reinhard Schulz Neu 2023
Spanien Der Osten, Waltraud Roth-Schulz und Reinhard Schulz
Süditalien Der Osten, Waltraud Roth-Schulz und Reinhard Schulz
Süditalien Der Westen, Waltraud Roth-Schulz und Reinhard Schulz
Südafrika Krügernationalpark, Ute Nast-Linke und Frank Linke
Südwestfrankreich, Stefanie Holtkamp und Andrea Bergmann
Südtirol, Waltraud Roth-Schulz und Reinhard Schulz
Tal der Loire und Paris, Anette Scharla-Dey und Franz Peter Tschauner Neu 2023
Thüringen, Katja Eisenschmidt
Toskana und Elba, Ralf Gréus Neu 2023
Trentino, Silvia Sussmann und Peter Simm
Tschechien, Eva und Steffen Peuker
Umbrien und Marken, Ralf Gréus Neu 2023
Ungarn, Silvia Sussmann und Peter Simm
Venetien und Friaul, Christina und Christian Winkler Neu 2023
Wales, Christina und Christian Winkler
Zentralspanien Der Osten, Ulrike und Frank Staub Neu 2023
Zentralspanien Der Westen, Ulrike und Frank Staub Neu 2023

Außerdem im Programm:
Die gordische Lüge – Reiseroman, Ralf Gréus
Allgemeines Wohnmobil Handbuch, Reinhard Schulz
Allgemeines Wohnmobil Kochbuch, Waltraud Roth-Schulz
Heitere Wohnmobil Geschichten, Silvia Sussmann und Peter Simm